Neues Judentum – altes Erinnern?

Schriftenreihe des Ernst Ludwig Ehrlich Studienwerks, Band 1

ELES Ernst Ludwig Ehrlich Studienwerk

Die Deutsche Nationalbibliothek verzeichnet diese Publikation in der Deutschen Nationalbibliografie; detaillierte Daten sind im Internet über https://portal.dnb.de/ abrufbar.

Inh. Dr. Nora Pester
Wilhelmstraße 118, 10963 Berlin
info@hentrichhentrich.de
http://www.hentrichhentrich.de

Umschlagabb.: Anna Schapiro, Mein Haus ist dein Haus, Lublin, 2009

Lektorat: Julia Pietsch
Gestaltung: Michaela Weber, Leipzig
Gesamtherstellung: Thomas Schneider, Jesewitz
Druck: Winterwork, Borsdorf

1. Auflage 2017

Printed in Germany
ISBN 978-3-95565-209-8

Hrsg. von Dmitrij Belkin,
Lara Hensch, Eva Lezzi

Neues Judentum – altes Erinnern?

Zeiträume des Gedenkens

HENTRICH & HENTRICH

Inhalt

Teil II: Öffentlichkeiten

Teil III: Medialitäten

Geleitwort

Mit diesem Geleitwort stellen wir den ersten Band der Schriftenreihe des *Ernst Ludwig Ehrlich Studienwerks* der Öffentlichkeit vor.

Das *Ernst Ludwig Ehrlich Studienwerk* (ELES) ist eines der dreizehn Begabtenförderungswerke, die vom *Bundesministerium für Bildung und Forschung* (BMBF) unterstützt werden. ELES fördert nach den Richtlinien des BMBF besonders begabte jüdische Studierende und Promovierende aller jüdischen Denominationen an staatlichen und staatlich anerkannten Hochschulen in Deutschland, der Europäischen Union und der Schweiz.

Seit seiner Gründung 2009 steht das *Ernst Ludwig Ehrlich Studienwerk* für ein traditionsbewusstes, pluralistisches, weltoffenes und selbstbewusstes Judentum. Im Studienwerk treffen sich akademische Exzellenz und Engagement für die jüdische Gemeinschaft und die Gesamtgesellschaft.

Mit der gezielten Förderung begabter jüdischer Studierender und Promovierender leistet das Studienwerk zudem einen wichtigen Beitrag für die Ausbildung einer neuen jüdischen Intellektualität. Ziel ist es, Räume für jüdisches Leben in Deutschland und Europa zu schaffen und zu gestalten sowie die Diskurse der jüdischen Gemeinschaft der Diaspora maßgeblich mitzuprägen.

Die Schriftenreihe des *Ernst Ludwig Ehrlich Studienwerks* und dieser nun vorliegende erste Band stehen exemplarisch für die Ziele, die wir mit ELES erreichen möchten. Unsere Stipendiat_innen verfügen über einen Schatz an unterschiedlichsten Kompetenzen, die sie in aktuelle Diskurse innerhalb der jüdischen Gemeinschaft, aber auch darüber hinaus einbringen. In der Schriftenreihe sollen vornehmlich sie zu Wort kommen. Damit möchten wir die Räume, die das *Ernst Ludwig Ehrlich Studienwerk* bisher geschaffen hat, um einen weiteren wesentlichen Raum ergänzen: den der Publikation.

Dieser erste Band der Reihe ist dem Thema des „Erinnerns" gewidmet, auch als Zeichen unserer Zielsetzungen. Denn ELES will Themen aufgreifen, die im Zentrum jüdischer Identitäten stehen und gleichzeitig für die Gestaltung gesamtgesellschaftlichen Miteinanders von herausragender Bedeutung sind. Die Beiträge in diesem Band spiegeln die neue Pluralität wider, die für die jüdische Gemeinschaft in Deutschland heute charakteristisch ist: intellektuell, wissenschaftlich, religiös, künstlerisch, (religions-)politisch – unsere Stipendiat_innen sowie die weiteren Autor_innen des Bandes bewegen sich auf diesen Feldern, stellen Fragen und beziehen Positionen. Dies ist auch ganz im Sinne unseres Namensgebers, des Religionswissenschaftlers und Publizisten Ernst Ludwig Ehrlich sel. A. (1921–2007). Dieser Band ist deshalb zum zehnten Todestag seinem Gedenken gewidmet.

Herzlich danken möchten wir dem *Bundesministerium für Bildung und Forschung* für kontinuierliche Förderung des *Ernst Ludwig Ehrlich Studienwerks*. Der *Udo Keller Stiftung Forum Humanum*, dem Berliner *Kultur Büro Elisabeth*, der *Stiftung Irène Bollag-Herzheimer*, der *Amadeu Antonio Stiftung* sowie der *Leo Baeck Foundation* gebührt unser Dank für die großzügige Unterstützung dieses Bandes.

Ein besonderer Dank gilt für die Herausgabe dieses Bandes Dmitrij Belkin, Lara Hensch und Eva Lezzi. Für die erstklassige editorische Arbeit danken wir Julia Pietsch und für die konstruktive Zusammenarbeit der Verlegerin Nora Pester.

Rabbiner Prof. Dr. Walter Homolka
Vorsitzender des
ELES Studienwerks

Jo Frank
Geschäftsführer des
ELES Studienwerks

Dmitrij Belkin, Eva Lezzi

Dialog aus zwei Zimmerecken. Rück- und Ausblick

Wie können wir heute, mehr als 70 Jahre nach Kriegsende, an den Holocaust erinnern? Inwiefern prägen spätere kulturelle Erfahrungen und historische Ereignisse dieses Erinnern? Welche Bedeutung kommt dem Holocaust in der Gegenwart zu und in welcher Weise wird das Erinnern selbst zum notwendigen Gegenstand der Reflexion? Das vorliegende Buch gibt unterschiedliche, nicht selten entgegengesetzte Antworten auf diese sowohl innerjüdisch als auch gesamtdeutsch und -europäisch gestellten, signifikanten Fragen.

Die historischen, traditions- und identitätsbildenden Merkmale eines schwer definierbaren Sammelbegriffs namens „kulturelles Gedächtnis" und/oder „Erinnerungskultur" werden in der wissenschaftlichen Auseinandersetzung in der Regel in einem Raum zwischen „Kanon" und „Archiv" platziert und diskutiert.[1] Man trifft – gesellschaftlich, akademisch, publizistisch – eine Auswahl von Themen, Quellen und Medien, die unterschiedlich codierte Erinnerungen vor dem Vergessen bewahren sollen. Diese werden als Archiv gespeichert und als Kanon öffentlich kommuniziert. Doch was, wenn in der Bundesrepublik heute weder ein „Kanon" noch ein aktuelles „Archiv" der Erinnerung eindeutige und problemlos nachvollziehbare Antworten liefern können? Was, wenn sowohl der „Kanon" als auch das „Archiv" in der heutigen jüdischen Gemeinschaft Deutschlands in einer ständigen, intensiven, auch inneren, Bewegung sind, bei der scheinbare Konstanten auf unterschiedliche Weise hinterfragt werden? Auch in nichtjüdischen Kreisen zerfällt der Konsens über Richtung und Aufgabe des Erinnerns an den Holocaust zusehends. Dabei ist die kürzlich von rechts außen eingeforderte radikale Überwindung „unserer dämlichen Bewältigungspolitik"[2] nur ein Symptom des Offensichtlichen: Es rumort in der Mehrheitsgesellschaft, in der (nicht nur bei radikalen Nationalisten) eine Auseinandersetzung mit der Schoa nicht mehr notwendig oder selbstverständlich scheint.

Im Mittelpunkt unseres Interesses stehen Auseinandersetzungen und Veränderungen in der jüdischen Gemeinschaft. Was, wenn diese Veränderungen zwar deutlich wahrzunehmen sind, jedoch in vieler Hinsicht diffus bleiben und nur schwer verbalisiert, geschweige denn systematisch strukturiert werden können? Unsere Antwort lautet: Dann experimentiert man, und man riskiert auch etwas, indem man einen Sammelband wie den vorliegenden macht.

Zu einer zentralen Prämisse unseres Vorhabens wurde die Gewissheit, dass die Pluralisierung innerjüdischer Diskurse in Deutschland in den letzten Jahren zu tektonischen Verschiebungen führt und mit einer erheblichen Pluralisierung der Erinnerungen in der aktuellen deutschen Einwanderungsgesellschaft zusammenhängt. Wir fragen die Leserschaft und uns selbst mit dem Titel des Bandes: Kann man von tradierten Kollektiverinnerungen sprechen, nachdem sich die jüdische Gemeinschaft seit 1990 durch die Einwanderung von ca. einer Viertelmillion Jüdinnen und Juden aus der ehemaligen Sowjetunion, der sogenannten Kontingentflüchtlinge (1990–2005), aber auch von Israelis, radikal verändert, ja erneuert hat? Steht dieser neuen Gemeinschaft eine längst gefestigte Erinnerungskultur der bundesrepublikanischen Juden, der sogenannten Alteingesessenen, gegenüber? Ist es wahr, dass sich die alten und neuen Diskurse kaum berühren und in jeweils hermetisch abgeriegelten Räumen verhandelt werden, wie es in den 1990er Jahren nicht Wenigen erschien? Gelten heute nach wie vor Dualität und Dissens zwischen den Erinnerungskulturen der „Sieger" des Zweiten Weltkriegs und ihrer (Enkel-)Kinder (der für einen Teil der jüdischen Einwanderer ein „Großer Vaterländischer Krieg" war) und der „Opfer" des Holocaust, die nach 1945 in bundesrepublikanischen DP-Lagern strandeten oder in den unmittelbaren Nachkriegsjahren gezielt in die BRD und die DDR, das erhoffte „bessere" Deutschland, zurückkehrten? Welche Erinnerungen tragen die Kinder und Enkelkinder dieser unterschiedlichen Bevölkerungsgruppen in sich, welche sind in welcher Öffentlichkeit vertreten? Die Antworten im vorliegenden Band fallen unterschiedlich aus, wobei in fast allen Beiträgen Aspekte der biografischen und diskursiven Überlagerung unterschiedlicher Erinnerungskulturen deutlich werden. Gerade diese Verflechtung von Erinnerungsnarrativen, die Zwischentöne und Abweichungen, haben uns als Herausgeber_innen in den letzten Jahren intensiv beschäftigt. Sie sind das eigentlich neue, das es hier zu entdecken und epistemologisch zu begleiten gilt.

Den Sommer 1920 verbrachten der Dichter Wjatscheslaw Iwanow und der Literaturwissenschaftler Michail Gerschenson in einem Sanatorium „für erschöpfte Geistesarbeiter" bei Moskau, wo sie sich ein Zimmer teilen mussten. Das war für die beiden Denker alles andere als einfach, doch es war notwendig im immer enger werdenden sowjetischen Alltag. Die Intellektuellen, die einander durchaus ertragen konnten (keine Selbstverständlichkeit, damals wie heute), entschlossen sich zu einem Briefwechsel aus zwei Zimmerecken. Zwölf Briefe über die russische und die Weltkultur sowie über die Tagespolitik (die Revolution von 1917) entstanden.[3]

Unsere Ausgangslage war eine radikal andere und doch ähnliche: Wir sprachen unendlich viel aus „zwei Zimmerecken“ und brachten am Ende ein intellektuelles und kulturpolitisches Miteinander um das Thema „Jüdisches Erinnern heute“ zustande, das allein schon aufgrund der „west-östlichen“ Büro-Dialogizität neu ist. Eine jüdische Literatur- und Kulturwissenschaftlerin aus der Schweiz, in den späten 1980er Jahren zum Studium nach West-Berlin gekommen, und ein in den 1990er Jahren eingewanderter postsowjetischer Historiker und Kurator sprachen und stritten (meist sachlich) über Möglichkeiten und Optionen einer (Nicht-)Begegnung im heutigen jüdischen Erinnern. Nicht nur unsere Herkünfte sind unterschiedlich, sondern maßgeblich auch unser Mitwirken am Erinnerungsdiskus in Deutschland während der letzten Jahrzehnte. Dies führte auch in der gemeinsamen Arbeit zu anderen Perspektiven. Eine der zentralen Fragen unserer Auseinandersetzung lautete: Muss einerseits die Dualität zwischen „Alteingesessenen“ und „Zugewanderten“ nicht fast zwangsläufig in ein neues Masternarrativ münden, um den postsowjetischen Perspektiven, die im westlichen Erinnerungsdiskurs stets marginalisiert wurden, das notwendige Maß an Sichtbarkeit zu verschaffen? Diese Frage ist insofern wichtig, als in den jüdischen Gemeinschaften Deutschlands Identitäts- und Erinnerungspolitik einander nicht selten wechselseitig bedingen und durchaus hegemonialen – oder zumindest kanonischen – Charakter haben können. Andererseits stellt sich die nicht minder brisante Frage, ob ein solches Masternarrativ genug Raum lässt für je interne Differenzierungen der Erinnerungskulturen und für Verschiebungen, die – nicht zuletzt aufgrund des mehrfachen Generationenwechsels – längst stattgefunden haben, aber bisher kaum reflektiert wurden. Die Schwierigkeit dabei besteht in der Überlagerung von Diskursen, Erinnerungsaufgaben und Zeiträumen. Wie hängen einerseits die in ihrem Facettenreichtum noch nicht erzählte Geschichte der jüdisch-russischen Einwanderung und die bundesrepublikanisch verordnete Erinnerungspolitik hinsichtlich des Holocaust zusammen? Und wie berücksichtigen wir andererseits die Ausdifferenzierung subjektiver Erinnerungen an die Schoa, die in der Bundesrepublik überhaupt erst seit Anfang der 1990er Jahre etwa in Oral History-Projekten wie dem *Archiv der Erinnerung* stattgefunden hat und auch Gruppen Gehör verschaffte, die bis dato aus dem offiziellen Erinnerungskanon ausgeschlossen waren – einem Kanon, der sich nach der sogenannten Wiedervereinigung ohnehin neu formieren musste?[4]

Dan Diner artikulierte 2009 bei der Frankfurter Konferenz im Vorfeld der Ausstellung *Ausgerechnet Deutschland! Jüdisch-russische Einwanderung in die Bundesrepublik* folgende These: „Mit der Zuwanderung der Juden aus der vormaligen Sowjetunion ist die Geschichte der bundesrepublikanischen Juden an ihr Ende gelangt“[5]. Welche Geschichte (im Singular), welche imaginäre Gemeinschaft gelangt hier zu ihrem Ende? Geht es im Kontext von diversen Migrationsgeschichten, beim Aufeinandertreffen unterschiedlicher Erinnerungskollektive, nicht weit eher für beide (oder mehrere!) Teile um neu entstehende hybride Zeiträume der Identität und des Gedenkens? Diese Frage stellt sich heute sicherlich noch deutlicher als vor sieben Jahren, als das Innovative und das Politische des Frankfurter Vorhabens tatsächlich vor allem in der Sichtbarmachung der jüdisch-deutsch-postsowjetischen Lebenswelten und ihrer (Nicht-)Begegnungen mit der Bundesrepublik bestand.

Wie und ob die „Pluralität“ der Erinnerungen innerhalb der heutigen jüdischen Gemeinschaft funktionieren kann, fragen im vorliegenden Buch unter anderem Vertreterinnen und Vertreter der jungen jüdischen Generation, die im beschriebenen Sinne unterschiedlichen, häufig jedoch durch Migration geprägten Milieus angehören. Sie alle nehmen die kulturelle und politische Realität sowie die Erinnerungsdebatten der letzten Jahre zum Ausgangspunkt ihrer interdisziplinären Betrachtungen, die sowohl medienanalytische wie künstlerische, soziologische wie religiöse Aspekte umfassen. Die Generation der unmittelbar vor oder nach der Wiedervereinigung Geborenen bzw. Aufgewachsenen spricht hier – und sie erinnert sich. Die teilweise sehr persönlich geschriebenen, teilweise scharf reflektierenden Beiträge dieser Autor_innen treffen auf Essays von Vertreter_innen anderer Generationen, auf Analysen von lange etablierten Wissenschaftler_innen und politischen Akteur_innen. Solche Begegnungen fanden in den letzten Jahren im Kontext einer thematischen Kolleg-Reihe des ELES zum Erinnern intensiv statt und wurden im Rahmen der von uns ausgerichteten internationalen Konferenz *Aufbruch? Jüdische Erinnerungen heute* (2015) reflektiert. Der vorliegende Band überantwortet manche der Beiträge und Diskussionen jener Tagung, um zahlreiche Essays ergänzt, einer größeren Öffentlichkeit und bleibt dabei dem Modus von persönlicher Auseinandersetzung und wechselseitiger Begegnung über einzelne Erinnerungskulturen hinweg treu. Dies ist sein Alleinstellungsmerkmal. Wir als Herausgeber_innen – Dmitrij

Belkin, Lara Hensch und Eva Lezzi – haben diese Begegnungen zwar bewusst nicht gesteuert, jedoch gerne moderiert und begleitet.

Anmerkungen

1 Vgl. Assmann, Aleida: Formen des Vergessens, Göttingen 2016, 19f.

2 Zit. nach „Die Höcke-Rede von Dresden in Wortlaut-Auszügen“, in: Zeit Online, 18. Januar 2017, auf: http://www.zeit.de/news/2017-01/18/parteien-die-hoecke-rede-von-dresden-in-wortlaut-auszuegen-18171207 (letzter Zugriff 23. März 2017).

3 Vgl. Gerschenson, Michail; Iwanow, Wjatscheslaw: Briefwechsel zwischen zwei Zimmerecken (Perepiska iz dvuch uglov), Dornach 2008.

4 Zum am *Moses Mendelssohn Zentrum für europäisch-jüdische Studien* situierten, von Cathy Gelbin und Eva Lezzi aufgebauten Archiv der Erinnerung siehe Gelbin, Cathy; Lezzi, Eva u.a. (Hg.): Archiv der Erinnerung. Interviews mit Überlebenden der Shoah. Band 1: Videographierte Lebenserzählungen und ihre Interpretationen, Potsdam 1998. Heute sind viele der Interviews im „Ort der Information“ des *Denkmals für die ermordeten Juden Europas* Teil des öffentlichen Gedächtnisses.

5 Diner, Dan: „Deutsch-jüdisch-russische Paradoxien oder Versuch eines Kommentars aus Sicht des Historikers“, in: Belkin, Dmitrij; Gross, Raphael (Hg.): Ausgerechnet Deutschland! Jüdisch-russische Einwanderung in die Bundesrepublik, Berlin 2010, 18–20, hier 18.

Teil I

Gemeinschaften

Micha Brumlik

Postmemory und transgenerationales Trauma

Einleitung

Die Autorin Katja Petrowskaja ist 1970 in Kiew geboren und erhielt im vergangenen Jahr einen der wichtigsten Preise für deutsche Literatur, den vor allem dem literarischen Nachwuchs gewidmeten Ingeborg-Bachmann-Preis.

Ihr hochgelobtes Buch *Vielleicht Esther* stellte eine literarische Spurensuche dar, ein Gedächtnisabenteuer, das die Autorin in das verzweigte Gewebe einer jüdisch-polnisch-russisch-österreichischen Familie führt, durch das *Zeitalter der Extreme* – so der Historiker Eric Hobsbawm – und durch die von einem anderen Historiker, Timothy Snyder, beschriebenen *Bloodlands*, also durch die von Hitler und Stalin gepeinigten Länder.[1] Katja Petrowskaja lebt in Berlin und ist jetzt etwas über 43 Jahre alt. Sie schreibt:

> „Als Lida, die ältere Schwester meiner Mutter, starb, habe ich begriffen, was das Wort Geschichte bedeutet. Mein Verlangen zu wissen war reif, ich war bereit gewesen, mich den Windmühlen der Erinnerung zu stellen, und dann ist sie gestorben. Ich stand da mit angehaltenem Atem, bereit zu fragen, und so bin ich stehen geblieben, und wäre es ein Comic gewesen, wäre meine Sprechblase leer. Geschichte ist, wenn es plötzlich keine Menschen mehr gibt, die man fragen kann, sondern nur noch Quellen. Ich hatte niemanden mehr, den ich hätte fragen können, der sich an diese Zeit noch erinnern konnte. Was mir blieb: Erinnerungsfetzen, zweifelhafte Notizen und Dokumente in fernen Archiven. Statt rechtzeitig Fragen zu stellen, hatte ich mich am Wort Geschichte verschluckt. War ich nun erwachsen, weil Lida tot war? Ich fühlte mich der Geschichte ausgeliefert."[2]

Generation Sandwich

Die allgemeine Familiensoziologie hat in letzter Zeit auf das Phänomen der sogenannten Generation Sandwich aufmerksam gemacht. Damit ist ein grundsätzlich gar nicht neues, in westlichen Gesellschaften jedoch als neu erfahrenes Phänomen hingewiesen: nämlich darauf, dass mit wünschenswerter wachsender Langlebigkeit in diesen Gesellschaften die Eltern kleiner oder adoleszenter Kinder immer häufiger mit den Wünschen und Anforderungen ihrer eigenen betagten und hochbetagten, nicht selten morbiden Eltern konfrontiert werden. Es sind Wünsche, die sich sowohl auf materielle Unterstützung, vor allem aber auf das Bedürfnis nach seelischer Zuwendung beziehen. Zu alledem kommt im Rahmen der wachsenden auch beruflichen Gleichstellung von Frauen, dass die sogenannte emotionale, aber auch versorgungsbezogene Familienarbeit zunehmend an hochprofessionelle öffentliche Anbieter und Institutionen delegiert wird: von Krippen, Kindergärten und Horten zu Alten- und Pflegeheimen.

Jüdische Generationen

Das Bild kompliziert sich, wenn man den Blickwinkel einschränkt, die Brennschärfe enger stellt und jüdische Familien betrachtet – jüdische Familien, von denen mindestens ein (Groß-)Elternteil den industriellen und handwerklichen Massenmord an den europäischen Juden wie auch immer überlebt hat. In diesem Zusammenhang ist darauf hinzuweisen, dass die Bezeichnung „Holocaustüberlebender" durchaus unscharf ist: Lässt sich von einer Person, die etwa 1936 mit ihren Eltern Berlin in Richtung New York verließ, im selben Sinne als „Überlebende" sprechen, wie von jemandem, der 1941 in ein Vernichtungslager – ja Vernichtungs-, nicht Konzentrationslager! – deportiert und dort vier Jahre mit täglichen Todesängsten sowie physischen und psychischen Verletzungen traktiert wurde?

Auf jeden Fall sind Familien, also haushaltsmäßig intakte Familien, aufgrund der doch unvergleichlichen Intimität alltäglichen Zusammenlebens nicht nur Sozialisationsagenturen, sondern auch Erzähl- und Traditionsgemeinschaften. Sie sind intime kleine Einheiten, in denen neben den basalen Rollen von Mann und Frau, von Alt und Jung narrative Identität gestiftet wird, also Erzählungen und Erzählmuster durchaus auch widersprüchlich, konfliktreich und leibnah entfaltet werden, an denen sich das Selbstverständnis der Heranwachsenden in Widerspruch und Zustimmung ausbildet. Zugleich – das trifft jedenfalls für die eben erwähnte Gruppe jüdischer Überlebender zu – war das Zeugen und Aufziehen von Kindern unmittelbar nach Ende des Krieges ein Unterpfand, ein Beweis des Überlebthabens, des Weiterlebens. Es ist ein bekanntes demografisches Phänomen, dass die Geburtenrate in den DP-Lagern unmittelbar nach dem Zweiten Weltkrieg auch in absoluter Hinsicht die damals weltweit höchste gewesen ist – wenngleich mit der Historikerin Atina Grossmann einzuräumen ist, dass die überwiegende Anzahl jener, die in den DP-Lagern lebten, keine Überlebenden der Vernichtungslager waren, sondern meist polnische Juden, die den Zweiten Weltkrieg im fernen Osten der Sowjetunion überstanden hatten.

Zudem waren keineswegs alle dieser – in vielen Fällen hochgradig traumatisierten – Eltern in der Lage, sich zu den erfahrenen Verfolgungen und den mit ihnen einhergehenden Traumata angemessen auseinanderzusetzen. Die Begriffe und Phänomene sind bekannt: vom Überlebensschuldsyndrom bis zu einer Unfähigkeit, über das erlittene Leid zu sprechen, die jedenfalls den Kindern in vielen Fällen den Eindruck eines furchtbaren, unheimlichen und angsteinflößenden Tabus vermittelte. Von dieser – zwischen 1945 und 1960 geborenen – Generation ist umgangssprachlich als „Zweiter Generation" die Rede. Eine Fülle von Forschungsliteratur konnte zeigen, dass ein nicht unerheblicher Anteil dieser Generation an einer Art sekundär ausgelösten Traumatisierung leidet. An diesem Punkt wirft sich nun eine familienpädagogische Fragestellung auf: Wie präzise und wie intensiv sollen Eltern ihre Kinder über die Leidenserfahrung ihrer Großeltern unterrichten, wie stark sollen sie auf ihre eigenen Eltern Einfluss nehmen, um die Erzählungen gegenüber den Enkeln richtig zu rahmen – das Thema von Channah Trzebiners Buch *Die Enkelin*[3]? Und, last but not least, wie sehr sind die Angehörigen dieser Generation, der Zweiten Generation, sich bewusst, ob und wie sie selbst mit den eventuell traumatischen Erfahrungen ihrer Kindheit ins Reine gekommen sind – oder eben nicht? Eine typische Vertreterin der Zweiten Generation ist die 1953 als Kind von Holocaustüberlebenden in Tel Aviv geborene Autorin Lizzie Doron, der wir inzwischen fünf auch ins Deutsche übersetzte Romane verdanken. Ihrem ersten Roman, er trägt den Titel *Warum bist Du nicht vor dem Krieg gekommen*[4], entnehme ich ein längeres Zitat, das am Ende des Buchs mit Episoden aus dem Leben ihrer Mutter steht – Lizzie Doron datiert es auf einen Zeitpunkt nach der Beerdigung ihrer Mutter:

> „Dann stand ich auf und legte einen Schwur ab. Ich, Personalausweisnummer 5195513, Name der Mutter: Helena, Name des Vaters, den ich nie kennenlernte: Kube, und mein Name: Elisabeth. Ich erkläre hiermit, daß alle hier erzählten Ereignisse wahrhaftig wahr sind, daß ich bei allen zugegen war, an jedem Tag meines Lebens – fünfzehntausendsechshundert Tage, so alt wie ich bin. Und ich war, willentlich oder unwillentlich, Zeugin des Schweigens, eines Schweigens, das zum Teil unverhüllt und zum Teil im Verborgenen laut zu hören war, das zum Teil im Innersten schrie und zum Teil die Straßen unseres Viertels

verätzte, das zum Teil im Tageslicht verstummte, zum Teil in der Dunkelheit aufleuchtete, das sich zum Teil im Schweigen der lebenden Helena bezeugte, zum Teil im Schweigen des Todes. Helena" – Lizzie Dorons Mutter – „vermengte Phantasie und Realität, Unbestimmtheit und Klarheit; sie löschte Fakten und schuf Tatsachen und baute sich eine eigene Welt. Ich schwöre. Aus tiefen Quellen stiegen Bilder und Erinnerungen auf, nacheinander, ungebeten. Alle von gleichem Gewicht und von gleichem Wert bei der Aufdeckung dessen, was verborgen gewesen war, beim Enthüllen des Wortes, das im Schweigen erstickt war, um, soweit es möglich ist, das Leben aus dem Tod herauszuziehen."[5]

Postmemory

Den oben genannten familienpädagogischen Fragen korrespondiert eine kultur- und literaturwissenschaftliche, aber auch geschichtswissenschaftliche Fragestellung: die nach der sogenannten Postmemory. Darauf komme ich zurück und wende mich der von der Literaturwissenschaftlerin Marianne Hirsch, sie hat den Begriff „Postmemory" geprägt, gestellten Kernfrage zu, nämlich: Wenn transgenerational geschädigte Angehörige der Zweiten Generation ihrerseits Kinder haben – welche Geschichten über welche Vergangenheiten ihrer Eltern oder ihrer selbst vermitteln sie diesen Kindern?

Nicht nur aus Mangel an Material aus qualitativer empirischer Sozialforschung versuche ich, mich dieser Frage auf einem Umweg zu nähern, nämlich auf dem Umweg literarischer Analyse – der Analyse von schöner Literatur, von Romanen sowie Kinder- und Jugendbüchern, die von Angehörigen der Zweiten Generation verfasst wurden, um nun nicht nur den eigenen Kindern Geschehnisse und Schicksale jüdischer Menschen in der Zeit der nationalsozialistischen Verfolgung nahezubringen. Es geht um die Kinderbuchautorinnen Kathy Kacer, geboren 1947 und Karen Levine, vermutlich in den 1970er Jahren geboren, sowie um die Jugendbuchautorin Karlijn Stoffels. Des Weiteren um den vor zehn Jahren ob seines großen literarischen Talents hochgelobten Autor Jonathan Safran Foer sowie schließlich um den Bremer Autor David Safier, geboren 1966. All diesen Autorinnen ist gemeinsam, dass sie im weitesten Sinn als Angehörige der Zweiten Generation gelten können – und zwar insofern, als ihre Eltern oder Großeltern selbst verfolgt wurden. Das gilt in gewisser Weise auch noch für den 1977 geborenen Safran Foer, der ebenso als Angehöriger einer dritten Generation gelten könnte, über den eine englische Autorenseite im Netz zu vermelden weiß:

> „When Jonathan was a child, he would visit his grandmother's house, where he […] would be hauled into the air for a hug upon arriving and leaving. Only later did he realise that his grandmother had been weighing rather than hugging him, an unconscious reflex action left over from the Holocaust. While at a summer camp aged 8, he was one of several victims of an explosion from a botched attempt to make sparklers. This caused some trauma for him that has affected his later writing."[6]

Foers ebenso gefeierter wie umstrittener Roman *Alles ist erleuchtet* setzt sich mehrperspektivisch, im Duktus des vor allem von lateinamerikanischen Erzählern vertrauten magischen Realismus mit der eigentümlichen Geschichte eines Schtetls in der Ukraine seit dem 18. Jahrhundert auseinander. Diese wird in einem Briefwechsel zwischen einer Gestalt, die ebenso wie der Autor des Romans heißt, und einem nichtjüdischen, ukrainischen Reiseführer gleichen Alters im Anschluss an eine Reise Foers in die Ukraine entfaltet. Anlass der Reise des Romanhelden ist die Suche nach einer alten Frau, die seinen Großvater 1942 vor der Ermordung durch die Nationalsozialisten gerettet hat. Im letzten Drittel des Buches konfrontiert der Autor die Leser mit einer drastisch geschilderten Mordszene an den jüdischen Bewohnern des Schtetl durch einen deutschen General und seine Truppen, der einige Einwohner unter Todesdrohungen dazu zwingen will, auf im Schmutz liegende Juden zu spucken.[7]

Die geschilderte Szene lässt keinen Zweifel daran, dass das Beste, was angesichts dieser Erinnerungen noch offensteht, ein eigentümliches Geborgenheitsgefühl in der Natur ist, nicht aber eine sprachlich und diskursiv verflüssigte Reflexion auf das Schicksal der Großeltern. Safran Foer, es wurde erwähnt, hat kein Kinder- und kein Jugendbuch, wohl aber einen literarisch ehrgeizigen Roman verfasst.

David Safier wurde 1966 als Sohn eines Mannes geboren, der als Kind den Holocaust überlebte und dessen Großeltern in der Schoa ermordet wurden. Der höchst erfolgreiche Autor deutschsprachiger humoristischer Romane und weithin bekannte Drehbuchautor der Fernsehserie *Berlin, Berlin* publizierte zu Beginn dieses Jahres in gleich zwei Verlagen, einem großen Publikums- sowie einem Kinder- und Jugendbuchverlag, seinen Roman *28 Tage lang*. Der Roman spielt im Warschauer Ghetto und wird aus der Perspektive des halbwüchsigen Mädchens Mira erzählt, die für ihre Mutter und ihre kleine Schwester sorgen muss und sich dem jüdischen Widerstand anschließt – der Aufstand dauert 28 Tage.

In einem auf *YouTube* veröffentlichten Gespräch bei sich zu Hause äußert sich der Autor zu seinem Buch, seinem – wie er stets wiederholt – „Herzensprojekt": Er berichtet, dass seine Großeltern väterlicherseits im Holocaust umgekommen sind – seine Großmutter im Ghetto Lodz, sein Großvater in Buchenwald. Sein Vater aber war 1938 in Wien inhaftiert und wurde von einem gutmütig-zynischen Polizisten entlassen. Safier habe dieses Buch schon vor 20 Jahren schreiben wollen und erklärt diesen Wunsch damit, dass er für seinen traumatisierten Vater ein „Licht" gewesen sei, woraus für ihn eine Verpflichtung resultierte.[8] Das Buch *28 Tage lang* erscheint so als endlich erfüllter, (un)bewusster Auftrag. Im *Rowohlt Literaturmagazin* gibt Safier zu Protokoll:

> „Die Überlebenden des Ghettos sind inzwischen sehr alt oder schon gestorben. Mein Vater, Jahrgang 1915, wurde von den Nationalsozialisten verfolgt; mein Großvater ist in Buchenwald umgekommen, meine Großmutter im Ghetto von Lodz. Mütterlicherseits habe ich deutsche Vorfahren, meine Mutter ist ein deutsches Kriegskind, auf ganz andere Weise traumatisiert. Aber wir sind ja schon eine oder zwei Generationen weiter – wie kann ich die Geschichte für eine heutige Generation wieder lebendig werden lassen? Deshalb habe ich für den Roman eine unmittelbare und moderne Sprache gewählt."[9]

Safier ist keineswegs der einzige, der sich dieser Aufgabe gestellt hat – ein Blick in die Jugendbuchabteilungen großer Buchkaufhäuser ergibt sofort, dass speziell zu dieser Thematik, der Verfolgung und Ermordung der europäischen Juden, eine Fülle von Literatur vorliegt – einige Bücher seien hier genannt:

Als Klassiker dürfte der bereits 1996 auf Niederländisch, 1998 auf Deutsch erschienene Jugendroman *Mojsche und Rejsele* gelten, der – von der niederländischen Autorin Karlijn Stoffels, Jahrgang 1947 geschrieben – inzwischen mehrfach ausgezeichnet und in achter Auflage erschienen ist.[10] 2002 auf Englisch, 2006 auf Deutsch erschien Karen Levines – sie dürfte um 1970 in Kanada geboren worden sein – anrührendes, für Kinder ab dem Alter von zehn Jahren empfohlenes Buch *Hanas Koffer*[11], eine, wie der Untertitel sagt „wahre Geschichte". Im Handel gut repräsentiert sind auch die Bücher von Kathy Kacer. Sie wurde 1954 als Kind von Holocaust-Überlebenden in Toronto geboren, ließ sich zur Psychologin ausbilden und wirkte in Kanada als Beraterin emotional gestörter Jugendlicher, bevor sie vollberufliche Autorin wurde. Von ihr liegen in deutscher Sprache der 2001 auf Englisch, 2003 hierzulande erschienene Jugendroman *Die Kinder aus Theresienstadt* sowie der 2006 auf Englisch, 2008 auf Deutsch erschienene Bericht *Ediths Versteck – Die Geschichte des jüdischen Mädchens Edith Schwalb* vor.[12]

Selbstauskunft der Zweiten Generation

Allen Autoren und Autorinnen ist gemeinsam, dass sie idealtypisch der Generationenzuschreibung „Zweite Generation" entsprechen, und den meisten, dass sie jüdischer Herkunft sind. Zudem gewinnt man den Eindruck, dass bei allen mindestens ein Elternteil in der NS-Zeit verfolgt wurde und den Holocaust überlebt hat. Während David Safier seine fiktionalen Erzählungen aus der Perspektive einer ersten, erzählenden Person vorlegt, befleißigen sich Karen Levine und Kathy Kacer eines auktorial gehaltenen Erzählstils, der die Schicksale der beteiligten Kinder aus der Distanz der dritten Person schildert. Zwei Autorinnen haben ihren Büchern Nachworte beigegeben, in denen sie die Absicht, mit der sie die Bücher geschrieben haben, erläutern: So schildert Kathy Kacer, wie sie auf das Thema „Theresienstadt" und die dort lebenden und sterbenden Kinder kam. Sie berichtet, dass ihre Tochter in der von Hans Krasa in Prag uraufgeführten, in Theresienstadt rekomponierten und dort 55 Mal gezeigten Kinderoper *Brundibar* in einer Schulaufführung eine Nebenrolle spielte, um dann zu schließen:

> „Ich finde es bemerkenswert, wie eine so schlichte und doch so schöne, symbolische Oper inmitten des Elends von Terezin aufgeführt werden konnte. Genauso bemerkenswert erscheint mir, dass Brundibar auch weitergespielt wurde, wenn einzelne Darsteller deportiert wurden – andere Kinder aus dem Getto schlüpften in ihre Rollen, nahmen ihre Stelle ein."[13]

Während das Buch über Theresienstadt bei aller Trauer mit einem Bekenntnis zur – wenn man so will – heilenden Kraft der Kunst endet, setzt die gleiche Autorin in der wahren Geschichte von Edith Schwalb jenen Bewohnern eines südwestfranzösischen Dorfes ein Denkmal, die in den Jahren der Verfolgung jüdische Kinder eines Pfadfinderheims warnten und versteckten. Es sind Bürger, die – so Kathy Kacer – „ungeachtet der Gefahr für ihr eigenes Leben gemeinschaftlich das Leben hunderter jüdischer Kinder retteten"[14].

Ausführlicher äußert sich David Safier, der sich am Ende seines Nachwortes selbst fragt, warum er die Geschichte des Warschauer

Ghettos und des Aufstandes durch ein fiktives Mädchen und nicht anhand der Erzählung eines überlebenden Ghettobewohners erzählt hat. Als Antwort teilt er mit, dass die Übernahme einer authentischen Erinnerung wahrscheinlich zu distanziert ausgefallen wäre, um jüngere Leserinnen in ihren Bann zu ziehen.

Alle bisher angeführten Beispiele sind literarische, nicht lebensweltliche Beispiele für das, was die 1949 in Rumänien geborene Marianne Hirsch als „Postmemory“ bezeichnet hat. Hirsch, die an der Columbia University in New York lehrt, erläutert ihre Verwendung des Begriffs in einem Interview mit der Zeitschrift der Universität so:

> „‚Postmemory‘ describes the relationship that the ‚generation after‘ bears to the personal, collective, and cultural trauma of those who came before – to experiences they ‚remember‘ only by means of the stories, images, and behaviors among which they grew up. But these experiences were transmitted to them so deeply and affectively as to seem to constitute memories in their own right. As I see it, the connection to the past that I define as postmemory is mediated not by recall but by imaginative investment, projection, and creation.“[15]

In diesem Interview berichtet Hirsch zudem, dass sie den Begriff zum ersten Mal anlässlich der Lektüre von Art Spiegelmans *Maus* verwendet habe, einem genialen Comic, in dem es ja ebenfalls um die transgenerationale Weitergabe von Verfolgungserfahrungen geht. Tatsächlich ist Spiegelmans *Maus* in mehrfacher Hinsicht der Prototyp der „Postmemory“-Literatur: nicht nur weil es durch die Wahl seiner Darstellungsweise – also des erzählenden Bildromans, des Comic mit seiner bewussten Verfremdung der Figuren zu Tiergestalten, Katzen und Mäusen – einen spezifischen Zugang zu einer jüngeren Leserschaft gefunden hat, sondern auch, weil in der Erzählung selbst das hier behandelte Problem: die Beziehung zwischen einem überlebenden Vater und seinem Sohn explizit ins Zentrum gerückt wird. „Postmemory“ – so wie Marianne Hirsch als Literaturwissenschaftlerin diese Konstellation beschreibt – basiert tatsächlich auf dem, was als transgenerational vermitteltes, verfolgungsbedingtes Trauma bezeichnet werden kann. Für die weitere Behandlung des Themas ist es freilich unerlässlich, daran zu erinnern, dass nicht jede Befindlichkeitsstörung, ja nicht jede Neurose als „Trauma“ zu bezeichnen ist. Unter Traumata werden von außen, also nicht innerpsychisch verursachte psychische Beeinträchtigungen verstanden, die mit den Mitteln der eigenen seelischen Anlage nicht bewältigt, sondern allenfalls auf Zeit ruhiggestellt werden können und daher immer wieder – bei naheliegenden Assoziationen – ungewollt in der Erinnerung, im Erleben und im Verhalten auftauchen, und zwar so, dass sie mit dem üblichen Verhaltensrepertoire nicht unter Kontrolle gebracht werden können. Traumata manifestieren sich stets nachträglich – eben als „posttraumatische Belastungsstörungen".

Traumata?

Wir können eine nähere Erörterung der Problematik „posttraumatischer Belastungsstörungen" hier dahingestellt lassen, zumal es in der Erläuterung von Marianne Hirsch weniger auf die so oder so empfundene Störung ankommt, als darauf, mit dem Gefühl konfrontiert zu sein, kein eigenes Leben führen zu können:

> „To grow up with overwhelming inherited memories, to be dominated by narratives that preceded one's birth or one's consciousness, is to risk having one's own life stories displaced, even evacuated, by our ancestors. It is to be shaped, however indirectly, by traumatic fragments of events that still defy narrative reconstruction and exceed comprehension."[16]

Idealtypisch, modellhaft lässt sich also annehmen, dass dieses Gefühl bei einem Teil der sogenannten Zweiten Generation vorliegt. Bei alledem ist freilich weiterhin zu fragen, welche Lebens- und Verfolgungsgeschichte die eigenen Eltern tatsächlich hatten. Lässt sich von jemandem, der oder die nach dem Beginn der nationalsozialistischen Herrschaft Deutschland im Jahre 1933 in Richtung Palästina verließ, tatsächlich sinnvoll sagen, dass sie oder er Holocaustüberlebender oder -überlebende ist?

Die dargestellten Fälle aus der Kinder- und Jugendbuchliteratur werfen daher zwei Fragen auf: 1. Drückt sich in den literarischen Zeugnissen dieser Autoren und Autorinnen ein Versuch aus, die eigenen, zum Teil fragmentierten, überkommenen traumatischen Reste dadurch zu verarbeiten, dass sie ihnen eine pädagogisch-literarische Funktion zuweisen und diese kreativ verarbeiten? 2. Ist anzunehmen, dass die literarische Objektivation dieser Erfahrungen dazu führt, bei den eigenen Kindern, der „Dritten Generation", ein auch nur halbwegs sachlich angemessenes, den Gefühlshaushalt und die kognitiven Fähigkeiten von Kindern und Jugendlichen nicht überforderndes Lernen zu ermöglichen?

Safier und Stoffels versuchen diesen Zugang, der Lernen ermöglichen soll, auf zwei Wegen: erstens durch die Wahl der Erzählperspektive einer ersten Person, die es dann zweitens ermöglicht, an

Erfahrungen anzuschließen, die zumal pubertierenden Jugendlichen, Mädchen und Jungen, wichtig sind: Freundschaft, Liebe und erwachende Sexualität. Dabei spielt die Logik der Narration nicht immer eine Rolle – Safiers Ich-Erzählerin beginnt und endet mit einer Rettungsszene noch in der Zeit der Verfolgung, ohne die Leserinnen darüber aufzuklären, wann, wo und unter welchen Umständen die Geschichte erzählt wird. Karlijn Stoffels Held Mojsche hingegen erzählt seine Geschichte aus der Perspektive eines alten Mannes in Tel Aviv, der die Verfolgung überlebt hat und – tatsächlich ein „happy end" – zum Schluss dort eine Frau sieht, die ihn an seine Freundin aus dem Ghetto erinnert und die es, dem Duktus der Erzählung nach, wohl auch ist. Auffällig ist zudem, dass beide Autoren einen Genderrollentausch vornehmen: Während sich die Autorin Karljin Stoffels in die Perspektive eines jungen Mannes hineinversetzt, wählt David Safier den Blick eines 17-jährigen Mädchens. Dies eröffnet beiden Autoren die Möglichkeit, dem Ausdruck zu geben, was sie für einen Inbegriff von Emotionalität halten – dem ersten sexuellen Erleben, das, jedenfalls im Buch von Safier, auch der Inbegriff von Glück ist. Nachdem es der Ich-Erzählerin Mira und ihrem Freund, dem Kämpfer Amos, gelungen ist, zu entkommen, schildert sie diese Szene, mit der das Buch endet: „Amos nahm mich in die Arme und küsste mich, und dabei war es ihm völlig egal, wie sehr ich immer noch stank. Bei diesem Kuss, auf dieser Waldlichtung, im warmen Licht der Sonne, wusste ich, was für ein Mensch ich für den Rest meines Lebens sein wollte: Ein Mensch, der lebt."[17] Vorher schon, in einer Szene mitten aus dem kämpfenden Ghetto, lässt sie wissen: „Und wir küssten uns, als hätten wir doch nicht für die zukünftigen Generationen gekämpft, sondern einzig und allein für diesen Kuss."[18]

Karlijn Stoffels hingegen scheut sich nicht, auf die Vermengung von Sexualität und Angst einzugehen: nicht nur, wenn sie aus der Ich-Perspektive taktvoll geschilderte Masturbationserfahrungen andeutet, sondern vor allem auch, wenn sie eine zum Teil beinahe als lustvoll geschilderte Vergewaltigung des flüchtigen Knaben durch ein begehrliches polnisches Bauernmädchen schildert:

> „Ihr rotes Gesicht ist direkt über meinem. Jetzt lacht sie nicht mehr, sondern atmet laut mit offenem Mund. Meine Nasenlöcher atmen Kohl und Zwiebeln ein. […] Kasia hält meine Schultern fest und reibt ich an mir. Jetzt hat sie mein Bein zwischen ihre Oberschenkel genommen und schiebt sich auf und ab."[19]

Zweck der heiklen Szene ist es, die Angst Mojsches zu demonstrieren, der befürchten muss, ob seines beschnittenen Penis als flüchtiger Jude identifiziert zu werden. Auch Safiers Ich-Erzählerin Mira steht kurz davor, von einem deutschen Soldaten, einem SS-Mann vergewaltigt zu werden – entgeht dem aber, da ein anderer Deutscher mit Anstand dazwischentritt:

> „Mit einem Male gab es etwas, vor dem ich noch mehr Angst hatte als vor dem Foltergefängnis. Der Fettwanst begutachtete mich von allen Seiten wie ein Stück Fleisch. [...] Ich hatte mich noch nie so hilflos, so erniedrigt gefühlt und solche Angst davor gehabt, noch mehr erniedrigt zu werden."[20]

Es fällt auf, dass sowohl bei Stoffels als auch bei Safier die Erfahrung aufgenötigter Sexualität als emotionaler Inbegriff dessen steht, was gemeinhin als „Trauma" bezeichnet wird. Das mag daran liegen, dass den Autoren und Autorinnen bewusst ist, dass die Ungewissheit und Angst vor Deportation und Ermordung in den Vernichtungslagern, die die realen Überlebenden verspürt haben, nicht reproduzierbar und vor allem heutigen Lesern nicht vermittelbar ist. Safier lässt eine Person, der es gelungen ist, aus Treblinka zu entkommen, berichten:

> „Die Menschen müssen sich ausziehen, wenn sie ankommen. Wer nicht schnell genug ist, wird ausgepeitscht. Und dann geht man nackt vorbei an den Bergen von stinkenden Leichen. Mit aufgedunsenen Körpern. Die schaffen es nicht, die Toten so schnell zu verbrennen oder in den Gruben zu verscharren, wie sie die Menschen vergasen."[21]

Während Safiers Heldin keine existenzielle Situation erspart wird – eine dilemmatische Liebe, die Erfahrung, einen anderen Menschen entweder selbst getötet zu haben oder Zeugin geworden zu sein, wie ein vermeintlich verräterisches Kind – ein jüdisches Kind – von den Ghettokämpfern erschossen wurde –, wird Stoffels Held Mojischele durch die bedrückende und unerträgliche Enge des Ghettos und die über allen lastende Angst geprägt, ohne dass, wie bei Safier, das Schlimmste, die industrielle Ermordung geschildert wird.

Subjektive Verstörung

Ich selbst erinnerte mich, als ich diesen Beitrag verfasste, daran, dass mir meine Mutter – sie tat das nicht oft – aus einem Buch vorlas, das *Jaap findet das gelobte Land*[22] heißt und die Geschichte eines Jungen erzählt, der in den Niederlanden die Schoa überlebt hat und dem es schließlich gelingt, nach Palästina auszuwandern. Es war das einzige Mal, dass meine Mutter, während sie vorlas, weinte. Ich lag im Bett, sie saß neben mir und die Tränen quollen aus ihren Augen. Sie war eine Überlebende – bis 1942 im von Deutschen besetzten Paris versteckt, gelang ihr im Sommer 1942 eine höchst beschwerliche und gesundheitsgefährdende Flucht über die Alpen in den Schweizer Kanton Genf, wo sie nicht zurückgeschickt wurde. Sie weinte beim Vorlesen und die Erinnerung daran motivierte mich, jenem Buch, das sie zu Tränen gerührt hatte, nachzugehen. Es wurde von Leonard de Vries verfasst, einem Juden, der in den Niederlanden überlebte und später erfolgreicher Jugendbuchautor wurde. Allerdings – und hier tritt meine Erinnerung in einen eigentümlichen Gegensatz zur dokumentierten Erzählung –: Leonard de Vries' Buch erschien auf Deutsch erst 1962, damals war ich 14 oder 15 Jahre alt. Ich kann mir bis heute nicht vorstellen, dass ich in diesem Alter im Bett lag, meine Mutter daneben saß und mir vorlas. Wenn überhaupt – so scheint es mir heute – muss dies ihr Wunsch gewesen sein. Die Sache beunruhigte mich sehr und ich beschloss, sie einem mir gut bekannten Buchhändler vorzutragen. Schnell stellte sich heraus, dass die mir bekannt gewordene Ausgabe die österreichische war – die deutsche erschien bereits 1958, ich war elf, und in diesem Alter las mir meine Mutter abends noch vor. Geweint hat sie freilich nur dieses eine, einzige Mal. Zwei Jahre später bekam ich zu meiner Bar Mitzva Leon Uris Roman *Exodus* geschenkt. Die Szenen des Auschwitzüberlebenden Dov Landau ließen mich einige Nächte nicht schlafen und bekräftigten meinen Beschluss, nach Abschluss der Schule Deutschland zu verlassen und nach Israel zu gehen.

Wie keine andere hat Katja Petrowskaja das Dilemma, aber auch die Prägung unserer, der Zweiten Generation, artikuliert, der es aufgegeben ist, diese Erfahrungen an dritte Generationen weiterzugeben. Mit ihren Worten will ich schließen, Worte, die der Erinnerung an ihren Großvater gewidmet sind:

> „Heute kommt es mir seltsam vor, dass wir ihn darüber nicht ausfragten, was ihm geschehen war, wir, die Kinder der siebziger Jahre, die vom Geist dieses Krieges durchtränkt waren, von diesem Krieg, der für uns die wichtigste Einführung in die Weltgeschichte war, einem Krieg, der die Erziehung der Gefühle einforderte, Verlust und Liebe, Freundschaft und Verrat, wir schöpften aus der nie versiegenden Quelle dieses Krieges."[23]

Anmerkungen

1 Vgl. Hobsbawm, Eric J.: Das Zeitalter der Extreme: Weltgeschichte des 20. Jahrhunderts, München u.a. 1995. – Snyder, Timothy: Bloodlands: Europa zwischen Hitler und Stalin, München 2011.
2 Petrowskaja, Katja: Vielleicht Esther, Berlin 2014, 30.
3 Trzebiner, Channah: Die Enkelin oder Wie ich zu Pessach die vier Fragen nicht wusste, Frankfurt a.M. 2013.
4 Doron, Lizzie: Warum bist du nicht vor dem Krieg gekommen?, Frankfurt a.M. 2006.
5 Ebd., 126.
6 https://sites.google.com/site/rbnextremely/home/author (letzter Zugriff 21. Februar 2017).
7 Vgl. Safran Foer, Jonathan: Alles ist erleuchtet, Köln 2003, 267f.
8 Vgl. „David Safier über seinen Roman ‚28 Tage lang'", auf: https://www.youtube.com/watch?v=f_4fXuAnSho (letzter Zugriff 13. März 2017).
9 „Aufstand im Warschauer Ghetto. Ein spannender, berührender Roman – Daniel Safiers Herzensprojekt", Gespräch mit Michael Töteberg, online auf: http://www.rowohlt.de/news/aufstand-im-warschauer-ghetto.html (letzter Zugriff 21. Februar 2017).
10 Vgl. Stoffels, Karlijn: Mojsche und Rejsele, Weinheim 1998.
11 Levine, Karen: Hanas Koffer, Ravensburg 2005.
12 Kacer, Kathy: Die Kinder aus Theresienstadt, Ravensburg 2003. – Dies.: Ediths Versteck. Die Geschichte des jüdischen Mädchens Edith Schwalb, Berlin 2008.
13 Kacer: Die Kinder aus Theresienstadt [FN 12], 221.
14 Kacer: Ediths Versteck [FN 12], 204.
15 http://www.postmemory.net/ (letzter Zugriff 21. Februar 2017).
16 Ebd.
17 Safier, David: 28 Tage lang, München 2014, 404.
18 Ebd., 312.
19 Stoffels: Mojsche und Rejsele [FN 10], 147.
20 Safier: 28 Tage lang [FN 17], 267.
21 Ebd., 196.
22 De Vries, Leonard: Jaap findet das gelobte Land, Frankfurt a.M. 1958.
23 Petrowskaja: Vielleicht Esther [FN 2], 229.

Eva Lezzi

Frakturen. Individuelle Erinnerung und öffentliches Gedenken

Schrift im öffentlichen Raum

Fraktur ist einerseits die Bezeichnung für einen Knochenbruch. Eine Knochenfraktur ist von außen häufig kaum erkennbar. Sie braucht feine technische Apparate wie Röntgengeräte, um verborgen unter der Muskulatur diagnostiziert werden zu können.

Fraktur bezeichnet andererseits eine Schriftart aus der Gruppe der gebrochenen Schriften. Sie war von Mitte des 16. bis Anfang des 20. Jahrhunderts die meistbenutzte Druckschrift im deutschsprachigen Raum.

Nicht nur Berlin-Touristen wundern sich gerne, dass das Schild der S-Bahnstation Berlin-Wannsee noch immer in Frakturschrift prunkt. Wie damals, wie zur Zeit der Wannseekonferenz. Auch mich irritiert diese Schrift, die heute im öffentlichen Raum vor allem von Neonazis genutzt wird. Und doch gefällt mir die Idee von Buchstaben, deren Bestandteile unterschiedlich dick sind, deren Einzelteile nicht regelmäßig verbunden sind, die sich bisweilen nur an einer einzigen schräg gestellten Spitze berühren. Als ob die Buchstabenwände Adern wären, durch die die Tinte nicht gleichmäßig fließen kann. Und schließlich erfahre ich, dass die Nazis diese Schrift im Januar 1941 untersagten; die Buchstaben galten (fälschlicherweise) als „Judenlettern".[1] Zwischen Verbot und Projektionsort wird die Schrifttype selbst zum Träger der Erinnerung, die offensichtlich Entzifferung und Kontextualisierung braucht.

Schrift als Text wiederum dient häufig explizit als Erinnerungsträger im öffentlichen Raum, so beispielsweise beim Memorial, welches auf einer großen schwarzen Tafel, bestehend aus zwölf übereinander gereihten Schildern, die Konzentrations- und Vernichtungslager der Nationalsozialisten aufzählt. Trostenez und Flossenbürg sind – ein Ergebnis historischer Forschungen – später hinzugefügt worden, erkennbar durch eine hellere Farbtönung der gelben Lettern. Darüber steht – selbstverständlich ebenfalls in lateinischen Buchstaben – die Mahnung: „Orte des Schreckens, die wir niemals vergessen dürfen".

Dieses 1967 errichtete Denkmal am Kaiser-Wilhelm-Platz in Berlin-Schöneberg kenne ich gut, bin, als ich in der Nähe gewohnt habe, häufig daran vorbeigegangen. Es steht auf einer kleinen Insel umtost vom Straßenlärm, kaum je beachtet von den Passanten, von den Kindern schon gar nicht, die sich an dem an gleicher Stelle im Boden eingelassenen Springbrunnen erfreuen. Ich suche Informationen zum Denkmal im Internet: Ach ja, stimmt, ein identisches findet sich am Wittenbergplatz.[2] Wie viele hundertmal bin ich daran vorbeigelaufen, nur um die Tafel kaum wahrzunehmen und stets aufs Neue zu vergessen? Und dies, obwohl mein Großvater fünf Jahre in zwei der genannten Lager, in Sachsenhausen und Auschwitz, verbracht hat.

Was mich hier interessiert – persönlich, wissenschaftlich, literarisch – sind solche Frakturen zwischen individueller bzw. familienbiografischer Erinnerung und ritualisiertem öffentlichen Gedenken. Es geht mir um die Prozesse des wechselseitigen Verfehlens, aber auch der wechselseitigen palimsestartigen Überschreibung und Abhängigkeit. Diese Prozesse berühren verschiedene erinnerungstheoretische Aspekte: das u.a. von Aleida Assmann reflektierte, spannungsreiche Verhältnis zwischen individueller Erinnerung und kulturellem Gedächtnis, das „Nebeneinander rivalisierender und alternativer Erinnerungen“[3], das Auseinanderklaffen von Erinnerungspolitik und individueller Emotion,[4] die Rolle von Symbolisierung, Repräsentation und Ästhetisierung sowie die Frage nach den komplexen Überlagerungen unterschiedlicher „jüdischer“ wie „deutscher“ Perspektiven und Positionen.[5] Inwiefern stellen sich entsprechende Fragen heute – angesichts eines wiederholten Generationenwechsels seit der Schoa und angesichts eines migrantischen Wanderns der Erinnerung zwischen verschiedenen kulturellen Kontexten – noch einmal neu?

Autobiografische Publikationen von Überlebenden

Das 2005 eröffnete *Denkmal für die ermordeten Juden Europas*, dessen Stelenfeld eine Fläche von ca. 19.000 m² umfasst, birgt unterirdisch einen weit kleineren „Ort der Information“, der historische Aufklärung und somit diskursive Zuschreibung leistet und dabei auch individuelle Biografien, Namen, Geschichten vorstellt. In einem Videoraum werden zudem autobiografische Erzählungen von Überlebenden gezeigt.[6] Die symbolische Architektur des Denkmals vollzieht eine horizontale Schichtung zwischen verborgenen individuellen Erfahrungen und sichtbarem öffentlichen Gedenkort, die gemeinsam zwar eine Einheit bilden und doch in klarer Struktur separiert bleiben. Das eigentlich bedeutungsoffene und subjektiv erfahrbare Stelenfeld steht somit für ein Erinnerungsmodell, dessen Materialität unverändert monumental bleibt – vollkommen unberührt jedenfalls vom Geschehen im eigenen Untergrund.[7]

Bei autobiografischen Schriften von Überlebenden hingegen bilden individuelle Erinnerungen und deren Verortung im öffentlichen Raum, deren „Veröffentlichung", eine Einheit. Dabei wird besonders deutlich, dass sich auch das individuelle Erinnern in zeitgenössisch verstehbare Diskursformationen fügen muss, um kommunizierbar zu bleiben. Literarisches Erinnern folgt zudem – bei aller Subjektivität – bestimmten Vorgaben des jeweiligen Genres. In den unmittelbaren Nachkriegsjahren hatte die Zeugenschaft der Überlebenden – angesichts des Völkermords sowie der Vernichtung von Dokumenten und Spuren durch die Nationalsozialisten – eine dokumentarische, historiografische, bisweilen eine ganz konkret juristische Intention. Spätestens seit den 1980er/1990er Jahren fand in der Autobiografik zur Schoa jedoch ein signifikanter Wechsel von dokumentarischen Narrativen der objektiven Zeitzeugenschaft hin zu ästhetischen Narrativen des subjektiven Erlebens statt.[8] Dabei reflektieren die AutorInnen häufig selbst den Prozess des Erinnerns und seine Implikationen auf den Umgang mit der Vergangenheit.

In ihrer 1992 publizierten Autobiografie *weiter leben. Eine Jugend* kreiert Ruth Klüger, eine jüdische Überlebende aus Wien und heutige amerikanische Literaturwissenschaftlerin, das Wort „Zeitschaft", um die Zeitgebundenheit von Erfahrung und Erinnerung auszudrücken. Mit diesem Begriff reflektiert sie die Diskrepanz zwischen ihren persönlichen Erinnerungen an Auschwitz und den öffentlichen Erinnerungsritualen im ordentlich instandgehaltenen musealen Ort Auschwitz:

> „Aber das KZ als Ort? Ortschaft, Landschaft, landscape, seascape – das Wort Zeitschaft sollte es geben, um zu vermitteln, was ein Ort in der Zeit ist, zu einer gewissen Zeit, weder vorher noch nachher."[9]

Obwohl die autobiografischen Schriften der Überlebenden mittlerweile von ihrer juristischen Funktionalität befreit sind, werden sie häufig im Sinne von authentischen *Holocaust Testimonies*[10] gerahmt und rezipiert. Ihre Publikation geht mit einem speziellen „autobiographischen Pakt"[11] einher, dessen Verletzung als besonders empörende Täuschung der Leserschaft empfunden wird. Dies hat beispielsweise die Enttarnung von Binjamin Wilkomirskis Erinnerungen als fiktiv verdeutlicht. Erschienen waren diese vermeintlich autobiografischen Erinnerungen an die eigene KZ-Haft 1995 unter dem Titel *Bruchstücke. Aus einer Kindheit 1939–1948.*[12] Bei aller berechtigten Kritik an

Wilkomirskis vielschichtigen Inszenierungen eines testimonial pacts, die bis zur larmoyanten Selbstverkörperung des Autors als Klezmer spielender jüdischer Überlebender führten,[13] hat mich seinerzeit auch der feuilletonistische Rundumschlag irritiert, der sich polemisch gegen Kindheitserinnerungen per se und vorauseilend gegen Erzählungen der kommenden Generationen richtete:

> „Jetzt, da diejenigen auszusterben beginnen, die die Katastrophe als Erwachsene erlebt haben, wenden sich die Interviewer und Lektoren den überlebenden Kindern zu. Bald werden wir dann auch Erzählungen von den Kindern der Überlebenden bekommen, und diese Nachkriegskinder werden die *Geschichte aus zweiter Hand* erzählen."[14]

Die hier vorgenommene Abwertung der Geschichten „aus zweiter Hand" impliziert eine unanfechtbare Überhöhung der Publikationen von (seinerzeit erwachsenen) Überlebenden als objektive „Urtexte". Etwas Vergleichbares passiert mit Hilfe von Hologrammen, die das Erzählen der Überlebenden filmisch festhalten und über deren Tod hinaus im 3-D-Format konservieren. Die Hologramme mögen zwar technisch innovativ sein, doch fehlt ihnen jegliche lebendige Interaktion mit den komplexen Anforderungen und Wirkungen der Gegenwart.[15] Dass selbst die Überlebenden die Erinnerung an den Holocaust verfehlen, hat Primo Levi mit seinem Essayband *Die Untergegangenen und die Geretteten*[16] eindrücklich reflektiert. Auch die Autobiografin Ruth Klüger ist sich dessen bewusst:

> „Wer schreibt, lebt. Der Bericht, der eigentlich nur unternommen wurde, um Zeugnis abzulegen von der großen Ausweglosigkeit, ist dem Autor unter der Hand zu einer ‚escape story' gediehen."[17]

Die Geschichten aus zweiter, heute zudem auch aus dritter Hand[18] werfen wiederum eigene Fragen auf. Wie lassen sich transgenerationelle Nachwirkungen des Holocaust heute noch öffentlich verhandeln bzw. literarisch evozieren, ohne sofort als Teil des deutschen und jüdischerseits gern mitgespielten *Gedächtnistheaters*[19], der internationalen *Holocaust Industry*[20] oder einer erschlichenen Opferposition[21] missdeutet zu werden? Wie verbinden sich die Prozesse und Inhalte des Erinnerns mit einer gänzlich neuen Alltagserfahrung und -situation?

Kindheitserinnerung: Schweiz

An dieser Stelle möchte ich eine eigene Kindheitserinnerung anfügen: Die Weihnachtsferien haben wir, eine schweizerische Familie, jeweils in unserem Ferienhaus in den Voralpen verbracht. Zu Besuch kamen die Großeltern aus Berlin. Sie wohnten in der unteren Wohnung. Meine Mutter und ihr Vater verschwanden abends in besagte Wohnung und führten die halbe Nacht hindurch schwierige Gespräche. Meine Mutter weinte viel dabei, und mein Großvater konnte danach nicht schlafen, so die Klage seiner zweiten Frau, meiner „Stiefgroßmutter".

Meine Mutter war mit drei Jahren kurz vor Kriegsausbrauch von Fluchthelfern (waren es „Schlepper" oder Angehörige einer politischen Hilfsorganisation? Worin liegt der Unterschied?) aus Berlin nach Frankreich gebracht worden und drei Jahre später schließlich in der Schweiz gelandet (nach einem erneuten illegalen Grenzübertritt, dieses Mal alleine, nach heutigem Jargon als UMF, als unbegleiteter minderjähriger Flüchtling), wo sie von einer Pfarrfamilie aufgenommen wurde. Für meine Mutter waren die Gespräche mit ihrem Vater von hoher Bedeutung. Sie wollte wissen, wie er die Kriegszeit überlebt hatte und unter welchen Umständen ihre Mutter 1940 in Berlin gestorben war. Zum Frühstück schwappten Fetzen dieser Gespräche über den Esstisch. Meine Mutter erzählte, was sie nachts vernommen hatte: „Selektion in Auschwitz. Dein Großvater hat realisiert, um was es ging. Also versuchte er besonders kräftig zu wirken. Sie mussten nackt an den Aufsehern vorbei im Kreis gehen. Dein Großvater ging sehr aufrecht mit herausgestreckter Brust."

Ich war zu der Zeit vielleicht acht oder neun Jahre alt. Hat meine Mutter wirklich gesagt, sie mussten nackt im Kreis gehen? Heute kommt mir dies seltsam vor. Aber ich erinnere es, weil sich sofort ein Bild einstellte. Ich sah die Manege des Zirkus Knie, das heißt des Schweizerischen Nationalzirkus, vor mir. Mein Großvater geht mit anderen Nackten im Kreis, muss sich den Zuschauern zeigen wie die Zirkuspferde oder die Zebras. Die runde Manege ist mit Sägespänen ausgelegt. Gerade diese Verdichtung aus zwei nicht zusammengehörenden Bildern – Auschwitz und Zirkus Knie – ist für mich persönlich sozusagen privater Garant für die Authentizität dieser Erinnerung. Historische Zeugenschaft leistet sie freilich nicht. Was das zusammengewürfelte Bild ausdrückt, ist die Inadäquatheit einer Auschwitz-Erzählung für ein Kind in der Schweiz, zumal eines, das ohne Anbindung an eine jüdische Gemeinschaft aufwächst. Auch ein innerfamiliäres Sprechen über meine eigenen Gefühle und Vorstellungen angesichts der unheimlichen Gespräche im Erdgeschoss blieb unvorstellbar.

Das Schicksal von Juden während der Zeit des Nationalsozialismus oder das damalige ambivalente Agieren der Schweiz tauchte im innerschweizerischen öffentlichen Diskurs erst Ende der 1970er Jahre punktuell auf – etwa bei der Ausstrahlung von Filmen wie *Holocaust* (1979) oder *Das Boot ist voll* (1980).[22] Eine Form von spezifisch schweizerischem „Gedächtnistheater" erfolgte schließlich mit der (vorerst) enthusiastischen Rezeption von Wilkomirskis Buch *Bruchstücke*, welches unter anderem einen sehr kritischen Blick auf die Schweiz der Kriegs- und Nachkriegsjahre wirft.[23] Doch wie gesagt: Das Buch – ein Fake! Welch eine Erleichterung für die Schweizer!

Wie weit entfernt die Schweiz von jeder Form eines ritualisierten Gedenkens hinsichtlich des Holocaust bis in die späten 1990er Jahre (im Übrigen bis heute) blieb, zeigte sich im Kontext der Affäre um die sogenannten nachrichtenlosen Vermögen der Schweizer Banken, die diese unter anderem den Opfern der Nationalsozialisten verdankten und – qua Bankgeheimnis – einbehielten.[24] Im Zuge dieser Affäre wurde die problematische Rolle der Schweiz während der NS-Zeit schließlich durch die 1997 ins Leben gerufene *Unabhängige Expertenkommission Schweiz – Zweiter Weltkrieg* (UEK) aufgearbeitet, die als Ergebnis ihrer fünfjährigen Wirkungszeit unter anderem 25 Bände mit thematischen Schwerpunkten etwa zur Flüchtlingspolitik oder zu wirtschaftlichen Verflechtungen zwischen der Schweiz und dem sogenannten Dritten Reich vorlegen konnte. Das Erinnern in der Schweiz bzw. die Erinnerungsaufforderung an die Schweizer blieb so jedoch an das antisemitische Klischee des reichen und „geldgierigen" Juden gebunden. Eine irritierende Tatsache für jüdische Überlebende, die (während oder nach der Schoa) in der Schweiz Zuflucht gefunden hatten und in ihren ebenfalls in den späten 1990er Jahren entstandenen Oral History Aufzeichnungen auch daher ein ambivalentes Bild der Schweiz wachrufen.[25]

Erinnern im Gedichtraum

Anders als in der Autobiografie fügen sich individuelle Erfahrungen und Erinnerungen in der Lyrik nicht in ein lebensgeschichtliches Narrativ ein. Dennoch können sie für LyrikerInnen selbstverständlich eine wichtige Rolle spielen und verdichtet das Sprachmaterial selbst durchdringen. Die beiden AutorInnen Esther Dischereit und Max Czollek haben sich sowohl in ihrer Lyrik als auch in prosaischen Texten mit ihrer subjektiven, angesichts einer nichtjüdischen deutschen Öffentlichkeit häufig als jüdisch markierten Erzählposition auseinandergesetzt. Ihre Literatur bietet unter anderem eine Kommentierung von Gedenkritualen im Deutschland des 21. Jahrhunderts und formuliert dabei Positionen, die nicht zuletzt aufgrund ihrer Gegensätzlichkeit aufschlussreich sind.

In Esther Dischereits 2007 publiziertem Gedichtband *Im Toaster steckt eine Scheibe Brot*, dessen Titel programmatisch eine unverfängliche Alltagssprache verwendet, finden sich zwei Gedichte, die einerseits die Unmöglichkeite des persönlichen Gedenkens an öffentlichen Erinnerungsorten Berlins und andererseits die Achtlosigkeit bzw. sogar die gezielte Störung von Gedächtnisritualen und Gedenkmöglichkeiten seitens der Majoritätsgesellschaft in Szene setzen. *Ich renne über die Putlitzer Brücke* spielt am Ort des 1987 errichteten *Deportationsmahnmal Putlitzbrücke*, wobei dieses nur indirekt und ausschnitthaft Erwähnung findet. De facto ragt das Mahnmal als abgebrochene Treppe weit in den Himmel; im Gedichtraum bleibt der Blick nach unten gesenkt: „An den Seitenrändern / der Stele sieht es nach Kotze aus“[26]. Von Interesse ist insbesondere die niedrige Bodenplatte, auf der sich unmögliche oder vergebliche Gedenkrituale abspielen. Eine einzelne unbekannte Frau bringt Kerzen, Steine, Blumen, die „später heruntergeweht / auf den Asphalt“[27] werden, ausgepustet, geklaut, vom Wind, von Menschen. Das Gedicht endet im Potentialis, in der Imagination eines eigenen Gedenkrituals durch das lyrische Ich. Ausgedrückt im Inidikativ und somit gewiss ist nur die Aktion des Windes, der auch dieses Gedenkzeichen wegwischen wird.

> ich könnte auch eine Blume
> dorthin legen, das könnte ich
> oder einen kleinen Stein
> oder ein weißes Papier
> das der Wind ins Maul nimmt[28]

Die individuellen Gedenkrituale bleiben für die im Gedicht vorbeieilenden Passanten ebenso unsichtbar wie die Revenants, die stets aufs Neue durch die „Streben des Geländers“[29] auf die Gleise fallen. Auch im Gedicht *Plötzensee Strand* finden Alltag und Erinnerung, Strandbad und Gedenkstätte, nicht zueinander.

> paar Wege weiter
> wurden sie hingerichtet
> die vom 20. Juli und andere
> gepflegt ist es hier

Tretboote und Ruderboote
im Sonntagsverleih[30]

Sie scheinen fein säuberlich getrennt – die unter der Woche zurückkehrenden Hingerichteten und die heutigen Menschen, die am selben Ort am Wochenende ihre Entspannung suchen –, und doch irritiert plötzlich die Sprache: Die vergnügt Badenden springen nicht von einer Mauer, wie es der Umgebung entspräche, sondern „von der steinernen Wand"[31], einem idealen Ort mithin für Erschießungskommandos. Das Gedicht misstraut der Idylle und dem Alltagsgeplänkel der Wochenendgäste.

Die 1952 in Heppenheim geborene Autorin Esther Dischereit, eine Angehörige der sogenannten zweiten Generation, sieht immer noch (oder schon wieder) einen Dissens zwischen der literarischen Thematisierung des Holocaust und dem Begehren der Majoritätsgesellschaft, die sich – ihrer Meinung nach – nach Vergessen sehnt. Ihre Literatur klagt an: „Als würde ich in ein Vakuum schreien ... Ich stehe da als Jüdin herum, wie eine von gestern, eine, die immer noch meckert, obwohl Deutschland längst keine Täter mehr hat, sondern nur noch deren Kinder, denen es nach Aufklärung und Toleranz gelüste..."[32]

Max Czollek, 1987 in Berlin geboren, versteht sich hingegen als Teil einer jungen Szene von AutorInnen, die sich neu positioniert – auch gegenüber der Vergangenheit. In seinem Text *DESINTEGRATION. Ein Manifest* (2017) erfolgt eine gegenteilige Einschätzung der „deutschen Dominanzkultur". Czolleks Impetus richtet sich hier gegen die „Übernahme der Judenrollen im Gedächtnistheater": Juden sollen sich nicht mehr als „Opfer" festschreiben lassen, sondern sichtbar werden in „jüdischer Vielfalt"[33] – so auch die Zielrichtung des von ihm und Sasha Marianna Salzmann 2016 ins Leben gerufenen Desintegrations-Kongresses zu „zeitgenössischen jüdischen Positionen".[34]

Czolleks Lyrikbände, beide noch vor dem Desintegrations-Kongress erschienen, sind dennoch durchwoben von Worten wie Gas, Stern, Rauch, Bahnsteig, Schienen, Seife, Dusche, Asche, Buchenwald und Lastwagen, deren Assoziationspotenial mit Bedacht den Gedichtraum durchdringt. Deutsche Romantik und Holocaust stoßen hier aufeinander, wobei die vergangenen Verbrechen die tradierten Worte neu codiert haben. Im Gedichtzyklus *Von der Wiederkehr* aus dem 2015 publizierten Band *Jubeljahre* heißt es:

wir summen: *der wald steht still und schweiget, und*
aus den wiesen steiget, der weiße nebel wunderbar.

der wald, der freundlich schweigende deutsche
wald und seine einmalige vielfalt: birkenwald,
eichenwald, buchenwald, VERDAMMT aus den
wiesen steigt nebel, wunderbar weißer rauch,
VERDAMMT[35]

Die Sprache hält die Erinnerung gefangen, lässt sie nicht entweichen, zugleich jedoch engt die Erinnerung ihrerseits die Sprache ein, reduziert bestimmte Worte auf einen einzigen Kontext, einen bereits vorgegebenen Inhalt. Ein poetologisch offeneres Modell des Erinnerns bietet der Topos von den „weißen Fotos", den Czollek im gleichen Zyklus ein Gedicht später aufruft:

also hocken wir an übergängen und halten
zwischen lastwagen den kopf in die luft. eigent-
lich haben wir immer noch nichts in der hand,
außer einem album voller weißer fotos. erinnerung
an dinge, die wir nicht erlebt haben[36]

Die „weißen Fotos" sind als Erinnerungsträger noch vorhanden, können jedoch nicht mehr konkret ausbuchstabiert werden. Die Dinge, die die folgenden Generationen „nicht erlebt haben", umfassen 70 Jahre nach Kriegsende weit mehr als die Schoa.

Beide, Czollek wie Dischereit, führen in ihren Publikationen auch eine Auseinandersetzung mit religiösen Formen des Erinnerns, die eine Verbindung in die Zeit vor der Schoa suchen. In Dischereits Lyrik wird jüdische Tradition höchstens gebrochen evoziert. In ihrem Gedichtzyklus *Jüdische Renaissance* (1996) beschreibt sie den schwierigen Versuch des lyrischen Wir, eine religiöse Tradition wenigstens stückweise zu erlernen und erproben:

Wir wolln ein bißchen Aleph
und wolln die Mazze brechen
spielen Mütter, Urgroßväter
die haben wir nicht gesehen
sind nicht die Kinder von
wem und von woher[37]

In Czolleks Gedichtzyklus מאור עיניים *Me'or Eynaim* (2015), zu übersetzen etwa als „Augenleuchte", findet das lyrische Ich hingegen familiäre Geborgenheit – und sei sie imaginär – in der Vergegenwärtigung der lurianischen Kabbala, deren Entstehen bekanntermaßen ins 16. Jahrhundert zurückreicht:

> da legte luria seine hand auf mein haar
> war vater zum shabbat
> und ich wusste alle geschwister neben mir
> und wir wurden efrajim und menashe
> sarah, rivka, rachel und leah[38]

Jenseits (diesseits?) der Trauer um ihren Verlust durch die Schoa bietet die jüdische Tradition diesem lyrischen Ich eine Möglichkeit der Anknüpfung sogar an die „eigene Ahnenreihe"[39]. Der Zyklus *Me'or Eynaim* ist kontemplativ: ungestört von allfälligen öffentlichen Gedenkritualen, losgelöst aber auch vom Wir einer gegenwärtigen jüdischen Gemeinschaft, versenkt sich das lyrische Ich nachvollziehend in die Tradition.

Vielfalt jüdischen Erinnerns

Eine weitere Öffnung des jüdischen Erinnerungsdiskurses zeigt sich in den Publikationen von jüdischen AutorInnen aus der ehemaligen Sowjetunion.[40] In ihren deutschsprachigen Prosatexten, die im Zentrum der folgenden abschließenden Überlegungen stehen, bezieht sich der Prozess der Erinnerung unter anderem auf die zurückgelassene sowjetische Welt, die unterschiedlichen Stationen der eigenen Migrationsgeschichte[41] oder das Ankommen in *Germanija*[42]. So die Schoa überhaupt thematisiert wird, setzt sich auch in diesen Texten das subjektive Erinnern in ein Verhältnis zu öffentlichen Manifestationen des Gedenkens. In den Romanen von Olga Grjasnowa (geb. 1984 in Baku) und Katja Petrowskaja (geb. 1970 in Kiew), die hier paradigmatisch als zwei unterschiedliche „postsowjetische" Erinnerungsmodelle aufgerufen werden, sind die evozierten Gedenkrituale und -diskurse meist verschoben in kulturelle Kontexte, die außerhalb Deutschlands liegen.

Die mit autofiktionalen Elementen durchsetzten Romane von Olga Grjasnowa lesen sich wie postmoderne road stories, in denen die jeweilige Ich-Erzählerin durch verschiedene, jüdische wie nichtjüdische, stets vielfach gemischte Kulturen und Identitäten treibt. Traumatische Erfahrungen dieses Ichs wurzeln nicht im Holocaust, sondern im Tod des Geliebten oder in kriegerischen Auseinandersetzungen in Baku und Bergkarabach. In *Der Russe ist einer, der Birken liebt* (2012) strandet die Ich-Erzählerin Mascha Kogan schließlich in Israel und wird mit der Fluchtgeschichte der Großmutter während der Nazi-Zeit konfrontiert. Diese innerfamiliär tradierte Erinnerung lehnt Mascha als bekannt und langweilig ab, das öffentliche Holocaustgedenken problematisiert sie als missbrauchbar für ideologische Zwecke:

> „Schließlich sagte sie [Tante # 13], dass sie eigentlich vorhatte, mir und Hannah von der Flucht meiner Großmutter vor den Deutschen zu erzählen.
> Ich beeilte mich zu sagen, dass ich die Geschichte schon kannte, denn ich befürchtete, nie mehr von Yad Vashem fortzukommen.
> […]
> ‚Wir dürfen nichts vergessen', sagte Tante # 13.
> ‚Natürlich nicht', sagte ich. ‚Allerdings reicht das alleine nicht.'
> ‚Wie meinst du das?', fragte Hannah.
> ‚Selbst die fanatischsten Siedler gedenken des Holocaust', sagte ich.
> ‚Ich bin auch eine Siedlerin', sagte Tante # 13.
> Ich biss mir auf die Zunge."[43]

Hier brechen der Disput und die kurze Szene ab. Der Leser, die Leserin erfährt die Geschichte von Maschas Großmutter nicht, das Thema Holocaust wird nicht wieder aufgenommen. Ein familiäres Erinnern an den Holocaust soll nicht darüber hinwegtäuschen, dass dieses Erinnern in politischen Konstellationen verortet ist. Im Zentrum des Romans bleiben die gegenwärtigen Bemühungen Maschas, mit ihrer eigenen Situation zurecht zu kommen, ihre Kindheitserinnerungen an den Krieg in Baku und ihre Ortlosigkeit in der Gegenwart. Der Roman endet irgendwo auf einem Feld in der Westbank, in der Nähe des Flüchtlingslagers Jenin.

Katja Petrowskaja unternimmt mit ihrem Buch *Vielleicht Esther* (2014) den umgekehrten Versuch, nämlich den Spuren ihrer jüdischen Vorfahren minutiös nachzugehen, deren Leben aus Erzählungen, Gerüchten, Vermutungen und Archivmaterial zu rekonstruieren und dabei in besonderer Weise der Opfer des Holocaust zu gedenken. *Vielleicht Esther* trägt zwar den Untertitel „Geschichten", ist jedoch – anders als Grjasnowas Roman – dezidiert autobiografisch angelegt. Metafiktionale Elemente erhält dieser Roman insofern, als die Imagination an denjenigen Stellen explizit einspringt, die sich nicht rekonstruieren lassen. „Vielleicht Esther" wird zum Namen der Urgroßmutter der Ich-Erzählerin. Vielleicht Esther blieb in Kiew, als dem Rest der

Familie 1941 die Flucht gelang, und wurde in Babij Jar erschossen – ohne dass es hierfür Zeugen gäbe. Die Evakuierung des Vaters und seiner Eltern konnte gelingen, weil ein Fikus, ein Baum im Topf, vom Lastwagen gehievt wurde, um der Familie Platz zu machen. So will es die Erinnerung der Autorin, wobei sich der Vater selbst nicht mehr an diese einst von ihm tradierte Episode erinnern kann: „Gab es den Fikus, oder ist er eine Fiktion? Wurde die Fiktion aus dem Fikus geboren – oder umgekehrt?“[44]

Das offizielle Gedenken in der UdSSR und somit auch in der Ukrainischen Sozialistischen Sowjetrepublik, in der die Ich-Erzählerin ihre Kindheit verbrachte, galt nicht Babij Jar, sondern dem Großen Vaterländischen Krieg, den gefallenen Soldaten, dem 9. Mai als Tag des Sieges und den Veteranen. In ihrer Kindheit fanden die Ich-Erzählerin und ihre Freundinnen Gefallen daran, bei diesem Erinnern aktiv mitzuwirken. Zugleich schildert Petrowskaja, welche gegenläufigen Diskurse im Schatten der staatlich verordneten Erinnerung nicht aufkommen sollten: die Erinnerung an die eigenen jüdischen Verwandten, die Erinnerung an russische Kriegsgefangene[45] sowie kritische Debatten über den in den 1980er Jahren gegenwärtigen Krieg in Afghanistan, jenen „anderen Krieg, […] den wir trotz der täglichen Verluste nicht wahrnehmen durften“[46].

In ihrer Überlagerung von unterschiedlichen Erinnerungsnarrativen und -kontexten belässt es Petrowskaja nicht bei der Kritik an der Erinnerungspolitik der ehemaligen Sowjetunion, sondern verweist auch auf Lücken im westlichen Gedächtnis. Der Holocaust lässt sich nicht nur unter der in Deutschland vertrauten Chiffre Auschwitz fassen, die „Orte des Schreckens“ waren in der UdSSR andere. Im Kapitel *Babij Jar* erinnert Petrowskaja an das Massaker, bei dem an nur zwei Tagen über 30.000 Juden aus Kiew und Umgebung erschossen wurden.[47] Babij Jar konfrontiert in Deutschland viele mit dem eigenen Unwissen, obwohl wir doch Weltmeister des Erinnerns sind. In Petrowskajas Buch heißt es lakonisch: „Meinen Sie Baby Jahr?, hatte mich die Bibliothekarin in Berlin gefragt, als ich mich nach Büchern erkundigte.“[48]

Ähnlich wie Ruth Klüger analysiert Petrowskaja die Bedeutung des konkreten Ortes für das Erinnern und Gedenken:

> „Bleibt ein Ort derselbe Ort, wenn man an diesem Ort mordet, sprengt, aushebt, verbrennt, mahlt, streut, schweigt, pflanzt, lügt, Müll ablagert, flutet, ausbetoniert, wieder schweigt, absperrt, Trauernde verhaftet, später zehn Mahnmale errichtet,

> der eigenen Opfer einmal pro Jahr gedenkt oder meint, man habe damit nichts zu tun?“[49]

Erinnerung ist einerseits gebunden an Orte und doch auch an diesen Orten nicht zugänglich. Andererseits greift die Erinnerung auch dann nicht, wenn man sie einem einzelnen Namen wie „Auschwitz“ überantwortet und diesen im Rahmen eines Denkmals in neuer Umgebung ausstellt. Erinnerung ist subjektiv und doch auch angewiesen auf öffentliche Diskurse, in die hinein sie ihre eigene Fremdheit entlässt. Erinnerung ist politisch und braucht gerade deswegen die Infragestellung durch persönliche Narrative. Erinnerung verlangt Imagination und aktive Auseinandersetzung, um die Zeitkluft in die Vergangenheit überwinden zu können, und Schutz vor der Imagination, um die Gegenwart nicht zu verlieren.

Anmerkungen

1 Vgl. Reibold, Janina: „Verbot der Frakturschriften durch die Nationalsozialisten", in: *un!mut. Zeitschrift an der Uni Heidelberg*, 206. Heft, Juli 2010, online auf: www.uni-heidelberg.de/unimut/themen/fraktur-verbot.html (letzter Zugriff 8. Februar 2017).

2 Siehe www.gedenktafeln-in-berlin.de/nc/gedenktafeln/gedenktafel-anzeige/tid/konzentrations-und/ (letzter Zugriff 5. April 2017)

3 Burke, Peter: „Geschichte als soziales Gedächtnis", in: Assmann, Aleida; Harth, Dieter (Hg.): Mnemosyne. Formen und Funktionen der kulturellen Erinnerung, Frankfurt a.M. 1991, 337–355, hier 339.

4 Zuckermann geht noch einen Schritt weiter, indem er festhält, dass das offizielle Zeremoniell als hegemoniales das Individuum der „Intimität seines Verlustgefühls" enteignen kann. Zuckermann, Moshe: Gedenken und Kulturindustrie. Ein Essay zur neuen deutschen Normalität, Berlin u.a. 1999, 86.

5 Vgl. Jureit, Ulrike; Schneider, Christian: Gefühlte Opfer. Illusionen der Vergangenheitsbewältigung, Stuttgart 2010. – Bodemann, Y. Michal: In den Wogen der Erinnerung. Jüdische Existenz in Deutschland, München 2002.

6 Dem Videoarchiv gehören auch Aufzeichnungen aus dem in den 1990er Jahren von Cathy Gelbin und mir begründeten *Archiv der Erinnerung. Interviews mit Überlebenden der Shoah*, situiert am *Moses Mendelssohn Zentrum für europäisch-jüdische Studien*, an. Interviews aus dem hauseigenen Projekt *Sprechen trotz allem. Lebensgeschichtliche Interviews der Stiftung Denkmal für die ermordeten Juden Europas* sind online einsehbar: www.sprechentrotzallem.de (letzter Zugriff 2. März 2017).

7 Erst als Bild in andere Kontexte versetzt entwickelt das Monument eine neue (nicht mehr kontrollierbare) Beweglichkeit. Siehe hierzu die Debatten um das umstrittene Projekt „Yolocaust" des Künstlers Shahak Shapira.

8 Vgl. hierzu: Lezzi, Eva: Zerstörte Kindheit. Literarische Autobiographien zur Shoah, Köln u.a. 2001.

9 Klüger, Ruth: weiter leben. Eine Jugend, Göttingen 1992, 78.

10 Vgl. hierzu u.a. Trezise, Thomas: Witnessing Witnessing. On the Reception of Holocaust Survivor Testimony, New York 2013.

11 Lejeune, Philippe: „Der autobiographische Pakt", in: Niggl, Günter (Hg.): Die Autobiographie. Zu Form und Geschichte einer literarischen Gattung, Darmstadt 1989, 214–257.

12 Wilkomirski, Binjamin: Bruchstücke. Aus einer Kindheit 1939–1948, Frankfurt a.M. 1995.

13 Vgl. hierzu Ganzfried, Daniel: ... alias Wilkomirski. Die Holocaust-Travestie. Enthüllung und Dokumentation eines literarischen Skandals, Berlin 2002.

14 Lau, Jörg: „Ein fast perfekter Schmerz. Die Affäre um Binjamin Wilkomirski zieht weite Kreise: Darf man Erinnerungen an den Holocaust erfinden?", in: *Die Zeit*, Nr. 39, 17. September 1998. Hervorhebung d. Verf.

15 Vgl. hierzu Körte-Braun, Bernd: „Erinnern in der Zukunft. Frag das Hologramm", in: *Yad Vashem E-Newsletter für die deutschsprachigen Länder*, online auf: www.yadvashem.org/yv/de/education/newsletter/10/article_korte.asp (letzter Zugriff 2. März 2017).

16 Levi, Primo: Die Untergegangenen und die Geretteten, München; Wien 1990 [I sommersi e i salvati, Turin 1986].

17 Klüger, weiter leben [FN 9], 139.

18 Vgl. beispielsweise Trzebiner, Channah: Die Enkelin oder Wie ich zu Pessach die vier Fragen nicht wusste, Frankfurt a.M. 2013.

19 Bodemann, Y. Michal: Gedächtnistheater. Die jüdische Gemeinschaft und ihre deutsche Erfindung, Hamburg 1996.

20 Finkelstein, Norman G.: Die Holocaust-Industrie. Wie das Leiden der Juden ausgebeutet wird, München 2001 [The Holocaust Industry, London 2000].

21 Vgl. Finkielkraut, Alain: Der eingebildete Jude, München; Wien 1982 [Le Juif imaginaire, Paris 1980].

22 Chomsky, Marvin J.: Holocaust – Die Geschichte der Familie Weiss, Deutschland 1979 [Holocaust, USA 1978, vierteilige TV-Serie]. – Imhoof, Markus: Das Boot ist voll, Schweiz 1980.

23 Vgl. hierzu: Lezzi, Eva: „‚Tell zielt auf ein Kind'. Wilkomirski und die Schweiz", in: Diekmann, Irene; Schoeps, Julius H. (Hg.): Das Wilkomirski-Syndrom. Eingebildete Erinnerungen, oder: von der Sehnsucht, Opfer zu sein, Zürich 2002, 180–214.

24 Vgl. hierzu u.a. Bonhage, Barbara; Lussy, Hanspeter; Perrenoud, Marc: Nachrichtenlose Vermögen bei Schweizer Banken. Depots, Konten und Safes von Opfern des nationalsozialistischen Regimes und Restitutionsprobleme in der Nachkriegszeit, Zürich 2001 (Veröffentlichungen der UEK 15).

25 Vgl. Gross, Raphael; Lezzi, Eva; Richter, Marc R. (Hg.): „Eine Welt, die ihre Wirklichkeit verloren hatte..." Jüdische Überlebende des Holocaust in der Schweiz, Zürich 1999. Zum Klischee des „geldgierigen Juden", das mehrere InterviewpartnerInnen erwähnen, siehe u.a. ebd., 184.

26 Dischereit, Esther: „Ich renne über die Putlitzer Brücke", in: Dies.: Im Toaster steckt eine Scheibe Brot, Berlin 2007, 122–126, hier 124.

27 Ebd., 125.

28 Ebd., 126.

29 Ebd., 122.

30 Dischereit, Esther: „Plötzensee Strand", in: Dies.: Im Toaster steckt eine Scheibe Brot [FN 26], 80f., hier 80.

31 Ebd.

32 Dischereit, Esther: Gibt es ein jüdisches Schreiben? Festrede zur feierlichen Eröffnung von DAGESH. KunstLAB ELES, Rheinsberg 2016, online unter: http://www.dagesh.de/downloads/ELES_DAGESH_Infoheft_WEB.pdf (letzter Zugriff 23. März 2017).

33 Czollek, Max: „DESINTEGRATION. Ein Manifest", in: Brumlik, Micha u.a. (Hg.): *Jalta. Positionen zur jüdischen Gegenwart*, Ausgabe 01: SELBST-ERMÄCHTIGUNG (Heftverantwortliche: Peaceman, Hannah; von Haselberg, Lea), 2017, 121–123, hier 121f. – Siehe auch Czolleks Beitrag *#Auschwitz. Gedächtnistheater und neue Juden* im vorliegenden Band.

34 Desintegration. Ein Kongress zeitgenössischer jüdischer Positionen, kuratiert von Max Czollek und Sasha Marianna Salzmann, Maxim Gorki Theater Berlin, 6.–8. Mai 2016.

35 Czollek, Max: Jubeljahre, Berlin 2015, 60.
36 Ebd., 61.
37 Dischereit, Esther: „Jüdische Renaissance I", in: Dies.: Als mir mein Golem öffnete. Gedichte, Passau 1996, 9. Vgl. hierzu Lezzi, Eva: „Auf der Suche nach dem verlorenen Gott. Religiöse Fragen in der deutsch-jüdischen Lyrik des 20. Jahrhunderts", in: Faber, Richard; Renger, Almut-Barbara (Hg.): Religion und Literatur. Konvergenzen und Divergenzen, Würzburg 2017, 177–203.
38 Czollek: Jubeljahre [FN 35], 71.
39 Ebd., 69.
40 Vgl. hierzu u.a. die Beiträge von Ljudmila Belkin, Karen Körber und Yana Lemberska im vorliegenden Band.
41 Besonders prägnant: Vertlib, Vladimir: Zwischenstationen. Roman, Wien 1999.
42 Belkin, Dmitrij: Germanija. Wie ich in Deutschland jüdisch und erwachsen wurde, Frankfurt a.M. 2016.
43 Grjasnowa, Olga: Der Russe ist einer, der Birken liebt. Roman, München 2013 [2012], 193.
44 Petrowskaja, Katja: Vielleicht Esther. Geschichten, Berlin 2014, 219.
45 Vgl. ebd., 231: „Unsere Kriegsgefangenen waren vom Großen Vaterländischen Krieg ausgeschlossen und aus der Erinnerung getilgt."
46 Ebd., 23.
47 Zum historischen Hintergrund siehe: Hamburger Institut für Sozialforschung (Hg.): Verbrechen der Wehrmacht. Dimensionen des Vernichtungskrieges 1941–1944. Ausstellungskatalog, Gesamtredaktion: Ulrike Jureit, Redaktion: Christoph Bitterberg, Jutta Mühlenberg, Birgit Otte, Hamburg 2002.
48 Petrowskaja: Vielleicht Esther [FN 44], 183.
49 Ebd., 183f.

Uffa Jensen

Von alten Jungen und jungen Alten. Wie Erinnerung generationelle Gemeinschaften schafft

Mit ihrem Buch *Trümmerkindheit* wollte die Publizistin und Kommunikationsberaterin Kathleen Battke Kriegskinder und Kriegsenkel bei deren „Erinnerungsarbeit und biografische[m] Schreiben" anleiten, wie der Untertitel verkündete. Battke, die ihr Wissen auch auf Workshops für kreatives autobiografisches Schreiben vermittelte, verglich ihr Unterfangen mit dem „Schuttabtragen" der Archäologen:

> „Die Mauern, die auf diesen Trümmern um die verletzten Seelen herum hochgezogen worden waren, die nun eher einengten als dass sie schützten, wollten wir Stein für Stein abtragen helfen. Und aus den Steinen dieser Mauern würden wir gemeinsam, nachdem wir sie gründlich abgeklopft und geputzt und geflickt und die unbrauchbaren aussortiert hätten, Wege in eine hellere Zukunft legen."[1]

Als selbstidentifiziertes Mitglied der Kriegsenkelgeneration hoffte Battke zudem, dass aus einer solchen Erinnerungsarbeit „Generativität" entstehen sollte: „dass die Kriegskinder aus dem gehobenen Erfahrungsschatz ihrer Generation noch einmal eine ganz neue Qualität gesellschaftlicher Verantwortung würden aktivieren können"[2]. Der Zusammenhang zwischen Generation und Erinnerung leuchtete hier kurz auf, schien aber so selbstverständlich in die Argumentation eingebaut, dass suggeriert wurde, dass das Schreiben der eigenen Biografie zu einem bestimmten Zeitpunkt, mithin eine spezifische Erinnerungspraktik, quasi automatisch zu einem kollektiven Selbstverständnis einer Alterskohorte führe. Wie konnte dieser Zusammenhang so selbstverständlich werden und wie funktioniert er genau? Welche Erinnerungsformen führten zu Battkes Generativität und wie?

Battkes Buchveröffentlichung stand in unmittelbarem Zusammenhang mit einer viel umfangreicheren Debatte über Kriegskinder und Kriegsenkel, die zu Beginn des 21. Jahrhunderts in Westdeutschland ausbrach.[3] Dabei ging es um die Erinnerung an den Zweiten Weltkrieg und seine Folgen für deutsche, nichtjüdische Familien, wobei überall die Grundannahme artikuliert wurde, dass aus dieser gemeinsam erinnerten Vergangenheit neue Vergemeinschaftungen wie Generationen entstehen würden. Zugleich stand diese Auseinandersetzung in einem komplexen, spannungsreichen Wechselverhältnis zu den Debatten über jüdische Erinnerung an Krieg und Holocaust, die sich bereits bis in die 1960er Jahre zurückverfolgen lassen und die vor allem seit den 1980er Jahren Generationsbezüge aufwiesen. Gleichwohl schwangen in all diesen Diskussionen Anleihen bei der Generationsrede und -theorie mit, wie sich vor allem seit dem frühen 20. Jahrhundert entwickelt hatte.[4]

Geteilte Zeitheimat und soziologische Gemeinschaften

Wie aus Erinnerungen generationelle Gemeinschaften entstehen können, dafür existieren zwei Modelle, die sich allerdings nur idealtypisch unterscheiden lassen. Das erste basiert auf der Idee einer geteilten Zeitheimat, wobei oft soziologisch argumentiert wird. Grundlegend war dafür Karl Mannheims Habilitationsvortrag von 1928: *Das Problem der Generation*[5]. Durch das gemeinsame Erleben entsteht – so die Annahme – innerhalb einer Alterskohorte eine Generation: Nicht zuletzt der zeitgenössische Hintergrund des Ersten Weltkriegs als erfahrungsprägendes Erlebnis ließ die Annahme einleuchtend erscheinen, dass Altersgenossen gemeinsame Formen des Verhaltens, Denkens und Fühlens entwickeln, mithin ein „innerliches Identisch-Bestimmtsein“[6], wie es Mannheim nannte. Auch wenn dies nicht zwangsläufig der Fall sein muss, so ist dieses Modell von Generation oft an politische Entwicklungen und Großereignisse gekoppelt, deren Erfahrungsprägung für Kollektive als besonders groß eingeschätzt wird.[7] Ebenfalls funktionierte diese Vergemeinschaftungsform, die auf den ersten Blick rein soziologisch zu argumentieren scheint, zugleich als eine politische Selbstermächtigung, so dass die (zumeist männlichen) Mitglieder einer solchen Generation für sich eine politische Mission reklamieren.[8] In diesem Sinne einer Verschränkung von soziologischer und politischer Argumentation war die 68er Generation für dieses Modell heroischer Generationalität geradezu klassisch.[9]

Populär wurden derartige Generationszuschreibungen vor allem in der Weimarer Republik, so dass sich Mannheims Aufsatz als eine zeitgenössische Reaktion auf gesellschaftliche Selbstbeschreibungen erweist. In den 1920er Jahren war es zu einer relativ umfangreichen, öffentlichen wie wissenschaftlichen Diskussion gekommen, die sich zumeist mit der Bedeutung des Ersten Weltkriegs und der Erinnerung an die Kriegserfahrung beschäftigte.[10] Im Hintergrund dieser Debatte stand das Grundprinzip der Jugendlichkeit, das sich in Zentraleuropa vor allem mit dem Aufkommen der Jugendbewegung zu Beginn des Jahrhunderts etabliert hatte. „Jugend“ bildete sich als eigener Erfahrungszeitraum zwischen Kindheit und Erwachsenwelt heraus und ließ eigene Sozialformationen entstehen.[11] Generationen bilden sich nach diesem Verständnis vornehmlich durch Erlebnisse im Jugendalter, so dass Gleichaltrige im historischen Verlauf von den gleichen Ereignissen geprägt werden und sich somit in ihren historischen Erfahrungen ähneln oder gar gleichen. Mannheim bezeichnete dies als „Generationslagerung"[12]. Wie bereits erwähnt, stand bei den Debatten der Zwischenkriegszeit und dem entsprechenden Modell der Erste Weltkrieg Pate, da kaum ein prägenderes Erlebnis denkbar war. So ermöglichte die Kriegserinnerung auch bei dem Autoren Günther Gründel eine Generationsrede:

> „Wenn nun – was in der Geschichte nur selten vorkommen mag – eine ganze Generation von jungen Menschen durch eine für alle gleiche, harte Jugendschule hindurchgegangen ist, so werden Millionen Einzelschicksale zu einer Jugendgemeinschaft. Es entsteht eine Menschengruppe mit einheitlicher Willens- und Wesensprägung und einer Stärke des Wollens, die sich durch millionenfache Summierung ins Außerordentliche steigern kann."[13]

Allerdings verdeckten solche Zuschreibungen eher ihren konkreten historischen Kontext. Erstens hatte die zeitgenössische Debatte über Generation eine politische Schlagseite: Wie Gründel, der im Umfeld der rechtskonservativen Zeitschrift *Die Tat* aktiv war, versuchten Rechtextreme und -konservative den Generationsbegriff politisch zu nutzen.[14] In ihren Texten mischte sich eine heroische Stilisierung der Weltkriegserfahrung, ätzende Kritik an der Demokratie und die Sehnsucht nach einem autoritären Regime mit einem neuen emotionalen Stil von Sachlichkeit, Kälte und Kontrolliertheit.[15] Zweitens wurde der Erinnerungsaspekt in diesem Modell in den Hintergrund gedrängt: Es wurde schlicht nicht thematisiert, dass die Generationsrede ja erst am Ende der Weimarer Republik in den Vordergrund trat. Als ein Narrativ, das über das Konzept der Jugendlichkeit funktionierte, befand es sich dabei im Modus der Nachträglichkeit: Ältere Junge erinnerten sich hier an eine Weltkriegsvergangenheit, die seit fast 15 Jahren vorüber war. Zu fragen ist also nicht nur nach dem Alter, in dem ein prägendes Erlebnis erfahren wird, sondern auch nach dem Alter, in dem die Erinnerung an dieses Erlebnis einsetzt. Damit rückt die erinnernde Narrativität in der Genese von generationellen Gruppenzuschreibungen in den Mittelpunkt.[16]

Traumatische Erinnerung und transgenerationelle Gemeinschaften

Das zweite Modell lässt sich als Familienmodell bezeichnen.[17] Dabei geht man davon aus, dass ein Erbe an nachfolgende familiäre Generationen weitergereicht wird, die dadurch bewusst oder unbewusst geprägt werden.[18] Diese Erbschaft kann unterschiedlich gestaltet sein: sie kann etwa bei Familienunternehmen in Form von Vermögen und Familienbesitz oder ähnlichem erfolgen.[19] Häufig wird bei diesem Modell jedoch von einem immateriellen, unbewussten Erbe ausgegangen. Bei dieser „Gefühlserbschaft“ (Freud) herrscht die Rede von transgenerationellen Traumata und Schuld vor, wobei sich im Laufe des 20. Jahrhunderts besonders der Einfluss der Psychoanalyse geltend gemacht hat.[20]

Seit den 1980er Jahren entstand ein neuer Forschungskontext, in dem es um die psychischen Nachwirkungen des Holocausts vor allem auf die jüdischen Überlebenden und deren Nachkommen ging.[21] Später folgten Debatten über die Auswirkungen für die nachfolgenden Generationen der Täter.[22] In diesem Kontext artikulierte sich auch eine deutliche Kritik an dem soziologischen, Mannheim folgenden Verständnis von heroischen Generationen: Der Blick auf ein mystifiziertes gemeinsames Erleben fetischisiere einen beständigen revolutionären Neuanfang und ignoriere die „Schwerkraft der Geschichte“, welche sich in psychischen Erblasten niederschlage.[23] Einer synchronen Gemeinschaft durch (erinnertes) Erleben steht somit eine diachrone Gemeinschaft durch (traumatisierte) Erbschaft entgegen. Das Trauma bringt folglich eine andere Zeitlichkeit hervor und es kommt zu einem Ineinanderschieben der Alterskohorten, weil ein 50-Jähriger genauso wie sein 10-jähriger Sohn zur Generation der Holocaust-Überlebenden gehören konnte.[24]

Gerade im Gegensatz zum heroischen Charakter der politischen Generationsrede stehen derartige Narrative im Zeichen von persönlicher Verletzlichkeit und historischer Beschädigung. Der Modus des Erinnerns wandelt sich, jedoch sollte man daraus nicht vorschnell den Schluss ziehen, dass die Abkehr vom Heroischen bei diesem zweiten Modell zu einer Art Entpolitisierung führte. Vielmehr unterliegt das Verständnis dessen, was als politisch zu gelten hat, historischen Wandlungsprozessen, die gerade in der zweiten Hälfte des 20. Jahrhunderts dazu geführt haben, die Kategorie des historischen Opfers als Teil des Politischen zu verstehen.[25] Besonders in den Diskussionen über die Erfahrung des Holocaust artikulierten sich stets auch politische Ansprüche auf Anerkennung und Repräsentation.

Die Debatte über die Generation der Kriegskinder

2004 veröffentlichte die Journalistin Sabine Bode *Die vergessene Generation. Die Kriegskinder brechen ihr Schweigen*. Ihr Buch basierte auf Gesprächen und Interviews mit Deutschen der Jahrgänge 1930 bis 1945, ihre Kriegskinder-Generation, wobei „deutsch" hier unhinterfragt meint: nichtjüdischer Abstammung. Das Buch löste unter Westdeutschen viel Zustimmung aus und Bode erhielt zahlreiche persönliche Zuschriften, Briefe und Emails, darunter nicht wenige von Menschen mit jüngerem Geburtsdatum. Daraus entwickelte Bode die Idee für ein weiteres Buch, das 2009 unter dem Titel *Kriegsenkel. Die Erben der vergessenen Generation* erschien und auf Interviews mit Deutschen der 1960er und 1970er Jahrgänge aufbaute.[26] Ganz ähnlich wie Battke sah sich Bode als Trauma-Erforscherin, die verschüttete Erinnerungen an unsägliches Leid auf- bzw. den familiären Nachwirkungen dieser Leiderfahrung nachspürte. Ihre Bücher waren durchzogen von der Vorstellung, dass das Leid von Deutschen nicht erzählt und damit nicht aufgearbeitet werden konnte. So berichtete sie zum Beispiel, wie sie mit dem Thema bei Redakteuren vorstellig wurde und oft keine oder ablehnende Reaktionen erhielt: „Es gab auch heftige Reaktionen. Zum Beispiel: ‚Sie wollen mir wohl ein Trauma anhängen!' Wollte ich nicht. Ich wollte einfach nur wissen, wie man mit einer so schweren Kindheit später fertig wird."[27]

Bode konnte mit ihren Büchern – ebenso wie die eingangs erwähnte Battke – an einen Umschwung im historischen Interesse in der westdeutschen Öffentlichkeit anknüpfen: Man konzentrierte sich in den Diskussionen nach der Jahrtausendwende weniger auf die jüdischen Opfer des Nationalsozialismus oder auf die NS-Täter, sondern stärker auf nichtjüdische Opfer und dabei vor allem auf jene Jahrgänge, welche den Krieg nur als Kinder oder junge Jugendliche erlebt hatten. Dies ermöglichte, die vorherrschende Unterscheidung in Opfer- und Täterkategorien zu unterlaufen.

Bahnbrechend wirkten dafür Günter Grass' Novelle *Im Krebsgang* von 2002, die sich mit deutschen Opfern von Krieg und Vertreibung beschäftigte, wie auch Jörg Friedrichs *Der Brand* (ebenfalls 2002), eine historische Darstellung über den Bombenkrieg gegen deutsche Städte.[28] Vor allem Friedrich brach bewusst mit den etablierten Darstellungsmodi, indem er den mörderischen Bombenkrieg mit Mitteln und Vokabeln darstellte, die bis dato für die Beschreibung des Holocaust reserviert waren. Das problematische Spiel mit der Gleichstellung und Parallelisierung von Opfer-Positionen hatte begonnen; zugleich wurde so ein Debattenraum für Erfahrungen eröffnet, die zuvor höchstens im Privaten und im Familiären thematisiert worden waren. Kurz darauf erschien das Buch *Söhne ohne Väter*, mit dem der Historiker Jürgen Reulecke, der Literaturwissenschaftler Hermann Schulz und der Psychoanalytiker Hartmut Radebold 2004 eine breite Debatte über die Folgen der kriegsbedingten Vaterlosigkeit anstießen – eine, so die Annahme, prägende Erfahrung der (männlichen) Kriegskindergeneration.[29] In der Folge organisierten Reulecke und Radebold eine Tagung zur Kriegskindergeneration in Frankfurt am Main, zu der beachtliche 600 Zeitzeugen erschienen.[30]

Bei dieser Veranstaltung wurde explizit versucht, den Opferstatus deutscher Nichtjuden nicht mit dem jüdischer Holocaust-Opfer gleichzustellen. Es geht auch an dieser Stelle keineswegs darum, das eine gegen das andere zu stellen und abzuwiegen, wer das größere Trauma erlebt hat. Es ist jedoch wichtig, auf ein fundamentales Ungleichgewicht, das die Erinnerungen nichtjüdischer im Vergleich zu jüdischen NS-Zeitzeugen kennzeichnet, zumindest hinzuweisen, das sich auch oft in deren Narrativen finden lässt. Auf nichtjüdischer Seite war das Opfersein quasi be- und gehindert durch die gleichzeitige historische Schuld, die Täterschaft der deutschen Nation. Daher findet sich auch in Bodes Interviews oft der Satz in den Erinnerungen von deutschen Nichtjuden: „Andere haben es viel schlimmer gehabt!" Auch macht es aus meiner Sicht Sinn, in diesem Hindernis den eigentlichen Grund für jene Erinnerungsschwierigkeiten zu erkennen. Dies scheint mir viel naheliegender als die psychoanalytische Logik Bodes und anderer nach dem Motto: je schwieriger das Erinnern fällt, desto schlimmer das verdrängte Erleben. Nichtjüdische Opfernarrative bleiben durch die Täter-Problematik gebrochen – und ihre Artikulation war daher auch erst möglich, als sich jüngere Alterskohorten zu erinnern begannen, denen eine direkte Täterschaft nicht mehr nachgesagt werden konnte.

Das Alter der Erinnerung

Die verschiedenen Generationsnarrative greifen einerseits in durchaus vergleichbarer Weise auf Erinnerungsbestände zurück. Sowohl bei der rechten Generationsrede am Ende der Weimarer Republik, den Debatten über Holocaust-Überlebende und ihre Nachkommen sowie über die Generation der Kriegskinder erfolgte ein Rückbezug auf die Erinnerung an Weltkriege: mithin ein extrem verdichtetes Ereignis, das alle Zeitgenossen zutiefst prägte und deren Generationsrede erst ermöglichte. Zugleich stützten in allen Fällen vergleichbare psychologische Wissensbestände die Erinnerungsprozesse und die damit verbundenen Generationsvorstellungen. Zentral war dabei etwa die Annahme, dass Erfahrungen in der Kindheit bzw. Jugend besonders prägend wirken und dadurch Generationen entstehen können. In diesem Zusammenhang ist es kein Zufall, dass bereits Gründels Buch eine relativ breite, wenn auch zumeist kritische Auseinandersetzung mit der Psychoanalyse enthielt, die ja davon ausgeht, dass frühe Traumatisierungen sich prägend aufs Leben auswirken. Bei den Debatten über Kriegskinder und Vaterlosigkeit fiel ebenfalls die umfangreiche Einbindung von psychoanalytischem Wissen auf. Psychoanalytische und psychotherapeutische Konzepte von Trauma oder Latenz spielten also stets eine wichtige Rolle.

Mir scheinen andererseits die Unterschiede zwischen den verschiedenen Konzepten und Diskussionen entscheidender. Dabei führt die Frage weiter, wann und warum die generationelle Erinnerungsgemeinschaft eigentlich gestiftet wird. Den Debatten in der Weimarer Republik lag die Annahme einer relativ kurzen Erinnerungsspanne zum prägenden Ereignis des Ersten Weltkrieges zugrunde. Das Schema lautete somit: Ereignis – (kurze Erinnerungslatenz) – Generation. Hinzu kam die Erfindung von Jugendlichkeit am Beginn des 20. Jahrhunderts, welche durch die Jugendbewegung popularisiert worden war. Jugendlichkeit ließ sich besonders gut politisieren, so dass sich so der rechtspolitische Versuch erklärt, einer Generation ein politisches Projekt zu geben und sie damit politisch zu mobilisieren. Von Gründels „junger Generation" der Tat bis zu den 68ern zieht sich daher ein Modell von Generationsprägung als politische Selbstermächtigung von Jugendlichen.[31] Ohne eine solche Erinnerung im Modus einer heroischen, virilen, zumeist männlichen Mission stellte sich bisher die Frage, ob und wie es postheroische Formen der Generationsrede geben kann.[32]

Die Diskussionen über die Generationen von Kriegskindern und Kriegsenkeln setzen an die Stelle männlicher, heroischer Erinnerung offenkundig den Modus der Verletzlichkeit und Schädigung, so dass auch in der deutschen, nichtjüdischen Generationsabfolge neue Formen von Generationsnarrativen möglich wurden. Diese Diskussionen operierten auch in ihrer Zeitstruktur mit einer leicht veränderten Annahme: Das prägende Erlebnis lag zwar ebenfalls in der Jugend bzw. Kindheit, die Erinnerung daran war aber sehr lange verschüttet geblieben, obwohl sie dennoch (oder gerade deswegen) an die Kinder und Kindeskinder weitergereicht werden konnte, um dann 50 Jahre später aufzubrechen. Das Schema lässt sich mithin so kennzeichnen:

Ereignis – (unentdeckte) Generation – (scheinbar normales) Leben/ Latenz – Erinnerung – (entdeckte) Generation.

Allerdings darf hierbei nicht vergessen werden, unter welchen Bedingungen erinnert wurde, die Latenz aufgebrochen werden und die Generationsrede entstehen konnte. Was passierte eigentlich um das Jahr 2000, damit die Erinnerung generationsstiftend wurde? Sicherlich wirkten Autoren wie Bode und vor allem auch ältere, männliche Akademiker wie Reulecke, Schulz und Radebold ermöglichend auf die Debatte. Auch die veränderte Erinnerungskultur ist hierbei zentral: Was durch Grass und Friedrichs Bücher plötzlich sagbar geworden war, baute erinnerungspolitisch auf den Folgewirkungen der Wiedervereinigung Deutschlands sowie des institutionalisierten Holocaust-Gedenkens in der Berliner Republik auf. Verkürzt ließe sich das auf die Formel bringen: Jetzt dürfen sich die deutschen Nichtjuden auch an ihr eigenes Leiden erinnern, weil sie so lange an das der Juden und anderer NS-Opfer erinnert haben.

Und doch scheinen diese Gründe lediglich ermöglichenden Charakter zu haben. Einen Hinweis auf eine entscheidende Dimension der Kriegskinder-Debatte liefert Battke in ihrem eingangs erwähnten Ratgeber. Ihr Vorgehen begründet sie auch mit dem Zitat einer Teilnehmerin ihrer Workshops und Gesprächskreise: „Wir möchten uns nicht nur selbst von der Lähmung des Nicht-verstanden-Werdens befreien, wir wollen auch ein Beispiel geben, *wie man sinnvoll alt werden kann.*“[33] Hier scheint ein soziologisches Muster auf: die Kriegskinder als Vergemeinschaftung junger Alter über eine Opfervorstellung. Mithin wäre das, was zu Beginn des 20. Jahrhunderts durch „Jugend“ und Jugendlichkeit ermöglicht worden war, gegen Ende des 20. Jahrhunderts durch eine neue Kohorte von jungen Alten bedingt. Durch die Alterungsprozesse der deutschen Gesellschaft, die Verbesserungen im Gesundheitswesen und den steigenden Wohlstand konnte sich so „Alter“ als längere, planbare und bedeutsame Phase nach der Erwerbstätigkeit etablieren, die – wie „Jugend“ ein Jahrhundert zuvor – ihre eigenen Sozialformationen ausbilden konnte.[34] In der westdeutschen Gesellschaft nach 1989 konnte sich so eine spezifische Generationsrede unter jungen Alten entwickeln, die über gemeinsame Erinnerungspraktiken in der Gegenwart abgesichert wurde. Erinnerung schuf folglich eine gemeinsame Zeitheimat in der Vergangenheit wie in der Gegenwart.

Anmerkungen

1 Battke, Kathleen: Trümmerkindheit. Erinnerungsarbeit und biographisches Schreiben für Kriegskinder und Kriegsenkel, München 2013, 19.

2 Ebd.

3 Vgl. dazu Seegers, Lu; Gebhardt, Miriam (Hg.): Die „Generation der Kriegskinder". Historische Hintergründe und Deutungen, Gießen 2009. Dass diese Diskussion nahezu ausschließlich Personen interessierte, die in den westdeutschen Bundesländern lebten, und unter vergleichbaren ostdeutschen Alterskohorten kaum Resonanz fand, arbeitet heraus: Seegers, Lu: „Vati blieb im Krieg". Vaterlosigkeit als generationelle Erfahrung im 20. Jahrhundert. Deutschland und Polen, Göttingen 2013, 391–402.

4 Zur historischen Generationsforschung vgl. Jureit, Ulrike; Wildt, Michael (Hg.): Generationen. Zur Relevanz eines wissenschaftlichen Grundbegriffs, Hamburg 2005. – Parnes, Ohad u.a.: Generation. Zur Genealogie eines Konzepts – Konzepte von Genealogie, Berlin; München 2005. – Jureit, Ulrike: Generationsforschung, Göttingen 2006. – Weisbrod, Bernd: „Cultures of Change: Generations in the Politics and Memory of Modern Germany", in: Lovell, Stephen (Hg.): Generations in Twentieth-Century Europe, Basingstoke; New York 2007, 19–35. – Fietze, Beate: Historische Generationen. Über einen sozialen Mechanismus kulturellen Wandels und kollektiver Kreativität, Bielefeld 2009.

5 Mannheim, Karl: „Das Problem der Generation", in: Karl Mannheim – Wissenssoziologie, hg. von Wolff, Kurt H., Berlin; Neuwied 1964, 509–565. – Zu Mannheims Überlegungen vgl. Matthes, Joachim: „Karl Mannheims ‚Das Problem der Generationen', neu gelesen. Generationen-‚Gruppen' oder gesellschaftliche Regelung von Zeitlichkeit", in: *Zeitschrift für Soziologie*, 14. Jahr, 5. Heft, 1985, 363–372. – Zinnecker, Jürgen: „‚Das Problem der Generationen'. Überlegungen zu Karl Mannheims kanonischem Text", in: Reulecke, Jürgen; Müller-Luckner, Elisabeth (Hg.): Generationalität und Lebensgeschichte im 20. Jahrhundert, München 2003, 33–58. – Zum Begriff der „Zeitheimat", der von dem Schriftsteller Winfried G. Sebald eingeführt wurde, vgl. Bude, Heinz: „‚Generation' im Kontext. Von den Kriegs- zu den Wohlfahrtsstaatsgenerationen", in: Jureit; Wildt (Hg.): Generationen [FN 4], 28–44.

6 Mannheim, „Problem der Generation" [FN 5], 517.

7 Auch andere ereignisartige Prägungen sind jedoch denkbar, wie etwa die Einführung der Pille auf eine Alterskohorte von Frauen: Silies, Eva-Maria: Liebe, Lust und Last. Die Pille als weibliche Generationserfahrung in der Bundesrepublik. 1960–1980, Göttingen 2010.

8 Vgl. dazu Weisbrod, Bernd: „Generation und Generationalität in der neueren Geschichte", in: *Aus Politik und Zeitgeschichte*, 8. Jahr, 2005, 3–9. – Zum häufig männlichen Charakter der Generationsrede vgl. Benninghaus, Christina: „Das Geschlecht der Generation. Zum Zusammenhang von Generationalität und Männlichkeit um 1930", in: Jureit; Wildt (Hg.): Generationen [FN 4], 127–158.

9 Vgl. von der Goltz, Anna (Hg.): „Talkin' 'bout my Generation". Conflicts of Generation Building and Europe's „1968", Göttingen 2011.

10 Vgl. dazu u.a. Wohl, Robert: The Generation of 1914, Cambridge (Mass.) 1979. – Reulecke, Jürgen: „Jugend und ‚junge Generation' in der Gesellschaft

der Zwischenkriegszeit", in: Langewiesche, Dieter; Tenorth, Heinz-Elmar (Hg.): Handbuch der deutschen Bildungsgeschichte, Band 5, München 1989, 86–110. – Bessel, Richard: „The ‚Front Generation' and the Politics of Weimar Germany", in: Roseman, Mark (Hg.): Generations in Conflict: Youth Revolt and Generation Formation in Germany 1770–1968, Cambridge 1995, 121–136.

11 Vondung, Klaus: „Apokalyptische Erwartung. Zur Jugendrevolte in der deutschen Literatur zwischen 1910 und 1930", in: Koebner, Thomas; Janz, Rolf-Peter; Trommler, Frank (Hg.): „Mit uns zieht die neue Zeit". Der Mythos Jugend, Frankfurt a.M. 1985, 519–544. – Stambolis, Barbara: Mythos Jugend – Leitbild und Krisensymptom. Ein Aspekt der politischen Kultur im 20. Jahrhundert, Schwalbach i.Ts. 2003. – Savage, Jon: Teenage. Die Erfindung der Jugend (1875–1945), Frankfurt a.M. 2008.

12 Mannheim, „Problem der Generation" [FN 5], 535.

13 Gründel, E. Günther: Die Sendung der Jungen Generation. Versuch einer umfassenden revolutionären Sinndeutung der Krise, München 1932, 12.

14 Vgl. dazu Sontheimer, Kurt: „Der Tatkreis", in: *Vierteljahrshefte für Zeitgeschichte*, 7. Jahr, 3. Heft, 1959, 229–260. – Zu dieser Generationsdebatte vgl. Morat, Daniel: „Die Generation der Intellektuellen. Intellektuellenkultur und Generationsdiskurs in Deutschland und Frankreich 1900–1930", in: Weisbrod, Bernd (Hg.): Historische Beiträge zur Generationsforschung, Göttingen 2009, 67–76.

15 Ulrich Herbert beschrieb Gründel als Beispiel für eine Geisteshaltung, die die „Generation der Sachlichkeit" ausmachte und deren Angehörige im NS die Führungskräfte des Vernichtungsapparats stellten. Vgl. Herbert, Ulrich: „‚Generation der Sachlichkeit'. Die völkische Studentenbewegung der frühen zwanziger Jahre in Deutschland", in: Bajohr, Frank; Johe, Werner; Lohalm, Uwe (Hg.): Zivilisation und Barbarei: Die widersprüchlichen Potentiale der Moderne, Hamburg 1991, 115–144.

16 Vgl. Bohnenkamp, Björn; Manning, Till; Silies, Eva-Maria (Hg.): Generation als Erzählung. Neue Perspektiven auf ein kulturelles Deutungsmuster, Göttingen 2009.

17 Mit Weigel lässt sich dieses Modell auch als das genealogische beschreiben: Weigel, Siegrid: „Generation, Genealogie, Geschlecht. Zur Geschichte des Generationskonzepts und seiner wissenschaftlichen Konzeptionalisierung seit Ende des 18. Jahrhunderts", in: Musner, Lutz; Wunberg, Gotthart (Hg.): Kulturwissenschaften. Forschung – Praxis – Positionen, Wien 2002, 161–190. – Vgl. zum Familienmodell allgemein Kohli, Martin; Szydlik, Marc (Hg.): Generationen in Familie und Gesellschaft, Opladen 2000. – Lettke, Frank; Lange, Andreas (Hg.): Generationen und Familien. Analysen – Konzepte – gesellschaftliche Spannungsfelder, Frankfurt a.M. 2007. – Retkowski, Alexandra: Familiale Generationensorge. Eine qualitative Studie über Alter(n) zwischen Gestern und Morgen, Göttingen 2011.

18 Vgl. Schneider, Christian: „Der Holocaust als Generationsobjekt. Generationsgeschichtliche Anmerkungen zu einer deutschen Identitätsproblematik", in: *Mittelweg 36*, 13. Jahr, 4. Heft, 2004, 56–73.

19 Vgl. Lubinski, Christina: Familienunternehmen in Westdeutschland. Corporate Governance und Gesellschafterkultur seit den 1960er Jahren, München 2010.

20 Freud verwandte den Begriff der Gefühlserbschaft zwar nur selten, er hat sich aber in der entsprechenden Literatur durchgesetzt. Vgl. Freud, Sigmund: Totem und Tabu. Einige Übereinstimmungen im Seelenleben der Wilden und der Neurotiker, Leipzig; Wien 1913, 147. – Zur steigenden Bedeutung von Traumavorstellungen in der Geschichte des 20. Jahrhunderts vgl. Leys, Ruth: Trauma: A Genealogy, Chicago 2000. – Zur Bedeutung der Psychoanalyse in diesem Kontext vgl. Krejci, Erika: „Innere Objekte. Über Generationenfolge und Subjektwerdung. Ein psychoanalytischer Beitrag", in: Jureit; Wildt (Hg.): Generationen [FN 4], 80–107. – Faimberg, Haydée: „Die Ineinanderrückung (Telescoping) der Generationen. Zur Genealogie gewisser Identifizierungen", in: Jahrbuch der Psychoanalyse, 20. Jahr, 1987, 114–142.

21 Vgl. dazu vor allem Bergmann, Martin S.; Jucory, Milton E.; Kestenberg, Judith S. (Hg.): Kinder der Opfer – Kinder der Täter. Psychoanalyse und Holocaust, Frankfurt a.M. 1995. – Zu dem entsprechenden wissenschaftsgeschichtlichen Kontext vgl. Parnes u.a.: Generation [FN 4], 305–313.

22 Vgl. Eckstaedt, Anita: Nationalsozialismus in der „zweiten Generation". Psychoanalyse von Hörigkeitsverhältnissen, Frankfurt a.M. 1989.

23 Vgl. Schneider, Christian; Stillke, Cordelia; Leineweber, Bernd: Trauma und Kritik. Zur Generationengeschichte der Kritischen Theorie, Münster 2000 (Kritische Theorie und Kulturforschung 3), 30.

24 Vgl. Parnes u.a.: Generation [FN 4], 307. Dafür wurde der Begriff des Telescoping der Generationen entwickelt: Faimberg: „Die Ineinanderrückung (Telescoping) der Generationen" [FN 20].

25 Zuerst formuliert haben dürfte diese Idee Walter Benjamin in seiner berühmten Passage über den Engel der Geschichte. Siehe Benjamin, Walter: Über den Begriff der Geschichte, hg. von Raulet, Gérard, Berlin 2010 (Werke und Nachlass – Kritische Gesamtausgabe 19).

26 Bode, Sabine: Kriegsenkel. Die Erben der vergessenen Generation, Stuttgart 2009.

27 Dies.: Die vergessene Generation. Die Kriegskinder brechen ihr Schweigen, Stuttgart 2004, S. 18.

28 Grass, Günter: Im Krebsgang. Eine Novelle, hg. von Hermes, Daniela; Neuhaus, Volker, Göttingen 2002 (Günter Grass – Werkausgabe 18). – Friedrich, Jörg: Der Brand. Deutschland im Bombenkrieg 1940–1945, Berlin 2002.

29 Vgl. Schulz, Hermann; Radebold, Hartmut; Reulecke, Jürgen: Söhne ohne Väter. Erfahrungen der Kriegsgeneration, Bonn 2005. – Vgl. dazu auch Radebold, Hartmut; Bohleber, Werner; Zinnecker, Jürgen (Hg.): Transgenerationale Weitergabe kriegsbelasteter Kindheiten. Interdisziplinäre Studien zur Nachhaltigkeit historischer Erfahrungen über vier Generationen, Kinder des Weltkrieges, Weinheim; München 2008. – Zur männlichen Dominanz in der Kriegskinder-Debatte vgl. Seegers: „Vati blieb im Krieg" [FN 3], 392.

30 Vgl. dazu den Bericht von Seegers, Lu: „Tagungsbericht: Die Generation der Kriegskinder und ihre Botschaft für Europa sechzig Jahre nach Kriegsende, 14. April 2005–16. April 2005, Frankfurt am Main", in: H-Soz-Kult, 1. Mai 2005, http://www.hsozkult.de/conferencereport/id/tagungsberichte-766 (letzter Zugriff 18. März 2017).

31 Vgl. Weisbrod: „Cultures of Change" [FN 4].

32 Vgl. z.B. Klein, Markus: „Gibt es die Generation Golf? Eine empirische Inspektion", in: *Kölner Zeitschrift für Soziologie und Sozialpsychologie*, 55. Jahr, 1. Heft, 2003, 99–115.

33 Battke, Trümmerkindheit [FN 1], 20. Hervorhebung d. Verf.

34 Vgl. dazu Karl, Fred (Hg.): Das Altern der „neuen" Alten. Eine Generation im Strukturwandel des Alters, Münster 2012.

Rachel de Boor

„sich zu betrachten, als sei man persönlich aus Mitzraim herausgezogen“ – als Jew by choice, made in Germany –

Vor-Worte

Ein vielzitierter Satz aus der Pessach Haggadah erinnert uns daran, dass wir in jeder Generation verpflichtet sind, uns zu betrachten, als wären wir persönlich aus Mitzraim[1] herausgezogen. Das gesamte in Jahrhunderten gewachsene Pessach-Ritual könnte man als geglücktes Konzept betrachten, Erinnerung lebendig fortzuführen, indem sie durch verschiedene kleine Rituale erlebbar und schmackhaft gemacht wurde. Der Imperativ des „Erzähl es deinen Kindern (den folgenden Generationen)“ wurde in alle Sinne umfassende Taten umgesetzt – ein Grundstock an Texten, der sowohl in temporaler als auch regionaler Hinsicht individuelle Komponenten und Färbungen erhielt und in der Auslebung eine Vielzahl an unterschiedlichen Traditionen enthält. Pessach ist bei weitem nicht das einzige Erinnerungsritual des Judentums. Und doch, vielleicht, weil es einen familiären Rahmen und einen Fokus auf Fragen und fragende Kinder voraussetzt, gilt es als „einzigartige Weise des Erinnerns und Feierns der vergangenen Ereignisse unserer Geschichte“[2], wie zum Beispiel die *The Night That Unites Passover Haggadah* beschreibt. Der Seder als Nachstellung einer Befreiungsgeschichte – die wir für uns persönlich und in unserer Zeit erleben.

Den Imperativ „Erzähl es weiter“ verbinden wir in unserer Zeit nicht zwangsläufig mit Pessach. „Jüdisches Erinnern, heute“, 2016, auf Deutsch angesprochen, greift ein anderes Thema auf, welches nicht so lange zurückliegt wie die Sklaverei in Ägypten und die Befreiung aus dieser. Die Erinnerung ist frischer, schwieriger fassbar. Es ist schwer zu sagen, inwieweit wir überhaupt davon reden können, dass es um mehr als Erinnern geht.

Wenn ich den Satz im Titel noch einmal aufgreife und auf Hebräisch betrachte, sehe ich zwei interessante Aspekte. Die Rede ist von einem Menschen, der sich selbst sehen soll als jemanden, der etwas Bestimmtes tat. Sich selbst verstehen als Teil einer Kette von Menschen, die zu Pessach einen Schritt zurücktreten und sich selbst betrachten als diejenigen, die persönlich aus Mitzraim heraustreten. Zum anderen enthält der Ausdruck „sich selbst“ – בעצמו – *be-atzmo* – das Wort – עצם – *etzem* – „Knochen“ oder „Substanz“. Das, woraus der Mensch gebaut ist. So verstand ich auch die Aufforderung, bei einem stipendiatischen Podium anlässlich einer Erinnerungskonferenz rund um den 9. November 2015 zum Thema *Aufbruch? Jüdische Erinnerungen heute* mitzuwirken. Es sollte um etwas Substantielles gehen – in meinem Fall um eine Jüdin by choice, made in Germany.[3] Darum, inwieweit ich mich in den Diskurs um innerjüdische Erinnerung stelle – inwieweit Erinnerung meine Identität geprägt hat und prägt – inwieweit ich als repräsentativ verstanden werden kann und will, und für wen: für Deutsche, die konvertierten/für eine sogenannte dritte Generation in Deutschland/unter den ELES-Stipendiat_innen?

Während des Schreibprozesses wurde die Liste der Dinge, die ich diesem Text vorweg stellen wollte, immer länger. Ich konnte außerdem nur schwer festlegen, was der Essay am Ende eigentlich aussagen soll, ob ich eine Botschaft habe und für wen ich schreibe, was ich erklären muss. Mit diesen Fragen stehe ich nicht alleine da. Vielleicht ist es symptomatisch für „meine" Generation, weniger als Gruppe sprechen zu wollen, sondern sich als Einzelwesen zu verstehen, die mehr oder weniger erfolgreich gelehrt wurden, alles in Relationen zu sehen und vom Persönlichen auszugehen. Vielleicht ist es auch symptomatisch, dass konvertierte Jüdinnen und Juden lieber ihre eigenen Erfahrungswelten schildern, um sich von stereotypen Annahmen über „die Konvertit_innen" abzugrenzen. Auf einem Podium zu sprechen ist eine Sache – ich hatte Gesprächspartner_innen, mit denen ich im Vorfeld absprechen konnte, wie persönlich das Gespräch werden sollte und welche Fragen relevant für meine Beiträge waren. Eine andere Sache ist es, für diesen Text über die Detailfülle zu entscheiden, ohne zwischenzeitig immer wieder beim Gegenüber abtasten zu können, wie weit ich ausholen muss oder welchen roten Faden ich verfolgen soll. Ich habe mich entschieden, im ersten Teil des Beitrags die Suche nach Räumen und Möglichkeiten aufzugreifen, die dem Wunsch, individuell und kollektiv zu erinnern, nachkommen könnten, bevor ich anschließend Elemente des Erinnerns in meinem Leben beschreibe.

Sich Geschichte zusammen zu eigen machen

Im März 2014 fuhr ich zu einem Seminar der *European Union of Jewish Students* in Skopje, Mazedonien, welches unter dem Titel *To the Future: Holocaust Commemoration for Our Generation*[4] jüdische Studierende versammelte. Hier konnten wir zum einen zusammen mit Mitarbeiter_innen des *Holocaust Memorial Center for the Jews of Macedonia*[5] und aus *Yad vaSchem* reflektieren, in welche Erinnerungskontexte wir bisher eingebunden waren, welche verschiedenen Arten des Erinnerns an die Schoa wir kennen und zum anderen unsere Kenntnisse von den spezifischen Kontexten in Mazedonien (Balkan, sephardisches Judentum) und Israel vertiefen. In einem weiteren Schritt wollten wir gemeinsam über eigene Möglichkeiten der Gestaltung von Erinnerungsveranstaltungen nachdenken. Wir lernten viel über die Geschichte der jüdischen Gemeinden im Balkan und über israelische Gedenkkultur. Während der Gespräche darüber, wie wir Erinnerung weiterführen oder etwas Neues beginnen können, wurde Unsicherheit deutlich spürbar. Ich selbst wollte mich bei diesem Seminar zurückhalten. Als konvertierte Jüdin aus Deutschland schien es mir natürlich, vor allem zuzuhören. Die Beschäftigung mit dem Holocaust/der Schoa und der Frage nach angemessenem Gedenken und seinen möglichen Formen hatte in meinem Leben eine große Rolle gespielt und bereits einige Phasen durchlaufen: Da war zunächst das Aufwachsen und die Schulzeit in Ostdeutschland, während der ich mit dem dortigen Wandel des Gedenkens vertraut wurde, dann nach einem freiwilligen sozialen Jahr in der Jüdischen Gemeinde Prags das Leben in Berlin seit 2007, eine vierjährige Beziehung mit einer Israelin und die Teilnahme an Projekten und Reisen, welche Holocaustgedenken in verschiedenen Formen thematisierten. Trotzdem fühlte ich mich wie eine Anfängerin auf diesem Gebiet und merkte erst mit dem Fortschreiten des Seminars, dass ich mit meiner gewissen Vorsicht nicht alleine war, sondern eigentlich alle das sonst so magische Wort „Mitgestalten“ eher zurückhaltend aufnahmen. Darf man Gedenken kreativer gestalten? Können wir wirklich sagen, was ihm heute fehlt und einen positiven Beitrag zu einer Zukunft der Erinnerung leisten? Oder sollen wir auf den alten Spuren weitergehen? Am Ende einer Tour durch das Memorial in Skopje stand unsere Gruppe vor Urnen mit Asche aus den ehemaligen Konzentrationslagern und es lag in der Luft, dass jetzt etwas geschehen musste. Niemand hatte etwas vorbereitet, anders als zur Gedenkveranstaltung des Museums am Tag danach anlässlich des *Yom haSchoa* – des Holocaust-Gedenktages –, bei welcher zwei Reden gehalten wurden. Wir standen dort im Raum und schwiegen ein wenig betreten, bis jemand „Kaddisch???“ sagte. Der israelische, kippatragende Teilnehmer wurde von der israelischen Teilnehmerin vor die Gruppe geschoben. Er hob an, drehte sich um und sagte, es sei kein Minjan da (er zählte nur die Männer), woraufhin sie ihn anzischte „מה מניין! שואה!“ – „Was redest du jetzt von Minjan? Schoa!“ – und er begann. „Jitgadal ve-jitkadasch…“ Für diesen Moment gab es nichts Passenderes als das Kaddisch, welches uns erlaubte, an den jeweiligen

Stellen „Amen“ und „b`rich hu“ zu sagen, als Gemeinschaft zu antworten. Die jüdische Rede und Antwort beim Sprechen von Tod. Ich habe selten den Trost eines Rituals so sehr gespürt wie dort, selten wie bei diesem Seminar gespürt, wie sehr Rituale uns Worte und Handlungsmöglichkeiten geben können.

Im Nachhinein beschäftigte mich die Frage, welchen anderen Text wir alle so hätten mitsprechen bzw. nachvollziehen können. Ob es ein Gedicht oder Lied gibt, bei welchem man davon ausgehen kann, dass die meisten sich ebenso automatisch einklinken können wie beim „Amen“ des Kaddisch. Eine Vermutung meinerseits wäre zum Beispiel das Lied *Halichat leQuissaria* – besser bekannt als *Eli Eli* – von Hannah Szenesh. Dieses Lied lernte ich im Hebräischunterricht, wo ich auch die Geschichte Hanna Szeneshs, einer ungarischen Jüdin, geboren 1921, erfuhr. 1939 ging sie nach Eretz Jisrael und kehrte 1943 als Fallschirmspringerin der britischen Armee nach Europa zurück, lebte mit Partisan_innen und wurde 1944, mit 23 Jahren, in Ungarn hingerichtet. Sie schrieb viele Gedichte, unter anderem das benannte Lied.

Mein Gott, mein Gott,	אלי אלי שלא
möge es nie aufhören	יגמר לעולם
der Sand und das Meer	החול והים
das Rauschen der Wellen	רשרוש של המים
der Blitz des Himmels	ברק השמים
das Gebet des Menschen.	תפילת האדם

Das Lied ist in meinen Augen durch die Gleichzeitigkeit des universalen Textes und der spezifischen Geschichte der Autorin und auch durch seine Wirkungsgeschichte ein Beispiel dafür, wie das Individuelle und Kollektive zusammengehen können. Das Lied kann individuell eine ganz andere Bedeutung haben als die Begrenzung auf Schoa-Gedenkveranstaltungen, aber ich habe es noch nie gesungen, ohne dass jemand die Geschichte Hanna Szeneshs dazu erzählte.[6]

In ihrem Aufsatz *Memorializing the Shoah*[7] geht Rabbinerin Dalia Marx der Frage nach, warum die Schoa bisher kaum Spuren in der jüdischen Liturgie hinterließ, vor allem im Vergleich zu anderen Katastrophen, die nachweislich die Entwicklung des jüdischen Gebets beeinflussten. Außer einer gewissen Anpassung bereits bestehender Gebete[8] oder anderer liturgischer Formen sowie der Hinzufügung der Erinnerung an die Schoa bei bestehenden Gedenktagen lässt sich (bisher) kein allgemeiner Ansatz finden, der es geschafft hat, in die Praxis von Gemeinden Einzug zu halten.[9] Am Ende des Aufsatzes räumt Marx ein, dass das Thema Holocaust anscheinend eher außerhalb des religiösen Rahmens aufgefangen werde. Dies stelle in der jahrhundertelangen Tradition des Bewahrens von jüdischer Erinnerung vor allem im religiösen Bereich, in den Gebetsbüchern eine Neuheit dar.[10] Dieser These entspricht, neben Konzerten und Lesungen, die veranstaltet werden, ein relativ neues Projekt (seit 2010) in und aus Israel: זיכרון בסלון – *Sikaron baSalon* – „Erinnerung im Wohnzimmer".[11] Solch ein Erinnerungsabend, so steht es auf der Website des Projekts, ist einfach durchzuführen und könnte mit seinem zugleich persönlichen und kollektiven Ansatz vielleicht auch ein Weg für uns in Deutschland sein. Das Projekt soll eine echte Verbindung zwischen der dritten und ersten Generation schaffen. Es wird angeregt, Treffen in privaten Wohnzimmern zu organisieren, welche vorwiegend aus drei Teilen bestehen: Zeitzeug_innen erzählen ihre Geschichte, Teilnehmer_innen gestalten eine künstlerische Performance und in einem anschließenden Gespräch soll es darum gehen, was Erinnerung für jede_n Einzelne_n bedeutet. Vom Anspruch und dem Feedback, welches man lesen und bei *youtube*[12] ansehen kann, lässt sich leicht eine Parallele zu dem, was Pessach sein soll, ziehen. Die Menschen fühlen sich ermuntert, selbst zu sprechen und einen besonderen Raum für das Thema Erinnerung zu schaffen. Sie merken, wie sie Teil der Geschichte sind, indem sie das Erinnerte zu ihrer Geschichte machen. Die anfangs erwähnte Haggadah *The Night That Unites* zitiert Rav Kooks Deutung des eingangs angeführten Satzes. Kook weitet die ursprüngliche Maxime aus – dass jede Person sich selbst sehen müsse, als sei sie persönlich aus Mitzraim ausgezogen – und fordert alle auf, zu bedenken, welche Rolle sie für die Erlösung Israels und der Menschheit spielen.[13] Gewissermaßen schafft er durch seine Worte eine neue Verbindung zwischen den Generationen: alle tragen gegenseitige Verantwortung, ein_e jede_r in seiner_ihrer Zeit.

Erinnerungen in meinem Alltag

Unweigerlich denke ich darüber nach, was ich an einem solchen Abend sagen würde. An welchen Punkten spiegelt sich Erinnerung in meinem Alltag?

Wahrscheinlich wären es Gegenstände, die ich mitbringen würde. Einen Kidduschbecher, eine gläserne Teetasse, eine Tasse mit vielen aufgedruckten Herzen, ein Schnapsglas und eine Kuchenform. Ich habe in meinem freiwilligen sozialen Jahr in Prag Schoa-Überlebende der sogenannten ersten und zweiten Generation besucht und im Alltag unterstützt – so wie sie auch mich unterstützten und aufnahmen. Diese Menschen teilten viele Geschichten mit mir, nicht nur über die Schoa. Und sie schufen in mir einen Raum der Geschichte und der Geschichten. Wenn ich aus der Tasse mit den vielen Herzen trinke, so bin ich in ganz alltäglichen Gedanken bei dem einen Herrn, wenn ich Rum oder Slivovice trinke, denke ich an die Dame, die mir eines der beiden Getränke in jeder Lebenslage als Lösung anbot, und wenn ich Kuchen backe, denke ich an die Backstunden mit einer anderen Frau. Sie war einmal nicht rechtzeitig fertig geworden mit dem Kuchen für meinen Besuch und empfing mich ärgerlich über sich selbst deswegen, entdeckte dann aber, wie sehr es uns Spaß bereitete, zusammen zu backen. Wenn ich diese Dinge mache, aktualisieren sich die Erinnerungsfetzen und Erzählungen, die sich durch ihre Alltäglichkeit mir einprägten. Dadurch erzähle ich die Geschichten nicht einfach weiter, damit sie bloß nicht vergessen werden, sondern das Erinnern geschieht durch die Handlungen. Wenn jemand die Herzenstasse bekommt, dann nicht ohne eine erzählte Erinnerung an den Herrn, der mir darin wöchentlich Tee servierte und mir sagte, ich solle seine Geschichte bewahren und auch die Geschichten, die er mir von Menschen aus Terezin und Auschwitz erzählte, die nicht mehr leben. Dieses „Denke an mich, erinnere dich an mich und an die, an die ich mich und dich erinnere“ ist an dieses Teetrinken gebunden.

Vorher/Nachher

Dann gibt es noch die gläserne Teetasse und den Kidduschbecher. Ohne von Ilse Bergstein geborene Meer s'l zu erzählen, kann ich diesen Essay nicht schreiben. Sie, die Großmutter meiner ehemaligen Partnerin, hat mir in gewisser Weise eine deutsch-jüdische Familiengeschichte gegeben. Es ist kein Ersatz für meine Familiengeschichte, es ist kein Ersatz für meine beiden Großmütter Ruth und Erika, denen ich auch auf verschiedene Weise erinnernd verbunden bin. Wenn man sich mit dem Thema Konversion halakhisch[14] beschäftigt, ist eine der beeindruckendsten Tatsachen die, dass man durch das Eintauchen in der Mikwe neu geboren wird und dieser Statuswechsel von nicht-jüdisch zu jüdisch bedeutet, dass man nicht mehr mit der leiblichen Familie verwandt ist und gewissermaßen eine neue Identität bekommt. Als meine nicht-religiösen Freundinnen herausfanden, dass ich im religiösen Kontext als *Rachel Maayan bat Sarah veAvraham* (Tochter von Sarah und Avraham) aufgerufen wurde, löste dies

Empörung aus. Ich kann ihre Entrüstung, dass nicht meine leiblichen Eltern genannt werden, verstehen – und gleichzeitig ist dies für mich schlicht und ergreifend der Ausdruck dafür, dass ich im halakhischen Sinne einen neuen Status bekommen habe. Eine Konversion ist ein Ritual, welches einen Prozess, der weit vorher beginnt, sozusagen auf den Punkt bringt. Nach diesem Punkt ist die Wandlung nicht vorbei, aber sie geschieht dann auf eine ganz andere, selbstverständliche Weise *innerhalb* der neuen Bezugsgruppe. Man ist offiziell eingebürgert worden ins Volk, hat mit den neuen Papieren neue Rechte und Pflichten.

Jew by choice oder doch *born this way*?

Bevor ich weitergehe und von Ilse erzähle, muss ich noch auf ein paar Stichworte eingehen, die mit diesen neuen Identitätsfragen zusammenhängen. Ungefähr drei Wochen, bevor ich meinen Termin beim Bet Din hatte, ging ich zu einem Dinner mit einer amerikanisch-jüdischen Gruppe in Berlin. Zu dieser Zeit war ich innerlich kaum empfänglich für andere Gefühle neben meiner Angespanntheit, ob das Bet Din mich darin bestätigen würde, jüdisch zu sein – und wollte am liebsten gar nicht darüber sprechen, was auf mich zukommt. Mein Sitznachbar fragte mich nach meinem Namen und schon waren wir in einem Gespräch über Zwischenzustände und Betrachtungsweisen auf Menschen, die (noch) nicht „richtig" jüdisch sind. Er gab mir gerade den Tipp, mich danach auf keinen Fall „konvertierte Jüdin" zu nennen, sondern *Jew by choice* – Jüdin aus Wahl, als sich eine junge Frau einmischte: „I heard from someone who always says she was born Jewish, to non-Jewish parents. Maybe that s what you can say." – Laute Stille bei mir und meinem Gesprächspartner. Wir fragten uns wohl beide, wie wir mit dieser Information umgehen sollten. Auch ihm, der ausgesprochen positiv gegenüber Jews by choice war, ging das offenbar zu weit. Ich fragte mich damals, ob ich das je im Leben so gelassen sagen könnte, wie diese junge Frau es mir vorschlug. Würde es nicht ewig „Jew by choice, made in Germany" bleiben, mit all den Implikationen, die dieser Zustand mit sich bringt? Auch bei der Bezeichnung by choice – aus Wahl finde ich mich nicht ganz wieder. Ich verstehe meine jüdische Identität nicht als etwas, was ich mir wie auf einem Markt der Möglichkeiten aussuchen konnte – ähnlich wie bei meiner Nicht-Heterosexualität. Ich habe mich nie entschieden, „anders" sein zu wollen, sondern habe in beiden Fällen Stück für Stück erkannt, dass ich es entweder in mir behalten kann und nach außen hin etwas anderes vorspiele oder mich meiner inneren Realität stelle. Ich bin mir bewusst, dass der Vergleich vielen gewagt und unkonventionell vorkommen mag, aber als eine Freundin fragte: „Man könnte doch eigentlich sagen, du seist transjewish, oder? Wenn du es so sagst, würden andere besser verstehen, warum du konvertiert bist“, fühlte ich mich auf eine überraschend klare Weise verstanden. Ich habe das Gefühl, es hilft auch vielen anderen, mich und sich besser zu verstehen. Ich kann meine Identität nicht als ein gebrochenes Vorher/Nachher betrachten. Dabei hilft mir die Tatsache, dass meine Eltern mich bewusst nach der Urmutter Rachel benannten und mir damit diese Verbindung in die Wiege legten (mein selbstgewählter hebräischer Name ist Maayan). Rachel aus Bereshit fühlte sich immer an wie meine entfernte Verwandte oder sogar Schwester – der Schritt zu Sarah und Avraham als Vorfahren, als meine jüdischen Eltern, ist nicht weit.

Die Frage nach der Reaktion meiner Familie ist zumeist eine der ersten Rückfragen, wenn ich erzähle, dass ich konvertiert bin – gefolgt von Erleichterung darüber, dass ich keinen Bruch mit ihnen ausgelöst habe bzw. einem gewissen Mitleiden mit meinen Eltern, weil ihre Tochter so verrückt sei, jüdisch zu werden. Ich bin dankbar, dass meine Eltern meine Konversion nicht als Affront verstanden haben und ich bin dankbar, dass wir zusammen Wege gefunden haben, mein Jüdischsein einzugliedern in familiäre Abläufe. „Alle Kinder wollen immer anders sein als ihre Eltern“, heißt es oft zusammenfassend in diesen Gesprächen. Ich sehe meine Konversion keinesfalls als Rebellion gegen meine Eltern, sondern als Konsequenz ihrer Erziehung, mich meinen Weg finden zu lassen. Unter uns ELES-Stipendiat_innen haben die meisten im Erwachsenwerden Entscheidungen getroffen, *wie* wir jüdisch leben wollen: bewusst orthodox, bewusst Religion aus dem Leben heraushaltend, das jüdische Erbe eines Elternteiles annehmend oder verteidigend, Partnerschaften mit Nicht-Jüdinnen_Juden eingehend. Wir haben entschieden, zu konvertieren oder nicht zu konvertieren aus den verschiedensten Gründen, Rabbiner_in zu werden, in einem anderen Land jüdisch zu leben etc. Oft sind mehr Menschen im Raum von Identitätsfragen halakhischer, einheitsgemeindlicher Art betroffen, als man glaubt. Die Erfahrung, von jemandem als „nicht richtig jüdisch“ bezeichnet zu werden, betrifft nicht nur konvertierte Jüdinnen und Juden. Und auch nicht nur in Deutschland. Bei Auslandsaufenthalten in Israel oder den USA habe ich in Diskussionen über jüdische Identitäten tiefe emotionale Reaktionen darauf gesehen, wie wenig flexibel manchmal die Breite jüdischer Identitäten ist. Aber dort scheint mir die Angst, „nicht richtig jüdisch“ zu sein oder sich verteidigen zu müssen gegen das Scheinbild eines „echten“ Judentums (wird es nun im innerjüdischen Kontext oder von einer nichtjüdischen Mehrheitsgesellschaft eingebracht), weniger ultimativ zu sein als in Deutschland.

Made in Germany

Der Umgang mit Konvertierten ist sowohl in den rabbinischen Quellen als auch im tatsächlichen zwischenmenschlichen Umgang komplex und muss an anderer Stelle genauer betrachtet werden.[15] Ich möchte an dieser Stelle nicht beliebig Quellen zitieren, und bin mir bewusst, dass es zum Thema des Umgangs mit der Herkunft aus einer nicht-jüdischen Familie sowohl halakhisch als auch soziologisch und historisch viel zu sagen gäbe.[16] Trotzdem zitiere ich hier eine Quelle, weil ich sie oft finde, wenn es um die Situation von Konvertit_innen im Allgemeinen geht. „So gibt es Ungutes, was durch Worte getan wird [...] Wenn jemand früher Sünden beging [d.h. kein Leben nach der Halakha führte, und es jetzt aber tut] darfst du zu ihm nicht sagen: ‚Erinnere dich daran, dass du früher gegen die Halakha verstoßen hast‘ und wenn jemand der Sohn von Proselyten [Konvertiten] ist, so darfst man ihn nicht damit sticheln: ‚Erinnere dich an die Taten deiner Vorfahren‘, weil in der Tora geschrieben steht: ‚Und einen Ger [Fremden, aber auch der Begriff für jemanden, der konvertierte] kränke nicht und bedränge nicht, denn Fremde wart ihr im Lande Mitzraim‘ (Schemot 22,20)“[17].

In der Diskussion weiten die Rabbiner diese Aussage auch auf Menschen aus, die selbst konvertierten. An dieser Stelle geht es darum, dass man mit Worten Ungutes tun kann und dies vermeiden muss. Jemanden an sein vorheriges, nicht-jüdisches Leben zu erinnern, gehört dazu. In modernen rabbinischen Diskursen, beispielsweise der nordamerikanischen *Rabbinical Assembly* der Masorti Bewegung, wird dies zum Anlass genommen, darüber zu diskutieren, ob alle Konvertit_innen sich zwangsläufig Tochter/Sohn von Avraham und Sarah nennen müssen. Wenn man sich für andere Namen entscheiden könnte, würde die Tatsache, konvertiert zu sein, nicht stetig neu hörbar für alle wiederholt. Die Diskussion spiegelt wieder, dass es in Gemeinden nicht immer leicht ist, als Konvertit_in erkennbar zu sein.[18] Das ist auf Gemeinden außerhalb Amerikas übertragbar. Im Kontext deutscher Konversionen liest sich die Stelle im Talmud deutlich ambivalent, als eine Gebrauchsanweisung, die gleichzeitig aber nicht angewandt werden kann. In Deutschland ist die jüdische Identität eng mit dem Überleben der Schoa verknüpft, was Konvertit_innen mit mehrheitsdeutscher Vergangenheit in eine besondere Position bringt und auch die Erkennbarkeit ihrer Konversion zum Politikum macht. Einerseits sagte der Rabbiner meines ersten Gespräches über eine mögliche Konversion sinngemäß, dass er angesichts meines Geburtsjahres nicht weiter in mich dringen müsse, ob dieser Wunsch in einer Überbeschäftigung mit der Schoa zu tun habe und er das Gespräch ohne dieses Thema weiterführen werde (es sei denn, ich würde darüber sprechen wollen). Andererseits ist es mein eigenes Bedürfnis, in Gesprächen nicht zu lange zu warten mit der Information, dass ich aus einer nicht-jüdischen Familie komme, um schrägen Situationen vorzubeugen. Es ist mir mehr als einmal passiert, dass ich als geeignetes Gegenüber angesehen wurde, um über die Seltsamkeit anderer konvertierter Personen zu sprechen und ich mich irgendwann als ebenfalls konvertierte Jüdin „outen" musste. Für mich persönlich ist es unumgänglich, ziemlich schnell zu verstehen zu geben, dass meine Familienangehörigen den Krieg hier nicht überlebten, sondern dass sie nicht als Juden verfolgt wurden – um nicht jemandem die Chance zu geben, mir vorzuwerfen, ich hätte mir eine andere Vergangenheit erschmuggeln wollen. Die schnelle Offenheit darüber gibt mir die Möglichkeit, den gesamten Prozess meiner Konversion zu erklären. Bevor ich offiziell begann, zu konvertieren, ging ich viele Schritte, um herauszufinden, was es mit meinem Gefühl auf sich hat, diesem Volk anzugehören.

Zu dieser Geschichte gehört die vorhin erwähnte Großmutter meiner Freundin und Expartnerin. Sie trat in mein Leben durch ein Telefonat, in welches ich am Freitag vor einem Schabbatdinner hineinplatzte: ich hörte ihre Enkelin, die zu der Zeit meine Partnerin wurde, auf Hebräisch mit vielen eingeschobenen deutschen Wörtern reden und vernahm aus dem Hörer undeutlich eine sehr deutlich deutsche Großmutterstimme, die aus Haifa über ihre Woche erzählte. Ein paar Monate und viele freitägliche Gespräche später, zu Pessach, sah ich Ilse zum ersten Mal. So wurde mein erster Abend in Israel ein Pessachabend neben einer Dame, die mit mir auf Deutsch sprach, und mich gleich am nächsten Tag wiedersehen wollte, um mich Dinge über das heutige Deutschland zu fragen. Pessach ist für mich mit dieser jekischen Israelin verbunden, deren deutscher Akzent im Hebräischen uns zu Verbündeten machte. Sie öffnete in mir Dinge, die ich mir nicht vorstellen konnte. Jahrelang hatte ich mich gewehrt, im Chor deutsche Volkslieder zu singen – aus Protest, weil die Nazis sie sangen. Aber Ilse lockte die Strophen aus mir heraus (sie konnte meist mehr Strophen auswendig als ich wusste, dass es überhaupt gibt) und brachte mich zum Lachen über die Tatsache, dass ich mich geweigert hatte, sie zu singen. „So schöne Lieder! Rachel, wir (die deutschen Juden) haben sie doch auch gesungen. Es sind auch meine Lieder."

Neben den Liedern gab es viele Fragen zu deutschen Vorabendserien, die sie sich anschaute und immer wieder Erinnerungen, eine nach der anderen. Wir lernten zusammen, damit umzugehen, dass es traurige und schreckliche Dinge gab, die ausgesprochen werden mussten, und zwischendrin lustige Geschichten über Verwandte. Ich sorgte mich um ihr Wohlergehen, wenn ich diese Erinnerungen durch meine Anwesenheit ins Rollen brachte, sie sorgte sich um meine Seele, all das zu hören – wie es eben ist. Ich kann es nicht mit Worten erklären, was Ilse in mich legte. Wenn ich versuche, es zu beschreiben, bleibt nur ein esoterisches, nicht zufriedenstellendes Vokabular. Durch Ilse kenne ich von ganz nah eine deutsch-jüdisch-israelische Lebensgeschichte: eine lustige Kindheit mit Baden im Fluss und Schlittenfahrten, die durch die Deutschen gebrochene Jugend und Ausgrenzung in der Schule, im Alter von 14 Jahren die Flucht ins „Eretz"[19], die Zeiten vom Aufbau des Landes … Ilse hat Israel schon begleitet, bevor es ein Staat war. Wenn sie von Krieg sprach, meinte sie die israelischen Kriege, und wenn sie von Wald sprach, sagte sie „sie sind hier natürlich nicht mit den deutschen Wäldern zu vergleichen". Auch mit Ilses Töchtern verbindet mich dieser gewisse Grad an deutscher Existenz, der unvermittelt in den israelischen Alltag springt. Wenn wir uns in Haifa treffen, sagt mindestens eine auf Deutsch „Kaffee trinken" und meint damit das gemütliche Beisammensein von Pause, Kaffee und Kuchen. Leider lernten meine Eltern und Ilse sich nicht mehr persönlich kennen, aber wenn wir uns alle treffen (Ilses Tochter, ihr Mann und ihre Tochter, ich und meine Eltern) singen wir zusammen deutsche Volkslieder, die Beatles und Leonard Cohens *Halleluja* und zwischen den Zeilen, zwischen den Tönen entsteht ein Vakuum, in welchem wir mit Ilse zusammen eine Familie werden – im Hier und Jetzt. Das ist unaussprechbar und besonders. Es ist unerklärlich wirklich.

Ilse ist auch am Schabbat mit uns verbunden – wegen der (nicht mehr stattfindenden) freitäglichen Telefonate und weil sie meiner Exfreundin ihren Kidduschbecher (schon zu Lebzeiten) vererbte und wir beim Kiddusch nicht nur זכר לבראשית – *secher le-Vereshit* – „Gedenken an die Schöpfung" und זכר ליציאת מצרים – *secher l-Itziat Mitzraim* – „Gedenken an den Auszug aus Mitzraim" ritualisieren, sondern auch das Gedenken an Ilse und

Alfred, den Großvater. Der Kidduschbecher ist mit der Enkelin wieder nach Deutschland zurückgekehrt.

Konvertiert zu sein bedeutet, dass ich der Entscheidung des Bet Din vertrauen darf, und all den Menschen, die mich schon vor dem Bet Din als jüdisch verstanden haben. Sie warteten darauf, dass ich mich der Herausforderung stelle, halakhisch jüdisch zu werden – oder gaben mir das Gefühl, mich von mir selbst aus als jüdisch begreifen zu dürfen. Konvertiert zu sein bedeutet auch, dass ich selbst versuchen muss, mich nicht ständig daran zu erinnern, dass ich konvertiert bin.[20] Ich empfinde, dass ich mit jeder Begegnung besser darin werde, der Identität als konvertierte Jüdin aus Deutschland einen angemessenen, nicht zu großen und nicht zu kleinen Raum im Gespräch zu geben. Das Thema Schoa wird mich in der Vielschichtigkeit, Alltäglichkeit und Besonderheit, die es mit sich bringt, mein Leben lang begleiten. Sie liegt in der Luft: ob ich mich in Berlin befinde oder in Israel. Mein Umgang damit wird sich wandeln, so wie er sich bisher gewandelt hat. Vor zwei Jahren hätte ich sicher einen ganz anderen Text geschrieben, und in 17 Jahren wird es auch ein anderer Text sein, ohne dass sich die Geschichte an sich verändert hat.

Ich hoffe, dass dieser Essay als Teil von Gesprächen verstanden werden kann, die auf verschiedene Weise weitergeführt werden. Mein tiefer Dank gilt all jenen, die mit mir Geschichten teilten und dabei die Vielfalt der jüdischen Erfahrungswelt öffneten. Mein Blick auf mich in all diesem ändert sich mit den Personen, die in mein Leben treten. Sie verändern meine Wahrnehmung und die Art, wie ich erzähle. Das mag auf viele Themen zutreffen, beim Schreiben des Essays wurde es mir aber so offensichtlich wie sonst kaum. Für das stipendiatische Podium und für das Schreiben musste ich einen Schritt zurücktreten und mich als die betrachten, die etwas tat. Alles was ich tue, tue ich als Teil einer Kette. Ich bin in die jüdische Erinnerung eingezogen, um dort zu bleiben und mich in ihr und mit ihr fortzubewegen.

Anmerkungen

1 Ich benutze den Begriff „Mitzraim“ statt „Ägypten“, weil er auf diese Weise mehr ein symbolisches Ägypten ausdrückt: die Befreiung aus der Sklaverei ist dann gleichzeitig auf einen historischen Zusammenhang bezogen und auf einen Zustand, der auch anderswo und anderswann festgestellt werden kann.

2 Im Original: „unique way of remembering and celebrating the past events of our history“. Goldscheider, Aaron: The Night That Unites Passover Haggadah: Teachings, Stories, and Questions from Rabbi Kook, Rabbi Soloveitchik, and Rabbi Carlebach, Jerusalem 2015, 196.

3 Ich benutze englische Begriffe so, wie ich sie auch im deutschen Sprachfluss benutzen würde.

4 Vgl. http://www.eujs.org/events/upcoming-event/connecting-with-macedonian-jewry (letzter Zugriff 31. Oktober 2016).

5 Vgl. http://www.holocaustfund.org/index.php?lang=en (letzter Zugriff 27. März 2017).

6 Eine ganz andere Frage ist, inwieweit Hannah Szeneshs Werk auf seinen Gebrauch für Gedenkveranstaltungen reduziert und ihr Wirken als Dichterin dadurch in den Hintergrund gedrängt wird.

7 Marx, Dalia: „Memorializing the Shoah“, in: Hoffmann, Lawrence A. (Hg.): May God Remember: Memory and Memorializing in Judaism – Yizkor (Prayers of Awe), Woodstock 2013, 39–62. Online einsehbar auf: https://www.academia.edu/4769519/Memorializing_the_Shoah_in_Jewish_Liturgy (letzter Zugriff 31. Oktober 2016).

8 Marx erwähnt hauptsächlich das Kaddisch, auch in der besonderen Form, welche die Namen von Vernichtungslagern einschließt und Versionen des *El Male Rachamim*, das jiddische Lied *Sog nischt keinmal* und religiöse Dichtung (Piyutim).

9 Eine Ausnahme ist die Gestaltung von Haggadot zum Thema Schoa, welche teilweise für Gruppen geschaffen wurden (Kibbutzim) oder im familiären Rahmen genutzt werden.

10 Selbstverständlich können wir nicht wissen, welche Traditionen es außerdem noch gab, solange sie nicht schriftlich überliefert bzw. bewahrt wurden.

11 http://www.zikaronbasalon.com/ (letzter Zugriff 4. April 2016).

12 Beispielsweise hier: https://www.youtube.com/watch?v=8SvMb5TW5f8 (letzter Zugriff 31. Oktober 2016).

13 Im Original: „In every generation every person needs to see how they are playing a role in the Redemption of Israel and mankind“. Goldscheider: The Night That Unites Passover Haggadah [FN 2], 171.

14 Allgemeine Ausführungen über Konversion in den rabbinischen Quellen finden sich in Porton, Gary G.: The Stranger within your Gate. Converts and Conversion in Rabbinic Literature, Chicago; London 1994. – Eichhorn, David Max (Hg.): Conversion to Judaism. A History and Analysis, New York 1965.

15 Ich plane eine differenziertere Arbeit zu diesem Thema, es wird aber nicht mein wissenschaftliches Hauptthema innerhalb der Jüdischen Studien werden. Dazu ist das Thema zu persönlich.

16 Diesen Beitrag schreibe ich nicht als wissenschaftlichen, greife jedoch zur

Vergewisserung und Einordnung meiner persönlichen Erfahrung auf wissenschaftliche Literatur zurück. Gary G. Porter hat bei der Beschreibung jeder Periode rabbinischer Quellen einen eigenen Unterpunkt dem Thema Eingliederung konvertierter in die israelitische/jüdische Gemeinschaft gewidmet. Vgl. zum Thema Konversion speziell in Deutschland Steiner, Barbara: Die Inszenierung des Jüdischen. Konversionen von Deutschen zum Judentum nach 1945, Göttingen 2015. – Ebenfalls relevant für den deutschsprachigen Raum ist Seidel, Esther; Homolka, Walter (Hg.): Nicht durch Geburt allein. Übertritt zum Judentum, München 1995.

17 Babylonischer Talmud, Bava Metzia 58b. Ich nutze die Übersetzung der Soncino-Ausgabe.

18 Vgl. http://www.rabbinicalassembly.org/sites/default/files/assets/public/halakhah/teshuvot/20052010/ConvertsNameLeff.pdf (letzter Zugriff 31. Oktober 2016).

19 So nannten sie Israel vor der Staatsgründung in Briefen und im Gespräch. Eretz heißt „Land" und ist bis heute das Synonym, das Israelis für Israel benutzen: „haAretz" – „das Land".

20 Ich danke Rabbi Carol Levithan, konservative Rabbinerin in den USA, dafür, dass sie mich darauf aufmerksam machte, dass ich diese Halakha auch auf mich selbst anwenden muss.

Evgenia Gostrer

Ihrer Oma geht es gut.

Vorwahl +97 auf dem Handy-Display: Israel. Aber das ist ja eine andere Nummer als die von meiner Oma!? Ist etwas passiert? 88 ist ein hohes Alter ... Mein Herz klopft schneller.

„Evgenia Gostrer hier."

„Genechka? Genechka! Freue mich, Sie zu hören! Keine Sorge, Ihrer Oma geht es gut", erklingt es sehr laut aus dem Hörer. Genechka ist eine gebräuchliche Verniedlichungsform meines Vornamens, die weibliche Stimme dagegen ist mir völlig unbekannt.

„Genechka, wie ich mich freue, Sie endlich kennenzulernen! Ihre Oma, sie hat immer ein Foto von Ihnen auf dem Tisch. Und sie schwärmt so von Ihnen. Sie sind so ein vorbildliches Enkeltöchterchen. Als ich Ihr Foto zum ersten Mal sah, ach, da habe ich meine verstorbene Mutter in Ihren Augen gesehen! Sie sind so elegant, so fein. Das habe ich Ihrer Oma gleich gesagt!"

Ich sitze in der Arbeit, im Büro, am Computer. Mit im Raum sind drei andere Personen. Ich überlege, ob ich mich in den Flur verziehen sollte.

„Genechka, ich möchte Sie wirklich nicht stören. Ich bin übrigens Lena, die Haushaltshilfe Ihrer Oma. Ich würde Sie wahnsinnig gern in Ruhe sprechen. Würden Sie mir sagen, wann es Ihnen am besten passt? Ich habe ein ernsthaftes Anliegen."

„Worum geht es denn genau?"

„Das möchte ich Ihnen in Ruhe erzählen, okay?"

Wir verabreden uns für Sonntag, 20 Uhr. Bereits während der Verabschiedung wird mir klar, dass mir meine Höflichkeit zum Verhängnis werden könnte. Wieder einmal. Als am Sonntag um kurz nach 20 Uhr das Telefon klingelt, bin ich innerlich auf Krawall gebürstet.

„Genechka? Meine Kontaktaufnahme hat ja einen ganz bestimmten Zweck. Ich werde auch nicht lang um den heißen Brei herumreden. Warten Sie, ich mache nur schnell die Tür zu. Mein Mann schläft. Ah, die Katze. Sekunde."

Die Türe geht zu, Rascheln, Klappern.

„Ich habe auch schon meine Schwester in Amerika angerufen und ihr erzählt, dass ich unsere Mutter wiedergesehen habe! In Ihnen auf dem Foto! Was für gleichmäßige Gesichtszüge, was für ein sanftes Lächeln. Und diese Augen ... So intelligent und weise."

Ich bedanke mich artig. Welches Foto könnte sie meinen? Auf dem Lieblingsfoto meiner Oma bin ich zwölf, trage ein rosa Kleid und eine Schleife im Haar. Meine Augen sind da kaum zu erkennen und ich schau finster drein und erinnere mich ganz genau, wie unbequem ich da stand und mich an den klebringen Baum im Park anlehnen musste.

„Genechka! Ich erlaube mir, direkt auf den Punkt zu kommen, ja? Ich habe ja schon meine Schwester in Amerika erwähnt. Eine herzliche, liebe Person. Sie hat einen Jungen ...“

Aha!

„... einen wirklich, sehr, sehr netten Jungen. Er ist für mich wie ein Sohn. Ich habe ihn praktisch mitgroßgezogen. Er ist sehr intelligent und gebildet, arbeitet mit Computern, verdient wirklich ordentlich. Er liebt Kunst und Kultur – diese Liebe habe ich an ihn weitervererbt. Er ist sehr einfühlsam und sensibel. Und erzählt mir alles. Teilt mit mir all seine Empfindungen.“

„Uhu.“

„Und Ihre Oma meinte, Sie sind immer noch nicht verheiratet. Und haben ja auch keine Kinder, obwohl Sie über dreißig sind. Und Sie studieren ja noch... Hat Ihre Oma gesagt.“

„Verzeihung?!“

„Na, wäre es nicht toll, wenn Sie meinen Jungen kennenlernen würden?“

„Ich glaube nicht!“

„Aber was haben Sie denn? Er wird Ihnen gefallen! Und vor allem – Sie werden ihm gefallen. Ganz bestimmt! Das spüre ich. Ich und er – wir sind uns in Gefühlssachen immer einig!“

„Nein, danke.“

„Seien Sie doch bitte nicht so voreilig. Urteilen Sie bitte nicht so schnell!“

Mein schlechtes Gewissen erwacht. Mal wieder und trotz allem.

„Wie alt ist denn Ihr Junge?“

„Glauben Sie mir, sein Alter sieht man ihm nicht an. Er ist sehr jung geblieben.“

„Gut, wie jung ist denn Ihr Junge?“

„48.“

„Okay.“

„Seine Kinder vergöttern ihn. Die Große ist wirklich schon sehr erwachsen. Und stellen Sie sich vor – sie macht auch etwas mit Kunst! Ist das nicht wunderbar?“

„Mh.“

„Genechka, können Sie sich vorstellen, in Amerika zu leben? Waren Sie schon mal in den USA? Möchten Sie da nicht mal hin? Das wäre doch die Gelegenheit! Sie könnten dann nebenbei noch meinen Neffen kennenlernen."

„Ich glaube, eher nicht. Wissen Sie, ich war noch nicht mal in Israel, um meine Oma zu besuchen."

„Aber Ihre Oma würde das doch verstehen, wenn Sie lieber nach Amerika fliegen! Machen Sie ihr ein Geschenk!"

„Moooment!"

„Oh, nein, nein, nein. Ich meine es wirklich gut!"

„Ich glaube, ich möchte gern das Gespräch an dieser Stelle beenden!"

„Warten Sie, bitte?! Stellen Sie doch lieber noch eine Frage, urteilen Sie nicht zu voreilig. Oder noch besser – ich gebe Ihnen seine Telefonnummer und Sie können ihn anrufen, ganz unbefangen, wann immer es Ihnen passt, wenn Sie dafür bereit sind. Sie werden begeistert sein."

„Weiß denn Ihr Junge von seinem Glück? Weiß er, was Sie gerade machen?"

„Ja, also nicht direkt ..."

„Vielleicht möchte er lieber anrufen?"

„Nein, nein, wo denken Sie hin?! Er ist sehr, sehr schüchtern, das könnte er niemals machen! Das wäre zu viel für ihn."

„Ich soll die Initiative ergreifen?"

„Ja, natürlich! Das wird ihm gefallen. Da bin ich mir ganz sicher."

„Das werde ich nicht tun."

„Ich möchte Sie wirklich nicht in Verlegenheit bringen. Aber denken Sie doch mal nach. Das wäre doch besser für Sie, das wäre eine Perspektive ..."

„Danke, dass Sie sich um mich sorgen. Ich verzichte."

„Eines könnte natürlich zum Problem werden ... Seine Frau, dieses Flittchen, sie könnte wirklich zum Problem werden ..."

Meine Eltern wurden einander 1979 vorgestellt. Von einem Schadchen. Jiddisch für Heiratsvermittler. Einem älteren Herrn, der für 100 Rubel junge jüdische Frauen und Männer, die ernsthafte Absichten hatten, miteinander bekannt machte. In der Millionenstadt Woronesch, die für sowjetische Verhältnisse als mittelgroß galt, lebten nicht so viele Juden. Entsprechend wenige waren im heiratsfähigen Alter. Die Vermittlungsaktion geschah in der Gegenwart des Schadchen und selbstverständlich im Beisein der jeweiligen Familien.

Jüdischsein hatte in der späten Sowjetunion selten etwas mit

Religion zu tun – meine Eltern waren und sind Atheisten, essen Schweinefleisch und haben bis vor ein paar Jahren noch nie eine Synagoge von innen gesehen. Klar, jüdische Freunde, eine jüdisch geprägte familiäre Umgebung. Aber eher gezwungenermaßen, und eher gezwungenermaßen die Partnerwahl unter Juden, um sich nicht erklären und verstellen zu müssen und weil die ethnisch-russische Mehrheitsgesellschaft feindselig war. „Jüdisch" war in der Sowjetunion keine beliebte Nationalität. Sie war im Inlandspass und auf Behördendokumenten fixiert. Man war sowjetische Staatsbürgerin, aber russischer, georgischer, lettischer oder eben jüdischer Nationalität. Nationalität wurde vererbt. Wenn nur ein Elternteil jüdisch war, konnten die Eltern die Nationalität des anderen für ihr Kind wählen – die meisten mit einem russischen Elternteil taten das auch, denn Jüdischsein war wirklich kein Spaß in der Sowjetunion.

Bei meinen Eltern waren Väter und Mütter jüdisch. Also wirklich „jüdisch", im Inlandspass. Beide Mitte zwanzig, heiratsfähig war man ab 18. Während für meine Mutter mein Vater der erste „Bräutigam" war, war meine Mutter für ihn die zehnte „Braut", die ihm der Schadchen vorstellte. Als er beim Hinausgehen aus dem Haus den Schal vor dem Spiegel zurecht zog – es war Anfang Oktober –, sagte er zu meiner Oma: „Das ist aber die Letzte!" Zehn Tage später heirateten meine Eltern auf dem Standesamt.

Ich wurde 1981 geboren. Was „jüdisch" ist, erfuhren meine Schwester, die fünf Jahre nach mir auf die Welt kam, und ich erst 1989, als meine Oma sich entschloss, ihrem zweitgeborenen Sohn und dessen Familie nach Israel zu folgen. Gorbatschows Glasnost bedeutete nicht nur Öffnung der Medien, sondern auch Öffnung der Grenzen – der große Exodus begann, nicht nur von Juden nach Israel, sondern auch von pontischen Griechen nach Griechenland und Russlanddeutschen nach Deutschland. Später auch von Juden nach Deutschland – die „Kontingentflüchtlinge" ab 1990. Sie machen heute die absolute Mehrheit der etwa Viertelmillion deutschen Juden aus, vor 1990 waren gerade noch 30.000 in den Gemeinden registriert. Meine Eltern wanderten 1996 nach Deutschland aus – mit vier Taschen, ein paar Brocken Deutsch, ihren zwei Töchtern und konkreten Hoffnungen. Einige zerschlugen sich – meine Mutter musste von Bauingenieurin auf Buchhalterin umsatteln, mein Vater, ein Kardiologe, wartet immer noch auf seine deutsche Approbation, auch wenn er als Psychotherapeut an einer Klinik tätig ist. In einem Kurort in Oberfranken mit dreieinhalb tausend Seelen – nach Woronesch mit seiner Million und München, wo wir zunächst gelebt hatten, mit seinen anderthalb Millionen Einwohnern. Aber die Entscheidung der Emigration nach Deutschland wurde nicht in Frage gestellt. Höchstens die der Ehe – und auch nur im Scherz. Wenn meine Eltern, die sich lieben, wie man sich nur lieben kann, und das über Jahrzehnte und den Bruch der Auswanderung hinweg, einander ärgern möchten, fragen sie im Scherz, ob die 100 Rubel für den Schadchen, den jüdischen Heiratsvermittler, damals wirklich eine gute Investition gewesen sind.

Ich war fast 15, als wir nach Bayern kamen. Mitten in der Pubertät, geschwächt durch Windpocken und die erste unglückliche Liebe. Dank der Bemühungen der Eltern, des Rektors eines Münchener Gymnasiums – eines passionierten Mathematikers, der die Stärken der naturwissenschaftlichen Schulbildung in der ehemaligen Sowjetunion zu schätzen wusste – und Frau Weinzierl, einer Nachhilfelehrerin, überzeugten Sozialdemokratin und Germanistin, die mit Judith Kerr mein Herz öffnete und meine Zunge für die deutsche Sprache löste, gelang mir ein Abitur im Einserbereich. Danach ein Grafikdesign-Studium und Arbeit in einer Werbeagentur. Letztere machte mich todunglücklich. Es folgte eine Suche. Oder besser: eine Findung. Als ich 2007 nach Kassel zog, um mein Trickfilm-Studium zu beginnen, hatte ich eine relativ genaue Vorstellung von meiner Zukunft als Künstlerin. Und als Frau. In dieser Vorstellung kam auch ein Mann vor. Damals ein jüdischer. www.jewish-singles.de schien die Lösung. Es überraschte mich, wie oft eine Mail-Anfrage mit den Worten „Du hast so schöne Augen …“ begann. Ist die Wortwahl einfallsreicher, stehen die Chancen für ein Treffen mit mir in einer Stadt zwischen Kassel und XY schon besser. In Marburg zum Beispiel. Ein hübsches Fachwerkstädtchen, in dem man gut spazieren kann.

„Möchtest Du was essen?“

„Ehrlich gesagt, ja, ich habe Hunger. Und du?“

„Geht so. Lass‘ uns irgendwo reingehen. Subway? Ich muss Dich ja einladen …“

„Nein, musst Du nicht.“

„Doch, so gehört sich das! So mache ich das!“

Jetzt wollte ich eigentlich wieder in den Zug steigen. Wir gingen zu Subway.

„Echt? Ein halbes Baguette? Bist Du immer so hungrig? Ich esse nachher, meine Mutter wird etwas zubereiten, etwas Ordentliches. Wie jeden Abend. Schmeckt mir eh am besten. Muss nur vorher kurz zu mir nach Hause, meine Ratte füttern und mit ihr ein wenig kuscheln. Wenn ich ein paar Stunden nicht zu Hause war, nimmt sie mir das echt übel. Bis vor drei Wochen hat das noch meine Freundin übernommen."

100 Rubel für den jüdischen Heiratsvermittler in Woronesch oder das kostenlose Online-Portal www.jewish-singles.de? Braut Nr. 10 oder die verheißungsvolle unbegrenzte Wahl im Internet, wo hinter dem nächsten Mausklick immer ein noch Besserer warten könnte? Der Schadchen mit seiner Intuition oder der Algorithmus der Onlinebörse? Jahrtausendalte jüdische Tradition oder Internet-Postmoderne des Silicon Valley? Oder vielleicht doch Lena, die Haushaltshilfe meiner Oma in Rehovot, außerhalb von Tel Aviv, und ihr Neffe in San Francisco, der unglücklich mit einem Flittchen verheiratet ist? Ich weiß es nicht.

Eines weiß ich allerdings ganz sicher. Wie sich meine Eltern kennengelernt haben, ist eine Erinnerung. Sie wird von ihnen gehegt und gepflegt. Sie wird weitererzählt. Mündlich. Sie ist ein zentraler Teil unserer Familiengeschichte geworden. Von mir als Kind meiner Eltern wird sie nicht hinterfragt. Bis zum Verfassen dieses Textes habe ich nicht einmal gewagt zu denken, sie könnte nicht vollständig bzw. zu schön oder gar falsch sein. Sie ist wirkmächtig. Sie ist Wirklichkeit geworden. Aber eine bestimmte Art von Wirklichkeit, denn sie ändert sich bei jedem neuen Erzählen und beim Aufeinandertreffen mit dem Hier und Jetzt, mit anderen Wirklichkeiten, auch meinen ganz eigenen. Aus meinem Leben. Auch auf diese Weise ist die Erinnerung wahr.

Karen Körber

Widerstreitende Erinnerungen

> „Am 9. Mai, dem Tag des Sieges, standen wir zu fünft, eine Mädchenclique, vor der U-Bahn-Station und gratulierten den Kriegsveteranen. […] Wir hatten das Geld gespart, das unsere Eltern uns für Kuchen und Eis gegeben hatten, monatelang hatten wir jede Kopeke gespart und kauften Hunderte Postkarten und Blumen.
> Wir beschrifteten die Postkarten nach der Schule, drei Wochen hindurch, stundenlang. Lieber Veteran! Wir gratulieren Ihnen zu diesem freudigen Fest! Als wir die alten Männer, oft auch Frauen, mit ihren Medaillen sahen, rannten wir auf sie zu und drückten ihnen eine Postkarte in die Hand und eine Blume, nicht auf den ritualisierten Feiern vor den Denkmälern, nicht in der Schule, als die Veteranen mit ihren Geschichten zu Besuch kamen, nein, an einer U-Bahn-Station neben dem Hotel Tourist. Das Erstaunlichste daran war die Freiwilligkeit. Wir hatten genau das gemacht, was die Schulideologen forderten, die Kriegsveteranen ehren, wir hatten aber den Zwang umgangen, wir hatten es trotz der Erlaubnis gemacht, und wir spürten, dass wir etwas Revolutionäres taten. Niemand hatte uns beauftragt, niemand hatte uns gelobt […] Von ganzem Herzen gratulierten wir jenen, die uns gerettet hatten, so die offizielle sowjetische Formel, die angesichts des Vernichtungskriegs doch stimmte. Wer darf uns sagen, wir seien der sowjetischen Kriegspropaganda gefolgt?“[1]

Diese Zeilen stammen von der 1970 in Kiew geborenen Autorin Katja Petrowskaja, die sich in ihrem 2014 erschienenen hochgelobten Romandebüt *Vielleicht Esther* auf eine Spurensuche ihrer jüdisch-polnisch-sowjetisch-österreichischen Familiengeschichte im 20. Jahrhundert macht. Liest man die vielen Rezensionen über ihr Buch, so handelt es, mit einigen wenigen Ausnahmen, vor allem von einer Suche nach den verschütteten jüdischen Spuren der Familie, der plötzlich jiddisch sprechenden Großmutter, dem Urgroßvater, der ein Waisenhaus für taubstumme jüdische Kinder gegründet hat, dem Namenswechsel des Großvaters vom jüdischen Stern zu Petrowskij, den vielen ermordeten polnisch-jüdischen Verwandten und nicht zuletzt – die

Kernerzählung des Buches – dem Versuch, sich der Ermordung der Großmutter in den Tagen des Massakers von Babij Jar erzählend anzunähern. Dieser Lesart zufolge handelt es sich also bei dem Roman in erster Linie um eine osteuropäisch-jüdische Erfahrungsgeschichte, deren Zentrum im 20. Jahrhundert der Extreme der Holocaust bildet. All das steht in dem Roman, aber – wie das eingangs vorgelesene Zitat zeigt – eben nicht nur das. Tatsächlich entdeckt die Autorin auf ihren Reisen durch Mittel- und Osteuropa, die in der Ukraine ihr Ende finden, Bruchstücke einer jüdischen Herkunft, die ihr bislang verborgen geblieben war. Sie reflektiert aber auch über die Prägungen und Perspektiven, die ihr dadurch zuteilgeworden sind, dass sie in der Sowjetunion groß geworden und in der russischen Kultur und Sprache aufgewachsen ist und mittlerweile – in Berlin lebend – auf Deutsch schreibt. So schildert die Autorin beispielsweise den Namenswechsel von Stern zu Petrowskij im bolschewistischen Untergrund auch als einen revolutionären Akt ihres jüdischen Großvaters. Dieser war verbunden mit dem Versprechen, dass die Revolution einmal allen – auch den Juden – Anerkennung und Gleichberechtigung bringen würde – eine Hoffnung, um deren utopischen Gehalts willen Katja Petrowskaja den gewählten Namen heute mit Stolz trägt. Und sie erzählt von dem leidvollen Schicksal ihres ukrainischen Großvaters, der als sowjetischer Kriegsgefangener in Mauthausen inhaftiert war, wie auch von seinen möglichen Verstrickungen in den Apparat der kommunistischen Partei, die auf die gewaltvollen Verwerfungen der sowjetischen Geschichte und Politik verweisen.

In einem Interview im *Tagesspiegel* hat sich die Autorin überrascht und auch ein wenig genervt darüber geäußert, dass Journalisten sie andauernd nach ihrer jüdischen Identität fragen würden.[2] Sie selbst beschreibt sich in einem anderen Interview als Angehörige „der letzten sowjetischen Generation“[3], eine Zugehörigkeit, die sie in ihrem Buch wie folgt beschreibt:

> „Wir, die Kinder der siebziger Jahre, [waren] vom Geist dieses Krieges durchtränkt, von diesem Krieg, der die wichtigste Einführung in die Weltgeschichte war, einem Krieg, der die Erziehung der Gefühle einforderte, Verlust und Liebe, Freundschaft und Verrat, wir schöpften aus der nie versiegenden Quelle dieses Krieges.“[4]

Ich habe das Zitat und die Leseeindrücke vorangestellt, weil sie exemplarisch zeigen, worum es im Folgenden gehen soll, nämlich um die Tatsache, dass mit der Einwanderung der russischsprachigen Juden seit den 1990er Jahren eine andere kollektive Erinnerung in die jüdische Gemeinschaft und damit auch in die deutsche Gesellschaft einzieht, in deren Zentrum nicht der Holocaust steht, sondern der Zweite Weltkrieg, und, damit verbunden, der Sieg über Deutschland.

Das Narrativ des Großen Krieges – der 9. Mai

Symbolisiert wird diese Differenz in jenem Datum des 9. Mai, dem Tag des Sieges, der den weltweit wohl am meisten zelebrierten Kriegsgedenktag darstellt. Er erinnert an einen Krieg, in dem nach heutigem Wissen mehr als 27 Millionen sowjetische Staatsbürger gefallen sind und der in unzähligen sowjetischen und postsowjetischen Erzählungen, Ritualen, Gedenkfeiern, Büchern und Filmen längst schon die Gestalt eines Mythos angenommen hat. Der Historiker Amir Weiner analysiert in seinen Arbeiten die enorme Bedeutung dieses Krieges für die sowjetische Politik in den Nachkriegsjahrzehnten, die darauf abgezielt habe, ihn zum zweiten zentralen Gründungsmythos nach der Oktoberrevolution zu erklären.[5] Auch der Soziologe Zvi Gitelman bestätigt die legitimitätsstiftende Funktion dieses Krieges, die es im Namen eines sowjetischen Patriotismus ermöglicht habe, der Bevölkerung jahrzehntelang eine Reihe von Entbehrungen aufzubürden.[6] Die Instrumentalisierung des „Großen Vaterländischen Krieges" im Rahmen einer staatlichen Erinnerungskultur, die zahlreiche Verbrechen tabuisierte – etwa das besondere Schicksal der jüdischen Vernichtung, die Morde von Katyn, oder die Geschichte der Okkupation und der Kriegsgefangenen – trägt nach dem Zusammenbruch der Sowjetunion und dem Ende des Ost-West-Konflikts mit dazu bei, dass der Krieg im Zuge der Re-Nationalisierungen der postsowjetischen, ost- und südosteuropäischen Staaten zum Gegenstand konkurrierender und spannungsreicher Erinnerungen wird.[7]

Eine eindrückliche Dokumentation darüber, wie sich die Erinnerung an den Weltkrieg in verschiedenen postsowjetischen Staaten verändert, haben anlässlich des 70-jährigen Gedenktages zum 9. Mai Osteuropaforscher_innen und Soziolog_innen um Ekaterina Makhotina und Mischa Gabowitsch mit dem Forschungsprojekt *Sowjetische Kriegsdenkmäler und postsowjetische Siegesfeiern* unternommen. Im Rahmen einer Sonderausstellung im *Deutsch-Russischen Museum Karlshorst* zeigten die Wissenschaftler_innen 2015 anhand von verschiedenen Orten, Plätzen und Denkmälern, wie der 9. Mai als ein immaterieller Erinnerungsort wirkt, der Gemeinschaft stiften und politische Positionen zum Ausdruck bringen kann. Es wurde aber auch deutlich, wie tradierte Muster des Gedenkens um Elemente erweitert werden, die auf neue soziale Funktionen und politische Zielsetzungen hinweisen, insbesondere dort, wo sich nationalstaatliche Symbolpolitik und Alltagspraktiken des Gedenkens verschränken.

Während sich die Ausstellung auf den erinnerungspolitischen Wandel in den postsowjetischen Nationalstaaten konzentriert, zeigen die alljährlichen Feierlichkeiten zum 9. Mai am Sowjetischen Ehrenmal im Treptower Park in Berlin, dass das Datum auch transnational große Wirkung zeigt und Vergemeinschaftung schafft. Die wiederkehrend große Zahl an Teilnehmer_innen gewährt einen kleinen Einblick in die Erinnerungspolitiken und -kulturen einiger osteuropäischer und postsowjetischer Diasporagemeinschaften, die im Zuge der gegenwärtigen Migrationsprozesse nach Deutschland gekommen sind und diesem Datum große Bedeutung beimessen. Dazu zählen auch die seit den 1990er Jahren eingewanderten russischsprachigen Juden – ein Umstand, der in den vergangenen zwei Jahrzehnten insbesondere in den hiesigen jüdischen Gemeinden zu Konflikten und Verunsicherungen geführt hat.

„Opfer versus Sieger"

Für die jüdischen Gemeinden im Nachkriegsdeutschland bildete die Erinnerung an den Holocaust den zentralen Bezugspunkt ihres Selbstverständnisses, der auch ihr Verhältnis zur Bundesrepublik wesentlich strukturierte. Der Historiker Dan Diner spricht für die ersten Nachkriegsjahrzehnte von einem „Bann", den insbesondere die Vertreter internationaler jüdischer Einrichtungen und Institutionen über die nach 1945 in Deutschland lebenden Juden verhängt hatten und den diese sich in Teilen auch selbst auferlegten, woraus, so Diner, habituell eine „Art von abwesender Anwesenheit" erwuchs, der bis in die 1990er Jahre prägend für das hiesige jüdische Leben war.[8] Auch Michael Brenner unterstreicht in seinen einleitenden Worten zur Jüdischen Geschichte nach 1945 eine bis in die Gegenwart anhaltende ambivalente Haltung der jüdischen Gemeinschaft. Für sie zeichne sich zwar mit dem Heranwachsen der zweiten Generation ein dauerhafter Verbleib in Deutschland ab, ihre Selbstzeugnisse und Publikationen würden jedoch bis in das 21. Jahrhundert hinein jüdisches Leben in Deutschland noch immer als ein paradoxes Unterfangen beschreiben, was Buchtitel wie *Unmögliche Heimat* oder *Im Land der Täter* dokumentieren.[9] Dan Diner hat diese Deutung anlässlich einer Tagung am *Jüdischen Museum Frankfurt* im Jahr 2009 noch einmal aufgenommen, auf der er die Einwanderung der russischsprachigen

Juden als eine Zäsur interpretierte, mit der „[...] die Geschichte der bundesrepublikanischen Juden an ihr Ende gelangt“[10] sei. Als ursächlich dafür erscheint ihm die Differenz der Erinnerungen an den Zweiten Weltkrieg und den Holocaust, die den Bezugspunkt für innerjüdische Auseinandersetzungen bilden und darin möglicherweise nicht ohne Folgen für die deutsch-jüdischen Beziehungen bleiben.

Tatsächlich ist es ein paradoxer Effekt der Migrationsbewegungen nach dem Ende des Kalten Krieges, dass sich das postsowjetische Narrativ des großen Krieges ausgerechnet innerhalb der jüdischen Gemeinschaft artikuliert, der Gemeinschaft also, die in Deutschland und im westlichen Europa nach dem Holocaust den Status einer Minderheit par excellence eingenommen hat. Bereits im Verlauf der 1990er Jahre kam es innerhalb der jüdischen Gemeinden zu Irritationen und verärgerten Reaktionen unter den alteingesessenen Mitgliedern, als von Seiten der russischsprachigen Juden alsbald der Anspruch geltend gemacht wurde, in den Räumlichkeiten der Gemeinden den 9. Mai, den Tag des Sieges über den Faschismus, zu begehen. Insbesondere für die Generation der Kriegsteilnehmer_innen hat dieses Datum eine ikonische Bedeutung und selbstverständlich äußerten sie die Erwartung, diesen Feiertag auch angemessen würdigen zu können. Dazu gehören das Anlegen der Orden und die Ehrung der Veteraninnen und Veteranen, Fotos und Erinnerungen an verstorbene Soldat_innen, die roten Nelken, die Reden über Ruhm und Ehre, über das Sterben und unendliches Leid. Dazu gehören das gemeinsame Singen der alten Kampfeslieder, Tränen der Rührung und der Trauer, aber auch gutes Essen und gemeinsamer Tanz und die gelegentliche Forderung, anlässlich der Feierlichkeiten vor den jüdischen Gemeinden die russische Fahne zu hissen. Auf Seiten der Alteingesessenen stießen diese Feierlichkeiten insbesondere in den ersten Jahren auf heftiges Befremden, sie unterstreichen einmal mehr den vorherrschenden Eindruck wechselseitiger Fremdheit. Eher zähneknirschend ringen sich die Vorsitzenden der Gemeinden anlässlich der alljährlichen Feierlichkeiten ein Grußwort ab, ansonsten bleibt man unter sich: das Kollektiv der Opfer auf der einen und das Kollektiv der Sieger auf der anderen Seite.

Es gehört zu den Auffälligkeiten der ritualisierten Feiern zum 9. Mai, dass diese in Form und Inhalt aus der sowjetischen Erinnerungskultur übernommen werden. Dementsprechend ist in den verschiedenen Ansprachen nicht vom Holocaust als einem besonderen jüdischen Schicksal die Rede, stattdessen wird das sowjetische Volk angerufen, welches als Ganzes gelitten und gekämpft habe. Wie die beiden folgenden Zitate von Zeitzeugen zeigen, steht dieser Deutungsrahmen jedoch nicht notwendig im Gegensatz zu ihrer jüdischen Herkunft. Vielmehr weisen unsere Gesprächspartner, beide Veteranen der Roten Armee, sich innerhalb des Narrativs vom großen Krieg einen Platz als Soldaten *und* als Juden zu. Zugleich versuchen sie im Interview eine Brücke zu jenem anderen Narrativ zu schlagen, auf das die russischsprachigen Juden mit ihrer Einwanderung nach Deutschland gestoßen sind und in dessen Zentrum der Holocaust steht.[11]

Alex Krasny, Jahrgang 1927, aus Odessa in der Ukraine, 1995 nach Deutschland eingewandert:

> „Der 9. November ist mir natürlich bekannt. Ich habe zwar erst hier darüber erfahren, aber ich hatte davon schon in Odessa gehört, oder etwas darüber gelesen, habe aber diesem Tag keine besondere Bedeutung beigemessen. Bei uns drehte sich alles um den 9. Mai. Am 9. Mai hat man den Anfang und das Ende des Krieges gefeiert. Das Symbol vom Sieg, der nationalen Einigkeit und der Unbesiegbarkeit. Hinter diesem Tag stand natürlich die Politik, die Propaganda. Trotzdem betraf der 9. Mai fast jede sowjetische Familie. So viele Menschen sind gestorben... Und die Juden waren Soldaten. Eher sowjetische Soldaten, die ihr Vaterland verteidigen, als Juden, die den Holocaust bekämpfen. Ich denke jedoch, dass jeder Jude im Krieg sich auch als Jude gefühlt hat. Besonders wenn man erfuhr, dass Juden in Polen und Deutschland geschlachtet werden... (schweigt). Ja, alles in einem, der Sieg und die Niederlage. Alles am 9. Mai."[12]

Boris Biselskij, Jahrgang 1919, aus Kiew in der Ukraine, 1993 nach Deutschland eingewandert:

> „Die Juden haben ja als sowjetische Soldaten der roten Armee gedient. Man wusste nicht viel darüber, was eigentlich los war. Man hat zwar etwas gehört, aber konnte sich das Ausmaß des Verbrechens nicht vorstellen. Die Juden wurden für ihre Verdienste mehrmals ausgezeichnet. Es gab auch nicht so viele Unterschiede, ich habe sie jedenfalls nicht gespürt, als ich mit den anderen Soldaten Seite an Seite gekämpft habe. Der Krieg ist Teil unserer Geschichte, das ist klar. [...] Ich habe während des Krieges kein KZ gesehen, aber aus Erzählungen der Offiziere und Soldaten konnte ich über die Schrecken des Holocaust etwas mehr erfahren. Viele aus meiner Familie sind im Krieg gefallen. Allerdings nicht im KZ sondern an der Front. [...] Natürlich hörte man ab und zu, dass die Juden ‚in Taschkent kämpfen'. Trotzdem waren wir stolz darauf, als Soldaten der roten Armee, als Juden gegen den Faschismus zu kämpfen.

Damals haben wir daran geglaubt, dass Stalin der Einzige war, der den Juden geholfen hatte."[13]

Die Äußerungen von Alex Krasny und Boris Biselskij stehen exemplarisch für ein Selbstverständnis, das sich insbesondere in der Generation der Zeitzeugen häufig finden lässt. Dazu gehört etwa die anfänglich geäußerte Distanz in Bezug auf den 9. November, den Gedenktag, der an die Reichspogromnacht 1938 erinnert und der in Deutschland alljährlich begangen wird. Im Zuge der Migration findet zwar eine Annäherung an dieses Datum statt, gleichwohl wird es nicht zu einen festen Bestandteil der eigenen Erinnerungskultur, in deren Zentrum der 9. Mai steht. Ähnlich wie Katja Petrowskaja in dem einleitenden Zitat, verweist einer unserer Gesprächspartner darauf, dass die Erinnerung an diesen Krieg Gegenstand vermachteter staatlicher Politik war, zugleich jedoch auch zur tradierten Erfahrung der betroffenen Familien gehörte, die allesamt Opfer zu beklagen hatten. Gleichwohl fällt in den Äußerungen beider Veteranen auf, dass sie bei dem Versuch, sich über das Schicksal und die besondere Rolle der sowjetischen Juden im Zweiten Weltkrieg zu äußern, das Vokabular des sowjetischen Kollektivs bemühen. Die Anrufung des einigen und unbesiegbaren Volkes, welches das Vaterland verteidigt und „gegen den Faschismus" gekämpft habe, öffnet einen Deutungshorizont, in dem auch die sowjetischen Juden einen Platz zugewiesen bekommen. Sie reihen sich ein in den heroischen Kampf der unzähligen Soldaten, die an der Front ihr Leben gelassen haben.

Die Selbstbeschreibung als sowjetische und jüdische Soldaten knüpft an die sowjetische Nationalitätenpolitik an, in deren Folge – bei allen antisemitischen Verunglimpfungen über Juden, die sich, vermeintlich evakuiert, „in Taschkent" gedrückt hätten – beispielsweise 500 der jüdischen Kämpfer die höchste sowjetische Auszeichnung, den Orden „Helden der Sowjetunion" erhalten haben. Rund 500.000 Juden haben als Soldaten der Roten Armee gekämpft, von denen über 200.000 in diesem Krieg gefallen sind.[14] Davon, so müssen die eingewanderten Juden feststellen, haben in Deutschland die wenigsten Kenntnis genommen und auch in den jüdischen Gemeinden ist darüber kaum etwas bekannt. Umgekehrt gilt für ihr Selbstverständnis als Juden ein Umstand, der sie von anderen jüdischen Diasporas weltweit unterscheidet: Sie sehen sich nicht als Teil des Opferkollektivs. So sprechen zwar auch unsere beiden Veteranen davon, dass das besondere Schicksal der jüdischen Bevölkerung ein zentrales Motiv für die jüdischen Soldaten in ihrem Kampf gewesen sein mag, betonen aber, davon selbst wenig gewusst zu haben und exterritorialisieren den Massenmord an den Juden als etwas, was sich in Konzentrationslagern auf deutschem und polnischem Boden vollzogen hat. Dass der Holocaust in der Sowjetunion fast drei Millionen Juden das Leben gekostet hat, in den Lagern, den Ghettos und durch die zahlreichen Massenerschießungen, findet keine Erwähnung, wird verdrängt oder ist weitgehend unbekannt.[15]

Zvi Gitelman und Ilja Altman zeigen in ihren Untersuchungen, dass die Leerstelle, die das besondere Schicksal der sowjetischen Juden betrifft, wesentlich mit der Politik der Sowjetunion zusammenhängt, in der der Holocaust im offiziellen Gedenken wenig Berücksichtigung fand und auf die Einrichtung von Denkmälern und Gedenkorten für die jüdischen Opfer weitgehend verzichtet wurde.[16] Aus der Perspektive der Zeitzeugen scheinen sich tatsächlich zwei Erinnerungskulturen gegenüber zu stehen, in denen die einen Sieger des Krieges und die anderen die Opfer des Holocaust sind. Das Narrativ des großen Krieges bietet den jüdischen Veteran_innen einen anerkannten Raum für ihre Erinnerungen, der es ihnen ermöglicht, sich als Teil des Kollektivs zu sehen, das als sowjetische Bürger und Juden einen doppelten Kampf geführt hat: für die Verteidigung des Vaterlands und für das Überleben der eigenen Gruppe. Lässt sich anhand der Zitate also einerseits eine Pluralisierung jüdischer Erinnerungen ablesen, so zeigt sich darin auf der anderen Seite auch, dass für das besondere Schicksal der jüdischen Opfer des Holocaust in der Sowjetunion, wie Dmitrij Belkin schreibt, „erst eine Sprache gefunden werden muss“[17], in der es möglich wird, die besonderen Verfolgungs- und Vernichtungserfahrungen zu artikulieren.

Die Generation der Enkel – Selbstverortungen

Mittlerweile, davon zeugen literarische Versuche, wie etwa die Romane von Katja Petrowskaja, Lena Gorelik und anderen ebenso wie die Beiträge in diesem Band, widmen sich auch junge Erwachsene der Suche nach der besonderen Geschichte und Erinnerung der russischsprachigen Juden – ein Vorgang, der wesentlich ist für das Selbstverständnis der eigenen Gruppe. Im Folgenden möchte ich exemplarisch Ergebnisse einer Studie präsentieren, in der wir 2013/14 am *Jüdischen Museum Berlin* 35 junge Frauen und Männer der Generation 1.5 – also diejenigen, die, nach 1980 geboren, mit ihren Familien im Rahmen des Kontingentverfahrens für jüdische Flüchtlinge nach Deutschland eingewandert sind – danach befragt haben, welche Erinnerungen in ihren Herkunftsfamilien tradiert worden sind und welche Bedeutung dabei insbesondere dem Zweiten Weltkrieg und dem Holocaust zukommt.[18]

Unsere drei Interviewpartner_innen, Anastasia, Sascha und Sergey, stehen in ihrem jeweiligen Versuch, Bezug auf die beiden Narrative zu nehmen und sich selbst zu diesen ins Verhältnis zu setzen, stellvertretend für eine große Zahl der Teilnehmenden an unserem Forschungssample. Dabei fällt zuerst einmal auf, dass die jungen russischsprachigen Juden eine zentrale Erfahrung mit anderen Migrantengruppen in Deutschland teilen, auf die in den letzten Jahren vielfältig hingewiesen worden ist. Sie wachsen in eine Gesellschaft hinein, in der Nationalsozialismus und Holocaust im „politisch-moralischen Diskurs der Öffentlichkeit" eine herausragende Stellung einnehmen und müssen feststellen, dass sich ihre eigenen Familiengeschichten von denen der Deutschen unterscheiden, aber auch von den Erfahrungsgeschichten, die innerhalb der jüdischen Gemeinschaft im Zentrum stehen.[19] Zudem konstatieren sie, dass sie vor diesem Hintergrund in Deutschland als Angehörige einer Gemeinschaft wahrgenommen werden, der seit den späten 1980er Jahren sowohl in der BRD als auch in der DDR im Zuge einer zunehmend staatlichen Erinnerungskultur eine besondere politisch-symbolische Rolle als Opfergemeinschaft zugesprochen worden ist. Diese Zuschreibung setzt sich auch nach der deutschdeutschen Wiedervereinigung fort und die jungen eingewanderten Juden begegnen ihm jenseits von Gedenktagen insbesondere im deutschen Bildungssystem, d.h. in den hiesigen Schulen, aber auch in den jüdischen Organisationen, Jugendzentren und Gemeinden.

Wie die folgenden Zitate aus unseren Interviews zeigen, überlagern sich in ihnen familiär tradierte Erzählungen sowie die Deutungsmuster der Erinnerungskulturen aus der Herkunfts- wie der Aufnahmegesellschaft. Zugleich wird sichtbar, dass unsere Gesprächspartner_innen eine aktive Rolle bei dem Versuch einnehmen, vor dem Hintergrund der jeweiligen Familienerzählungen beide Narrative im Verhältnis zueinander zu bewerten, um daraus eigene Orientierungen für die Gegenwart als russischsprachige Juden in Deutschland zu gewinnen.

Anastasia, 1984 in St. Petersburg, Russland geboren und 1993 mit ihrer Familie nach Deutschland eingewandert:

> „Das ist der Unterschied auch innerhalb dieser jüdischen Kreise, dass mich dieses Russische definiert dadurch, dass ich ein Ab-, ich bin ein Enkel eines Siegers. Und ich glaube, das ist einfach ein Unterschied. Und zum Beispiel, ich hatte eine Phase, wo ich dann dachte, krass, bei mir ist keiner im KZ umgekommen. Ist

> komisch. Und dann habe ich erfahren, dass das nicht so ist, was mich noch umso mehr geschockt hat. Aber ich war (.) ich glaube, ist schlimm, das zu sagen, aber ich war fast schon, glaube ich, zufrieden oder zufriedengestellt, dass ich dann sagen konnte, die Oma aus Weißrussland. Ich weiß nicht, also das ist ganz schlimm, aber das hat uns auch unterschieden, dass eben diese (.) die deutschen Juden eben auch ganze Familien haben, die auf irgendwelchen Gedenktafeln stehen. Naja, so. Und, genau, also was bei uns, es ist schon so, dass, es gibt eben diese Tradition des … für mich ist es russisch, für viele, die von außen gucken, ist es das Sowjetische. (.) Was im Krieg war, was im Krieg aber nicht nur als Jude war, das auch, eben, so die weißrussische Schiene, aber auch die Soldaten, muss ich sagen. Also meine beiden Großväter und mein Großonkel, großer Held unserer Familie, waren alle aktiv im Krieg, haben gekämpft und am 9. Mai ist ganz klar, dass ich anrufe und gratuliere und danke sage."[20]

Anastasia folgt in ihrer Schilderung einem Deutungsmuster, wonach die zwei Erinnerungskulturen des „Großen Vaterländischen Krieges" und des Holocaust einander gegenüberstehen und sich wechselseitig ausschließen. Ihr Geständnis, fast so etwas wie Erleichterung verspürt zu haben angesichts der späten Erkenntnis, dass es auch in ihrer eigenen Familie Opfer des Holocaust gegeben hat, unterstreicht, wie sehr sich in ihrer Wahrnehmung die Zugehörigkeit zur jüdischen Gemeinschaft in Deutschland daran knüpft, an dem Narrativ der Opfergemeinschaft teilhaben zu können. Gleichzeitig markiert Anastasia den Abstand, den sie diesem Narrativ gegenüber verspürt, von dem sie zwar kognitiv weiß, zu dem sie emotional aber Distanz hält, obgleich es zum Schicksal ihrer eigenen Familie gehört. So signalisiert ihr Rückgriff auf die genealogische Ordnung der Generationenfolge, nämlich „Enkelin eines Siegers" zu sein, nicht nur eine Abgrenzung gegenüber der Erinnerungskultur der jüdischen Gemeinschaft in Deutschland. Dass Anastasia ihre Abstammung ins Feld führt, behauptet eine Eindeutigkeit, die sich durch die eigene Familiengeschichte gerade nicht bestätigt. Dieser Logik zufolge müsste ebenso von Bedeutung sein, dass sie Nachfahrin der Großmutter ist, die den nationalsozialistischen Verbrechen an den sowjetischen Juden zum Opfer gefallen ist. Der Umstand, dass sie von diesem besonderen Schicksal erst spät erfährt, mag ein Hinweis darauf sein, wie wirkmächtig die sowjetische Erinnerungspolitik und -kultur selbst innerhalb der betroffenen Familien war, den Holocaust als ein spezifisch jüdisches Schicksal jahrzehntelang zu verdrängen. Entscheidender

für Anastasia scheint jedoch, dass die familiäre Deutung eines siegreichen Kampfes des russischen und sowjetischen Volkes der jungen Frau eine selbstbewusste Wahl in Bezug darauf ermöglicht, wie sie sich selbst als russischsprachige Jüdin in Deutschland definiert. Die Rolle des Opfers ist darin nicht vorgesehen.

Sascha, 1984 in Odessa in der Ukraine geboren und 1998 eingewandert:

> „Mein Opa war in der russischen Armee. Er ist im Krieg gewesen als Bombenentschärfer, deswegen hat er immer versucht, so diese Jiddischkeit zu vermitteln. Also ist ja ein großer Unterschied, ne? Es gibt ja einmal die Juden, die äh im KZ waren. Und es gibt einmal die, die Juden, die äh in Russland aus der Sowjetunion, ehemaligen Sowjetunion kommen, die gegen die Deutschen gekämpft haben. Mit der russischen Armee. Deswegen sagt man auch, da gibt's diese Legende, dass die Juden eher also (.) mehr oder weniger Siegerrolle haben aus Russland. Natürlich, (.) also ich bezweifle das sehr, weil das ist klar, man war nicht im KZ, aber man hat's trotzdem gewusst und gesehen, deswegen ist das sehr schwer natürlich zu beurteilen. Mein Opa spricht jeden Tag davon. Wenn dann die Hälfte des Volkes einfach ausgelöscht wird, dann muss man schon irgendwie versuchen, doppelt so viel zu geben, um das nicht zu verlieren. Das mein ich so mit dieser Jiddischkeit. Klar, gibt's dieses Stolzgefühl am 9. Mai als Veteran zu gehen mit den ganzen Medaillen, und als Sieger da zu stehen und die Brust nach vorne zu machen und da zu sagen, ja, ich war im Krieg und wir haben den Krieg gewonnen. Natürlich. Aber (.) es war eine schwere Zeit, das ist einfach ein Fakt."[21]

Während Anastasia an der Existenz der beiden Narrative festhält, weist Sascha ein solches Verständnis zurück und hält eine Perspektive, die die jüdische Gemeinschaft in Opfer und Sieger unterteilt, für eine „Legende". Auch Sascha ist familiär mit den Erzählungen vom Großen Krieg aufgewachsen und kennt den Stolz der Veteranen ob des errungenen Sieges. Angesichts der unzähligen Kriegstoten und der drohenden Auslöschung der Juden sind für Sascha Sieg, Verlust und Niederlage jedoch untrennbar miteinander verbunden und stehen sich nicht einander gegenüber. Zudem begreift Sascha, anders als Anastasia und die beiden oben zitierten Veteranen, die Soldaten der Roten Armee zuallererst als Juden, deren Kampf nicht nur der Verteidigung des Vaterlandes, sondern vor allem dem von Vernichtung bedrohten jüdischen Volk galt. Auch wenn die eigene Familie davon nicht betroffen war, bildet für ihn der Holocaust das Zentrum des Krieges. Daraus erwächst für Sascha eine Verpflichtung, die für sein eigenes Selbstverständnis prägend ist, nämlich das familiäre und kollektive Erbe der „Jiddischkeit" anzunehmen und ein lebendiges, traditionelles und religiöses Judentum in der Gegenwart zu praktizieren.

Sergey, 1986 in Nikolaev in der Ukraine geboren und 2003 nach Deutschland eingewandert:

> „Nein, die Familie ist schon ganz typische jüdische Familie, wo meine beiden Opas, ukrainischer und jüdischer waren im Krieg. Und deswegen ist … naja, ich habe schon ziemlich viel darüber gedacht, dass mein Zugang zur Shoah früher ein ganz anderer war, weil wir quasi aus der Familiengeschichte eher die Sieger waren und nicht die Opfer. Weil keiner ist umgekommen in der Shoah und es war ein Krieg, ein bisschen mit allen zu Hause, und Fotos mit Brandenburger Tor und so weiter, deswegen habe ich kein … hatte ich damals noch keine Opfer-Identität. Habe ich jetzt auch nicht, aber mein Blick darauf ist jetzt ganz anders."[22]

Sergey wiederum erlebt die Tatsache, dass seine „typisch jüdische Familie" sich ebenfalls der Seite der Sieger zugerechnet hatte, in Deutschland durchaus als ein Problem. Ähnlich wie Anastasia und Sascha sieht auch er sich durch die Migration mit den zwei unterschiedlichen Narrativen konfrontiert und muss feststellen, dass seine familiären Erzählungen nicht ohne weiteres an die hiesige Erinnerungskultur anschließen. Anders als Anastasia ist ihm jedoch daran gelegen, diese Differenz zu überwinden, weshalb Sergey beginnt, sich – wie er an einer anderen Stelle im Interview sagt – so viel Wissen wie möglich über die Geschichte des Holocaust und den Zweiten Weltkrieg anzueignen. Wie Sascha begreift auch Sergey den Holocaust als den Mittelpunkt der kollektiven jüdischen Erfahrung. Während für Sascha daraus die Verpflichtung folgt, sich der jüdischen Tradition und Religion zuzuwenden, wählt Sergey einen anderen Weg. Er versucht, sich dieser Erfahrungsgeschichte durch Reflexion und Wissen anzunähern, in der Hoffnung, dass ein solcher Perspektivwechsel es ihm selbst ermöglicht, gewissermaßen das Sieger-Narrativ zu verlassen und in eine „Opfer-Identität" zu wechseln, die ihm Teilhabe an der hiesigen jüdischen Gemeinschaft verspricht.

Schlussfolgerungen

Die drei Beispiele stehen exemplarisch für eine Vielzahl an Versuchen der jungen Generation, auf die Herausforderungen der verschiedenen

Erinnerungskulturen innerhalb der jüdischen Gemeinschaft in Deutschland zu reagieren. Auch für die Generation der Enkel bildet das (post-) sowjetische Narrativ des Krieges das Leitmotiv der familiär tradierten Erzählungen, aber durch die eigenen Erfahrungen der jungen Generation im Aufnahmeland Deutschland verändert sich dessen Bedeutung. Dazu trägt wesentlich das erlernte Geschichtswissen im deutschen Schulunterricht bei, ebenso wie die Begegnungen mit den anderen jüdischen Erfahrungsgeschichten in den jüdischen Gemeinden, sowie die pädagogische Vermittlung eines Holocaust-Narrativs innerhalb der Organisationen der jüdischen Kinder- und Jugendarbeit. Ähnlich wie es die Soziologin Lena Inowlocki und der Sozialpsychologe Harald Welzer in ihren Untersuchungen geschildert haben, unterscheiden sich in den Erzählungen jedoch kognitiv erlerntes Wissen und familiär tradierte und mit Emotionen besetzte Bilder über die Vergangenheit voneinander.[23] Diese Differenz gewinnt an Relevanz angesichts der Tatsache, dass die Auseinandersetzungen um die verschiedenen Narrative untrennbar mit der Erfahrung der eigenen Migration nach Deutschland verbunden sind. Alle drei Interviewpartner_innen reflektieren also als transnationale Akteur_innen, dass sie mit dem Grenzübertritt einer anderen dominanten Erinnerungskultur angehören, die sie als durchaus fordernd erleben und zu der sie sich verhalten müssen, um darin eigene Positionen zu beziehen und Orientierungen für die Gegenwart zu entwickeln.

In diesem Zusammenhang fällt auf, dass eine Figur Einzug hält, die in veränderter Form auch in der Gedenkkultur Israels gegenwärtig ist, nämlich der „sowjetisch-jüdische Soldat"[24]. Die graduelle Umdeutung vom sowjetischen zum jüdischen Soldaten verweist auf den besonderen Überlebenskampf der Juden, der zwar im Namen des „Großen Vaterländischen Krieges" geführt wurde, sich aber eben auch (siegreich) gegen das eigene Schicksal der Vernichtung richtete. Eine solche Deutung ermöglicht immerhin schrittweise, dass die vermeintlich parallel existierenden Narrative miteinander in Verbindung treten oder sich zumindest einander annähern können.

Zugleich dokumentiert diese Figur auch die Tatsache, dass der Zweite Weltkrieg – in durchaus unterschiedlicher Weise – zentral im Gedächtnis unzähliger Menschen aus postsowjetischen, ost- und südosteuropäischen Ländern verankert ist und bis in die Gegenwart zu ihrer persönlichen Lebenswelt gehört. Dieser Umstand lässt sich alljährlich am 9. Mai am Sowjetischen Ehrenmal im Treptower Park in Berlin beobachten, wo in vielfältiger Weise Praktiken zu sehen sind, die an die gewaltsamen Besatzungserfahrungen durch die deutsche

Wehrmacht erinnern. Auch wenn sich unsere Interviewpartner_innen gelegentlich von den in ihren Augen erstarrten Ritualen der Großelterngeneration distanzieren, so zollen sie den je eigenen Erfahrungsgeschichten von Krieg und Gewalt ihrer jüdischen wie nichtjüdischen Angehörigen selbstverständlich ihren Respekt.

Alle diese Erzählungen zeigen, dass sich das kommunikative Gedächtnis der jüdischen Gemeinschaft in Deutschland mit der Einwanderung der russischsprachigen Juden um Dimensionen von leidvollen und anderen Erfahrungen pluralisiert, die um das zentrale Narrativ des Holocaust herum einen Platz beanspruchen. Die Verschiebungen und Erweiterungen der jüdischen Erinnerung haben nicht nur Folgen für die jüdische Gemeinschaft, sie verweisen schlussendlich auf jenen umkämpften Prozess, der nach der Wiedervereinigung Deutschlands im Zentrum der politischen Auseinandersetzungen steht, nämlich anzuerkennen, eine moderne Einwanderungsgesellschaft zu sein. Die gesellschaftliche Erfahrung einer ethnischen, kulturellen und religiösen Pluralisierung hat in jüngster Zeit auch Fragen in Bezug auf ein nationales Selbstverständnis der Deutschen aufgeworfen, das aus der historischen Verantwortung für den Holocaust erwachsen war und erinnerungspolitisch zwei Kollektive konstruiert hat: Juden als Opfer und Deutsche als Täter. Diese Konstruktion einer Erinnerungsgemeinschaft, so der Einwand von Kritiker_innen, folgt nicht nur einer binären Logik, sondern trägt in der Konsequenz ethnisierende Züge, weil die Erfahrungen und Erinnerungen all jener ausgeschlossen bleiben, die im Zuge von Migrationen nach Deutschland gekommen sind und im nationalen Gedenken keinen Platz haben.[25] Wie meine Ausführungen gezeigt haben, hält diese binäre Logik auch für das Verständnis der jüdischen Diaspora in Deutschland etliche Fallstricke bereit. Zum einen läuft das symbolische Bild der Opfergemeinschaft Gefahr, in Konflikt mit jenen heterogenen Entwürfen jüdischen Lebens zu kommen, die für die Gegenwart kennzeichnend sind. Zum anderen gerät es zunehmend in Widerspruch zu den vielfältigen Narrativen, die im Zuge der Migration der russischsprachigen Juden an Bedeutung gewonnen haben und in deren Folge sich das Selbstverständnis der jüdischen Gemeinschaft in Deutschland selbst bereits verändert.

Anmerkungen

1 Petrowskaja, Katja: Vielleicht Esther, Berlin 2014, 229f.
2 Vgl. Mühling, Jens: „Lieber ganz fremd als halb" in: *Der Tagesspiegel*, 8. März 2014, online unter: http://www.tagesspiegel.de/kultur/ukraine-die-schriftstellerin-katja-petrowskaja-lieber-ganz-fremd-als-halb/9590042.html (letzter Zugriff 30. Dezember 2016).
3 Böttiger, Helmut: „Katja Petrowskaja: ‚Wir sind die letzten Europäer!'", in: *ZEIT Literatur*, Nr. 12, 2014, 23.
4 Petrowskaja: Vielleicht Esther [FN 1], 229.
5 Vgl. Weiner, Amir: Making Sense of War: The Second World War and the Fate of the Bolshevik Revolution, Princeton 2002.
6 Vgl. Gitelman, Zvi: Bitter Legacy. Confronting the Holocaust in the USSR, Bloomington 1997.
7 Vgl. Makhotina, Ekaterina; Schulze Wessel, Martin: „Neue Konfliktlinien in den Erinnerungen an den Zweiten Weltkrieg im östlichen Europa: Zur Einleitung", in: Makhotina, Ekaterina u.a. (Hg.): Krieg im Museum. Präsentationen des Zweiten Weltkriegs in Museen und Gedenkstätten des östlichen Europa, Göttingen 2015, 1–14.
8 Vgl. Diner, Dan: „Im Zeichen des Banns", in: Brenner, Michael (Hg.): Geschichte der Juden in Deutschland, München 2012, 15–66, hier 31.
9 Vgl. Brenner (Hg.): Geschichte der Juden in Deutschland [FN 8], 12.
10 Diner, Dan: „Deutsch-jüdisch-russische Paradoxien oder Versuch eines Kommentars aus Sicht des Historikers", in: Belkin, Dmitrij; Gross, Raphael (Hg.): Ausgerechnet Deutschland! Jüdisch-russische Einwanderung in die Bundesrepublik, Berlin 2010, 18–20.
11 Die Feldbeobachtungen und die folgenden Zitate entstammen Interviews mit russischsprachigen Mitgliedern jüdischer Gemeinden aus der vergleichenden Gemeindestudie „Im gelobten Land?", die von 2005 bis 2008 in einem Kooperationsprojekt der Fachhochschule und der Universität Erfurt durchgeführt wurde. Im Folgenden zitiert als: Transkript „Im gelobten Land?".
12 Interview mit Alex Krasny, Transkript „Im gelobten Land?" [FN 11], 10.
13 Interview mit Boris Biselskij, Transkript „Im gelobten Land?" [FN 11], 8.
14 Vgl. Arad, Yitzhak: History of the Holocaust. Soviet Union and Annexed Territories, Vol. 2, Jerusalem 2004.
15 Vgl. Altman, Ilja: Opfer des Hasses. Der Holocaust in der UdSSR, 1941–1945, Zürich 2008.
16 Vgl. Gitelman: Bitter Legacy [FN 6]. – Altman, Ilja: „Shoah: Gedenken verboten! Der weite Weg vom Sowjettabu zur Erinnerung", in: *Osteuropa*, 55. Jahrgang, Heft 4–6, 2005, 149–164. – Alexandra Tcherkasski hat in ihren Arbeiten zurecht darauf verwiesen, dass es in den Republiken der Sowjetunion durchaus unterschiedliche Politiken gegeben hat, in Hinblick auf den Grad der Verdrängung bzw. des Verbots eines Gedenkens an den Holocaust. Zudem zeigt sie in ihrer Forschung, wie sich an verschiedenen Orten private und lokale Initiativen und Gruppen zusammengefunden haben, um eigene Praktiken und Rituale der Erinnerung an die jüdischen Opfer auszubilden. Vgl. Tcherkasski, Alexandra: „The place in the Soviet Memorial Landscape of the Commemoration of Jews

Murdered during World War II", in: War, Holocaust and Historical Memory. Proceedings of the 20th Annual International Conference on Jewish Studies, Vol. 4, Moskau 2013, 85–103.

17 Belkin, Dmitrij: „Sieger oder Opfer? Das Erinnern an den Zweiten Weltkrieg und den Holocaust in der ehemaligen Sowjetunion", in: *Jüdische Gemeindezeitung Frankfurt am Main*, Juli 2006, 39. Jahrgang, Nr. 2, 30f.

18 Die Ergebnisse entstammen der Studie „Lebenswirklichkeiten – Jüdische Gegenwart in Deutschland. Eine qualitative und quantitative Untersuchung unter jungen russischsprachigen Juden 2012–2014", unveröffentlichtes Manuskript, Berlin 2014. Im Folgenden zitiert als: Transkript „Lebenswirklichkeiten".

19 Vgl. Georgi, Viola B.: Entliehene Erinnerung. Geschichtsbilder junger Migranten in Deutschland, Hamburg 2003.

20 Interview mit Anastasia, Transkript „Lebenswirklichkeiten" [FN 18], 28f.

21 Interview mit Sascha, Transkript „Lebenswirklichkeiten" [FN 18], 3.

22 Interview mit Sergey, Transkript „Lebenswirklichkeiten" [FN 18], 6.

23 Vgl. Inowlocki, Lena: Sich in die Geschichte hineinreden. Biographische Fallanalysen rechtsextremer Gruppenzugehörigkeit, Frankfurt a.M. 2000 (Migration und Kultur). – Welzer, Harald: „Opa war kein Nazi": Nationalsozialismus und Holocaust im Familiengedächtnis, Frankfurt a.M. 2002.

24 Roberman, Sveta: Memory in Migration. Red Army Soldiers in Israel, Jerusalem 2005.

25 Vgl. Chin, Rita u.a.: After the Nazi Racial State: Difference and Democracy in Germany and Europe, Ann Arbor 2009.

Ljudmila Belkin

„Gedanken leitet in die Wege das Gedächtnis“ Erinnerung und Migration

Bereits bei der ersten Betrachtung von Zusammenhängen von Erinnerung und Migration fällt auf, wie unabdingbar für beide das Verlassen ist. Migration erfolgt durch den Willen oder den Zwang zum Verlassen; die Erinnerung kehrt immer wieder in das Verlassene zurück, holt es gedanklich in die Gegenwart. Doch die verbreitete Vorstellung, die Erinnerungen des Ausgewanderten seien rein nostalgisch, also durch den Schmerz der Trennung verursacht, greift zu kurz. Und zwar schon allein deswegen, weil der Auswandernde in seiner Fort-Bewegung oft, wenn nicht in der Regel, jene Ferne zum verlassenen Land sucht, die das *Vergessen* zulässt und sogar garantiert. Was sind also die Beweggründe des Erinnerns im Zusammenhang mit der Migration?

Theoretische Positionierung

Das Ineinanderwirken von Migration und Erinnerung erläutert die vorliegende Studie anhand der postsowjetischen jüdischen Migration nach Deutschland. Und zwar tut sie das, indem sie sich der vorherrschenden Norm widersetzt, diese primär vom Standpunkt der jüdischen Identität aus bewertend zu betrachten.

Der Ausdruck „jüdische Migration“ deutet hier zunächst auf eine bestimmte Mobilitätsform hin, die umgangssprachlich als das „jüdische Visum“ bekannt geworden ist. Darüber hinaus bezieht er sich auf den Status des jüdischen Kontingentflüchtlings, durch den die Einwanderung seiner Träger nach Deutschland rechtsgültig gemacht wurde.[1] Analysiert werden demnach Erinnerungen von Personen, die sich einst für das besagte Visum entschieden und den entsprechenden Aufenthaltsstatus bekommen haben, kurz: Erinnerungen einer Migrationswelle. Die Erwartung überzeugt nicht, dass der Bezug zum Jüdischen bei dieser Migration essentiell und das Gedächtnis kollektiv jüdisch sein müsste. Selbst wenn man nicht-jüdische Familienmitglieder sowie mannigfache andere ethnische und kulturelle Wurzeln der jüdischen Migranten ausblendet, zeigen die Forschung sowie bloße Lebenserfahrung, dass für die Wahl des Lebensstils, der Überzeugungen oder der Glaubensform der individuelle Wille, der Zeitgeist, die politische Konjunktur oder der Zufall genauso wichtig sind wie die

Herkunft. Die Vielheit von Lebensgeschichten, auch innerhalb einer Migrationswelle, bedarf keines homogenisierenden Untersuchungsdesigns.

In den Konfliktsituationen um Migranten aus der ehemaligen Sowjetunion wird nicht selten ein anderes sammelndes Bild, nämlich eines *Homo sovieticus*, gebraucht.[2] Der Dekonstruktion des Begriffs kollektiver bzw. nationaler Identität wurden in den letzten 15 Jahren eine ganze Reihe von Untersuchungen gewidmet.[3] Doch abgesehen davon zählt für den Fall einer postsowjetischen Migration vielmehr die Tatsache, dass sie in der Zeit begann, als Skepsis die alten ideologischen Normen aufsprengte; die Explosion befreite das kritische Denken und hinterließ zugleich antisowjetische Ressentiments. Obschon die Ausreiseantragsteller der 1990er Jahre nicht (mehr) primär vom ideologischen Dissens getrieben wurden, kehrten sie ihrem Land also den Rücken nicht, um die sowjetische Mission in die Welt zu tragen.

Hinter dem Begriff „Kultur" steht die Vorstellung, dass Kultivierung einem bestimmten Muster folgt. Die Kultur entwickle sich demnach entweder *organisch tradiert* oder *pragmatisch konstruiert*. In diesem Sinne sind die Erinnerungen von Migranten Kultur-relativierend. Das Aufeinanderprallen und/oder Ineinanderschieben von alten und neuen kulturellen Elementen innerhalb kürzester Zeit – der Zeit des Ankommens – ruft innere Konflikte und individuelle Kettenreaktionen hervor, die keinen bekannten Kulturcodes mehr entsprechen. Es geht nicht einmal um eine einfache mathematische Summe dieser Elemente, sondern um das ständige Widerspiegeln, Korrigieren, Proben, Entwerfen. So bringen ältere Migranten ausgeprägte Erinnerungsparadigmen für den Großen Vaterländischen Krieg 1941–1945 gegen Nazi-Deutschland hierher. Mit einem als authentisch empfundenen Patriotismus stellen ihre Memoiren den Kampf und den Sieg als gemeinsam für alle Völker der Sowjetunion dar. Die Erinnerungen an die ermordeten Verwandten sind dagegen als familiäre, private Geschichten verfasst. Diese Asymmetrie führt zu weiteren Verzweigungen des erinnernden Bewusstseins: In die Kritik an der sowjetischen Propaganda, die den Genozid an Juden vertuschte, werden Elemente des deutschen bzw. westlichen Holocaust-Diskurses eingeflochten. Wenn es andererseits um die Kriegsopfer geht, wird stets betont, dass diese nicht nur Juden waren – womöglich als Reaktion auf denselben Holocaust-Diskurs, der hauptsächlich der jüdischen Opfer gedenkt. Die mehrfachen Korrekturen und Spiegelungen machen Kulturmuster brüchig.

Günter Oesterle beschreibt den Tod und die Mode als zentrale

Antriebsenergien des Erinnerns. Das Totengedenken sei Jahrtausende lang die Grundmotivation für die Memoirenschreiber gewesen; die Mode, diese Botschafterin alles Neuen, schaltete sich in die mnemonische Produktion seit dem frühen 19. Jahrhundert ein. „Die Mode überschreibt, der Tod löscht das Gedächtnis. Beide zusammen rufen genau dadurch die Erinnerung auf den Plan."[4] Wenn die Mode – der Metapher von Oesterle folgend – die Schwester des Todes ist, ist die Migration dessen Zwilling: Adam und Eva verloren nach der Vertreibung die paradiesische Selbstverständlichkeit, mit der sie sich bis dahin in ihrer gewöhnlichen Umgebung immerfort wiedergefunden haben; umso stärker musste sie im Gedächtnis gefestigt werden – bis sie heilig wurde. Nach dem Auswandern entbehrt man allerdings nicht nur des vertrauten Umfelds, in dem die Erinnerungen vergleichbar, ähnlich und daher ersetzbar sind. Vielmehr kommt man um die Institutionen, die den kulturellen und auch ethischen Status des Erinnerns sicherstellen – der Migrant hat Verlass nur auf sein eigenes Gedächtnis.[5] Die reale Gefahr des Gedächtnisverlusts entfesselt das Erinnern bis ins kleinste Detail. So versuchte Vladimir Ryvkin sich zunächst im Posting auf Facebook, entschied sich dann aber bald für ein autobiografisches Großwerk in Sonetten.

> ... wie ein notorischer Schreibsüchtiger,
> Nahm ich einen kraftvollen Anlauf für einen Roman ...
> Und startete, das hohe Tempo haltend.
> Das eigene Leben ist kein fremdes,
> Den Kopf überfluten Erinnerungen.[6]

In kleinen „ethnischen" Verlagen in Deutschland oder in preiswerten Verlagen „daheim" werden Memoiren gedruckt, die wegen der Sprache und kulturellen Fremdheit den Buchmarkt verfehlen. Da die Autoren keine kommerziellen Ansprüche haben, bleiben ihre Werke von den Einflüssen der vorherrschenden Erinnerungskanons verschont. Sie zerbröseln diese mit einer überwältigenden Fülle von privaten Geschichten und Episoden: Der Titel des zitierten Sonetten-Romans *Vova* ist der Kosename des Autors und spricht für sich.

Die zunehmend kleinteilige Parzellierung der Erinnerungen unter dem Einfluss von Migration führt nicht zwangsläufig zur Unvereinbarkeit der Gedächtnisse. In einer diversen Gesellschaft, zu einer welchen sich Deutschland rasant entwickelt, gehören Unterschiede zum Alltag; man gewöhnt sich an sie. Einerseits. Andererseits beobachtet Dan Diner richtig, dass es „schier unausweichlich geworden [ist], die Destruktivkraft gegenläufiger Gedächtnisse zur Kenntnis zu nehmen"[7]. Die beiden Tendenzen, Abflachung und Radikalisierung der Unterschiede, stehen in keinem Widerspruch. Das ehemalige Jugoslawien mag dem westlichen „Publikum", an das sich Dan Diner wendet, erst durch Zerfall und Krieg aufgefallen sein, doch es kannte auch eine andere Realität. Im Sammelband *Kein Gott in Susedgrad: Junge Literatur aus Kroatien*, vom vielfach ausgezeichneten kroatischen Verleger Nenad Popovi herausgebracht,[8] sind in die literarisch verarbeiteten Erinnerungen an den Krieg Szenen aus der Zeit eingeflochten, als den kulturellen Unterschieden kein Wert beigemessen wurde. Die Autoren lassen in die zeitliche Dynamik der Verhältnisse blicken und liefern damit einen Beweis dafür, dass der Eifer der Unterscheidung wachgerufen und genauso beigelegt werden kann. Die „östlichen Erfahrungswelten" sind da nicht viel anders als die „westlichen Perspektiven". Die deutschen Kolonien in Osteuropa und weltweit, die griechischen, slawischen, armenischen Diasporas, um von den historisch bekanntesten zu sprechen, besaßen und besitzen auch nicht-nationale, in sich plurale Gedächtnisformen – vergleichbar mit der Existenz von „verschiedenen Judenheiten". Die epistemische Privilegierung der jüdischen Geschichte, der allgemeinen Historie eine erkenntnisleitende Warte zu sein,[9] ist daher keine historische Gegebenheit, sondern eine Sichtweise. Betrachtet man die jüdische Geschichte als eine unter vielen, wird ihr Erkenntniswert auf keine Weise beeinträchtigt. Mehr noch: Sie kann erst dann tatsächlich kontextualisiert werden, wenn sie nicht als eine stets ganz und gar *andere* dargestellt wird. Statik ist eine Eigenschaft der Ideologie, nicht der Geschichte.

Die Überzeugtheit von der jüdischen Andersheit, die unter den nicht-jüdischen Initiatoren der jüdischen Migration ebenso verbreitet war wie bei den Vertretern der damaligen jüdischen Gemeinschaft, hat der Integration der Neuangekommenen einen schlechten Dienst erwiesen. Die einladende Seite ging davon aus, dass sich Migranten nicht direkt in die Gesellschaft, sondern in die jüdischen Gemeinden eingliedern sollten. Der Großteil der Einwanderer ignorierte das „Angebot". In den Gemeinden sorgten die neuen Mitglieder für Empörung, da sie nicht-jüdische Alltags- und Kulturformen in diese einschleusten. Zahlreiche, zum Teil exzentrisch in die Öffentlichkeit getragene Konflikte erschütterten die Gemeinden. Das Thema des kulturellen Gedächtnisses wurde dabei neu aufgelegt und zum Teil politisch instrumentalisiert.[10] Paradoxerweise haben die „Russen" bei den so genannten Alteingesessenen das öffentliche Erinnern an die eigenen Migrationsgeschichten bzw. an die Geschichten der eingewanderten Vorfahren aufgewertet. Gleichzeitig entdeckten die postsowjetischen Migranten die jüdische Geschichte Deutschlands, die sie in ihren amateurhaften und doch gründlichen historischen Untersuchungen[11] als die eigene Geschichte präsentieren. Das gegenseitige Aneignen von historischen Narrativen zeigt, dass Erinnerungen übertrag- und übersetzbar sind.

Die Transition als Beschaffenheit des Erinnerns, das sich Vergangenheitsbilder aneignet, zeigt sich auch im Privaten. Dabei ist sie kein symmetrischer Austausch: Je höher der Wert einer Gedächtnis-Tradition ist, desto häufiger wird sie universalisiert. Typisch für Deutschland ist das Erinnerungsverhalten, bei dem der nicht-jüdische Ehegatte, und insbesondere die Ehegattin, die jüdischen Familiengeschichten seines/ihres Partners wieder- und weitergibt, während die eigenen nicht-jüdischen Erinnerungen in den Hintergrund gestellt und mit der Zeit gar verdrängt werden: In der Öffentlichkeit stets als Begleiter des „richtigen" Inhabers des „jüdischen Visums" geltend, hat man nicht immer eine Wahl. Es gibt natürlich hochinteressante Ausnahmen. Im Gespräch mit dem Künstlerehepaar Marina Gertsovskaya und Michail Molochnikov vernahm ich folgenden Monolog von Michail: „Marina ist die Stammhalterin der Familie Schneerson. Er war ihr Urgroßvater. Mein Großvater absolvierte die Kunstakademie Kazan' und war in den 1930er Jahren Resident in China. Er und Schneerson waren beide Bibliophile. Der eine wie der andere interessierte sich für die Geheimlehren. Ich bin ein Nachfolger dieser Tradition."[12] Michail Molochnikov klärte mich also zunächst über die prestigeträchtige Abstammung seiner Ehefrau auf, fügte dem die Geschichte des eigenen bekannten Großvaters hinzu und brachte die Erzählung zum Höhepunkt, indem er die beiden Linien auf seine Person übertrug.

Zum Ende dieser theoretischen Positionierung möchte ich noch eine kurze methodische Charakteristik meiner Forschung über die postsowjetische Migration geben. „Teilnehmende Beobachtung" kommt meiner Vorgehensweise am nächsten. Ich überschreite dabei oft den Rahmen der Teilnahme insofern, als ich meine Gesprächspartner zur Diskussion auffordere. Das Ziel ist dabei nicht so sehr die Erweiterung von Beobachtungsmodi, sondern die gegenseitige Erkenntnis. Telefonate und Mails, die ich im Weiteren neben den Interviews zitiere, gehören also zum bewusst gewählten Quellensatz.[13]

Erinnerungsmotive

Gehören Rückblicke auf die Vergangenheit zur menschlichen Natur, so werden Migranten geradezu archetypisch unter Verdacht gestellt, sich ganz dem Erinnern zu widmen. Eine gewisse Konformität gegenüber dem Trieb des eigenen Gedächtnisses unter den Migranten ist kaum zu leugnen. Yuri Slezkine muss wohl zunächst Regalmeter von Memoiren und Geschichtsbänden gelesen haben, um im Migranten den Modepapst in Sachen Historisierung erkennen zu können: „Even more has been written about the unassuming Tsaytl, who – let us suppose – stayed in rural Ukraine *to be forgotten or patronized by the emigrants and their historians*“[14]. Die Ironie Slezkins ist dabei erstens selbstreferentiell: Sie fragt nicht, warum sich die Anderen über den vermeintlichen Nostalgiker beschweren. Zweitens nennt die perfekte Diagnose die Ursachen des hyperaktiven Gedächtnisses nicht.

Eine systematische Analyse der Außenwahrnehmung der Migranten und ihrer historischen Bezüge bleibt für eine kleinere Studie wie die vorliegende ein unerreichbares Vorhaben. Empirisch konnte ich folgende Reaktionen vor allem in den sozialen Netzwerken sporadisch beobachten: Im „Auswanderungsland“ wirken die Erinnerungen der Emigranten arrogant. Die Ausgewanderten erhöben den Anspruch, einen Lebensraum zu verewigen, der ihnen nicht mehr gehöre und der sich seit ihrer Abreise geändert habe, weil auch die Zeit eine andere geworden sei. Im „Einwanderungsland“ begutachtet man die Treffs, die an die Herkunftsorte von Migranten erinnern: „ethnische“ Lebensmittelgeschäfte, „andere“ Gotteshäuser, Bücherproduktion und -konsum in fremden Muttersprachen, als Invasion oder als Zeichen mangelnder Integration. Kurz: Bevor wir dem Migranten eine Gedächtnispathologie unterstellen, sollten die Interessenskonflikte, die dieser Zuschreibung zugrunde liegen, zumindest mitgedacht werden. Insofern ist das Begreifen der Erinnerungsmotive bei Menschen mit Migrationsgeschichten nicht nur phänomenologisch interessant; vielmehr könnte es einige gesellschaftspolitische Zusammenhänge verdeutlichen.

Zeiten-Sammeln

Die Ausreise und der abrupte Wechsel in der Lebensweise wirken auf die Wahrnehmung der Zeit. „Wenn ich in meine Vergangenheit eintauche, scheint es mir – ähnlich wie das Leben sich in ein vor und ein nach dem Krieg teilt –, dass die Lebensereignisse in zwei ungleiche Teile zerlegt sind: vor und nach der Abreise nach Deutschland. So wie bei einem Großteil von Migranten“[15], analysiert Mark Raik.

Die Erinnerung an die *Abreise*, den Moment der Trennung, prägt das Leben nach der *Einreise* zunächst maßgeblich weiter. Sobald der Schmerz nachlässt – denn er ist an sich fesselnd –, baut sich die Parallelität der Zeiten auf: Das vergangene Leben begleitet den Erinnernden wie ein Film, dessen Figuren bei jeder geeigneten Gelegenheit im Bewusstsein erwachen.

Durch den täglichen Umgang mit diesen simultanen Zeiten kommt man in den Genuss deren Sammelns: Die Metapher des Gepäcks für die mitgebrachten Erinnerungsstücke hat sich in den Migrationsdiskursen bereits eingebürgert; das Bild ist allerdings zu statisch. Ein Zeitensammler lässt die Koffer nicht unbenutzt im dunklen Keller stehen. Er animiert die mitgebrachten Zeitstücke, indem er die Erinnerungsbilder gegen die neuen Eindrücke spiegelt.[16] Eine Erinnerungen-Sammlung ist also nicht nur das facettenreiche unveränderliche „gegenwärtige Vergangene" (Reinhard Koselleck),[17] sondern auch dessen Vergegenwärtigung, die durch die Reaktivierung und Vergegenständlichung der Erinnerungen immerfort vollzogen wird.[18] So basiert die Verkaufsstrategie der „ethnischen" Läden unter anderem auf der Wirkung des nostalgischen, das heißt wiedererkennbaren Designs, das die angebotene Ware in den Augen des Käufers aufwertet und ihn zum Kauf reizt.

Eine weitere Bestimmung des Sammelns von Erinnerungen an verschiedene Zeiten ist deren Bewahrung für die Zukunft. „Alt bin ich schon, um zurückzuschauen und verdrießlich zu werden. [...] [W]eil alle meine Erinnerungen, die ständig in meinem Gehirn, in meinem Gedächtnis herumschwirren [...] unwiederbringlich ins Nichts verschwinden werden."[19] Damit beginnt Larissa Mirtschewskaja ihr *Nachgereichtes Tagebuch*. Als Motto wählte die Autorin den Satz „Erinnerung verdoppelt das Leben" des Aufklärers Mirabeau. Das Bild vom Vermengen der Zeiten steht dem Bild der Verdoppelung einer Lebenszeit nahe. Julia Kissina schrieb ein Buch[20] über ihre Kiewer Kindheit, „um weiter zu leben. Um den Spalt zwischen der sich vergessenden Vergangenheit und der Gegenwart zu schließen. Um eine Basis aus der Vergangenheit zu schaffen, um die Beine wachsen zu lassen."[21] Die Verkoppelung der Zeiten geschieht gleichzeitig in der Hoffnung, Wissen und Erfahrungen an die Nachkommen weiter zu reichen. David Schimanovski erzählt über einen unheilbar kranken Freund, der unnachgiebig an seinen Erinnerungen arbeitete und ihn zum Schreiben aufforderte, da er in der Weitergabe der Lebenserfahrungen einen moralischen Imperativ sah.[22]

Analogie

Eines der verbreitetsten Verfahren der Erinnerung und zugleich ihr Motor ist die Analogie. Leonid Norkin verwendet sie als zentrales strukturierendes Element seiner Memoiren – kein Zufall, dass sie sich dort häufig als rhetorische Figur einschleicht. So zieht Norkin eine Parallele zwischen der Erinnerung an seinen Besuch der ehemaligen Hauptstadt der Wolgadeutschen und seinen Begegnungen mit Russlanddeutschen in Deutschland:

> „Über eine über die Wolga geschlagene und 1,5 km lange Brücke (die Durchfahrt kostete 5 Kopeken) konnte man in die Stadt Engels gelangen. Dies war die Hauptstadt der Autonomen Republik der Wolga-Deutschen. *Hier ist eine Analogie angebracht*. Fast neun Jahre leben wir in Deutschland. Unter den russischsprachigen Migranten gibt es viele Deutsche – Aussiedler, die während des Krieges viel erlitten haben."[23]

Die Erinnerung an die Wolga-Reise ruft die Russlanddeutschen ins Gedächtnis, die, wie der Autor selbst, nach Deutschland eingewandert sind. Doch die Zeilen erinnern den Leser auch daran, dass die Autonome Republik der Wolgadeutschen während des Krieges aufgelöst und ihre Bevölkerung deportiert wurde. Die heutigen Migranten sind Nachfahren der Opfer. Wenn man also über diese wenigen Zeilen genauer nachdenkt – und das tat der Autor offensichtlich –, begibt man sich auf eine weite historische Reise. Ein wichtiger Nebeneffekt dieser Reise ist, dass sich dadurch die Gegenwart des Einwanderungslands Deutschland besser erschließt. Dabei liefert Leonid Norkin das historische Wissen ohne eine didaktische Absicht; er ist bloß ein verantwortungsvoller Mensch, der nichts und niemanden vergessen will.

Substitution

Je fragiler der Bezug zur umgebenden Aktualität, je handlungsärmer die gegenwärtige Existenz, desto gewichtiger ist die Erinnerung. Man erinnert *sich* und rettet dadurch das Selbst aus dem sozialen Vakuum. Eine verantwortungsvolle Aufarbeitung der Erinnerungen bereichert die Persönlichkeit des Autors; gleichzeitig ist sie eine soziale Handlung, die Kontakte auffrischt und Diskussionen anregt. Der Erinnernde kann in seiner Vergangenheit auch Zuflucht suchen – wie in einer spannenden, handlungsreichen Lektüre: „Ich lebe in der Literatur des 19. Jahrhunderts. So ist es leichter für mich."[24] In diesem Fall wird das bedeutungsvolle Leben eher imaginiert als substituiert. Doch wie man das Erinnern auch praktiziert:

Wenn die Jahre, die Gebrechlichkeit in Visier nehmend,
Mit dem baldigen Schluss drohen,
Findest du kaum ein besseres Allheilmittel
Als auf Sauftour der Erinnerungen zu gehen.[25]

Jüngere Migranten erliegen der Gedächtnisobsession seltener nicht nur, weil sie weniger zu erinnern haben. Ihr aktives Leben lässt keinen freien Raum dafür – es sei denn, sie erleben das Gegenteil davon.

Das Schreiben löst im Gedächtnis Kettenreaktionen des Erinnerns aus: Autoren, die den Vorgang des Erinnerns reflektieren, berichten, dass die Erinnerung an eine Episode weitere Details aus den Tiefen des Gedächtnisses ins Bewusstsein überführt. Herausgeberin und Journalistin Kathrin Leibmann hat die umfangreichen (post-)sowjetischen Memoiren treffend mit der *Großen sowjetischen Enzyklopädie* verglichen:[26] Diese Gattung erkennt man am soliden Volumen und an dem breit gefächerten, heterogenen Wissen über die Vergangenheit. Das Schreiben um des Schreibens willen sowie die reflexhafte Anhäufung von Wissen mögen kontraproduktive Effekte wie etwa Grafomanie erzeugen. Doch die Schreibwut, die von Vielschreibenden selbstironisch eingeräumt wird, ist dabei eher eine Randerscheinung. In den 25 Jahren der postsowjetischen Migration sind in Deutschland neue Zentren der Schreib- und Erinnerungskultur entstanden. Im verlegenden Literaturverein *Edita Gelsen e.V.* mit Sitz in Gelsenkirchen sind seit dem Gründungsjahr 1999 mehr als 800 russischsprachige Prosa- und Lyrikwerke erschienen; zusätzlich zu der gleichnamigen Literaturzeitschrift bietet Edita mehrere thematische Publikationsplattformen an.[27] Von 2006 bis 2007 brachte Edita mehrere Ausgaben des Sammelbands *Das jüdische Tagebuch* heraus.

Der Besuch einer Ausstellung auf dem alten jüdischen Friedhof Hannover veranlasste den Mathematiker und Programmierer Evgenij Berkovich, über seine Namensvetter, die Hannoveraner Familie Berkovic, zu forschen.[28] Durch die Gleichheit der Namen fand er sich in der Geschichte der Juden in Deutschland wieder. 2001 gründete Berkovic das russischsprachige Web-Portal *Notizen zur jüdischen Geschichte*[29], auf dem Autoren aus Deutschland, Israel, den USA und dem postsowjetischem Raum ihre (meist amateurhaften) historischen Versuche sowie Erinnerungen publizieren. „Bei Berkovic" wird das transnationale jüdische Erinnern akkumuliert und, wie bei allen social media, durch den gegenseitigen Ansporn gefördert.

Erholung

Zu den Klängen gesungener Erinnerungen treffen sich Mitglieder des bundesweiten *Clubs des Autorenlieds* (клуб авторской песни).[30] Viele von ihnen sind jüdischer Herkunft, sie bilden dabei keine jüdische Gemeinschaft. Es gibt einen wesentlichen Unterschied zwischen den ethnischen Kulturvereinen und den *Clubs des Autorenlieds*. Kulturvereine verstehen sich in der Regel als Vertreter des jeweiligen Herkunftslandes, mit anderen Worten als Diaspora-Vereine. In den *Clubs des Autorenlieds* werden zwar russische Lieder gesungen, die zum Teil älter als manche ihrer Mitglieder sind. Doch ihrer Organisationsform und ihrer Funktion nach sind sie deutsche Freizeit-Gemeinschaften russischsprachiger Menschen. Zu Zeiten der Sowjetunion verkörperten die Clubs das Bestreben, auf touristischen Ausflügen mit Gitarren dem „System" für ein paar Tage zu entfliehen. In Deutschland sind sie eine neuerfundene Möglichkeit, dem Arbeitsalltag den Rücken zu kehren. Auf dem Wege der Erinnerung – zum Beispiel an die bewahrten Melodien und Reime – kreieren Liedermacher während der Mußestunde neue Verse über ihr Leben in Deutschland.

Ideen-Grube

Unter dem Hashtag „Neuigkeiten der Vergangenheit" (новости прошлого) speichert der Schriftsteller und Literaturkritiker Oleg Jurjew Gedanken zur Literatur, die er teils aus der Erinnerung, teils aus der Literaturgeschichte schöpft.[31] Der Zusammenhang zwischen der literarischen Selbstverständigung und historischen Rückblicken ist offensichtlich ein paradigmatischer für Jurjews Arbeit. Denn bereits zwischen 2007 und 2013 erinnerte er an die (vor allem russischen) Klassiker der Literatur für den *Tagesspiegel*.[32] Bilderproduktion aus Erinnerungen wiederum hat Ilya Kabakov zu einer Weltkarriere verholfen. (Um die Sowjetunion zu verlassen, brauchte er kein jüdisches Visum, den amerikanischen Migrationsbehörden reichte sein künstlerischer Erfolg.) Dank seiner Neuschöpfung vergangener Realität, die als *totale Installation*[33] bekannt wurde, avancierte sein Werk zu einem Kunstklassiker des 20. Jahrhunderts. Die Idee war, Erinnerungsgegenstände konzeptuell wie räumlich in einen geschlossenen, „totalen" Kontext zu setzen. Dadurch gewann die Installation einen selbsterklärenden Charakter – auch für den unwissenden westlichen Betrachter. Selbst die sowjetisch anmutende Aura von Kabakovs Werken löste Begeisterung aus.[34] In Russland erntete die *totale Installation*, neben der Anerkennung des nationalen Genies, auch Kritik: Kabakovs Werke seien Produkte einer „persönlichen Syndromatik", die mit der historischen Realität nichts zu tun habe.[35] Kabakov setzt sich großzügig über diese Vorwürfe hinweg: Sein Erinnerungs- und Fantasieland, die sowjetische Atlantis, braucht keine Legitimation mehr.

Erinnerung als Wille zu bestimmen

In meinen Feldnotizen zu den Beweggründen für das Erinnern fiel mir die Dominanz des Negativworts „gegen" auf: Erinnern gegen das Vergessen, gegen die Vergänglichkeit und das Altern, gegen die Ignoranz, gegen die Leere. Beim Nachdenken wurde mir eine Steigerung des Erinnerns aus Protest bewusst, nämlich der Wille, sich selbst, die Gegenwart und die Erinnerungspolitik zu bestimmen. Solomon Silberberg schrieb seine Memoiren zunächst für die Familie. Erst 2012, nachdem er das Bau-Montage-Trust bei der Stadt Vyksa besuchte, das er 16 Jahre leitete, entschied er sich für die Publikation: „Wenn Akteure schweigen, dann erschaffen einzelne Zeugen, von moralischen Kriterien unbelastet, Legenden und Gefabel."[36] Sein Buch, das nüchterne Einsichten in den Führungsstil der spätsowjetischen Bauindustrie gewährt, sollte eine Erinnerungslücke schließen, die die massenhafte Auswanderung freigespült hat: Die in der Emigration verfassten Erinnerungen erschienen auf Russisch in Vyksa. Für die Deutschsprachigen stellt Dmitrij Belkin seine Integration hierzulande als Verwurzelung in der deutschen und jüdischen Kultur dar.[37] Das Erinnerungsbuch macht seinen Anspruch deutlich, politischen und kulturellen Diskursen neue Deutungsmuster zu verleihen, die, von der Warte der Migrationserfahrung des Autors aus, eingefahren sind. Belkin wirft autobiografische Blicke in den Gesamtkontext der letzten 23 Jahre der deutschen Geschichte und bricht dadurch die Gattung „Migrantengeschichten" auf, die dem deutschen Büchermarkt als folkloristische Lebensanekdoten bekannt sind.

„Erinnerungen für die Enkel" sollen, als geistiges Erbe, Generationen verbinden. Dabei wirkt keine Kluft annährend so entfremdend wie die zwischen den Migranten und ihren Enkeln. „Die Enkel sprechen schlechtes Russisch. Sie sprechen wohl, doch es ist keine echte Sprache: primitiv, oberflächlich, die Sprache der Ausländer"[38]. Ein „Aus-Länder" ist der Autor Lev Madorskij, der erwartet, dass seine in Deutschland geborenen Enkel Russisch sprechen, erst recht. Der Großvater schneidet darin viel besser ab. Das Highlight seines literaturhistorischen Aufsatzes ist die Geschichte, wie seine Enkelin Natascha Russisch lernte. Sie liebte die Gedichte von Agnija Barto – wie ihr Großvater und dank ihm. (Agnija Barto, *die* Kinderbuchautorin der sowjetischen Epoche, war übrigens eine Frau jüdischer Herkunft, obschon keine jüdische Dichterin.) Im Verzicht auf die totale Identität, im Austausch der Prägungen hat das geistige Erbe gute Chancen, weitergetragen zu werden, selbst wenn etwas davon verloren geht.

Stillung des Gedächtnisses

Eine paradoxe Triebkraft des Erinnerns ist die Konfrontation mit der fordernden Energie des Gedächtnisses. Sobald die Beschäftigung mit den Erinnerungen systematischen Charakter annimmt, läuft das Gedächtnis mit den Bildern der Vergangenheit voll. Der überwältigte Erinnernde versucht, die auf ihn einstürmenden Erinnerungen aufzuarbeiten, um die geistige Festigkeit wiederzufinden. Die Migrationsgeschichte spielt dabei insofern eine Rolle, als das Erinnern existenzielle Dimensionen annehmen kann, wenn andere sinngebende Faktoren fehlen oder geschwächt sind. So ist der Aufruf von Leonid Norkin zu verstehen: „Gedanken leitet in die Wege das *Gedächtnis*“[39].

Diese Art des Erinnerns ist bestimmt durch die Ambivalenz von Selbstreflexivität und Erinnerungsbesessenheit. Julia Kissina hebt sie dialektisch auf. Zwar seien die „Ziegelsteine der Vergangenheit“ so eng aneinander angepasst[40], dass sie keine Öffnung ins Neue zulassen; sie würden jedoch ein Fundament mit Zukunftsaussichten bilden.[41] Leonid Norkin begründet den Erinnerungstrieb mit der Pflicht gegenüber den Verstorbenen und der Nachwelt,[42] weist gleichzeitig aber auf die Notwendigkeit hin, das Gedächtnis zu beherrschen:

> Das Gedächtnis des Herzens und Erinnerungen –
> Zwei feste Begriffe des Bewusstseins.
> Brennen sie, die Zeit vertreibend,
> Und ich versuche, diese Bürde zu zäumen.
> Ich sattle das Gedächtnis wie das Pferd.
> Das Gedächtnis, du, verlasse mich nicht![43]

Durch die Formung und Lenkung des Gedächtnisses lässt die gewonnene Willensfreiheit die Selbstbestimmung zu.

Anmerkungen

1 Die Dominanz des identitären Zugangs zur jüdischen Migration und deren Verbindung zum nationalen Begriff der Verantwortung behandelte ich ausführlicher im Vortrag *„Eingeladen“. Postsowjetische jüdische Migration nach Deutschland*, den ich am 9. November 2016 beim *Qolloquium Opole* gehalten habe. Der Text erscheint im Band *Qolloquium Opole 2016* voraussichtlich im Sommer 2017.

2 Vgl. zu solcherlei Konflikten etwa das in FN 10 dargestellte Beispiel.

3 Vgl. z.B. den Überblick bei Feindt, Gregor u.a.: „Europäische Erinnerung? Erinnerungsforschung jenseits der Nation“, in: Dies. (Hg.): Europäische Erinnerungen als verflochtene Erinnerungen. Vielstimmige und vielschichtige Vergangenheitsdeutungen jenseits der Nation, Göttingen 2014, 11–34.

4 Oesterle, Günter: „Einleitung“, in: Ders. (Hg.): Erinnerung, Gedächtnis, Wissen. Studien zur kulturwissenschaftlichen Gedächtnisforschung, Göttingen 2005, 11–23, hier 11f.

5 In politischen und wissenschaftlichen Diskussionen um den Begriff des Kulturerbes hat zwar „Diversität“ eine hohe Priorität. Doch das osteuropäische Gedankengut gilt nach wie vor als ein rein ausländischer Faktor. Vgl. Belkin, Ljudmila: „Asymmetrie des Verstehens. Postsowjetische Kunstmigration und eine deutsche Stadt“, in: Gruber, Malte-Christian; Häußler, Stefan (Hg.): Normen der Empathie, Berlin 2011, 193–208, hier 205f. (Kapitel „‚Slawische Bibliothek‘ als Vehikel des Verstehens“).

6 Рывкин, Владимир: Вова. Поэма в сонетах (Ryvkin, Vladimir: Vova. Poem in Sonetten), Erlangen; Odessa 2015, 5f.

7 Diner, Dan: Gedächtnis der Zeiten. Über jüdische und andere Geschichten, München 2003, 11.

8 Vgl. Popović, Nenad: Kein Gott in Susedgrad: Junge Literatur aus Kroatien, Frankfurt a.M. 2008.

9 Vgl. Diner: Gedächtnis der Zeiten [FN 7], 12.

10 Im Zentrum des berühmt gewordenen Konflikts in der Jüdischen Gemeinde zu Berlin steht die Figur des Dr. Gideon Joffe. Die Kritiker, nicht zuletzt russischsprachige Mitglieder mit vielfältigen Migrationsgeschichten, brandmarken seinen Führungsstil als „sowjetisch“. Dabei wuchs Joffe in Israel auf und war höchstens von den migrantischen Erzählungen über die Sowjetunion umgeben. Offensichtlich glauben diejenigen, die sein sowjetisches Image kreiert haben, dass die Neigung zur autoritären Amtsführung – eben diese wird Joffe unterstellt – bei einem Vorsitzenden ohne sowjetisches Gedächtnis unmöglich ist. Die Kulturalisierung eines komplexen administrativen Themas lenkt den Konflikt in immer neuen Sackgassen.

11 Vgl. etwa http://berkovich-zametki.com (letzter Zugriff 28. Februar 2017).

12 Белкин, Людмила: „Марина Герцовская: ‚У каждого свой стиль…‘“ (Belkin, Ljudmila: „Marina Gertsovskaya: ‚Jeder hat seinen Stil‘“), in: *Artguide*, 14. Dezember 2012, online auf: http://artguide.com/posts/270-marina-giertsovskaia-u-kazhdogho-svoi-stil-iesli-ty-povtoriaiesh-kakogho-to-khudozhnika-ty-nie-sushchiestvuiesh-300 (letzter Zugriff 28. Februar 2017). Hier und im Folgenden in der Übersetzung der Autorin.

13 Vgl. weiterführend Belkin, Ljudmila: „Es tut weh, zu sehen, wie ignorant das eingewanderte Wissen behandelt wird“, in: *Heimatkunde. Migrationspolitisches Portal der Heinrich Böll Stiftung*, 12. Januar 2017, auf: https://heimatkunde.boell.de/2017/01/12/es-tut-weh-zu-sehen-wie-ignorant-das-eingewanderte-wissen-behandelt-wird-ein-gespraech (letzter Zugriff 28. Februar 2017).

14 Slezkine, Yuri: The Jewish Century, Princeton 2004, 205. Hervorhebung d. Verf.

15 Raik, Mark: Mail an die Autorin vom 23. März 2016.

16 Den Typ des Zeitensammlers habe ich in einem früheren Aufsatz umrissen. Vgl. Belkin, Ljudmila: „Birken auf Emporen“, in: Berstein, Grigory: „Fallen und Fliegen“. Ausstellungskatalog, Essen 2013, o.S.

17 Vgl. Koselleck, Reinhard: Zeitschichten. Studien zur Historik, Frankfurt a.M. 2000.

18 Zur Wirkung der Vergegenwärtigung auf die sinnliche Wahrnehmung siehe Perelman, Chaim; Olbrechts-Tyteca, Lucie: Die neue Rhetorik. Eine Abhandlung über das Argumentieren. Band 1, Stuttgart 2004, 162f.

19 Mirtschewskaja, Larissa: Nachgereichtes Tagebuch, Frankfurt a.M. 2006, 1.

20 Vgl. Kissina, Julia: Frühling auf dem Mond, Berlin 2013.

21 Kissina, Julia im Gespräch mit der Autorin am 18. Juli 2013.

22 Vgl. Шимановский, Давид: Мальчик с Евбаза (Schimanovskij, David: Ein Knabe vom Evbaz), Sindelfingen 2012. Evbaz ist eine Abkürzung für „jüdischer Bazar“.

23 Норкин, Леонид: Голос памяти (Norkin, Leonid: Gedächtnisstimme), Donezk 2012, 51. Hervorhebung im Original.

24 Galina J. im Telefonat mit der Autorin am 6. April 2016.

25 Rosenberg, Valerij: Ohne Titel, auf: http://www.stihi.ru/avtor/waschka (letzter Zugriff 28. Februar 2017). In russischer Sprache.

26 Vgl. Leibmann, Kathrin: Brief an die Autorin vom 22. Mai 2016.

27 Vgl. dazu die Erinnerungen des Verlegers: Барсуков, Александр: „Edita. Очерки“ (Barsukov, Alexander: „Edita. Skizzen“), Gelsenkirchen 2013.

28 Vgl. Беркович, Евгений: Пятая жизнь. Предварительные итоги в вопросах и ответах (Berkovich, Evgenij: Das fünfte Leben. Zwischenergebnisse in Fragen und Antworten), Hannover 2015, 27.

29 http://berkovich-zametki.com (letzter Zugriff 28. Februar 2017).

30 Ich danke Lidia Mirtschevskaja für ihre Beobachtungen und das Fotomaterial zu den Aktivitäten des Clubs in Frankfurt am Main.

31 Vgl. http://o-jurjew.livejournal.com/15236.html (letzter Zugriff 28. Februar 2017).

32 Vgl. http://www.tagesspiegel.de/suchergebnis/?sw=Oleg+Jurjew (letzter Zugriff 28. Februar 2017).

33 Vgl. Kabakov, Ilya: Über die totale Installation, Ostfildern 1995.

34 Vgl. weiterführend Belkin: „Asymmetrie des Verstehens“ [FN 5], 193–201.

35 Vgl. Белкин, Людмила: Нормальный художник. О выставке Ильи Кабакова „Возвращение к живописи“ (Belkin, Ljudmila: „Ein normaler Maler. Über die Ausstellung von Ilya Kabakov ‚Eine Rückkehr zur Malerei‘“), in: *Artguide*, 18. Mai 2012, online auf: http://artguide.com/posts/163-normal-nyi-khudozhnik-186 (letzter Zugriff 28. Februar 2017).

36 Зильберберг, Соломон: Воспоминания и размышления (Silberberg, Solomon: Erinnerungen und Überlegungen), Hamburg 2014, 8.

37 Vgl. Belkin, Dmitrij: Germanija: Wie ich in Deutschland jüdisch und erwachsen wurde, Frankfurt a.M.; New York 2016.

38 Мадорский, Лев: К 110 годовщине со дня рождения Агнии Барто (Madorskij, Lev: „Zum 110. Geburtstag von Agnija Barto"), in: *Jüdische Welt. Zeitung des russischsprachigen Amerikas*, Februar 2016, online auf: http://evreimir.com/114521/mador_barto/ (letzter Zugriff 28. Februar 2017).

39 Норкин, Леонид: "Черный круг – мои печали" (Norkin, Leonid: „Der schwarze Kreis – meine Trübsal"), Donezk 2009, 19. Hervorhebung im Original.

40 „Angeklebt", wie es in der deutschen Übersetzung des Buchs steht, entspricht nicht der Intention des Originals.

41 Kissina, Frühling auf dem Mond [FN 20], 244. Vgl. dazu auch Anmerkung 19.

42 Vgl. Norkin, Gedächtnisstimme [FN 23], 5.

43 Norkin, „Der schwarze Kreis" [FN 39], 19.

Alissa Maxman

Ein stiller Ort der Erinnerung

Einordnen

Wer einmal in einem ehemaligen Konzentrationslager war, bekommt es nie wieder aus sich heraus. Jeder Stein, jedes Sandkörnchen ist von unbegreiflichem Leid, Schmerz, von Angst, bedrückender Ausweglosigkeit durchtränkt. Man läuft auf dem Gelände wie in einem Halbschlaf. Man will so schnell wie möglich aus dem Alptraum erwachen. Alle körpereigenen Schutzmechanismen und -instinkte arbeiten auf Hochtouren: man blockiert, man schaltet teils ab, man will nicht glauben. Doch jedes Foto, jedes aufbewahrte Dokument, jede Information an der Tafel bestätigt kaltblutig die Realität der Geschehnisse, macht rückhaltlos etwas *Abstraktes* zu etwas sehr *Konkretem*, eine Geschichte zu *deiner* Geschichte. Nur du, dein historisches Wissen und die Bruchstücke der Erinnerungen deines Vaters, der als dreijähriger Junge zusammen mit seiner Mutter und seinen drei Geschwistern auf der Flucht vor Krieg und Not war. Das ist alles, worüber du verfügst. Das sind deine einzigen Werkzeuge, die dir helfen können, mit dieser Vergangenheit bis zu deinem Lebensende umzugehen und dich damit auseinanderzusetzen. Doch womit beginnt eigentlich diese Auseinandersetzung, kann man den Anfangspunkt genau festhalten? Bezieht er sich auf die rein emotionale Ebene, empfindet man ihn als ein genetisches, familiäres Erbe oder sucht und baut man sogar seine jüdische Identität darauf auf? Wie und wann erinnere ich mich daran, dass viele meiner Verwandten jüdischer Herkunft als Opfer der Judenverfolgung ums Leben gekommen sind? Wie gehe ich mit der Tatsache um, dass viele meiner Verwandten nicht-jüdischer Herkunft während des gleichen Kriegs entweder als Soldaten oder an den Kriegsfolgen gestorben sind? Wo verläuft die diffuse Grenze zwischen den beiden Erinnerungen, kann ich sie überhaupt „hierarchisieren“? Kann ich nicht, darf ich nicht! – sagt mir meine Vernunft. Und trotzdem tust du das – sagt mir mein Herz. In einem Gespräch mit einer Israelin habe ich über große Familien und die nicht weniger große Liebe zu Kindern in Israel gesprochen. Viele Kinder zu haben, gehört dort zur Normalität, mindestens drei Kinder in der Familie, das ist ein schöner Alltag. Wir haben gescherzt, uns kurz darüber ausgetauscht. Und plötzlich hat sie mich ganz ernst angesehen und leise hinzugefügt: „Weißt du, sechs Millionen ... Die fehlen sehr“. Ich wurde still. Wie reagiert man in dieser Situation? Umarmt man sich, nickt verständnisvoll, schweigt? Wir haben uns beide kurz angeschaut und in diesem Moment wurde mir klar: egal wie jüdisch wir beide sind und wie sehr wir uns darüber definieren, egal, welche Biografien wir haben und was unsere Hintergründe sind, wir haben einen gemeinsamen Code, einen kulturellen Code, wenn man es sanfter ausdrücken möchte. Und auch wenn es so bitter und schwer anzuerkennen ist, der Holocaust ist ein Teil davon.

Wir

9. Mai, Ende der 1980er Jahre, Roter Platz in Moskau. Der Name des Platzes[1] kommt an diesem Tag ganz besonders zur Geltung: Rote Farbe dominiert nicht nur die Umgebung, sondern auch die Kleidung, Accessoires, Transparente, Blumen. Ich sitze auf den Schultern meines Vaters und halte stolz eine selbstgemachte Mohnblume aus Papiermaché in der Hand. Unter mir sehe ich viele fröhliche Gesichter, man redet laut, es wird gesungen, es gibt sehr viele Menschen um uns herum. Es ist eine Mischung aus Demonstration und Straßenfest. Die Stimmung ist sehr locker und entspannt. Aus den Lautsprechern höre ich sich wiederholende Sprüche und Sätze und als ich meinen Vater frage, was das alles bedeutet, antwortet er zu mir: „An diesem Tag war der Krieg zu Ende. *Wir* haben gewonnen und sehr vielen Menschen das Leben gerettet." An diese Phrase kann ich mich bis heute noch genau erinnern, weil sie mich immer sehr irritierte: vor allem dieses „Wir", und dieses starke Gefühl der Zugehörigkeit, des Stolzes und fast schon der Überlegenheit, das mein Vater damit ausdrückte. Dabei war er gerade einmal zwei Jahre alt, als der Krieg begann. Das klang komisch und sogar ein bisschen naiv, aber irgendwie auch glaubwürdig. Und so war es nicht nur für meinen Vater. Für jeden, der in dieser Menschenmasse anwesend war – ob wie ich damals als Kind auf den Schultern, oder als Mann oder Frau Mitte dreißig, vierzig, oder aber auch als Kriegsveteran, der einen mehr als direkten Bezug zu dem Geschehen hatte – es war ein großes „Wir" in der Luft, das den Tag des Sieges über den Faschismus, wie man ihn im Russischen oft bezeichnet, gefeiert hat. An diesem Tag war die Welt ganz klar in Schwarz und Weiß geteilt, und das Gute hatte das Böse besiegt. Die Frage nach regionaler oder religiöser Identität und Zugehörigkeit spielte an diesem Tag nur eine sekundäre Rolle, man gedachte nicht bestimmten Opfern mehr oder weniger als anderen. Der Krieg wurde als ein großer, gesichtsloser Körper empfunden, mit einer „konkreten" Opferzahl[2], die mehr oder weniger jedem aus den Lehrbüchern

bekannt war. Was gefeiert wurde und an diesem Tag alleine zählte, war der Sieg der sowjetischen Armee, die Heldentat der zahllosen Soldaten, die so vielen Menschen das Leben rettete. Das war das Wissen, oder besser gesagt: die Idee, die auf diesem Platz vermittelt wurde. Und sehr viele Menschen waren mit dieser Idee einverstanden. Das, was außerhalb blieb oder nur am Rande erwähnt wurde, gleichzeitig aber eine enorme Bedeutung für das Verstehen und Reflektieren der Geschichte hat, waren einzelne Schicksale, Familien- und Lebensgeschichten.

In der Psychologie gibt es ganze Studien darüber, was mit der eigenen Identität passiert, wenn aus einem „Ich" ein „Wir" wird oder aus „Sie" ein „Uns". Dazu kommt noch, dass es sich hier um die Nachkriegs-Epoche in der Sowjetunion handelt, eine Zeit, in der manipulative Mechanismen und die Gier nach Macht so böse und gleichzeitig so perfekt funktionierten. Je lauter die Parole, je größer die Feier, je mehr Menschen, desto kleiner und stiller werde „ich". Es bleibt weniger Platz für die eigene Meinung, für die eigene Position zu dem Geschehen, für die eigene Biografie und Identität. Denn auch wenn mein Vater überhaupt nicht jüdisch lebte oder das Judentum praktizierte, eine jüdische Biografie hatte er schon. Und das hätte ihn beinahe das Leben gekostet, wenn der Krieg nicht zu Ende gegangen wäre. Im Krieg ein Jude zu sein war etwas Besonderes. Das sollte man eigentlich nicht vergessen. Und trotzdem spielte dieses Besondere am 9. Mai kaum eine Rolle. Ist das sehr verkehrt? Ich finde nicht. Vielleicht ist es nur menschlich, zumindest wenn es um so ein Trauma wie den Krieg geht, nicht über die Differenzen, sondern Gemeinsamkeiten nachzudenken. Und gemeinsam war allen an dem Tag ganz klar nur eins – der Sieg.

Holocaust und Migration

Ob aus reinem Schutzinstinkt und Nicht-belasten-wollen, oder vielleicht, weil die Erinnerungen doch noch sehr präsent waren – Gespräche über den Krieg, beziehungsweise über unsere Familienangehörigen im Krieg, fanden bei uns zu Hause sehr selten statt. Vieles wurde tatsächlich verschwiegen. Unser kleines persönliches Archiv – das Familienfotoalbum, das mir später eine neue Perspektive auf das Thema ermöglichte und zu einer weiteren Auseinandersetzung anregte – blieb lange Zeit unbemerkt liegen. Wenn das Thema Judenverfolgung aufkam, herrschte in der Familie eine non-verbale Kommunikation: Jeder wusste, dass unsere Verwandten davon betroffen waren, gesprochen wurde darüber aber kaum. Meine erste bewusste Begegnung mit dem Thema Holocaust fand viele Jahre später statt, als ich mit 17 Jahren gemeinsam mit meinen Eltern nach Deutschland einwanderte. Viele Faktoren spielten dabei eine Rolle, nicht zuletzt auch der Geschichtsunterricht im Gymnasium. Hier erlebte ich eine komplett andere Sicht auf den Nationalsozialismus und eine fast schon zu vorsichtige Erwähnung des Themas Holocaust, als meine Geschichtslehrerin erfuhr, dass ich jüdisch bin. Auf der anderen Seite wurde ich aber automatisch zum passiven Experten proklamiert, weil das doch dazu gehört, dass man sich mit diesem Thema gut auskennt, wenn man schon jüdisch ist. Als so selbstverständlich habe ich das nicht empfunden. Doch gereizt hat es mich schon, sodass ich mich entschloss, ein Referat über das Thema „Judenverfolgung im Nationalsozialismus“ zu halten. Das war etwas naiv und auch ehrgeizig, aber gleichzeitig wurde es zweifellos zu einem Wendepunkt in meinem Leben. Und da war ich dann: eine Migrantin mit jüdischen Wurzeln, aus der ehemaligen Sowjetunion, deren Vorfahren in Treblinka vergast wurden, die jetzt in Deutschland einen Vortrag über die Judenverfolgung hält. So sieht also die Fortsetzung der Geschichte aus? Die „Zukunft der Erinnerung“? Wenn ich aus meiner heutigen Perspektive auf dieses Ereignis zurückblicke, begegne ich ihm mit sehr ambivalenten Gefühlen.

Damals erlebte ich die Vorbereitung auf dieses Referat als eine endlose und schmerzvolle Therapie. Ich habe mich zum ersten Mal bewusst mit der eigenen Familiengeschichte auseinandergesetzt, meinen Vater zum Erzählen gebracht, zum ersten Mal ein ehemaliges Konzentrationslager besucht. Ich *wollte* es wissen. Ich erfuhr immer wieder neue schreckliche Einzelheiten, versuchte das neu erfahrene in die bereits vorhandene Erinnerungskette einzubringen, einen Anschluss zu finden. Neue Fragen tauchten auf, ein Bedürfnis, weiterzuforschen und mich weiter damit zu beschäftigen, bis irgendwann der Punkt kam, an dem ich merkte, dass die Geschichte-Gegenwart-Zukunft-Balance gekippt war und es nur noch darum ging, wie ich mit diesem Wissen, mit diesem zuvor nicht gekannten Schmerz jetzt umgehen sollte. Wenn es mir auch vorher darum ging, so viel wie möglich zu erfahren, zu verstehen, zu begreifen, so stellte ich jetzt die Frage: wie viel darf ich eigentlich vergessen? Wie viel darf ich vergessen, damit meine eigenen Erinnerungen, die Geschichte meiner Familie und meiner Vorfahren mir nicht zur Last werden, denn ich muss sie ja auch an meine Kinder, an die nächste Generation weitergeben. Und wenn ich über das Vergessen spreche, meine ich nicht das Verdrängen und auch nicht das Ignorieren, sondern ich verstehe darunter eine gewisse Distanz zu dem Geschehenen, die es ermöglicht, einen bewussten Punkt zu setzen, an dem die Narration aufhört.

„Danke Opa für den Sieg!" Und weiter?

Die Zukunft der Erinnerung an den Holocaust. Wie kann sie aussehen? Ab welchem Zeitpunkt sprechen wir von dieser Zukunft? Was passiert nach dem Tod des letzten Zeitzeugen, des KZ-Überlebenden? Wie gehen wir, die junge jüdische Generation mit der Verantwortung um, einen großen Teil der Zukunftsgestaltung mitzutragen? Denn nach Maurice Halbwachs bilden sich Erinnerungen nur im Miteinander der Menschen in einer aktuellen Situation aus, also im Hier und Jetzt, und es ist somit unsere Aufgabe zu bestimmen, welcher Teil aus der Geschichte miteinfließt.[3] Reicht es aus, dass immer neue Denkmäler und Mahnmale eröffnet werden, dass man sich stetig bemüht, die Besucherzahl in den ehemaligen Konzentrationslagern aufrecht zu erhalten und vor allem für Schüler diesen Besuch zu einem Standardprogramm zu machen? Sind wir aufmerksam genug, was die Gestaltung des Geschichtsunterrichts an den Schulen angeht, was und wie erzählt wird, welche Inhalte vermittelt werden? Wie gehen wir mit der Tatsache um, dass der Wissens- und Forschungsstand über den Holocaust sich so enorm voneinander unterscheidet – und je östlicher man sich auf der Weltkarte befindet, desto entfremdeter und distanzierter begegnet man diesem Thema und spricht darüber.[4] Befinden wir uns also in einem inner-jüdischen oder außer-jüdischen Diskurs, wenn wir über die Zukunft der Erinnerung an den Holocaust sprechen, wer ist die primäre Zielgruppe?

Dass die Vergangenheit und konkret die Erinnerungen an den Zweiten Weltkrieg zu einem Kult, einer Obsession und zu einem politischen Instrument werden können, zeigen die Bilder vom Roten Platz in den letzten Jahrzehnten. Der berühmt-berüchtigte russische Spruch „Спасибо деду за победу!", also „Danke Opa für den Sieg!" oder „Помню! Горжусь!" – „Ich erinnere mich! Ich bin stolz!", diese an sich so starken und emotionalen Sätze verlieren sich in einer orange-schwarzen Flut von Sankt-Georgs-Bändchen, Panzern und kollektiver Euphorie auf den pompösen Tribünen der Staatsmacht. Das immer noch schwarz-weiße Denken in Verlierer-Gewinner-Kategorien manifestiert sich an diesem Tag ganz besonders. Gleichzeitig und umso kontrastreicher erscheinen die leeren Stellen auf der Veteranen-Tribüne, die von Jahr zu Jahr immer mehr werden und damit die letzten Bruchstücke, die letzten Verbindungen in der Erinnerungskette für immer mit sich, von uns weg nehmen. Womit diese Lücken gefüllt werden, welche neuen Erkenntnisse und Auswertungen aus noch nicht veröffentlichten Archivalien uns in den nächsten Jahrzehnten erreichen und eventuell unsere Sicht auf bestimmte Fakten vervollständigen oder gar zum Teil verändern, wie die Zeit, und somit – gewollt oder ungewollt – die immer größer werdende Distanz zur Vergangenheit unsere Wahrnehmung beeinflusst – alle diese Fragen und viele andere mehr bleiben der Zukunft überlassen. So viel ist für mich aber klar: solange das kollektive Gedächtnis über dem individuellen steht, so lange so viel Politik die Erinnerungskultur dominiert und so enormen Einfluss auf sie nimmt, solange bleibt ganz wenig Platz für eine einfache aber wichtige Frage: Wie hat *ein Mensch* diese Tragödie erlebt? Ein Mensch, das kann mein georgischer Uropa, meine jüdische Oma und ihr Cousin drittes Grades sein, oder auch ein russischer Soldat, der den Krieg überlebt hat. Ein Mensch, dessen Leben in davor und danach aufgeteilt war. Ein Mensch, der nicht nur als gesichtsloser Name an der Tafel stehen wollte oder will, der gehört und nicht vergessen werden wollte und will. Es muss kein lauter, großer Platz sein. Ein stiller Ort in der Familienküche genügt.

Anmerkungen

1 Etymologisch gesehen bezieht sich der Name des Platzes „krasnaya“ nicht auf die Farbe, sondern auf die ursprüngliche Wortbedeutung von „krasnyj“ in der russischen Sprache, was neben „rot“ auch „krasivyj“, also „schön“ bedeutet. Der „Rote Platz“ war also in erster Linie „ein schöner Platz“ und die Kreml-Mauer war nicht rot, sondern weiß gestrichen. Erst nach der Oktoberrevolution wurde der Platz buchstäblich zu einem roten Platz, als die Kreml-Mauer eine symbolische rote Farbe erhielt und zur Residenz und auch zum Hauptversammlungspunkt der Staatsmacht wurde. Ich beziehe mich also auf die Bezeichnung, die heutzutage üblicherweise nur in Verbindung mit der Farbe verwendet wird.

2 Ich habe das Wort „konkrete“ extra in Anführungszeichen gesetzt, weil es bis heute nicht ganz deutlich ist, um welche Opferzahl es sich genau handelt und man je nach Quelle von unterschiedlichen Zahlen ausgeht. Dazu kommt noch, dass viele historische Quellen und Archivalien immer noch nicht komplett ausgewertet sind, was wiederum eine erneute Zahlenkorrektur mit sich bringen könnte. Bekanntlich wurde zu Propagandazwecken unter Stalin die Opferzahl sehr gering angesetzt, es war die Rede von (nur) sieben Millionen Opfern. Laut aktuellem Forschungsstand spricht man heutzutage von ca. 27 Millionen Kriegsopfern in der ehemaligen Sowjetunion.

3 Vgl. Halbwachs, Maurice: Das kollektive Gedächtnis, Frankfurt a.M. 1985, 55f.

4 In der ehemaligen Sowjetunion und, nach ihrem Zerfall, in den Nachfolgestaaten wurde das Wort „Holocaust“ nur sehr selten erwähnt, obwohl bekannt war, dass vor allem die Juden während des Krieges verfolgt und ermordet wurden. Die Opfer des Holocaust werden mit wenigen Ausnahmen bis heute im Allgemeinverständnis nicht von der Gesamtzahl der zivilen Opfer des Krieges getrennt.

Hannah Peaceman

Wer sind „wir"? Jüdische Kollektivität in Deutschland – Heterogenität als Potential für Gemeinschaftsbildung

Als Jüdin*[1] wird man oft gefragt, was eigentlich unsere Identität ausmacht. Diskussionen darüber, ob das Judentum nun vornehmlich eine Religion, ein Volk oder vielleicht eine Schicksalsgemeinschaft sei, haben eine lange Tradition. Im internationalen Rahmen, beispielsweise in den USA, fragen andere Jüdinnen*, was jüdische Identität in Deutschland eigentlich heißt. Und auch hier, in Deutschland, findet eine Auseinandersetzung mit der Frage „Wer sind wir?" immer wieder statt. Auf eine eindeutige Antwort kann man sich selten einigen. Das führt oft zu großem Dissens, vor allem deshalb, weil jüdische Perspektiven in Deutschland trotz der eher kleinen Anzahl von Jüdinnen* sehr heterogen sind.

Dieser Beitrag setzt sich mit der Frage auseinander, inwiefern angesichts dieser Heterogenität in Deutschland dennoch von einem jüdischen Kollektiv gesprochen werden kann. Er geht von der These aus, dass in der Verschiedenheit und Widersprüchlichkeit von Hintergründen, Erfahrungen und Lebensweisen junger Jüdinnen* in Deutschland das Potential steckt, jüdische Kollektivität als Prozess der Aushandlung und Reflexion über Gemeinsamkeiten und Unterschiede zu begreifen – es muss also keine eindeutige Antwort auf die Frage „Wer sind wir?" gefunden werden. Diskussionen über die Koexistenz verschiedener Verständnisse von jüdischer Identität zu führen, ist die Basis für eine gemeinsame Gestaltung von Gemeinschaft und Gesellschaft. Diese kann über jüdische Kontexte hinaus zu einem Zusammenleben beitragen, das die Heterogenität der Lebensweisen und Interessen von Menschen widerspiegelt. Das wird im Folgenden in drei Schritten erörtert.

Wer sind wir?

Schätzungsweise leben derzeit ca. 200.000 Jüdinnen* in Deutschland. Etwa 100.000 sind Mitglieder der jüdischen Gemeinden. Anfang der 1990er Jahre gab es in Deutschland knapp 30.000 Jüdinnen*. Insbesondere durch die Einwanderung aus der ehemaligen Sowjetunion ist es zu dieser Vergrößerung der jüdischen Gemeinschaft gekommen. In

Deutschland leben Jüdinnen* mit Wurzeln aus aller Welt, aus Ländern der ehemaligen Sowjetunion, Europa, den USA, Israel usw. Sie machen zwar in der Gesamtpopulation der Bundesrepublik Deutschland nur einen Anteil von 0,2 Prozent aus. Für die jüdische Gemeinschaft selbst bedeutet das Anwachsen aber viel mehr als nur bloße Zahlen. Erstmals seit der Schoa gibt es wieder so viele Jüdinnen* in Deutschland, dass es möglich wird, ernsthafte Diskurse miteinander zu führen sowie sich selbst innerhalb der Mehrheitsgesellschaft zu verorten.[2]

Eine positive Konsequenz dieser Entwicklung ist, dass sich in den letzten Jahren immer mehr Organisationen gegründet haben, die sich jüdischen Themen widmen, jüdisches Leben in seiner Heterogenität in die Öffentlichkeit bringen und die neue Generation junger Jüdinnen* in Deutschland unterstützen. Ein wichtiges Beispiel ist das *Ernst Ludwig Ehrlich Studienwerk* (ELES)[3]. Seit 2010 fördert es jüdische Studierende und Promovierende finanziell und ideell. Dazu gehören Kollegs, die sich mit jüdischen Perspektiven in Vergangenheit und Gegenwart auseinandersetzen, beispielsweise mit der jüdischen Arbeiterinnenbewegung, mit Migration und mit Erinnerungskultur. Diese Themen haben viele Dimensionen. Zum einen ermöglichen sie einen fachlichen Austausch. Zum anderen werden hier auch immer Fragen der Identität sowie politische Optionen angestoßen. Die Kollegs bieten einen Raum, um mit anderen jüdischen Stipendiatinnen* ins Gespräch zu kommen, die mit ihrer jüdischen Identität in der deutschen Mehrheitsgesellschaft oft ähnliche Erfahrungen machen – zum Beispiel bewundert, aber vor allem auch als „fremd" bzw. „anders" wahrgenommen zu werden. Vor diesem Hintergrund, so meine Erfahrung, entsteht bei ELES-Kollegs immer recht schnell ein Gefühl der Solidarität, selbst wenn man inhaltlich oft unterschiedlicher Meinung ist. Auf Grundlage dieser Solidarität sind dann Diskussionen möglich, in denen grundverschiedene Standpunkte (z.B. religiöse bis atheistische) verhandelt und unterschiedliche Perspektiven deutlich werden. Eine Mehrheit der Stipendiatinnen* hat diverse Migrationshintergründe. Das führt zu verschiedenen Narrativen. Zum Beispiel ist für viele Jüdinnen*, die aus Ländern der ehemaligen Sowjetunion kommen, der 9. Mai als der „Tag des Sieges" ein bedeutsames Datum, was zahlreiche Jüdinnen*, die immer in Deutschland gelebt haben, nicht unbedingt nachvollziehbar finden. Für sie hat der 9. November als Gedenktag an die Reichspogromnacht eine größere Bedeutung. Die unterschiedlichen Narrative, die hier durchscheinen, sind nicht als Dualismus zu verstehen. Interessante Diskussionen ergeben sich, wenn man die Perspektiven aufeinander bezieht und reflektiert, etwa wie die Sieger- und Opfergeschichte miteinander zusammenhängen. Sich mit der Heterogenität dieser Erfahrungen und Sichtweisen auseinanderzusetzen, sie überhaupt wahrzunehmen, war in den letzten Jahren ein großer Gewinn für mich und steht in Deutschland für eine neue Entwicklung.[4]

Im „innerjüdischen" Kontext verschiedenen Narrativen Gehör zu schenken, das heißt, einander zuzuhören, ist nämlich keineswegs eine Selbstverständlichkeit. Insbesondere die Vielfältigkeit jüdischer Perspektiven öffentlich zu vertreten, stößt oftmals auf Widerstände.[5] Dafür gibt es viele Gründe. Jüdinnen* stellen in Deutschland eine sehr kleine Minderheit dar und bei vielen von ihnen herrscht Angst vor Antisemitismus. Gerade in Deutschland werden sie häufig als „Fremde" behandelt und fühlen sich auch vor dem Hintergrund der nationalsozialistischen Vergangenheit und der Schoa nicht bruchlos als Teil der deutschen Mehrheitsgesellschaft. Im Umkehrschluss empfinden viele Jüdinnen* ein Gefühl der Zugehörigkeit in jüdischen Kreisen in Form eines „Wir", in Abgrenzung zu „Mehrheitsdeutschen". Wer aber „Wir", also die Jüdinnen* in Deutschland, sind, was uns zusammenhält und vor allem, was uns voneinander unterscheidet, das bleibt vage und äußerlich.

Eine gemeinsame äußerliche Identität wird von vielen jüdischen Institutionen, etwa durch den *Zentralrat der Juden in Deutschland* und viele jüdische Gemeinden, befördert. Sie werden in der deutschen Mehrheitsgesellschaft als *die* jüdischen Stimmen wahrgenommen. Dabei fühlen sich viele Jüdinnen* durch sie nicht vertreten. Das hat viele Gründe. Erstens werden Vorstandsposten in zahlreichen Gemeinden noch immer von sogenannten Alteingesessenen besetzt. Das bedeutet, dass die Mehrheit der post-sowjetischen Jüdinnen* nicht repräsentiert wird. Zweitens herrschen in den Gemeinden häufig heteronormative Einstellungen. Das führt dazu, dass Mitglieder mit Homophobie und Sexismus konfrontiert werden und sich deshalb nicht zugehörig fühlen. Das passiert sowohl in religiösen Zusammenhängen, etwa wenn eine Frau dafür kritisiert wird, dass sie eine Kippa trägt, als auch in sozialen Kontexten, in denen traditionelle Rollenzuschreibungen manifestiert werden. Drittens vertreten viele Gemeinden politisch konservative Auffassungen und werden dadurch der Heterogenität der Einstellungen von Jüdinnen* und ihrer (Selbst-)Kritik an Gesellschaft und Diskriminierung nicht gerecht. Vor dem Hintergrund der nationalsozialistischen Vergangenheit haben jüdische Stimmen in politischen Fragen, wie etwa der nach offenen Grenzen, eine wichtige Bedeutung. Zum Beispiel begründen Politikerinnen* einen Aufnahmestopp von Geflüchteten mit dem Schutz der jüdischen Gemeinschaft in Deutschland – für die sie sich in anderen Zusammenhängen nicht interessieren. Gegen eine solche Instrumentalisierung, die durch den Schein eines äußerlichen „Wir" begünstigt wird, wehren sich viele Jüdinnen* in Deutschland. Die Veranstaltungen jüdischer Institutionen in Deutschland spiegeln weitere Konsequenzen einer scheinbaren gemeinsamen äußerlichen Identität wider: Machanot, der Jugendkongress, und ähnliche Veranstaltungen sollen jungen Jüdinnen* die Möglichkeit geben, ihresgleichen kennenzulernen. In vielen Veranstaltungen der großen Organisationen wird jedoch oft ein einseitiges Bild des Judentums vermittelt, zum Beispiel, indem in der Regel orthodoxe Gottesdienste stattfinden und im Vergleich zu progressiven Gottesdiensten als die „richtigen" dargestellt werden. Eine solche „Lösung" der Identitätsfrage ist relativ einfach. Sie führt dazu, dass wenig Auseinandersetzung mit und viel Besinnung auf Traditionen stattfindet. Eine Konsequenz dieses Verständnisses vom Judentum ist beispielsweise, dass Frauen in „ihre" traditionelle Rolle gedrängt werden. Weil über Heterogenität nicht gesprochen wird, finden unterschiedliche Narrative und Weisen, jüdische Identitäten zu gestalten, kein Gehör und werden damit aus dem öffentlichen Diskurs verdrängt. Hinter der vermeintlichen Homogenität verbergen sich weitere Hierarchien, z. B. zwischen Migrantinnen* verschiedener Herkunftsländer, Konvertitinnen* und Andersdenkenden. Hier wird ein „Wir" gefeiert, das Heterogenität marginalisiert und als soziale Ausschlüsse produzierende Kategorie wirkt. Um sich hingegen wirklich mit Fragen jüdischer Identität auseinander zu setzen, müsste ein gegenseitiges Zu- und Hinhören selbstverständlich werden. Räume, in denen eine Auseinandersetzung über jüdische Identitäten stattfinden könnten, müssten so gestaltet werden, dass sie für verschiedene Verständnisse über Judentum und jüdische Identitäten zugänglich sind.

Für das Bedürfnis nach Kollektivität und Unkompliziertheit in der Identitätsfindung kann man gewiss – gerade in Deutschland – ein Maß an Verständnis aufbringen. Es hat lange gedauert, bis die in Deutschland lebenden Jüdinnen* ihre Koffer wieder ausgepackt haben. Spätestens mit der deutlichen Vergrößerung der jüdischen Gemeinschaft in den letzten Jahren verwurzelt sich jüdisches Leben in Deutschland immer stärker. Jüdische Kontexte stellen für viele Jüdinnen*, die sich bewusst dafür entschieden haben, in Deutschland zu leben – auch für mich – trotzdem noch wichtige *Schutzräume* dar. Hier treffe ich auf Leute, die als Jüdinnen* ähnliche Erfahrungen machen wie ich und in den jüdischen Schutzräumen nicht als „fremd“ markiert werden. Es sind Orte, an denen man seine jüdische Identität offen leben und feiern kann. Aber diese Schutzräume sollten und können auch mehr sein als das. Sie können, wie eingangs anhand des Beispiels der ELES-Kollegs beschrieben, Orte des gegenseitigen Zuhörens und des Anerkennens von Unterschiedlichkeiten innerhalb dieser Gemeinschaft werden und müssen es auch, wenn – bei allem Bedürfnis nach einer jüdischen Kollektivität – auch der Verschiedenheit Rechnung getragen werden soll. Dieses „ins Gespräch miteinander kommen“ unterscheidet sich von einem „Wir“, das vor allem über äußerliche Abgrenzung und wenig durch inhaltliche Auseinandersetzung konstituiert ist. Es geht hierbei darum, zu reflektieren, in welchem Verhältnis wir zueinander stehen, was wir voneinander wissen, was uns verbindet und auch was uns trennt.

Identitätsstiftung – die Frage: „Wer sind wir?“ – ist darüber hinaus nicht eine Frage der Zugehörigkeit zu einem feststehenden Kollektiv. Eher verbergen sich dahinter viele weitere, mitunter sehr komplexe, Fragen: Woher kommen wir? Wer wollen wir sein? Inwiefern haben wir, mit allem, was wir (nicht) sind, überhaupt einen Platz? Und: Wie können und wollen wir die Gesellschaft, in der wir leben, mitprägen? Die aufgeworfenen Fragen suggerieren, dass die Frage „Wer sind wir?“ eine Reflektion darüber beinhaltet, was Kollektivität eigentlich ist und wie man sie *gestalten* kann. Kollektivität muss keine feststehende Kategorie sein. Sie kann auch – und das wird im Folgenden näher erörtert – als *Prozess der Gemeinschaftsbildung* verstanden werden. Dahinter steht die Annahme, dass gerade die aktive Auseinandersetzung mit Identitätsfragen sowie die Konfrontation mit Heterogenität innerhalb der jüdischen Gemeinschaft eine wichtige Voraussetzung für eine Etablierung von jüdischen Selbstbewusstseinen und Selbstverständnissen in Deutschland ist.

Kollektivität als Prozess der Gemeinschaftsbildung

Kollektivität als Prozess zu verstehen, bedeutet, sich auf einen Diskurs und Auseinandersetzungen einzulassen. Diskussionen über Identitäten drehen sich dabei nicht in erster Linie um Fragen der Zugehörigkeit, da ein solcher Fokus immer auch Ausschlüsse – derer, die vermeintlich nicht dazugehören – mit sich bringen kann.[6] Oftmals laufen entsprechende Diskussionen auf ein „Entweder – Oder“ hinaus und machen es schwer, sich mit den inhaltlichen und politischen Dimensionen eines „Wer sind wir?“ auseinander zu setzen. Dabei sind gerade diese Punkte als grundlegend zu betrachten, sofern Jüdinnen* innerhalb der deutschen Gesellschaft ein Selbstverständnis entwickeln wollen, das über das von vielen Mehrheitsdeutschen konstruierte Bild hinausgeht.[7]

Inhaltliche Dimensionen betreffen beispielsweise die bereits erwähnte Diversität der Narrative. Es gibt verschiedene Weisen, auf die das Judentum für die Einzelne relevant sein kann. Für manche ist es eine Religion, die den Alltag maßgeblich beeinflusst. Andere sehen ihr Jüdischsein als einen wichtigen Teil ihrer Identität und beschäftigen sich damit in ihren künstlerischen oder wissenschaftlichen Arbeiten. Für manche hingegen spielt das Judentum nur selten eine Rolle. Alle diese Perspektiven sind etwa unter den Stipendiatinnen* des *Ernst Ludwig Ehrlich Studienwerks* vertreten. Das wurde insbesondere bei der Konferenz *Aufbruch? Jüdische Erinnerungen heute*, in dessen Kontext dieser Aufsatz entstand, sichtbar. Doch trotz der unterschiedlichen Relevanz, die die jüdische Identität für die Einzelnen hat, gibt es eine gemeinsame Basis. Diese ist weniger über feststehende Kriterien definiert, als vielmehr darüber, unterschiedliche Lebensweisen und Verständnisse von Judentum anzuerkennen und aufeinander zu beziehen.

Eine gemeinsame Ebene bildet sich darüber, dass man ins Gespräch kommt, sich mit Fragen, die das Judentum betreffen, auseinandersetzt sowie Unterschiede thematisiert und manchmal konfrontiert. Machloket, „Streitbarkeit", ist seit jeher eine „jüdische" Form der Kommunikation[8] und – schaut man sich die jüdische Gemeinschaft in ihrer Diversität an – gelebte Praxis. Das Sprichwort „Zwei Rabbis*, drei Meinungen" spiegelt wider, dass die Unterschiedlichkeit von Standpunkten jüdische Kollektivität nicht erschüttern muss. Im Gegenteil! In ihr steckt die Möglichkeit produktiver Auseinandersetzung. Die verschiedenen rabbinischen Interpretationen der Halacha deuten auf die vielfältigen Weisen hin, Judentum zu leben. Es ist wichtig, verschiedene Perspektiven nicht als sich gegenseitig ausschließend zu verstehen, sondern sie *zu hören* und anzuerkennen. Streitbarkeit ist eine charakteristische Stärke aus der jüdischen Tradition. Historisch und gesellschaftlich gibt es seit Jahrtausenden eine Kontinuität jüdischen Lebens in der Diaspora, in der unterschiedlichste Verständnisse von Religion, Politik und Lebensweise aufeinandertreffen – ohne sich gegenseitig in der Praxis auszuschließen. Vice versa kann am Ende eines Streits im „jüdischen" Sinne auch nicht die Auflösung aller Unterschiede stehen oder aber die Auseinandersetzung in einem Bruch enden. Eher ist der Prozess des Streits an sich schon Teil des Ergebnisses. Verschiedene

Standpunkte werden in der Auseinandersetzung deutlich. Ähnlich macht gerade die Diversität von Jüdinnen* in der Diaspora ihre Kontinuität aus. Verschiedene Standpunkte, zum Beispiel unterschiedliche Lebensformen, können aufeinander bezogen werden. In dem Moment, in dem Bezugspunkte geschaffen werden, kann man bereits von einem Prozess der Kollektivbildung sprechen. Hier begeben sich die Streitenden auf eine (gemeinsame) Suche zur Beantwortung der Frage, die am Anfang des Streits steht, genauso wie viele Jüdinnen* unterschiedlicher Tradition fortwährend auf der Suche nach ihrem Judentum sind. Dabei sind Konfrontation und Auseinandersetzung mit unterschiedlichen Positionierungen und Identitäten ein Weg des Sichtbarmachens von Diversität. Streitbarkeit als kollektive Praxis und als gemeinsame Suche nach Antworten zu begreifen und zu üben, wäre eine Kommunikationsform, die auch über jüdische Kontexte hinaus zu einem besseren und inklusiveren Zusammenleben beitragen kann, indem sie gesellschaftliche Hierarchien und Ausschlüsse sichtbar macht. Der folgende Abschnitt expliziert diese Überlegungen.

In Deutschland wird oft von gesellschaftlichem Pluralismus gesprochen, gleichzeitig fallen auch immer Aussagen über die Notwendigkeit, „westliche Werte" zu verteidigen. Es wird erwartet, dass sich die als „anders" Markierten an eine „Leitkultur" anpassen[9] und ihre eigenen Bedürfnisse, beispielsweise eine bestimmte Lebensweise, dafür zurückstellen. Dahinter steht oftmals der Wunsch, Unterschiede durch einseitige Anpassung aufzulösen, anstatt sich mit ihnen auseinanderzusetzen und/oder diese nebeneinander koexistieren zu lassen. Eine Form der Auseinandersetzung wäre, die Reflexion der eigenen Position und gesellschaftlichen Situierung in die Aushandlung miteinzubeziehen, statt die eigene Lebensweise und Perspektive zum Maßstab zu machen. Das hieße zum Beispiel, sich klar zu machen, wo die „blinden Flecken"[10] des eigenen Denkens liegen. Welche Ausschlüsse werden eigentlich durch meine Perspektive (re-)produziert? Wen beachte ich (nicht) und warum? Streitbarkeit setzt im gerade skizzierten Sinne eine grundsätzlich respektvolle Haltung gegenüber *allen* Menschen voraus. Das erfordert, gerade jenen Menschen Beachtung zu schenken, die ihre Bedürfnisse nicht am lautesten artikulieren können oder als „Fremde" markiert werden.

Versteht man sich als Teil der Mehrheitsgesellschaft, kann es schwerfallen, eine Sensibilität für die Perspektiven anderer zu entwickeln. Wie man in gesellschaftlichen Strukturen verortet ist, was also beispielsweise bestimmte Privilegien sind, die man als Tochter einer Ärztin* auf Grund von sozioökonomischer Sicherheit und kulturellem

Kapital hat, muss man sich erst klarmachen. Als „weiße" Deutsche* erlebt man in Deutschland weniger Benachteiligung als Personen, die auf Grund eines äußerlichen Merkmals als „fremd" beurteilt werden.

Menschen, die regelmäßig Diskriminierungserfahrungen machen oder von gesellschaftlichen Hierarchien negativ betroffen sind, nehmen ihre soziale Position meist viel stärker wahr. Die Erfahrung, auf Grund ihres kulturellen Hintergrunds als „fremd" oder „anders" markiert zu werden, macht für eine Person die Existenz von Kriterien sichtbar, die ausschlaggebend dafür sind, ob man zu einer Gesellschaft „dazugehört" oder nicht. Dieses Erleben spiegelt gesellschaftliche Missstände wider. Eine Gesellschaft, die den Anspruch hat, demokratisch zu sein, sollte daran arbeiten, ihre Strukturen so zu ändern, dass sie diesem Anspruch gerecht werden.

Diskriminierungs- und Marginalisierungserfahrungen sind für Betroffene negativ. Ich möchte, über diese Negativität hinaus, aber deutlich machen, dass in ihren Erfahrungen ein Potential steckt. Denn man kann auch mindestens in Bezug auf die eigene Position sensibel für soziale Strukturen werden, von denen manche profitieren und unter denen andere leiden. Man kann als *„innere Fremde"*[11] ein Nähe-Distanz-Verhältnis zu den gesellschaftlichen Strukturen, in denen man lebt, finden. Das Privileg dieser Perspektive setzt allerdings voraus, einen kritischen und wachen Blick für sein Lebensumfeld zu entwickeln. Gewissermaßen ist eine solche Perspektive ein Charakteristikum jüdischen Lebens, insbesondere in der deutschen *Diaspora*, weil man als Jüdin* in Deutschland fortdauernd damit konfrontiert war und ist, ob und wie man eigentlich zur Mehrheitsgesellschaft dazugehören könne, ob man das im Lichte des gegenwärtigen gesellschaftlichen Zustands überhaupt möchte und welche Alternativen es geben könnte.

Die Frage nach der (Un-)Möglichkeit einer jüdisch-deutschen Synthese durchzieht die Debatten der jüdischen Intellektuellen im 19. und 20. Jahrhundert bis zur Schoa. Die Diskussionen zeigen vielfältige Wege auf, wie ein heterogenes Miteinander möglich sein könnte. Die Schoa war eine erste Antwort auf die Frage nach der (Un-)möglichkeit einer jüdisch-deutschen Synthese. Sie hat auch zu einem Abbruch der politischen Debatten der jüdischen Intellektuellen geführt. Nach der Schoa musste das Judentum in Deutschland grundlegend wiederaufgebaut werden und es war lange Zeit nicht sicher, ob sich jüdisches Leben hier revitalisieren ließe. Mit dem Anwachsen und Aufblühen der jüdischen Gemeinschaft in Deutschland entwickelt sich eine neue Generation an vielfältigen jüdischen Stimmen, die auch die

Stipendiatinnen* des *Ernst Ludwig Ehrlich Studienwerks* widerspiegeln und die an die früheren politischen Diskussionen anknüpfen können.

Die Frage, die jetzt verhandelt wird, ist nicht, ob und wie es eine jüdisch-deutsche Synthese geben könnte und sollte, und welche Anpassung dafür erforderlich wäre. Schließlich ist die jüdische Gemeinschaft sehr heterogen und Deutschland ein Land, in dem Menschen mit unterschiedlichen Hintergründen leben. Zur Debatte steht (also) vielmehr die dringende Frage, *wie eine Gemeinschaft gestaltet werden kann, in der es möglich ist, „ohne Angst verschieden sein"*[12] *zu können.* Jüdische Perspektiven in ihrer Diversität und Auseinandersetzung, wie sie auch in Kontexten des *Ernst Ludwig Ehrlich Studienwerks* zu finden sind, sind ein fruchtbarer Ausgangspunkt, um sich kritisch mit gesellschaftlichen Strukturen in Deutschland auseinander zu setzen und zum Beispiel auf Formen von „Kulturchauvinismus" hinzuweisen oder klar zu machen, dass eine Berufung auf „westliche Werte" noch lange keinen diskriminierungsfreien Raum garantiert, an dem alle Menschen gleichermaßen partizipieren können. Als Jüdin* in Deutschland erhält man vor dem Hintergrund der Vergangenheit des Nationalsozialismus manchmal besonderes Gehör, insbesondere im Vergleich zu anderen Minderheitengruppen und vor allem zu Themen wie Rassismus und Zusammenleben. Diese Form der Deutungshoheit kann und sollte man nutzen, wenn einem daran gelegen ist, zu einer besseren und inklusiven Gesellschaft beizutragen. Konkret heißt das, auch auf Formen der Diskriminierung hinzuweisen, von der nicht unbedingt man selbst, sondern andere betroffen sind, diese zu kritisieren und für eine Veränderung der Praxis einzustehen. Es muss gemeinsam daran gearbeitet werden, dass Gesellschaft so umgestaltet wird, dass heterogenes Zusammenleben selbstverständlich wird. Nur durch offen geführten Debatten, in denen Ausschlüsse thematisiert werden, sowie durch Solidarisierung kann gegen jene gearbeitet werden.

Gestaltung von Gesellschaft impliziert ihre Veränderung. Die jüdische Gemeinschaft in Deutschland ist durch die Zuwanderung aus den Gebieten der ehemaligen Sowjetunion nicht nur zahlenmäßig gewachsen, sondern auch viel facettenreicher geworden. Die deutsche Gesellschaft verändert sich seit jeher durch die Einwanderung von Menschen aus aller Welt. Gesellschaft ist keine statische Entität, ihre Strukturen spiegeln vielmehr die Dynamik eines Miteinanders von Menschen wider, die multiple Identitäten haben.[13] Es geht hier nicht darum, ein idealisiertes Bild von „Multikulti" zu bedienen, das in der Konsequenz zu Relativismus und letztlich Gleichgültigkeit führen kann. Vielmehr gilt es zu betonen, dass das Sichtbarmachen von Hierarchien und die offene Diskussion über Interessen und divergierende Ansichten Voraussetzung dafür ist, diskriminierungsfreie Räume jüdischen Lebens zu gestalten.

Was ich an dieser Stelle deutlich machen möchte ist, dass die Frage nach Veränderung von Gesellschaft eine Frage der (selbst-)bewussten Gestaltung ist. Dabei ist der Anspruch nicht, Konkurrenzen zwischen verschiedenen Lebensräumen festzuschreiben, einseitige Lebenskonzepte verwirklichen zu wollen oder immer einen Konsens zu finden. Vielmehr geht es darum, sich aktiv und konkret der Frage zu stellen: In welcher Gesellschaft wollen wir überhaupt leben? Wie können wir sie so gestalten, dass sie lebenswert(er) für alle Menschen ist und wird? Diese Fragen sind eine große Herausforderung für jede Einzelne, die bereit sein muss, ihre eigenen Perspektiven und Privilegien kritisch zu hinterfragen und ihre Bedürfnisse ins Verhältnis zu den Bedürfnissen anderer Menschen zu setzen. Zugleich steckt darin ein großes Potential der Selbstdefinition und politischen Selbstermächtigung, das über Identitätsfragen hinausgeht bzw. deren politische Dimensionen deutlich macht. Die Frage „Wer sind wir?" ist immer eine, die auch fragt: „Wer sind wir *im Verhältnis zu anderen Menschen*?" Und: Wie können wir die gesellschaftlichen Verhältnisse, die uns an der Entwicklung und Verwirklichung unserer Interessen hindern, so ändern, dass sich unsere Handlungsspielräume vergrößern?

Diese Fragen reflektieren im Kern gesellschaftstheoretische Ansätze. Sie lassen sich erweitern, beispielsweise in Bezug auf die Aufdeckung und Veränderung weiterer gesellschaftlicher Hierarchien wie Klassen-Strukturen. In der Festschreibung von Identitäten spiegelt sich eine Definitionsmacht wider. Dem ein „Gegenbild" entgegen zu stellen, hieße, sich ähnlichen Kategorien und Ausschlussmechanismen zu bedienen. Wenn man stattdessen Identität und Kollektivität als Prozess versteht, wirkt man der Statik entgegen und ermöglicht ein Sichtbarmachen der Machtstrukturen einerseits und der Heterogenität von Menschen andererseits. Diesen Zusammenhang weiter zu *reflektieren*, wäre in jedem Fall ein spannendes Projekt, welchem sich (nicht nur) jüdische Perspektiven widmen könnten. Das würde auch dazu beitragen, die Entwicklung eines Selbstbewusstseins ebendieser in Deutschland zu befördern.

Selbstbewusste jüdische Perspektiven in Deutschland

In Deutschland gibt es heute eine neue Generation von Jüdinnen*, die auch zahlenmäßig in der Lage sind, in gesellschaftliche Diskurse einzugreifen. In ihrem Alltag in jüdischen Strukturen, aber auch zu Hause, sind die meisten mit Heterogenität wie zum Beispiel Mehrsprachigkeit, dem Bewusstsein für verschiedene Lebensweisen und der Anpassungsfähigkeit an diverse Kontexte vertraut. Wie die jüngsten Diskussionen (meist noch in geschützten Räumen, wie den Kollegs) zeigen, sind junge Jüdinnen* auch in der Lage, diese Heterogenität auszuhalten und einander zuzuhören. Ein Aufbruch läge darin, die Formen der Kommunikation weiter zu üben, das Bewusstsein über die eigene Perspektive in Bezug auf andere zu schärfen, und auch innerhalb der jüdischen Gemeinschaft Unterschiede und Hierarchien miteinander zu konfrontieren und zu reflektieren. So kann das dort gelebte, statisch verstandene „Wir" zu einem dynamischen werden, welches Heterogenität Raum gibt und nicht exkludierend wirkt. Hierfür gibt es viele Bespiele: Der „Desintegrationskongress" am *Gorki Theater* in Berlin thematisierte im Mai 2016 Fragen jüdischer Identität der „Dritten Generation" in Deutschland. Dabei ging es darum, sich einer mehrheitsdeutschen Zuschreibung der Opferrolle zu entziehen. Weiterhin wurde darüber nachgedacht, welche Allianzen mit anderen Minderheitengruppen es geben könnte, die die Frage nach dem „Wer sind wir?" über sich selbst hinaustreibt. Das Projekt wird im folgenden Jahr weiter fortgeführt. Allein im Jahr 2016 veröffentlichten viele junge Jüdinnen* in Deutschland Autobiografien und Romane, die die Frage der Identität thematisieren, Stereotype aufbrechen und Diskussionen anstoßen, manchmal mit besonders streitbaren Argumenten. Darüber hinaus mischen sich immer mehr junge Jüdinnen* selbstbewusst in Diskurse der Mehrheitsgesellschaft – insbesondere als Post-Migrations-Gesellschaft – ein; im Frühjahr 2017 erscheint eine neue Zeitschrift *Jalta – Positionen zur jüdischen Gegenwart*, die die Entwicklungen reflektiert und weitere Diskussionen anstößt.

Das alles kann als Prozess der Bildung einer Gemeinschaft verstanden werden, die ihr Selbstverständnis permanent reflektiert, verändert und dadurch sogar bestätigt. Sich einer Reflexion und Fragen der Selbstermächtigung anzunehmen, fordert Raum ein und kann somit einer Fremdzuschreibung, etwa durch die deutsche Mehrheitsgesellschaft, entgegentreten. Solche kritischen und selbst-reflexiven jüdischen Perspektiven zeigen Wege auf, wie Fragen der Anerkennung, der Hierarchien und des Miteinander verhandelt werden müssen.

All diese Überlegungen sind als eine *Aufforderung* zu verstehen, sich den aufgeworfenen Fragen des „Wer sind wir?" und „In welcher Gesellschaft wollen wir leben?" aktiv zu stellen. Sie sind eine Aufforderung dazu, in einen dauerhaften Prozess der kritischen Reflexion über Gesellschaft und die eigene gesellschaftliche Rolle einzutreten, statt sich hinter einem problematischen, statischen „Wir" zu verstecken. Es gibt eine Reihe von Möglichkeiten, das eigene Potential als *Motor zur Kritik und zur Gestaltung von Gesellschaft* auszuschöpfen. Die Praxis der Streitbarkeit ist eine davon. Der sogenannte jüdische Humor mit seinen Eigenschaften wie der besonders bitteren Ironie, Schärfe und Überspitzung wäre ein anderes Mittel, mit dem pointiert auf gesellschaftliche Widersprüche und Hierarchien hingedeutet werden könnte.[14] Im jüdischen Humor steckt außerdem die Möglichkeit, die Transformation von Gesellschaft voranzutreiben und z. B. durch Übertreibung kreative Alternativen denkbar zu machen. Streitbarkeit und Humor sind nur zwei Beispiele für Kommunikationsformen und Wege jüdischen Ursprungs, deren Anwendung über jüdische Kontexte hinaus zu einem als besser empfundenen gesamtgesellschaftlichen Zusammenleben beitragen könnten.

Anmerkungen

1 In diesem Text wird grundsätzlich das generische Femininum verwendet. Das * drückt aus, dass damit alle Gender gemeint sind.

2 Die Zahlen beziehen sich auf Mitgliederstatistiken der Zentralwohlfahrtsstelle der Juden in Deutschland (ZWST), vgl. http://zwst.org/de/service/mitgliederstatistik/ (letzter Zugriff 24. April 2016).

3 Vgl. www.eles-studienwerk.de (letzter Zugriff 24. April 2016).

4 Zum Vergleich: In den USA sind verschiedenste Strömungen des Judentums vertreten und unterschiedliche Wege, das Judentum zu leben, möglich. Das liegt u.a. an der größeren Anzahl von Jüdinnen* in den USA, die ermöglicht, dass sich mehr Interessengruppen bilden können. Zudem gibt es in den USA das Selbstverständnis, ein „klassisches“ Einwanderungsland zu sein. Dies führt zumindest teilweise dazu, dass es selbstverständlicher wird, Minderheiten als Teil der Mehrheitsgesellschaft zu verstehen. Mit diesem Vergleich soll der Rassismus in den USA, insbesondere gegen POCs und Schwarze Menschen, nicht marginalisiert werden, der dem Selbstverständnis der USA als einem Einwanderungsland grundlegend widerspricht. – Die Erkenntnisse über die Situation in Deutschland beruhen auf Gesprächen mit Mitstipendiatinnen* und eigenen Erfahrungen.

5 Möglicherweise wird auch ein Text wie dieser als Provokation empfunden. Das ist aber nicht die Intention. Im Gegenteil, der Beitrag soll dazu dienen, Wege der Selbstreflexion aufzuzeigen, die die jüdische Gemeinschaft in Deutschland in ihrem Selbstverständnis als heterogene Gruppe auf längere Sicht stärkt und ihr ihre Definitionsmacht zurückgibt.

6 Ich bin mir an dieser Stelle der Schwierigkeit bewusst, dass man schnell in einen Relativismus darüber verfallen kann, was jüdische Identität eigentlich ausmacht. Ich möchte die Frage nach Kriterien der Zugehörigkeit nicht ausschließen, sondern nur an dieser Stelle zurückstellen, um der inhaltlichen Auseinandersetzung hier Raum zu geben.

7 Für viele Mehrheitsdeutsche lösen Jüdinnen* die Assoziation von Holocaust-Überlebenden, Ultra-Orthodoxen oder Israelis aus. Dem ein anderes Bild gegenüberzustellen ist schwer, insbesondere dann, wenn ein Diskurs darüber selbst innerhalb der jüdischen Gemeinschaft kaum geführt wird.

8 Eine neuere Erscheinung hierzu ist die Reihe *Machloket* (Streitbarkeit) von Elisa Klapheck, die unter diesem Motto Streitschriften herausgibt, vgl. Klapheck, Elisa; Calderon, Ruth (Hg.): Machloket. Streitschriften. Säkulares Judentum aus religiöser Quelle, Berlin 2015, 5.

9 Besonders deutlich werden diese Positionen in den neueren rechten Bewegungen und Parteien wie der AfD. Aber auch die demokratischen Parteien, die sich als die Mitte der Gesellschaft verstehen, spiegeln in ihren Aussagen wider, dass z.B. von Geflüchteten eine Anpassung an die „westlichen Werte“ gefordert wird. Die Auseinandersetzung, wie sich die „Wertesysteme“ überhaupt grundlegend unterscheiden, bleibt in großen Teilen aus.

10 Emcke, Carolin: Weil es sagbar ist. Über Zeugenschaft und Gerechtigkeit, Frankfurt a.M. 2013, 173.

11 Gerhardt, Kristiane: „Kolonialisierung in Mitteleuropa: Zivilisatorische

Moderne und die Transformation jüdischer Männlichkeit", in: Hostettler, Karin; Vögele, Sophie (Hg.): Diesseits der imperialen Geschlechterordnung, Bielefeld 2014, 99–119, hier 101.

12 Adorno, Theodor W.: Minima Moralia. Reflexionen aus dem beschädigten Leben, Berlin 2003, 116.

13 Ein theoretisch fundiertes Konzept von Gesellschaft kann im Rahmen dieses Textes nicht diskutiert werden. Hier werden weniger aus theoretischer Perspektive und mehr ausgehend vom praktischen Gegenstand gesellschaftstheoretische Fragen angerissen, die an anderer Stelle weiterverfolgt werden könnten.

14 Vgl. Meyer-Sickendiek, Burkhard: „Jüdischer Witz und deutsch-jüdische Moderne", in: Horch, Hans Otto (Hg.): Handbuch der deutsch-jüdischen Literatur, Hamburg 2016, 448–462. Eine neuere Sammlung von jüdischen Witzen wurde von Joseph Joffe 2015 veröffentlicht, vgl. Joffe, Joseph: Mach dich nicht so klein, du bist nicht so groß! Der jüdische Humor als Weisheit, Witz und Waffe, Berlin 2015.

Teil II

Öffentlichkeiten

Hartmut Bomhoff

Erinnerung gestalten: eine Herausforderung für angehende Rabbiner und Kantoren am Beispiel christlich-jüdischer Begegnung

Das *Abraham Geiger Kolleg* an der Universität Potsdam wurde 1999 als das erste akademisch ausgerichtete Rabbinerseminar in Kontinentaleuropa nach der Schoa gegründet. Es steht in der Tradition der *Berliner Hochschule für die Wissenschaft des Judentums*, die von 1872 bis 1942 bestand, und bildet seit 2008 auch Kantoren und Kantorinnen aus. Ernst Ludwig Ehrlich (1921–2007), dem Namensgeber des Begabtenförderwerks der jüdischen Gemeinschaft in Deutschland, war die Konsolidierung jüdischen Lebens in Europa ein besonderes Anliegen. Dazu zählte für ihn auch die Rabbinerausbildung am *Abraham Geiger Kolleg*. Anlässlich eines Berliner Studientags zu Ehren Leo Baecks wandte Ehrlich sich im Mai 2006 mit den folgenden Worten an den damaligen Bundesminister des Innern, Wolfgang Schäuble:

> „Als letzter aktiver Schüler der letzten Generation der Lehranstalt spüre ich die tiefe Verpflichtung zu helfen, dass das Abraham Geiger Kolleg sich in einer Weise entwickeln kann, dass es in der Geschichte einmal als eine direkte Fortsetzung der Hochschule für die Wissenschaft des Judentums verstanden wird. Nur so wird es gelingen, den Tausenden von Juden, die in den letzten Jahrzehnten nach Deutschland gekommen sind, eine geistige jüdische Identität zu vermitteln, die ihnen bisher verwehrt war.“[1]

Die Studierenden des *Abraham Geiger Kollegs* stammen aus Deutschland, Russland und der Ukraine, aus mitteleuropäischen Staaten wie Polen, Tschechien und Ungarn, aus Skandinavien, Frankreich und Spanien, aber auch aus Israel, Südafrika sowie Nord- und Lateinamerika. Die Absolventen des Kollegs sind heute in zahlreichen jüdischen Gemeinden in Deutschland und einer Reihe europäischer Staaten tätig, außerdem in Israel, Südafrika und den USA.

Das Berufsbild, auf das sich die angehenden Rabbiner und Rabbinerinnen, Kantoren und Kantorinnen während ihres Studiums vorbereiten, beschreibt der Rektor des *Abraham Geiger Kollegs* Walter Homolka so:

> „Seit der Aufklärung haben sich Rabbiner zu offiziell beauftragten Amtsträgern entwickelt, um die vielfältigen Aufgaben der

> Gemeinschaft zu erfüllen: zu lehren, seelsorglich tätig zu sein und zu predigen, Gottesdienste zu leiten und Lebenshilfe zu geben, Rituale zu vollziehen am Beginn des Lebens, an dessen Ende und mitten im Leben, in religiösen Fragen zu entscheiden, administrativ tätig zu werden und vielleicht sogar ein bisschen ‚zwischen Himmel und Erde' zu vermitteln. Die konkreten Verwirklichungsformen und Funktionen des Rabbineramtes – und der Amtsträger – sind dabei einem ständigen Wandel unterworfen."[2]

Die Aufgaben und Anforderungen, die Homolka für das Rabbinat benennt, treffen in ähnlicher Weise auch für die Arbeitswelt heutiger Kantoren und Kantorinnen zu. Ein wesentliches Thema ist dabei der Umgang mit Motiven und Formen der Erinnerung, ja die Mitgestaltung einer Gedenkkultur, sei es nun innerhalb der jüdischen Liturgie, im Rahmen der christlich-jüdischen Begegnung oder in der politischen Arena. Dabei ergibt sich immer wieder die eine Frage: „Aus welchen Geschichten leben wir?"

Unterschiedliche historische Erfahrungen

Divergierende Erinnerungen und konkurrierende Narrative gibt es innerhalb der jüdischen Gemeinschaft in der Bundesrepublik zwischen alteingesessenen und russischsprachigen Juden und Jüdinnen, aber selbstverständlich auch zwischen Juden und Nichtjuden. Während den Familien derjenigen, die die Diskriminierung, Verfolgung und womöglich Ermordung durch die Nationalsozialisten im damaligen Deutschen Reich miterlebt haben, die Erinnerung an die Pogrome um den 9. November 1938 ein Bedürfnis ist, wissen die Familien der Zuwanderer aus der früheren Sowjetunion mit diesem deutschen Datum zumeist wenig anzufangen. Der langjährige Chefredakteur der Wochenzeitung *Jüdische Allgemeine*, Christian Böhme, befand dazu in der Pincus-Studie von 2010:

> „Es ist sehr schwierig, die russischen Juden als Mitglieder in den jüdischen Gemeinden zu gewinnen, und dafür gibt es ganz verschiedene Gründe. Sie sind hierhergekommen als jüdische Kontingentflüchtlinge, aber die meisten von ihnen sind wenig vertraut mit der eigenen Jüdischkeit. Wie sollten sich da enge Verbindungen zwischen ihnen und den Einheimischen, die ihre Jüdischkeit kultivieren, ergeben? Hinzu kommen die vielfältigen mentalen Unterschiede, und das wiederum manifestiert sich an säkularen Gedenktagen. Der 9. November ist verbunden mit der

> Pogromnacht […] und natürlich ist das ein Tag für intensives Gedenken. Zumindest ist er das für die einheimischen Juden, während die russischsprachigen Juden dem weniger Bedeutung beimessen. Sie feiern dafür den 8. und 9. Mai, das Datum, an dem ihre Vorfahren am militärischen Sieg über Nazideutschland beteiligt waren. Daran erkennt man tiefe mentale Unterschiede, die sich natürlich auch aus unterschiedlichen historischen Erfahrungen speisen, und das kommt dann wieder und wieder hoch."[3]

Vielen russischsprachigen Zuwanderern ist es wichtig, dass nicht allein Auschwitz zum Synonym für die Schoa wird, sondern dass hierzulande auch über das Ausmaß und über die Orte der jüdischen Tragödie in Osteuropa und auf dem Territorium der Sowjetunion gesprochen wird. Etliche ihrer Opfer und deren Nachgeborene leben inzwischen auch in der Bundesrepublik Deutschland.[4] Die Furcht, vergessen zu werden, trieb die Menschen bereits während der Schoa um. So schrieb Jitzchak Katzenelson, der 1944 in Auschwitz starb: „Wehe mir, es weint keiner mehr."[5] In den jüdischen Gottesdiensten schließen wir Schabbat für Schabbat die Erinnerung an diese sechs Millionen Toten ein, doch die Rede von ihnen, die auch Eingang in das Gebet *El Male Rachamim* gefunden hat, läuft Gefahr, innerhalb der Liturgie zur Formel und damit zur Routine zu werden.

Rituale mit Leben füllen

„Es kommt darauf an, wie man Rituale mit Leben füllt", sagte Salomon Korn am 11. Dezember 1998 in einem Interview der *Frankfurter Rundschau* zur Kontroverse zwischen Ignatz Bubis und Martin Walser.[6] Gegenstand dieser Kontroverse waren die Äußerungen des Schriftstellers Walser zum Gedenken an die nationalsozialistischen Verbrechen. Ein knappes Jahr zuvor, im Januar 1998, hatte der spätere Vizepräsident des *Zentralrats der Juden in Deutschland* bereits festgestellt, dass er Gedenktage, Gedächtnisorte und die damit verbundenen Rituale als Angebote verstehe. Korn beschloss seinen Beitrag „Brüchige Selbstdefinition" in der *Frankfurter Rundschau* mit den folgenden Sätzen:

> „Mit dem Aussterben der Zeitzeugen verlieren Gedenktage und Gedächtnisorte zwar ihren emotionalen Beziehungsaspekt, die ‚Erinnerungsenergie' [Peter Reichel], doch sie bewahren den objektiven Inhaltsaspekt als Angebot, im öffentlichen Raum jederzeit privat oder an Gedenktagen gemeinsamen mit anderen öffentlich bestimmter Ereignisse zu gedenken. Mehr als

> Angebote können Gedenktage und Gedenkorte nicht sein – ja, sie dürfen es nicht sein. Andernfalls könnte – nach Art des Delegationsprinzips – von ihnen erwartet werden, dass sie stellvertretend vollbringen, was immer nur von Einzelnen geleistet werden kann: sich jenseits ausweichender Opferrollen und tradierter Tabus um historische Erfahrung als Quelle politischer Verantwortung unablässig zu bemühen.“[7]

Korns Bemerkungen werfen heute nicht zuletzt mit Blick auf das Versterben der Zeitzeugen eine Reihe von Fragen auf. Welche Bilder halten die Erinnerung wach? Wie kann man an die Opfer erinnern, wie über die Täter informieren und durch kritische Auseinandersetzung mit dem Nationalsozialismus emotionales Engagement entwickeln, wie daraus das Verständnis für Demokratie fördern, wenn demnächst auch die letzten Zeitzeugen verstorben sind? Seine Warnung vor einem „Delegationsprinzip“ schließt ebenso wie Korns Appell, Rituale mit Leben zu füllen, bereits eine Art Ritualkritik ein. Was genau ist aber in diesem Zusammenhang unter einem Ritual zu verstehen? Ein Blick in die *Theologische Realenzyklopädie* lässt eine Antwort offen; auf den Eintrag „Ritualmord“ folgt dort gleich „Ritus“.[8] Der Begriff „Ritual“ wird in der Regel verwendet, um eine mit hohem Symbolgehalt versehene und in sich strukturierte öffentliche Handlung zu bezeichnen, die von im kollektiven Bewusstsein der deutschen Mehrheitsgesellschaft verankerten Formeln und Gesten begleitet wird.

Die Rede vom kollektiven Bewusstsein wiederum wirft die Frage auf, an welche Zielgruppen sich der Appell, Rituale mit Leben zu füllen, richtet, und ob die gemeinhin benutzten Formeln und Gesten nicht nach einem allmählichen Paradigmenwechsel verlangen – weg von der Rede von der „geteilten Erinnerung“[9], „gegenläufigen Gedächtnissen“[10] und einem daraus folgenden Partikularismus hin zu einem eher universalistischen Verständnis, das uns als Grundlage für eine couragierte Bürgergesellschaft dienen soll. Um aus der kritischen Auseinandersetzung mit dem Nationalsozialismus ein emotionales Engagement zum Verständnis für Demokratie zu entwickeln, braucht es Arbeitshilfen für Multiplikatoren. Es gibt bereits eine Vielzahl derartiger Handreichungen, die oft aber nur einem beschränkten Adressatenkreis zugänglich und somit ohne Strahlkraft und nachhaltige Wirkung sind und möglicherweise wiederum zu nicht mehr als leeren Ritualen führen.

Angehende Rabbiner und Rabbinerinnen, Kantoren und Kantorinnen werden schon während ihrer Ausbildung als Funktionsträger und Repräsentanten des Judentums an sich wahrgenommen, so dass jede Selbstdarstellung mit einem Stück Apologetik einhergeht – gilt es doch, Juden wie Nichtjuden immer wieder bewusst zu machen, dass das Judentum kein monolithischer Block ist, sondern viele Gesichter hat. Schon der Venezianer Leon Modena (1571–1648), der heute als der „erste moderne Rabbiner“[11] gilt, hat sich in seiner *Historia de riti Ebraici* (Paris 1635) gegen jegliche Pauschalisierung verwehrt und deutlich gemacht, dass das Judentum vielstimmig, ja voller Widersprüchlichkeiten ist.[12]

Doppelbödige Gedenkkulturen

Der interreligiöse Dialog ist dem *Abraham Geiger Kolleg* ein besonderes Anliegen. Wer immer aber als Jude oder Jüdin am christlich-jüdischen Gespräch teilnimmt, sieht sich in womöglich fremde Traditionen hineingestellt und erfährt, wie doppelbödig gerade die Gedenkkultur ist, die einen Großteil dieses Gespräches ausmacht. Ein Beispiel: Franz Kardinal König (1905–2004), einem hochgeschätzten Wegbereiter des interreligiösen Dialogs, ist es zu verdanken, dass die Barbarakapelle im Wiener St. Stephansdom zu einem Gedenk- und Meditationsort geworden ist. Papst Johannes Paul II. übergab im Jahre 1983 Kardinal Franz König Asche aus dem Vernichtungslager Auschwitz-Birkenau, die in einer Kapsel in ein spätgotisches Holzkreuz in der Kapelle eingesetzt wurde. Die Inschrift lautet: „Terra et cineres victimarum ex Oswiecim 1939–1945“ („Erde und Asche der Opfer aus Auschwitz 1939–1945“). Gleich daneben befindet sich eine Urne mit Erde aus dem Konzentrationslager Mauthausen, gestiftet vom *Comité International de Mauthausen*, der *Österreichischen Lagergemeinschaft Mauthausen* und *Mauthausen Aktiv Österreich*. Am 26. November 1998 übergaben ehemalige Häftlinge des Konzentrationslagers diese Urne im Rahmen eines ökumenischen Gedenkgottesdienstes. Dieser Gottesdienst, der vom *Ökumenischen Rat der Kirchen in Österreich* unter Einbeziehung der ehemaligen Mauthausen-Häftlinge und im Beisein von Vertretern der Wiener Israelitischen Kultusgemeinde gestaltet wurde, war der offizielle Abschluss des „Gedenk- und Bedenkjahres 1938–1998“.

Auch wenn unter den Toten von Auschwitz-Birkenau Angehörige unterschiedlicher Opfergruppen waren: Für einen angehenden Rabbiner ist es zunächst verstörend, die Opfer der Schoa symbolisch zu Fuße des Kreuzes verortet zu sehen und dabei doch zu wissen, dass diese Zumutung Ausdruck gut gemeinten christlichen Gedenkens ist. Nicht minder beklemmend ist es, an einem anderen Wiener Gedenkort eines Statements von jüdischer Seite gewahr zu werden, das konträr zur Haltung des Großteils liberaler Juden und Jüdinnen steht: Am Mahnmal für die österreichischen jüdischen Opfer der Schoa am Wiener Judenplatz, das von der britischen Künstlerin Rachel Whiteread gestaltet und im Jahr 2000 der Öffentlichkeit übergeben worden ist, findet sich das hebräische Akronym ה״יד. Auch vielen jüdischen Betrachtern wird sich die Bedeutung dieser Abkürzung nicht erschließen; sie steht für die Formel *Hashem yikom damam*, „Der Ewige möge ihr Blut rächen". Wie aber ist mit diesem Ruf nach Rache umzugehen?

Diese zwei Beispiele christlich-jüdischer Vergegnung sind heute aber doch Ausnahmen. Für angehende Rabbiner und Rabbinerinnen, Kantoren und Kantorinnen sind Tage wie der Israelsonntag und der Gedenktag für die Opfer des Nationalsozialismus am 27. Januar Jahr für Jahr Gelegenheit, Erinnerung mitzugestalten – im Falle des Israelsonntags oft als Gastprediger im Rahmen evangelischer Gottesdienste. Noch bestimmen aber kirchliche Vorgaben derlei Begegnungen und lassen den jüdischen Part manches Mal zum bloßen Dekorum werden, etwa dann, wenn lediglich ein Psalm auf Hebräisch vorgetragen wird. Die andauernden Asymmetrien im christlich-jüdischen Gespräch werden auch an anderer Stelle deutlich, etwa in der Adaption jüdischer Traditionen, Texte und Symbole: Sie verdeckt die Sprachlosigkeit auf der nichtjüdischen bzw. christlichen Seite, die angesichts der Schoa bis heute nicht zu eigenen überzeugenden Forme(l)n rituell-liturgischen Gedenkens gefunden hat.

Der 1958 gegründete Freiwilligendienst *Aktion Sühnezeichen Friedensdienste* (ASF) gibt zum Israelsonntag, zur Friedensdekade und zum Gedenktag für die Opfer des Nationalsozialismus am 27. Januar jeweils Handreichungen mit Materialien für die Gottesdienstgestaltung sowie Hintergrundtexten und Freiwilligenberichten heraus.

Es fällt zunächst auf, dass es sich bei diesem Medienangebot von ASF ausdrücklich um Predigthilfen für Gemeinden im Bereich der *Evangelischen Kirche in Deutschland* (EKD) handelt, obwohl der Adressatenkreis und das Themenspektrum des Freiwilligendienstes doch weit umfassender sind:

> „Im Bewusstsein, dass die Folgen des Nationalsozialismus noch immer spürbar sind und nur durch einen intensiven Dialog überwunden werden können, setzt sich Aktion Sühnezeichen Friedensdienste (ASF) für eine Verständigung zwischen den Generationen, Kulturen, Religionen und Völkern ein. Verwurzelt im christlichen Glauben bemüht sich ASF dabei um Zusammenarbeit mit allen, die für eine friedlichere und gerechtere Welt eintreten. [...] ASF strebt einen umfassenden und gerechten

> Frieden an. Wir engagieren uns daher in Projekten, die sich gegen die Diskriminierung von Menschen aufgrund ihrer Religion, politischen Überzeugung, nationalen oder sozialen Herkunft, Hautfarbe, Sprache, körperlichen Konstitution, sexuellen Orientierung und Identität, ihres Alters oder Geschlechts richten."[13]

Die Predigthilfen werden dreimal jährlich herausgegeben und stellen einen Zusammenhang zwischen Israelsonntag, Friedensdekade und dem Gedenktag für die Opfer des Nationalsozialismus am 27. Januar her. Auffällig ist, dass der 9. November als Jahrestag der Pogromnacht von 1938 in dieser Abfolge keine eigene Berücksichtigung findet; da die Ökumenische Friedensdekade aber jedes Jahr in den zehn Tagen vor dem Buß- und Bettag stattfindet, fällt der 9. November in der Regel in diese Zeit und wird entsprechend thematisiert. Was hat es nun mit diesen Sonntagsterminen im ASF-Kalender auf sich?

Der Israelsonntag

Dass eine Sakralisierung des Gedenkens eine eigentümliche Bedeutungsverschiebung zur Folge haben kann, zeigt sich anhand der Rezeption des sogenannten Israelsonntags. In ihm wird auch die problematische Geschichte der Kirche in ihrem Verhältnis zum Judentum deutlich: Seitdem ihn der Reformator Johannes Bugenhagen 1534 in seine Passionsharmonie und ins evangelische Gesangbuch aufgenommen hatte, wurde dieser Sonntag von evangelischen Christen als Gedenktag an die Zerstörung Jerusalems gefeiert. Der dazu in der ersten Perikopenreihe vorgeschlagene Predigttext ist Lukas 19,41–48: Jesus weint über Jerusalem, die Stadt, deren Zerstörung er voraussieht, und treibt die Händler aus dem Tempel. Im 19. Jahrhundert warb und sammelte man an diesem Tag für die Mission unter Jüdinnen und Juden. Der christliche Gedenktag steht somit in zeitlicher Nähe zum 9. Aw des jüdischen Festkalenders: An diesem Tag gedenken die Juden der Tempelzerstörungen in Jerusalem in den Jahren 586 vor unserer Zeitrechnung und 70 nach unserer Zeitrechnung.

Wer als Studierender des *Abraham Geiger Kollegs* eingeladen wird, das Programm eines evangelischen Gottesdienstes zum Israelsonntag mitzugestalten, wird sich zunächst im Internet auf die Suche nach einer Auskunft zu diesem zehnten Sonntag nach Trinitatis und seiner Bedeutung machen und dabei schnell auf Fehlinformationen stoßen. So heißt es beispielsweise auf einer Seite: „Martin Luther setzte diesen Tag ein, um sich mit dem jüdischen Volk solidarisch zu erklären."[14]

Die evangelische Tradition spricht eine andere Sprache: „Ganz augenscheinlich ließ denselben (Tempel) eine höhere Hand anzünden / welche den von ihr gegründeten Sitz der Religion umstürzte / und der Welt dadurch ein allgemeines Merkzeichen gab / daß nun eine vollkommenere Religion die Stelle der Jüdischen einnehmen sollte", heißt es etwa im Heilbronner Gesangbuch von 1774.[15]

Nach dem Holocaust übte die evangelische Kirche allmählich Selbstkritik. Der Israelsonntag wurde von 1970 an ein Tag der kritischen Selbstreflexion und der Neubesinnung auf die gemeinsamen Wurzeln von Juden und Christen. Anders als am einstigen Judensonntag, an dem die christliche Gemeinde auch ermahnt wurde, nicht wie die Juden Gottes Strafe auf sich zu ziehen, steht am Israelsonntag das Judentum mit seinem eigenen Selbstverständnis und seiner Tradition im Vordergrund. Unter den Predigern führt dieser Sonntag ein zwiespältiges Dasein: die einen betrachten ihn als Pflichtübung, für die anderen ist er ein willkommener Anlass, der Gemeinde etwas über das Verhältnis zwischen Kirche und Israel zu sagen.[16]

Dass der Israelsonntag weiterhin Gefahr läuft, in seltsame eschatologische Bezüge gesetzt zu werden, belegt etwa ein Text auf der Website des Reutlinger Pfarrers im Ruhestand Jakob Stehle:

> „Die Kirche gedenkt der Zerstörung Jerusalems am 10. Sonntag nach Trinitatis – dem sogenannten ‚Israelsonntag'. Nach den schrecklichen Ereignissen des Holocaust begeht die Kirche diesen Tag als Bußtag und Tag des jüdisch-christlichen Dialog[s]. Für die Kirchen in Deutschland rückt immer mehr die Frage nach dem Verhältnis von Juden und Christen in den Mittelpunkt. Es gehört zum Traurigsten und Schlimmsten der Kirchengeschichte, daß sich innerhalb ihrer Mauern der Antisemitismus bis zum schrecklichen Höhepunkt im Dritten Reich verbreiten konnte. Bei all dem dürfen wir jedoch eines nie aus den Augen verlieren: Die Kirche Jesu Christi ist mehr als nur die Kirchen in Deutschland. Es gab auch in der schrecklichen Zeit der Judenverfolgungen in Deutschland Christen in aller Welt, die damit nie einverstanden waren. – So müssen wir heute als Christen den Niedergang des Dritten Reiches und die furchtbaren Verheerungen durch den Krieg als Strafe Gottes über unser Volk sehen. Es ist die Gnade Gottes, die unserem Volk einen Neuanfang schenkte – auch im Blick auf das Volk Gottes und das Gespräch zwischen Juden und Christen."[17]

Wer als Jude oder Jüdin eingeladen ist, am Israelsonntag in einem evangelischen Gottesdienst zu predigen oder diesen Gottesdienst musikalisch zu gestalten, muss sich also zunächst der Geschichte dieses Datums im Kirchenkalender bewusst werden und kirchliche Positionen hinterfragen können, um dann die Bedeutung der Tempelzerstörung oder das Verhältnis von Kirche und Judentum in angemessener Weise und aus jüdischer Sicht zu referieren – gewiss kein leichtes Unterfangen, wenn man den christlichen Gastgebern dabei auf Augenhöhe begegnen will. Was der jüdischen Gemeinschaft in Deutschland fehlt, sind zeitgemäße deutsch- und russischsprachige Predigthilfen aus jüdischer Sicht; hier könnte die *Allgemeine Rabbinerkonferenz Deutschland* wertvolle Hilfestellung leisten.

Friedensdekade und 9. November

Für viele Experten und Gremien, die sich mit den Folgen des Antisemitismus auseinandersetzen, wirkt der Gedenktag am 27. Januar in der deutschen Bevölkerung bisher nicht ausreichend als Anstoß zum nationalen Gedenken an die Opfer der NS-Zeit. Zu diesen Kritikern zählen der Antisemitismusforscher Wolfgang Benz und der Arbeitskreis „Israel und Kirche" in der EKD, der 2005 konstatierte:

> „Der 9. November ist durch keinen anderen Gedenktag zu ersetzen. Am 27. Januar, dem staatlichen Gedenktag, wird aller Opfer der nationalsozialistischen Gewaltherrschaft gedacht. Das Gedenken der schuldig Gewordenen und ihrer Nachkommen unterscheidet sich vom Gedenken der Opfer und ihrer Nachkommen. Es muss Gewissen treffendes Gedenken sein, sonst droht die Gefahr, der eigenen Geschichte auszuweichen, indem man sich unberechtigt auf die Seite der Opfer stellt. Am 10. Sonntag nach Trinitatis, dem Israelsonntag, thematisiert die Evangelische Kirche die bleibende Erwählung Israels. Der Buß- und Bettag ist ein allgemeiner Bußtag der Evangelischen Kirche. Mit ihm endet die Ökumenische Friedensdekade. Unserem Aufruf entspricht es, dem 9. November seinen eigenen Platz am Beginn bzw. innerhalb der Friedensdekade zu geben."[18]

Die Friedensdekade ist seit 1980 in Deutschland eingeführt, und zwar in West- wie Ostdeutschland gleichermaßen. Der 9. November hat seit 1978 auf Bundesebene den Rang eines festen Erinnerungsdatums eingenommen. Eine gemeinsame Initiative des *Zentralrats der Juden in Deutschland*, der *Gewerkschaft Erziehung und Wissenschaft* und der *Kultusministerkonferenz* stieß damals zahlreiche Schulveranstaltungen an. Aktionswochen und Schweigemärsche gegen Neonazismus fanden starken Zuspruch. Alle Landesregierungen und auch der damalige Bundespräsident Walter Scheel beteiligten sich mit eigenen Gedenkveranstaltungen. Der 50. Jahrestag der Novemberpogrome von 1938 geriet 1988 jedoch zum Skandal: Bei der zentralen Gedenkfeier des Bundestages durften Repräsentanten der jüdischen Opfergruppe nur am Rande mitwirken. Heinz Galinski sollte dort nicht sprechen, weil er zuvor in der Volkskammer der DDR aufgetreten war. Die Rede des Bundestagspräsidenten Philipp Jenninger wirkte in Teilen wie eine Entschuldigung der Mitläufer des Nationalsozialismus.

Die württembergische Landessynode hat am 25. Oktober 2007 beschlossen, den Kirchengemeinden den 9. November als jährlichen Gedenktag anzuempfehlen. Es ergibt sich die Frage, ob und wie der Appell der Kirchen: „Aufruf an die Kirchen aller Konfessionen in unserem Land. Erinnerung und Umkehr – Für einen offiziellen kirchlichen Gedenktag am 9. November“ inklusiv wirken kann und ob er nicht etwa mit einer christlichen Symbolisierung einhergeht, die beispielsweise der Universalisierung des 27. Januar in Form des Internationalen Holocaust Memorial Day widerspricht.

Motive und Formen des Gedenkens in der jüdischen Gemeinschaft

1991 wurden in jüdischen Gemeinden weltweit Lesungen von Namen jüdischer Opfer eingeführt. Die Aktion „Jeder Mensch hat einen Namen“ soll helfen, das Gedächtnis an jedes einzelne Opfer der Schoa zu bewahren. In den jüdischen Gemeinden, die sich beteiligen, werden Name, Alter, Geburts- und Todesort von Opfern genannt. So wird versucht, Gleichgültigkeit und Unkenntnis über die Schoa entgegen zu treten. Während jeder Zeremonie wird das Gedicht der israelischen Dichterin Selda (1914–1984), das dem Projekt den Namen gab, vorgetragen: *Lechol isch jesch schem.* In ähnlicher Weise werden am israelischen Gedenktag Yom Ha-Shoah Namen in der israelischen Gedenkstätte *Yad Vashem* und in der Knesset verlesen.

In München wurde am 9. November 2008 zum 70. Jahrestag der Pogromnacht von 1938 erstmals in allen 25 Münchner Bezirken durch das Verlesen ihrer Namen der 4587 jüdischen Bürger Münchens gedacht, die von den NS-Verbrechern ermordet wurden. Die damalige Präsidentin des *Zentralrats der Juden in Deutschland*, Charlotte Knobloch, erklärte dazu: „Das gab es noch nie. Weder in München noch in ganz Deutschland.“ Auch als Präsidentin der Israelitischen Kultusgemeinde München und Oberbayern rief sie alle Bürger dazu auf, mit den Namenslesungen am 9. November ein „Zeichen gegen

Antisemitismus, Rassismus und Rechtsextremismus“ zu setzen und ein „klares Bekenntnis für Demokratie und Toleranz“ abzugeben: „Der 9. November ist ein symbolträchtiger Tag, an dem jeder Bürger zeigen kann, dass München, aber auch ganz Deutschland bunt und nicht braun ist.“[19] In Berlin fand diese Namenslesung zunächst am Wittenbergplatz statt, wurde aber 2004 aus Sicherheitsgründen vor das Jüdische Gemeindehaus in der Fasanenstraße verlegt. Auch der Termin ist verschoben worden: vom Yom Ha-Shoah, dem israelischen Holocaust-Gedenktag, der in der Regel auf Anfang Mai fällt, auf den 9. und 10. November.

Dieses Gedenken findet außerhalb der Synagoge im öffentlichen Raum statt. Innerhalb der jüdischen Liturgie finden sich neben der Erinnerung an Tischa Be-Aw, den Tag der Tempelzerstörung sowie weiterer Katastrophen in der jüdischen Geschichte auch andere Beispiele für eine Ritualisierung des Gedenkens, so die *Akdamut* („Vorbereitung“): In aschkenasischen Gemeinden werden diese 90 Verse zu Schawuot vor der Toralesung als eine Art Eröffnung vorgetragen. Das aramäische liturgische Gedicht aus dem 11. Jahrhundert wird dem Wormser Vorbeter Meir bar Jizchak zugeschrieben. Es schildert die Verfolgung der Juden zur Zeit der Kreuzzüge (1095) und ihr Sterben zur Heiligung Gottes und ist so im Sinne von Schawuot Ausdruck von Israels Treue zur Tora. Ein weiteres Beispiel ist das *Unetane tokef*. Dieses nach seinen Anfangsworten „Lass uns Nachdruck verleihen“ (nämlich der Heiligkeit des Tages) benannte Gebet ist zentral für Rosch Ha-Schana und Jom Kippur und bereits in Gebetbüchern aus dem 13. Jahrhundert enthalten. Die Tradition schreibt es einem im 11. Jahrhundert lebenden Rabbi Amnon aus Mainz zu. Es handelt sich dabei um eine Hymne auf die unbedingte Gottesherrschaft und auf die Macht der Umkehr, des Gebetes und guter Werke, die ein negatives Gottesurteil umwandeln können.

„Amnon aus Mainz“, so das Jüdische Lexikon, „ist Held einer sehr populären mittelalterlichen Legende. Es wird erzählt, dass der Erzbischof von Mainz den von ihm geschätzten wohlhabenden Amnon zum Christentum zu bekehren wünschte. Einst gab dieser so weit nach, dass er sich drei Tage Bedenkzeit ausbat. Nach deren Ablauf verweigerte er zwar die Taufe, bekannte sich aber der Schwäche schuldig und wünschte, dass ihm zur Strafe die Zunge ausgeschnitten wurde; der Erzbischof aber ließ ihm Hände und Füße abschneiden. Am Neujahrstage ließ Amnon sich in die Synagoge tragen und überraschte die Gemeinde beim Mussaf durch das Gebet *Unetane tokef*. Kaum hatte er es beendet, so gab er seinen Geist auf.“[20]

Drei Tage später erschien Amnon jedoch dem Rabbi Kalonymos ben Meschullam, lehrte ihn das Gebet und beauftragte ihn, es zu seinem Andenken zu verbreiten. Die älteste uns bekannte Aufzeichnung dieser Geschichte stammt aus dem Hauptwerk des Gelehrten Israel von Krems, *Hagahot Ascheri*, aus dem frühen 14. Jahrhundert. Die erste nachgewiesene Druckfassung befindet sich laut Lucia Raspe im *Machzor Roma* von 1540; Gedalja ibn Jachja übernahm sie von dort in sein *Schalschelet Ha-Kabbala*, von wo aus sie ihre Popularität erlangte.[21]

Ein modernes Beispiel für Ritualisierung ist die *Megillat Ha-Shoah*, die 2003 vom konservativen *Schechter Institute for Jewish Studies* in Jerusalem und ihrem Leiter Rabbiner David Golinkin als Liturgie für den Yom Ha-Shoah geschaffen wurde. Die Rolle umfasst sechs Kapitel, die im Wesentlichen auf Augenzeugenberichten aufbauen und zudem auf die sechs Millionen Opfer der Schoa verweisen. Bemerkenswert ist allein schon das Stiftungsdatum: „Kristalnacht [sic] 5763" (2002).[22] Diese Liturgisierung des Gedenkens geht mit einer ganz eigenen Partikularsierung einher: „Having one central text, shared by Jews wherever they live, will unite us and make possible the perpetuation of the story", schreibt Rabbiner Reuven Hammer, der damalige Präsident der *Rabbinical Assembly* (des konservativen Rabbinerverbandes) in einer der drei Einleitungen zur Megillah. „It will help us to fill what has become the new imperative of Jewish life: We must all view ourselves as if we had personally experienced the Shoah."[23]

Diesem Versuch, dem Gedenken eine Form zu geben, sei ein anderes Projekt gegenübergestellt: 2004 fand in der *West London Synagogue*, einer der führenden Gemeinden der britischen Reformbewegung, eine beispielhafte Gedenkveranstaltung zum internationalen Holocaustgedenktag statt. Ein Ziel dieses Gottesdienstes, an dem auch der anglikanische Bischof von London beteiligt war und der von der BBC übertragen wurde, war es, aus der besonderen jüdischen Erfahrung der Schoa heraus die universellen Werte von Tikkun Ha-Olam zu vermitteln und gegenseitigen Respekt zu fördern.[24] Ein derartiges Programm, das keine christlich-jüdische Gemeinschaftsfeier ist und das ethische Werte zu vermitteln vermag, ohne religiösem Partikularismus Vorschub zu leisten, könnte auch in Deutschland Schule machen. Wir brauchen nicht nur pädagogische Konzepte zur Vermittlung der Geschichte und Wirkung des Holocaust, sondern müssen mit Blick auf unterschiedliche Zielgruppen die nötige Binnendifferenzierung beachten und zugleich ein Modell für inklusives Gedenken finden, das universelle ethische Aspekte betont und die Bedeutung sozialer Gerechtigkeit in unserer Gesellschaft unterstreicht.

Die Hoffnung auf eine Kultur der Toleranz und auf Ehrfurcht vor allem Leben, die auf einem gemeinsamen Wertefundament beruht, darf nicht bedeuten, die Besonderheit von Auschwitz durch Vergleiche mit Gewalterfahrungen in anderen Kulturräumen zu relativieren, zu mindern, ja in Frage zu stellen. Dan Diner warnt vor solchen Tendenzen einer vermeintlichen Pluralisierung und Universalisierung des Geschichtsverständnisses: „Auch in Europa, dem historischen Kontinent, sind sie zu beobachten. In menschenrechtlicher Rhetorik verfehlen sie die Fundamente historischer Urteilskraft."[25] Es braucht allerdings neue Formen der Erinnerung, und dazu kann eine inklusiv angelegte Sammlung von Textbausteinen für Gedenkveranstaltungen wertvolle Ansätze vermitteln. Im besten Falle sollten Begegnung, Gedenken, Information und Pädagogik mit der Erinnerung einhergehen und keinen Raum für Instrumentalisierung und Mythologisierung bieten; hier eröffnen sich auch der jüdischen Religionspädagogik neue Aufgaben.

Individuelle und organisationale Reflexion, Wissensmanagement und die Befähigung zu Perspektivwechseln gehören bereits zu den Elementen, die bei der Förderung der Persönlichkeitsentwicklung angehender Rabbiner und Rabbinerinnen, Kantoren und Kantorinnen unerlässlich sind. Nicht weniger wichtig ist es aber, sie mit Blick auf die spätere Berufspraxis auch mit dem christlichen Sprachgebrauch vertraut zu machen, der in vielen Begegnungen mit Christen, aber ebenso mit konfessionslosen Gesprächspartnern auch in einem nichtreligiösen Kontext immer wieder als selbstverständlich vorausgesetzt wird und mit dem gleichsam eine Deutungshoheit einhergeht. An der nordamerikanischen Schwesterinstitution des *Abraham Geiger Kollegs*, dem *Hebrew Union College – Jewish Institute of Religion* sind die Arbeitsfelder „Judaeo-Christian Studies" und „Intertestamental & Early Christian Literatures" seit langem Bestandteil des Curriculums. Die *School of Jewish Theology* an der Universität Potsdam, die mit der akademischen Ausbildung der künftigen Rabbiner und Kantoren betraut ist, trägt dem inzwischen mit dem Schwerpunkt „Denominationen und interreligiöser Dialog" Rechnung, der die Tradition jüdisch-christlicher Interaktion einschließt. Für den Widerstreit der Narrative in der Erinnerungskultur und dessen Überwindung gilt, was Rabbiner Henry G. Brandt, der Vorsitzende der *Allgemeinen Rabbinerkonferenz Deutschland*, als Voraussetzung für das interreligiöse Gespräch benannt hat: „Wer einen Dialog führen möchte, muss auch Verbindendes und Trennendes klar benennen können."[26]

Anmerkungen

1 Ehrlich, Ernst Ludwig: Grußwort zur Eröffnung des Studientages „Leo Baeck: Philosophische und rabbinische Annäherungen" am 22. Mai 2006 in der *Europäischen Akademie Berlin.*

2 Homolka, Walter: Der moderne Rabbiner. Ein Rollenbild im Wandel, Berlin 2012, 11.

3 Zit. nach Ben-Rafael, Eliezer; Sternberg, Yitzhak; Glöckner, Olaf: Juden und jüdische Bildung im heutigen Deutschland, hg. vom L. A. Pincus Fund for Jewish Education in the Diaspora, Jerusalem 2010, 68.

4 Vgl. Zentralwohlfahrtsstelle der Juden in Deutschland (Hg.): Rezeptionen der Shoah und ihre Auswirkungen auf die Praxis, Frankfurt a.M. 2009.

5 Katzenelson, Jizchak: Das Lied vom letzten Juden, ins Deutsche übertragen von Hermann Adler, Berlin 1992, 113.

6 Korn, Salomon: Geteilte Erinnerung. Berlin 1999, 223–227.

7 Ebd., 118f.

8 Theologische Realenzyklopädie (TRE), Band 29, Berlin; New York 2006, 253–259.

9 Korn: Geteilte Erinnerung [FN 6], 199.

10 Diner, Dan: Gegenläufige Gedächtnisse. Über Geltung und Wirkung des Holocaust, Göttingen 2007.

11 Roth, Cecil: „Leone da Modena and the Christian Hebraists of his Age", in: Jewish Studies in Memory of Israel Abrahams, New York 1927, 384–401, hier 384.

12 Vgl. Modena, Leon: Jüdische Riten, Sitten und Gebräuche, hg. und eingeleitet von Rafael Arnold, Wiesbaden 2007.

13 http://www.asf-ev.de (letzter Zugriff 2. Dezember 2014).

14 Meerwein, Catherine: „Israelsonntag – warum und wozu?", auf: http://www.amzi.org/html/israelsonntag.html (letzter Zugriff 31. Dezember 2016).

15 Zit. nach Mildenberger, Irene: Der Israelsonntag – Gedenktag der Zerstörung Jerusalems. Untersuchungen zu seiner homiletischen und liturgischen Gestaltung in der evangelischen Tradition, Berlin 2004 (Studien zu Kirche und Israel 22), 158.

16 Vgl. Volkmann, Elisabeth: Vom Judensonntag zum Israelsonntag. Predigtarbeit im Horizont des christlich-jüdischen Gesprächs, Stuttgart 2002.

17 Stehle, Jakob: „Kleines Begriffslexikon: Israelsonntag. Gedenken an die Zerstörung Jerusalems", auf: http://www.glauben-und-bekennen.de/besinnung/begriffe-i/israel-sonntag.htm (letzter Zugriff 31. Dezember 2016).

18 „Aufruf an die Kirchen aller Konfessionen in unserem Land. Erinnerung und Umkehr – Für einen offiziellen kirchlichen Gedenktag am 9. November", auf: http://www.imdialog.org/md2006/02/06.html (letzter Zugriff 31. Dezember 2016).

19 Zit. nach Gümbel, Miryam: „Bunt statt braun. München erinnert in einer öffentlichen Namenslesung an den 9. November", in: *Jüdische Allgemeine*, 6. November 2017, online auf: http://www.juedische-allgemeine.de/article/view/id/1952 (letzter Zugriff 22. Februar 2017).

20 Elbogen, Ismar: „Amnon aus Mainz“, in: Jüdisches Lexikon, Band 1, Berlin 1927, sp. 281.

21 Vgl. Raspe, Lucia: Jüdische Hagiographie im mittelalterlichen Aschkenas, Tübingen 2006, 133.

22 Vgl. Krupp, Michael: „Die Shoah-Rolle – eine jüdische Liturgie für den Holocaust-Tag in Israel“, in: *Materialdienst*, hg. vom Evangelischen Arbeitskreis Kirche und Israel in Hessen und Nassau, Nr. 4, August 2005. – The Shoah Scroll. A Holocaust Liturgy, Jerusalem 2004, 12. Online auf: http://www.schechter.ac.il/schechter/Megilat_hashoa_files/shoae2016.pdf (letzter Zugriff 2. April 2017).

23 Zit. nach Gordon, Sheldon: „Movement Creates Shoah Scroll to Ritualize Holiday“, in: *Forward*, 9. Mai 2003.

24 Vgl. „Sunday Worship. Tikkun Olam – Repairing The World“. As Broadcast by BBC Radio 4 on 25 January 2004 from the West London Synagogue, London 2004.

25 Diner: Gegenläufige Gedächtnisse [FN 10], 107f.

26 Brandt, Henry G.: „Die Tora zum Glänzen bringen“, in: Nachama, Andreas; Homolka, Walter; Bomhoff, Hartmut: Basiswissen Judentum, Freiburg i.Br. 2015, 13–15, hier 14.

Yana Lemberska

„Dieser Krieg (ist) dein Ursprung, deine Geschichte, deine Antike": Post-Holocaustdiskurs und tradierte Erinnerungsnarrative in Publikationen von postsowjetisch-jüdischen AutorInnen in Deutschland

> „Der Krieg ist längst vergangen, aber du möchtest die friedlichen Einwohner der Gegend um Linz einberufen [...], ausgerechnet jetzt, wo es so heiß ist und sie baden fahren, sie sind einfach hier geboren und wohnen hier. Sie sind nicht schuld, dass dieser Krieg dein Ursprung ist, deine Geschichte, deine Antike, [...] und gäbe es keinen Krieg, hättest du keine Geschichte, mit allen dazugehörenden Motiven, als wärst du aus dem Kopf von Zeus geboren, in voller Rüstung, doch mit weicher Ferse."[1]

Katja Petrowskaja, eine aus der Ukraine nach Deutschland eingewanderte Autorin, widmet sich in ihrem Werk der persönlichen Auseinandersetzung mit dem Holocaust und mit der Erinnerung an die Schoa. In ihrem Debütroman *Vielleicht Esther*, der 2014 im Suhrkamp Verlag erschien, beschreibt Petrowskaja den persönlichen Prozess einer Aneignung der Vergangenheit durch die Nachgeborenen:

> „Im Juli 1941, als meine Mutter ihre Heimatstadt Kiew verließ, war sie noch keine sechs Jahre alt. Alles, was sie mir über ihre Kindheit erzählte, drehte sich um den Krieg. [...] Immer wieder erzählte sie mir vom Krieg, obwohl es kaum etwas zu erzählen gab, nur ein paar wenige Geschichten, aber aus diesen Primärfarben malte sie alle weiteren Geschichten ihres Lebens. Ihr Krieg wurde zu meinem, wie auch die Unterscheidung eines Davor und eines Danach zu meiner wurde, und irgendwann war es mir nicht mehr möglich, ihren Krieg von meinen Träumen zu unterscheiden und ihre Erinnerungen in den Regalen meines Gedächtnisses ruhen zu lassen."[2]

Für Petrowskaja ist „dieser Krieg"[3], darunter wird sowohl der Zweite Weltkrieg im Allgemeinen als auch der Holocaust im Besonderen verstanden, der Ausgangspunkt des literarischen Schreibens. Es stellt sich die Frage, ob eine Fokussierung auf das Thema Holocaust eine verbreitete Tendenz im literarischen Werk der in den 1990er Jahren aus der ehemaligen UdSSR eingewanderten jüdischen AutorInnen darstellt. Oder bildet Petrowskajas Haltung vielmehr eine Ausnahme und kann ihr Werk eher als eine Art Gegennarrativ verstanden werden? Wie gehen die postsowjetischen jüdischen AutorInnen in Deutschland im Allgemeinen mit der Thematik um? Findet der Holocaust überhaupt Eingang in die Literatur dieser Gruppe, und wenn ja, wie wird dieser literarisch verarbeitet? Diesen Fragen soll folgend nachgegangen werden.

Dmitrij Belkin, ein 1993 aus Dnepropetrowsk (Ukraine) emigrierter Historiker, Autor, Publizist und Ausstellungskurator spricht in seinem autobiografischen Werk *Germanija. Wie ich in Deutschland jüdisch und erwachsen wurde* vom „deutschen Judentum zwei“[4]. Damit beschreibt er die neue jüdische Gemeinschaft, die in Folge der Einwanderung aus der ehemaligen Sowjetunion (1989–2005) in Deutschland entstand.[5] Im Folgenden wollen wir uns dieser Gruppe, deren Stimme im gegenwärtigen Postholocaustdiskurs immer lauter zu vernehmen ist, annähern und ihre Bedeutung für den gesellschaftlichen Erinnerungsdiskurs herausarbeiten. Dabei soll diskursanalytisch vorgegangen werden. Es geht also primär darum, den diskursiven Teppich unter Berücksichtigung der verschiedenen Gattungen auszubreiten und hieraus die für den Umgang mit der Erinnerung an den Holocaust relevanten narrativen Elemente zu extrahieren. Es sollen also sowohl belletristische als auch publizistische, biografische und autobiografische Schriften zur Analyse herangezogen werden.

Opfer oder Sieger? – Das Aufeinandertreffen zweier Narrative

Dmitrij Belkin stellt in seinem Werk fest, dass die Wesensmerkmale des von ihm untersuchten „deutschen Judentums zwei“ in erster Linie im Migrationskontext der 1990er Jahre anzusiedeln sind: „Sie richten sich“, so Belkin, „gleichzeitig gegen die Konventionen des politischen und intellektuellen Post-Holocaustdiskurses in Deutschland und in Europa“[6]. So nehmen die sogenannten postsowjetischen Jüdinnen und Juden eine zum Teil vom gegenwärtig im westeuropäischen Raum vorherrschenden Erinnerungsdiskurs abweichende Haltung ein. Ihre Vorstellungen davon, wo die Schwerpunkte der Erinnerung an die nationalsozialistische Verfolgung gesetzt werden sollten, unterscheiden sich in vielerlei Hinsicht von den tradierten Kollektiverinnerungen der jüdischen Gemeinschaft in Deutschland. Dies äußert sich unter anderem in der stark divergierenden Erinnerungssprache der Einwanderer. Die unterschiedlich kodierte Sprache von „Siegern“ und „Opfern“ findet ihren symbolischen Ausdruck in den Daten 9. November[7] und 9. Mai[8]. Diese Gedenktage spiegeln zwei unterschiedliche Erinnerungsnarrative: Während für die „alteingesessenen“ Jüdinnen und Juden der 9. November und der 27. Januar[9] von zentraler Bedeutung sind, steht auf Seiten der zugewanderten russischsprachigen Jüdinnen und Juden hingegen der 9. Mai, der Tag des Sieges der Alliierten über Hitler-Deutschland im Jahr 1945, im Mittelpunkt. Diese Haltung ist durchaus nachvollziehbar: Viele der mittlerweile hochbetagten Zuwanderer nahmen selbst noch am „Großen Vaterländischen Krieg“ (1941–1945), wie dieser in dem sowjetischen Erinnerungsnarrativ genannt wurde, teil und wirkten somit am militärischen Untergang der Nationalsozialisten aktiv mit. Dieses Ereignis ist also im intergenerationellen kollektiven Gedächtnis immigrierter postsowjetischer Jüdinnen und Juden durchaus präsent: „Sie fühlen sich als Sieger des Zweiten Weltkriegs und ihre Kinder und Enkelkinder als Familienangehörige der Siegergeneration.“[10]

Für die Auseinandersetzung mit der Literatur der postsowjetischen AutorInnen in Deutschland ist die Art und Weise, wie derart unterschiedlich tradierte Erinnerungssprachen verhandelt werden, und deren Eingang in das Selbstverständnis der AutorInnen sowie in ihre Literatur von großem Interesse. Im Folgenden wird uns also vor allem die Frage beschäftigen, wie sich die eingewanderten AutorInnen innerhalb der teilweise konträren Erinnerungsnarrative positionieren und wie diese Positionen literarisch verarbeitet werden. Welche Rolle spielen das westeuropäische Erinnerungsnarrativ und der bis dahin in Deutschland tradierte Post-Holocaustdiskurs im literarischen Schaffen der russischsprachigen SchriftstellerInnen? Welche Bedeutung kommt dabei der eigenen familiengeschichtlichen Holocaust- bzw. der Post-Holocaust-Erfahrung zu? Was macht letztlich das sogenannte deutsche Judentum zwei aus und wie spiegelt es sich in der Literatur der dieser Gruppe zugehörigen AutorInnen wider?

Paradoxien der Erinnerungskultur des 20. Jahrhunderts

> „Von den circa 5,2 Millionen Juden, die 1941 in der Sowjetunion lebten, wurde mindestens die Hälfte von den Deutschen und ihren Gehilfen getötet. Viele verdanken ihre Entscheidung, [heute] nach Deutschland auszureisen, in bedeutendem Maße dem Verlust, häufig dem Nichtzustandekommen des Gedächtnisses an den Holocaust.“[11]

In Bezug auf das in der deutschen Literaturwissenschaft viel diskutierte

Paradigma der sogenannten deutsch-jüdischen Literatur der zweiten Generation (Maxim Biller, Doron Rabinovici, Robert Schindel, Robert Menasse, Rafael Seligmann, Esther Dischereit, Barbara Honigmann und andere) nehmen die für die vorliegende Untersuchung relevanten Texte postsowjetischer jüdischer AutorInnen eine Sonderstellung ein. So ergab die Recherche, dass das westeuropäische Holocaustnarrativ im literarischen Werk dieser AutorInnen, anders als bei den Werken oben erwähnter SchriftstellerInnen, meist von eher geringer Bedeutung ist. Für dieses Paradigma stehen beispielsweise Wladimir Kaminer, Olga Grjaznova, Julya Rabinowich, Dmitrij Kapitelman, Lena Gorelik, Vladimir Vertlib und andere. Die Auseinandersetzung mit dem Thema Holocaust hält nur selten Einzug in die literarischen Werke dieser AutorInnen, und wenn, dann findet sie zumeist nur am Rande Erwähnung.

Das scheinbar marginale Interesse seitens der eingewanderten jüdischen AutorInnen an der Beschäftigung mit den Holocaust-Erinnerungen in ihren literarischen Werken lässt sich unter anderem durch die von der sowjetischen Ideologie geprägte und in den Nachfolgestaaten der UdSSR zum Teil bis heute tradierte „Erinnerungs- bzw. Vergessens-Kultur“[12] erklären. So verloren die postsowjetischen Jüdinnen und Juden infolge des dominanten sowjetischen Erinnerungsnarratives nicht nur ihr kulturelles jüdisches Gedächtnis, sondern nach 1945 auch die Erinnerung an den Holocaust.[13] Diese Problematik wird von einigen AutorInnen heute aufgegriffen und literarisch verarbeitet. Katja Petrowskaja erinnert sich:

> „Einen Großteil meiner Kiewer Kindheit verbrachte ich in einem neuen vierzehnstöckigen Wohnblock auf der linken Seite des Dnjepr, in einem Bezirk, der nach dem Krieg entstanden war und keine Vergangenheit zu haben schien, nur eine saubere Zukunft. Es war aber niemand vergessen und nichts vergessen, wie die Dichterin Olga Bergholz im Gedenken an eine Million Opfer der Leningrader Blockade geschrieben hatte. Diese Zeile schloss man ins Herz, sie ersetzte die Erinnerung im ganzen Land, man entging ihr nicht, denn sie wurde zur Prophezeiung, mit ihrer offenbaren Wahrheit und den versteckten Lügen, man rief uns dazu auf, niemanden und nichts zu vergessen, damit wir vergaßen, wer und was vergessen war.“[14]

In ihrem Werk *Vielleicht Esther* macht Petrowskaja am Beispiel des ersten sowjetischen Monuments in Babij Jar deutlich, mit welchen Methoden der sowjetische Propagandaapparat an der verfälschten

Darstellung der Geschichte und am Verschweigen des Holocaust agierte:

> „Irgendwann kamen wir zum Monument, dem ersten und damals einzigen Denkmal, das 35 Jahre nach dem Massaker eingeweiht worden war, am falschen Ort und am falschen Tag. Muskulöse Sowjethelden – ein Matrose, ein Partisan und eine Ukrainerin – erobern die Vergangenheit. Die Wörter *Heldentum, Mut, Vaterland, Kühnheit* prallten von mir ab wie Pingpongbälle. Kein Wort davon, dass hier auch die Juden von Kiew liegen."[15]

Das Fehlen des Schoa-Gedenkens in der ehemaligen Sowjetunion prägt die heutige postsowjetische jüdische Gemeinschaft in einer bezeichnenden Art und Weise. Lena Gorelik, eine 1981 in Leningrad (heute Sankt Petersburg) geborene und seit 1992 in Deutschland lebende Autorin und Journalistin, berichtet aus ihrer Kindheit:

„Veteranen aufgrund ihres Verdienstes im Großen Vaterländischen Krieg zu ehren, hatte ich bereits im Kindergarten gelernt, Kriegsorden und -medaillen kannte ich von meinen Großeltern und anderen älteren Verwandten. [...] Über den Großen Vaterländischen Krieg wusste ich übrigens nicht zuletzt aus meinem russischen Geschichtsunterricht so gut Bescheid (ein völlig objektives Geschichtsbild, was ich da vermittelt bekam, versteht sich von selbst), den Begriff Holocaust oder Shoah hatte ich dort jedoch kein einziges Mal gehört. Dass ich als Jüdin ein Opfer war, hörte ich erst in Deutschland, im Geschichtsunterricht sowie in der jüdischen Gemeinde, hier dafür umso öfter."[16]

Das Thema des Umgangs mit dem Gedenken an den Holocaust in der Sowjetunion berührt Lena Gorelik auch in ihrem Aufsatz *Ein Zwiegespräch mit mir selbst, oder: Eine Wiederholung*[17], worin sie eine Antwort auf die vom Herausgeber gestellte Frage „Was hat der Holocaust mit mir zu tun?" zu formulieren sucht:

> „Es dauerte eine ganze Weile, bis ich Holocaust lernte. In der Schule sprach man vom Holocaust, und in der Synagoge sprachen sie analog von Shoah, und an beiden Orten klangen sie so, als sollte ich wissen, wovon sie sprechen, deshalb fragte ich lieber nicht nach. (In der Sowjetunion hatte es nicht nur Gott nicht gegeben, auch den Holocaust gab es offiziell nicht.) Von den bösen Deutschen hatte ich in der Sowjetunion selbstverständlich gehört [...]. Die Deutschen waren eben die Weißen, diejenigen, die in der Sowjetunion einmarschiert waren und die eben diese bravouröse Rote Armee im Großen Vaterländischen Krieg besiegt hatte, siegreich wie sie war. [...] Von Juden, auszurottenden, von Juden in Arbeits- oder Konzentrationslagern,

> von dem Hass und den Plänen eines Wahnsinnigen, von dem gelben Stern, von der Zahl ‚sechs Millionen' sprach man in der Sowjetunion nicht."[18]

Die hier beschriebenen Erfahrungen der Autorin sind charakteristisch für viele Einwanderer ihrer Generation. Die Vergangenheitspolitik des Sowjetstaates nach 1945, die Belkin als „die Politik des Scheininternationalismus"[19] bezeichnet, hat dafür gesorgt, dass sich auf sowjetischem Boden keine Holocaust-Erinnerungskultur oder Erinnerungssprache herausbilden konnte:

> „Die Erinnerung an den Krieg habe ‚internationalistisch' zu sein und sollte die Heldentaten sowie die Leiden des ganzen Sowjetvolkes ohne ethnische Differenzen zum Ausdruck bringen. Man hat in der UdSSR nie betont, dass der Krieg aus Sicht der Nazis vor allem ein Vernichtungskrieg gegen das Judentum war und zu einer Auslöschung des jüdischen Volkes hätte führen sollen. Die jüdischen Opfer des Holocaust bekamen in der offiziellen Erinnerungskultur einen euphemistischen Namen: ‚friedliche Bürger'. Die Wahrheit über den Holocaust verbarg sich hinter einem immer komplizierter werdenden Code, der von den darauffolgenden Generationen nicht mehr verstanden werden konnte: Und so fehlt bis heute auf dem Territorium der ehemaligen Sowjetunion eine Sprache für die Beschreibung des Holocaust."[20]

Dieser Umstand war zweifelsohne bei vielen (post-)sowjetischen Jüdinnen und Juden für die Entscheidung zur Emigration mitverantwortlich, wie Petrowskaja beleuchtet: „Mein Freund David und viele andere sind aus Kiew ausgewandert, nicht nur, weil ihnen das Leben in der Gegenwart schwergemacht wurde, sondern auch, weil ihnen ihre Vergangenheit, ihre Trauer, ihre Orte gestohlen worden waren."[21]

Heute, mehr als 70 Jahre nach dem Kriegsende, verändert sich die Situation allmählich. Auf dem Territorium der ehemaligen Sowjetunion rückt die Geschichte des Holocaust in den Mittelpunkt des wissenschaftlichen und gesellschaftlichen Interesses. Mit der Öffnung der für Jahrzehnte geschlossenen Archive gelangte in den letzten Jahren immer mehr Information über die Schrecken der faschistischen Gräueltaten innerhalb der ehemaligen UdSSR an die Öffentlichkeit.

Auch die jüngere Generation postsowjetischer Jüdinnen und Juden entdeckt allmählich das Interesse an der eigenen Familiengeschichte. So begibt sich zum Beispiel Katja Petrowskaja auf die Spurensuche ihrer Angehörigen. Sie besucht Orte, studiert Archive, trifft Menschen und sammelt akribisch Namen. Namen, die neue Fragen aufwerfen, die Nachforschungen erfordern und die Autorin zu tiefer gehenden Untersuchungen bewegen. Diese spannende Reise zwischen Räumen, Zeiten und Sprachen, zu den Wurzeln der eigenen Familie, verarbeitet Petrowskaja in ihrem bereits angesprochenen Debütroman *Vielleicht Esther*.

Katja Petrowskaja: *Vielleicht Esther*

> „Ich wusste nicht mehr, warum ich sie [Familienangehörige] suchte und was die ursprüngliche Frage war, meine Suche war seit langem zur Sucht geworden, aber ich ahnte, wenn ich hier etwas fände, dann würde ich zurückkehren, obwohl ich nicht wusste, ob dieses Zuhause, in das ich zurückkehrte, in der Sprache, im Raum oder in der Verwandtschaft lag. Ich wollte eine totale Rückkehr."[22]

Katja Petrowskaja kam 1970 in Kiew zu Welt. Sie studierte Literaturwissenschaften in Tartu (Estland) und promovierte in Moskau. Seit 1999 lebt sie mit ihrer Familie in Berlin und arbeitet als Journalistin und Autorin. Für ihre Erzählung *Vielleicht Esther* erhielt Petrowskaja 2013 den Ingeborg-Bachmann-Preis. Die Erzählung bildet den Mittelpunkt des im Folgejahr erschienenen gleichnamigen Romans. In einem Gespräch erklärt Petrowskaja, wie sie zu der Thematik ihres Werkes kam, was sie mit ihrem Buch beabsichtigt und welche Rolle dabei die deutsche Sprache, in der der Roman verfasst ist, einnimmt:

> „Was ich mache, bezeichne ich nicht als Literatur. Als ich ungefähr 38 Jahre alt war, schien es mir einfach an der Zeit, meine Familiengeschichte aufzuschreiben. Das ist natürlich nicht sehr originell, das machen alle. Überraschend für mich selbst war dabei, dass ich deutsche Sätze gebildet habe. In dem Konglomerat sowjetisch-jüdischer Geschichte, das sich vor mir auftat, bin ich immer wieder ungewollt über den Krieg gestolpert. Ich wusste nicht, warum und wozu. Denn mein Plan war es eigentlich gewesen, etwas Friedliches zu schreiben. Die deutsche Sprache kam da einer Befreiung gleich. Wenn man über diese Zeit auf Russisch schreibt, ist man unweigerlich in einem moralischen Diskurs von Sieg und Opferbereitschaft gefangen. Von der gleichen Begebenheit auf Deutsch zu berichten, bedeutete hingegen, sich ein deutsches Gegenüber zu imaginieren. So

> konnte ich davon erzählen, dass die Geschichte von Opfer und Täter für mich passé ist."[23]

Der Wunsch, den Vorfahren ihre Gesichter und Geschichten zurückzugeben, ist auch die Antriebskraft der Erzählerin in *Vielleicht Esther*:

> „Eines Tages standen plötzlich meine Verwandten – die aus der tiefen Vergangenheit – vor mir. Sie murmelten ihre frohen Botschaften vor sich hin in Sprachen, die vertraut klangen, und ich dachte, mit ihnen werde ich den Familienbaum blühen lassen, den Mangel auffüllen, das Gefühl von Verlust heilen, aber sie standen in einer dicht gedrängten Menge vor mir, ohne Gesichter und Geschichten, wie Leuchtkäfer der Vergangenheit, die kleine Flächen um sich herum beleuchteten, ein paar Straßen oder Begebenheiten, aber nicht sich selbst."[24]

Die Geschichte beginnt in der Gegenwart, in der sich die Ich-Erzählerin Katja Petrowskaja von Berlin aus in Richtung Warschau aufmacht, um die Lebens- und Sterbeumstände ihrer Vorfahren zu ergründen. Warschau wird zum Ausgangspunkt ihrer Recherche:

> „Ich wollte nach Warschau, damals Russisches Reich, heute Europäische Union. Zwischen dem Warschau von heute und dem Warschau von damals liegt eine der zerstörtesten Städte Europas. Ich wollte hin, wenn auch nur, um die Luft zu riechen. Ich fuhr als Russin aus Deutschland in das jüdische Warschau meiner Verwandten [...]. Als Nachkommin der Kämpfer gegen die Stummheit war ich einsatzbereit, aber sprachlos, ich beherrschte keine der Sprachen meiner Vorfahren, kein Polnisch, kein Jiddisch, kein Hebräisch, keine Gebärdensprache, ich wusste nichts über die Stetl, ich kannte kein Gebet, ich war Anfängerin in all jenen Disziplinen, zu denen meine Verwandten sich berufen fühlten. Mit meinen slawischen Sprachen versuchte ich, das Polnische zu erraten, Ahnungen ersetzten Kenntnisse, Polen war taub, ich war stumm."[25]

Reisend, beobachtend, nachforschend und erinnernd sucht die Erzählerin die für ihre Familiengeschichte entscheidenden historischen Schauplätze auf – das polnische Städtchen Kalisz, ihre Geburtsstadt Kiew, die Schlucht Babij Jar, den „Russenfriedhof" bei Salzburg, das Konzentrationslager Mauthausen, Linz, Wien und schließlich wieder Kiew. Die Stationen ihrer Reise folgen den Spuren der verloren gedachten Familiengeschichte. Die Schauplätze in Polen, der Ukraine, Russland, Österreich und Deutschland werden im Text assoziativ verknüpft und öffnen so einen grenzüberschreitenden, einen transnationalen, europäischen Raum. Das Buch spielt genauso in der Gegenwart wie in der Vergangenheit und schafft es, ein feinsinnig erzähltes Panorama des 20. Jahrhunderts zu entwerfen: „Ich hatte gedacht, man braucht nur von diesen paar Menschen zu erzählen, die zufälligerweise meine Verwandten waren, und schon hat man das ganze zwanzigste Jahrhundert in der Tasche."[26]

In *Vielleicht Esther* spielen sowohl verschiedene Zeit- und Raum-Schichtungen eine Rolle als auch die Vermengung der Sprachen. Die Autorin entwickelt ein originelles Idiom, in dem sich Deutsches, Slawisches und Jüdisches vermischt. Es entsteht ein dicht gewobenes Geflecht aus literarischen Sprachen und Bezügen, assoziativen Bilderschleifen und skurrilen Verzerrungen. Petrowskaja kommentiert den Prozess des literarischen Schreibens wie folgt: „Einige Texte für mein Buch sind auf Russisch oder im Gewühl zwischen den Sprachen entstanden. Sie sind Delirium zwischen den Sprachen. Ich habe gespürt: das leicht Gestörte und Nicht-Funktionierende, genau das ist meine Stimme."[27] Über das Schreiben in einer Fremdsprache, die die Autorin erst im Erwachsenenalter erlernte, sagt sie ironisch: „Ich nenne das ganz bescheiden ‚mein Kampf'. Es ist ein Kampf mit dieser Sprache. Doch gerade die Schwierigkeit impliziert eine gewisse Qualität. Mein Schreiben muss schwierig und kompliziert sein."[28]

Babij Jar – eine Mondlandschaft?

> „Kiew, die älteste russische Stadt, in der auch die Juden seit tausend Jahren gelebt hatten, wurde judenfrei. Ja, man nennt diese Opfer für gewöhnlich Juden, aber viele meinen damit nur die anderen. Das ist irreführend, denn die, die da sterben mussten, waren nicht die anderen, sondern die Schulfreunde, die Kinder aus dem Hinterhof, die Nachbarn, die Omas und die Onkel, die biblischen Greise und ihre sowjetischen Enkel, die man am Tag des 29. September auf den Straßen von Kiew in diesem endlosen Zug ihres eigenen Begräbnisses die Bolschaja Shitomirskaja entlanggehen sah."[29]

Das zentrale Kapitel ihres Buches widmet Petrowskaja der Auseinandersetzung mit dem für sie ganz besonderen Ort – *Babij Jar*. Die Schlucht von Babij Jar bei Kiew ist als dramatisches Sinnbild der Vernichtung des osteuropäischen Judentums durch die faschistischen Truppen auf dem Territorium der ehemaligen Sowjetunion bekannt.[30] Vieles wurde über diesen Ort bereits geschrieben, komponiert und verfasst.

Dennoch bleibt die Tragödie von Babij Jar nach wie vor sowohl in der Wissenschaft als auch in der Literatur ein vergleichsweise wenig behandeltes Kapitel des Holocaust. Hierfür ist nicht zuletzt die bereits besprochene Problematik des Verschweigens des Holocaust in den Narrativen der sowjetischen Geschichtsschreibung mitverantwortlich: „Zwanzig Jahre lang gab es hier in Babij Jar keinen Hinweis auf die Massaker, kein Monument, keinen Stein, kein Schild. Dem Töten folgte das Schweigen.“[31] Umso bedeutender ist der überaus gelungene Versuch Petrowskajas, sich diesem Gegenstand literarisch anzunähern. In einer rhetorischen Frage fasst die Erzählerin die vielschichtige Geschichte des Ortes sowie die Problematik der gescheiterten Erinnerung an die Katastrophe von Babij Jar lakonisch zusammen:

> „Bleibt ein Ort derselbe Ort, wenn man an diesem Ort mordet, dann verscharrt, sprengt, aushebt, verbrennt, mahlt, streut, schweigt, pflanzt, lügt, Müll ablagert, flutet, ausbetoniert, wieder schweigt, absperrt, Trauernde verhaftet, später zehn Mahnmale errichtet, der eigenen Opfer einmal pro Jahr gedenkt oder meint, man habe damit nichts zu tun?“[32]

Die Szene in Babij Jar wird von Petrowskaja reportagehaft beschrieben – „Eine Tuborg-Bude, ein Kiosk, das Denkmal für die getöteten Kinder. […] Sportlerinnen joggen, Jungen spielen Fußball, Männer trinken Bier auf den Bänken, und Rentner sammeln Flaschen ein – der ganz gewöhnliche städtische Stoffwechsel.“[33] Die lebhaft erzählte Episode erinnert an eine Filmszene; etwas Vages, mit Worten nicht Einholbares und Bedrängendes wird in diesem Panorama evoziert. Hinter dem unscheinbaren Alltag lauert der Abgrund, den die LeserInnen ständig ahnen. Doch konkrete Anhaltspunkte fehlen. Die Protagonistin sucht sich ihren Weg durch den Park, der Babij Jar heute ist. Sie beobachtet Passanten und reflektiert über die unweigerliche Dissonanz zwischen der unbekümmerten, heiteren Stimmung der Umgebung und der entsetzlichen Geschichte des Ortes, an dem ein fürchterlicher Massenmord vor gar nicht allzu langer Zeit begangen wurde:

> „War es hier? Die Menschen gehen spazieren, reden, gestikulieren in der Sonne. Ich höre nichts. Die Vergangenheit schluckt alle Laute der Gegenwart. Es kommt nichts mehr hinzu. Kein Raum mehr für Neues. Mir ist, als ob diese Spaziergänger und ich uns auf verschiedenen Leinwänden bewegen. Gibt es etwas in ihrer Gestik, was den Ursprung der menschlichen Gewalt verrät? Oder den Hang, zum Opfer zu werden? Wäre es mir lieber, wenn Babij Jar nun wie eine Mondlandschaft aussehen würde?

Exotisch? Giftig? Alle Menschen – vom Leid zerfressen? Warum sehen sie nicht, was ich sehe?“[34]

In den darauffolgenden Kapiteln berichtet Petrowskaja von den zumeist tragischen Schicksalen ihrer Verwandten – Großmutter Margarita, Urgroßmutter Anna, Annas Tochter Ljolja, Onkel Arnold, Babuschka Esther – etliche von ihnen sind umgebracht worden, einzelne haben überlebt. Einige „liegen“ heute in Babij Jar, wie die Eltern der Erzählerin zu sagen pflegen, um sich die Tatsache des Mordes nicht in Erinnerung zu rufen:

> „Sie sagten, Anna liegt in Babij Jar, als ob durch dieses Liegen die Seelen von Anna und meinen Eltern ihre Ruhe finden könnten und auch die Frage nach den Urhebern aufgehoben wäre. Es war ihnen peinlich, nach den Urhebern zu fragen, denn sie wollten niemandem böse sein, sie konnten niemanden hassen. Für sie trug das Geschehen mythische Züge, es war für uns Menschen nicht mehr erreichbar, eine unbestreitbare Begebenheit, die keine Überprüfung gestattete.“[35]

Auf ihrem Spaziergang durch Babij Jar fragt sich die Erzählerin, ob eine Art allgemeinmenschliches Erinnern und Opfergedenken möglich sein könne, unabhängig von der persönlichen Biografie und jenseits der eingefahrenen Rhetorik von Opfern und Tätern. Sie beklagt das Fehlen eines gemeinsamen Erinnerungsnarrativs, in dem unterschiedlicher Opfergruppen gedacht wird: „Zehn Denkmäler, aber keine gemeinsame Erinnerung, sogar im Gedenken setzt die Selektion sich fort. Was mir fehlt, ist das Wort Mensch. Wem gehören diese Opfer? Sind sie Waisen unserer gescheiterten Erinnerung? Oder sind sie alle – unsere?“[36] Diese Fragen, wie auch die Frage der Authentizität des biografisch-historischen Schreibens über den Holocaust im Vergleich zum fiktiven Schreiben, beschäftigen die Autorin. So betont Petrowskaja zwar den autobiografischen Charakter ihres Buches: Erfunden sei in *Vielleicht Esther* nichts. „Das einzig Fiktive ist die Sprache“[37]. Sie bemüht sich jedoch stets, ihre Geschichte auf eine abstrakte, universelle Ebene zu bringen. Nicht zuletzt der Spannung zwischen dem Persönlichen einerseits und dem Allgemeinen anderseits verdankt das Buch seine Stärke:

> „Ich möchte von diesem Spaziergang so erzählen, als ob es möglich wäre zu verschweigen, dass auch meine Verwandten hier getötet wurden, als ob es möglich wäre, als abstrakter Mensch, als Mensch an sich und nicht nur als Nachfahrin des jüdischen Volkes, mit dem mich nur noch die Suche nach fehlenden Grabsteinen verbindet, als ob es möglich wäre, als ein solcher Mensch an diesem merkwürdigen Ort namens Babij Jar spazieren zu

> gehen. Babij Jar ist Teil meiner Geschichte, und anderes ist mir nicht gegeben, jedoch bin ich nicht deswegen hier, oder nicht nur. Irgendetwas führt mich hierher, denn ich glaube, dass es keine Fremden gibt, wenn es um Opfer geht. Jeder Mensch hat jemanden hier."[38]

Die Analyse von Petrowskajas *Vielleicht Esther* macht deutlich, dass es sich bei diesem Text nicht nur um ein Gegennarrativ handelt. Vielmehr geht es Petrowskaja darum, eine neue Form der Erinnerungssprache zu entwickeln, die sich verschiedener Erzählungen bedient. So treffen in *Vielleicht Esther* die ost- und westeuropäischen Erinnerungsnarrative sowie die unterschiedlich tradierten Geschichts- und Identitätsdeutungen aufeinander und werden miteinander verknüpft. Sie vermischen sich, gehen ineinander über, verlieren ihre fest umrissenen Konturen und stellen sich wechselseitig infrage. Es eröffnet sich dadurch ein sogenannter dritter Raum („Third place") im Sinne von Homi Bhahba,[39] in dem sich ein „hybrides Erinnerungsnarrativ" herausbildet. Diese Prozesse bringen die Entwicklung einer neuen Form der Erinnerungskultur in Deutschland und in Europa voran.

Postsowjetischer Pragmatismus oder die neue historische Herausforderung?

> „Nein, wir leben hier nicht, um etwas zu beweisen, sondern weil wir hier gelandet sind. Aber wir leben hier, und wir leben gerne hier, und wir freuen uns des Lebens, und das ist kein Verrat an unseren ermordeten Verwandten, sondern ein Triumph, den wir ihnen schulden."[40]

Das Nichtzustandekommen des Gedächtnisses und des Gedenkens an den Holocaust als Folge der sogenannten internationalen Erinnerungskultur in der Sowjetunion ist gewiss nicht der einzige Faktor, der das zurückhaltende Interesse an der Auseinandersetzung mit der Schoa in den Werken postsowjetisch-jüdischer AutorInnen zu erklären vermag. Den meisten von den in relativ jungen Jahren emigrierten SchriftstellerInnen ist der gegenwärtig in Deutschland tradierte Umgang mit der Erinnerungskultur durchaus zugänglich. Gewiss sind sie sich der Vergangenheit und des Erinnerungsdiskurses bewusst, doch richtet sich das Augenmerk dieser AutorInnen eher auf die Gegenwart und die sich aktuell stellenden Herausforderungen des jüdischen Lebens in Deutschland.

In seinem Essay *Wie konnten sie nur? Jüdische Immigranten aus der Sowjetunion in Deutschland*[41] setzt sich Zvi Y. Gitelman mit den Ursachen, die die postsowjetischen Jüdinnen und Juden zur Immigration nach Deutschland bewogen, sowie mit dem Umgang der Einwanderer mit der deutsch-jüdischen Vergangenheit auseinander. Er stellt sich die Frage: „Wenn sich die Menschen der nicht allzu weit entfernten jüngsten Vergangenheit bewusst sind, warum emigrieren sie und gehen nach Deutschland?“[42] In zahlreichen Gesprächen mit Emigranten kommt Gitelman schließlich zu folgender Einsicht:

> „Sie mögen sich zwar der Vergangenheit bewusst sein, leben jedoch in der Gegenwart. [...] Der Pragmatismus siegt demnach über das historische Gedächtnis, das Hier und Jetzt über die Vergangenheit. Die Emigranten könnten entgegenhalten: Wie stark soll die Vergangenheit auf uns, die wir doch in der Gegenwart leben, nachwirken? Außerdem: Ist dies nicht ein neues Deutschland und eine neue Generation von Deutschen, die mehr getan haben als irgendein anderes Volk, das sich an den Gräueltaten der 1930er und 1940er Jahre beteiligt hatte, um die Verbrechen ihrer Vorfahren zu sühnen?“[43]

Die Gegenwartsbezogenheit und die Konzentration auf das „Hier und Jetzt“ scheinen für die Mehrheit der AutorInnen dieser Generation kennzeichnend zu sein. Lena Gorelik formuliert diesen Standpunkt in ihrem autobiografischen Roman *Lieber Mischa*[44]. Das Buch ist ein Monolog einer Mutter an ihren Sohn, in dem sie ihm ihre Sicht des Judentums darlegt und den Jungen auf ein Leben als Jude in Deutschland vorzubereiten versucht. Das letzte der 20 Kapitel, in welche das Buch gegliedert ist, trägt den Titel „Du lebst in Deutschland, ist Dir das eigentlich klar?“[45] und setzt sich auf eine ironische und zugleich herausfordernde Art und Weise mit der Frage „Wie ist es, als Jude in Deutschland zu leben?“[46] auseinander:

> „Wir sind eben Juden und leben in Deutschland. Das ist doch nicht so schlimm. Müsste man meinen. Gut, zugegebenermaßen war dies mal anders, es gab mal Zeiten, da hätte einem nichts Schlimmeres passieren können, als Jude zu sein und in Deutschland zu leben. Aber das ist nun fünfundsechzig Jahre her. Oh, oh. Hat sie das tatsächlich gerade gesagt? Man darf Geschichte nicht vergessen, niemals! (Eine jüdische Stimme.) Oh, oh! Hat uns endlich, endlich eine Jüdin die Absolution erteilt? Das ist doch längst Geschichte! (Eine Stimme, die ich ungern höre.) Weder – noch. Ich sage ja nur, ganz vorsichtig, dass heute nicht mehr 1945 ist. Das ist eine mathematische

> Tatsache, an solchen halte ich mich fest. […] Also, solange mir keiner diese Frage stellt, lebe ich hier ganz gut. Als Jüdin und als Mensch, also einfach als ich. Aber diese Antwort ist, glaube ich, nicht interessant.“[47]

Für Lena Gorelik ist die unabdingbare Auseinandersetzung mit dem Holocaust, die sie auch ihrem Sohn nicht ersparen will – „Ich werde mit dir über den Holocaust sprechen und mit dir trauern“[48] – keineswegs ein Hindernis auf dem Weg zu einer von ihr als erstrebenswert angesehenen Normalität einer jüdischen Existenz in Deutschland:

> „Alle reden von Normalität, aber Normalität ist, wenn man diese Frage [‚Wie ist es, als Jude in Deutschland zu leben?‘] nicht mehr stellen muss. Vielleicht sind wir ja eines Tages so weit. Vielleicht wirst Du ja eines Tages sagen: ‚Mama, was für ein Blödsinn! Ich wurde das noch nie gefragt!‘, und mir fällt kaum etwas ein, was mich mehr freuen würde. Wir sind eine neue Generation, Du noch mehr als ich.“[49]

Lena Gorelik macht in ihrem Werk deutlich, dass die neue Generation der Jüdinnen und Juden in Deutschland, die aus den Nachfolgestaaten der Sowjetunion eingewandert sind, sich (zunehmend) über die Zukunft und nicht über die Vergangenheit definieren will. Die Autorin kann gewiss als exemplarische Stimme einer Generation verstanden werden, für die das Opfernarrativ nicht (mehr) identitätsstiftend ist: „Ich wollte zeigen, dass ich mehr war als nur das Opferkind, ein Opfernachfahre, ein Opfer. Dass auch wir Juden über andere Themen sprechen können. Dass es mehr als den Holocaust gibt. Dass ich auch lachen kann. Auch: lachen darf.“[50]

Die „Alltagsbewältigungs-Prosa“ – Wladimir Kaminer

In seinem Aufsatz zu dem Thema *Zwischen den Zeiten. Russisch-jüdische Schriftsteller in Deutschland*[51] stellt Olaf Terpitz fest, dass die Vorstellungen und Wahrnehmungsmuster der postsowjetisch-jüdischen AutorInnen maßgeblich von der Endzeit der Sowjetunion geprägt sind. Dadurch werde

> „[…] die Dominanz von Narrativen um den Zweiten Weltkrieg, den Sieg über das faschistische Deutschland und um die Marginalisierung und Verfolgung der Juden gebrochen. Der Wahrnehmungshorizont in der literarischen Reflektion der russisch-jüdischen SchriftstellerInnen wird entscheidend durch die Zäsur der Emigration geformt. Emigration wird zur Projektionsfläche,

> an der die Position des Individuums zwischen vertrauerten und neuen Zugehörigkeiten ausgelotet wird.“[52]

Während das Schreiben bei den eingangs erwähnten deutsch-jüdischen AutorInnen der sogenannten zweiten Generation oft vor dem Hintergrund der Schoa entsteht, ist bei den eingewanderten SchriftstellerInnen zumeist die Immigration der Ausgangspunkt des literarischen Schaffens. Diese Verlagerung kristallisiert sich in der Literatur der Einwanderer als wesentliches Merkmal der neuen jüdischen Literatur in Deutschland nach der Schoa heraus. Die Schwerpunktverschiebung diktiert sowohl Inhalte der Werke, als auch ihre Sprache. So zeichnet sich der Schreibstil der nach Deutschland immigrierten jüdischen AutorInnen oft durch einen humorvollen, ironischen Ton und eine (vermeintliche?) Unbeschwertheit aus.

Einige AutorInnen der hier untersuchten Gruppe, wie beispielsweise Wladimir Kaminer, 1967 in Moskau geboren und seit 1990 in Berlin lebend, nähern sich selbst dem gewaltigsten Gegenstand der deutsch-jüdischen Geschichte mit einer, für einige LeserInnen durchaus provokativ erscheinenden, Leichtfertigkeit. Die Auseinandersetzung mit der sogenannten deutschen Vergangenheit und der Reduzierung derselben auf die Zeit des Nationalsozialismus wird bei Kaminer mit einer unverkennbaren Ironie behandelt:

> „Ein anderes Thema ist die deutsche ‚Vergangenheit‘. Mit der ‚Vergangenheit‘ werden hier in der Regel die zwölf Jahre der nationalsozialistischen Diktatur bezeichnet, die in ihrer Mordlust und Monstrosität alle anderen Epochen und Diktaturen Europas locker übertreffen. Diese deutsche Vergangenheit sorgt bei den Russen oft für Unbehagen, besonders wenn sie auf sehr alte Menschen oder alt aussehende Hunde stoßen, die eigentlich fast immer sympathisch und nett wirken.“[53]

Interessiert beobachtet Kaminer die sich in den deutschen Medien gegenwärtig zutragenden Konfrontationen mit der Vergangenheit einzelner Akteure des öffentlichen Lebens und kommentiert spottend:

> „Viele müssen aber schon als Kinder Mitglied der NSDAP gewesen sein. Obwohl der Krieg inzwischen seit mehr als sechzig Jahren vorüber ist, entbrennen noch immer regelmäßig in den deutschen Medien Skandale, weil neue Fakten auftauchen, etwa, dass der Schauspieler X oder der Sozialdemokrat Y als kleine Kinder bereits bei den Nationalsozialisten mitmachten. Wahrscheinlich hat diese Diktatur in ihrer Agonie oder aus Verzweiflung sogar Föten in die Partei eintreten lassen, um sich auf

> diese Weise den Zugang zu den deutschen Medien des 21. Jahrhunderts zu sichern."[54]

In seinem umfangreichen Werk geht Kaminer so gut wie gar nicht auf die Holocaust-Thematik ein. An den wenigen Stellen, an denen er sich mit den Spuren der nationalsozialistischen Vergangenheit im heutigen Deutschland auseinandersetzt, geschieht dies ironisch und alltagsbezogen. So schildert Kaminer beispielsweise in einer metaphorisch aufgeladenen, ironisch gebrochenen Episode aus dem Leben der postsowjetisch-jüdischen Einwanderer in Deutschland seine Begegnung mit der deutschen Vergangenheit:

> „Ich habe nur einmal eine Begegnung mit dieser deutschen ‚Vergangenheit' erlebt, im Juli 1990 in Ost-Berlin. [...] An einem sonnigen Tag traf uns die deutsche Vergangenheit wie ein schwarzer Schatten, und zwar dort, wo wir sie am wenigsten erwartet hatten – vor der Kaufhalle. Auf dem Bordstein vor der Tür saß ein alter deutscher Schäferhund. [...] Zu diesem Zeitpunkt konnte noch keiner von uns Deutsch, unsere Sprachkenntnisse waren auf das Minimum reduziert, das, was wir aus alten und neuen sowjetischen Kriegsfilmen kannten. [...] Es waren kurze einfältige Sätze, die man sich leicht merken konnte. So sagten sie [die Schauspieler in den Filmen] zum Beispiel: ‚Heil Hitler' oder ‚Feuerzeug kaputt' oder ‚Sie können gehen, Barbara.' Es war nicht viel. [...] Mein Freund stand also in der Sonne, drehte seine Zigarette und schimpfte laut auf Russisch. Plötzlich erwachte der alte Hund, er drehte seinen Kopf zu Boris und ohne die Augen zu öffnen, nahm er sich Boris Hand ins Maul. Es sah schrecklich aus, der Hund biss meinen Freund nicht, er hielt seine Hand zwischen den scharfen gelben Zähnen zärtlich, aber fest. Dabei öffnete der Hund die Augen und schaute meinem Freund direkt ins Gesicht. Boris wirkte ziemlich durcheinander. Ihm fiel in dieser Situation nichts Besseres ein, als ‚Heil Hitler' zu sagen. Sofort machte das Tier sein Maul auf und ließ Boris los. Danach machte der Hund die Augen wieder zu und tat so, als würde er im Sitzen schlafen. Wir gingen sofort weg von der Kaufhalle, ohne ein Wort zu wechseln. Mein Freund stand noch eine Weile unter Schock. Wir wussten natürlich nicht, wie dieser schreckliche Hund reagiert hätte, wenn wir zu ihm ‚Feuerzeug kaputt' oder ‚Sie können gehen, Barbara' gesagt hätten. Doch wir beide waren überzeugt, dass dieser Hund ein Nazi war."[55]

Mit dem für Kaminers Schreiben charakteristischen transkulturellen

Blick und mit seinem hintergründigen Sprachwitz wendet der Autor die Situation ins Groteske. Der scheinbar naive, ironische Ton dieser Episode bringt die vermeintliche Distanz zu den tradierten westeuropäischen Erinnerungsnarrativen zum Ausdruck.

Zwischen Erinnerung und Neubeginn: Vladimir Vertlib – *Das besondere Gedächtnis der Rosa Masur*

> „Erinnern das ist vielleicht die qualvollste Art des Vergessens und vielleicht die freundlichste Art der Linderung dieser Qual.“[56]

Die Auseinandersetzung mit dem Holocaust sowie mit dem Verschweigen des Holocaust in der Sowjetunion findet ihren Eingang in den Roman *Das besondere Gedächtnis der Rosa Masur* des österreichischen Autors Vladimir Vertlib. Geboren 1966 in Leningrad, dem heutigen Sankt Petersburg, emigrierte Vladimir Vertlib 1971 mit seiner Familie nach Israel. Später übersiedelte er nach Österreich, dann zurück nach Israel, in die USA und schließlich, 1981, zurück nach Österreich. Diese zehnjährige Odyssee, die viel Material für literarische Auseinandersetzung bietet, verarbeitet Vertlib in seinem ersten Roman *Zwischenstationen*[57]. Seither setzt sich Vertlib in seinem literarischen Werk immer wieder mit der komplexen Situation eines jüdischen Lebens in Deutschland und Österreich auseinander und behandelt dabei auch die Spuren der nicht allzu lange zurückliegenden Nazivergangenheit beider Länder:

> „Daß meine Eltern in Österreich, der Heimat Hitlers und vieler ‚kleinerer‘ Nazis, keine zweite Heimat sehen wollten, ist verständlich. Während des Krieges waren zahlreiche Angehörige ihrer Familien von den deutschen Besatzern in Weißrußland ermordet worden, und noch vor zwanzig Jahren hätte jeder dritte Passant, der durch die Straßen Wiens spazierte, unter Umständen einer dieser Mörder sein können. Doch sämtliche Versuche, erfolgreich weiter zu emigrieren, scheiterten. Alle Wege erwiesen sich wie die Flugbahn eines Bumerangs. Sie führten zum Ausgangspunkt zurück. Nach Wien.“[58]

Trotz der intensiven Auseinandersetzung mit der jüngsten Geschichte bleibt das Schreiben über den Holocaust für den heute in Wien und Salzburg lebenden Autor ein schwer zugängliches Thema, wie der folgende Auszug zeigt, der wie die zuvor zitierte Passage aus dem 1999 erschienenen Aufsatz *Schattenbild* stammt:

> „Den Fremdheits- und Leidenserfahrungen jener Menschen, die ursprünglich dort zuhause waren, wo ich als Fremder hingekommen war, hatte ich mich eigentlich nicht stellen wollen. War es nicht vielmehr die Aufgabe der sogenannten ‚eingeborenen Österreicherinnen und Österreicher', auf die dunklen Kapitel der österreichischen Geschichte und Gegenwart hinzuweisen oder jene Österreicherinnen und Österreicher der Vergessenheit zu entreißen und zu ehren, die verfolgt, verjagt, ermordet oder Widerstand gegen die Nazibarbarei geleistet hatten?"[59]

In seinem 2001 erschienenen Roman *Das besondere Gedächtnis der Rosa Masur*[60] setzt sich Vertlib schließlich konkret mit den Erfahrungen des Zweiten Weltkriegs und der Schoa auseinander. Er verfasst eine Art Panoramaroman, in dem er das 20. Jahrhundert aus Sicht einer russischen Jüdin, die mit ihrem Sohn nach Deutschland eingewandert ist, Revue passieren lässt. Die Erzählerin Rosa Masur ist 92 Jahre alt, als sie ihre Familien- und Lebensgeschichte schildert.

Auslösendes Erzählmoment innerhalb des Romans ist ein Buchprojekt über Immigranten, das die fiktive deutsche Kleinstadt Gigricht zur 750-Jahr-Feier initiiert. Die Anthologie soll den Titel *Fremde Heimat. Heimat in der Fremde* tragen und Beiträge von „ausländischen Mitbürgern" unterschiedlicher ethnischer Herkunft enthalten. Die Ereignisse, von denen Rosa Masur in ihren Erzählungen berichtet, reichen von der Jahrhundertwende bis in die Nachkriegszeit. Sie hat Erinnerungen an die Pogrome ihrer Kindheit, die sie in einem weißrussischen Schtetl verbrachte, die Jahre des Bürgerkriegs, den Terror der Stalin-Zeit, den Zweiten Weltkrieg und die Leningrader Blockade sowie die Schikanen des Sowjet-Regimes, das die von offiziellen Darstellungen abweichenden Erinnerungen fürchtet. Für Rosa Masur bedeutet das Sich-Erinnern vor allem die Verarbeitung traumatischer Erfahrungen, wie des Verlustes der Schwester oder die Ermordung ihrer Eltern. Rosa gelingt die Erstellung einer kongruenten Familiengeschichte nur allmählich durch das mühsame Zusammensetzen von Erinnerungsbruchstücken.

Ähnlich wie in Petrowskajas *Vielleicht Esther* finden sich auch im Roman von Vertlib zwei parallele Erzählebenen: Zum einen wird die fast ein Jahrhundert umspannende Erinnerung an Russland mit allen Brüchen und Verwerfungen in der russisch-jüdischen Identität erzählt, zum anderen wird die Gegenwartserfahrung der Emigration, die Positionierung zu Deutschland und der deutsch-jüdischen Geschichte thematisiert. Die Beziehung der Protagonistin zum heutigen Deutschland bleibt dabei ziemlich distanziert und voller Misstrauen. So bemerkt Rosa in einem Gespräch ironisch: „Die Deutschen lieben ja heute die Juden, zumindest solange die Juden sich nicht so jüdisch benehmen wie sie glauben, daß sich Juden benehmen könnten, aber nicht sollten."[61] In seinem Roman gelingt es Vertlib, in realistischer und subtil komischer Erzählweise Kernprobleme von Emigration, Wandel und Kollision deutsch-jüdischer und russisch-jüdischer Identitätsentwürfe und deren Erinnerungsnarrative eindrücklich zu verbalisieren.

Zwischen den Narrativen – Aussicht auf ein hybrides Erinnerungsnarrativ

> „Jüdische Schriftsteller aus der ehemaligen Sowjetunion, die in den 1990er Jahren nach Deutschland gekommen sind, befinden sich [...] an höchst diversen Schnittstellen. Bildlich gesprochen positionieren sie sich *per se* zwischen den Zeiten, was nichts anderes heißt als zwischen den Sprachen, den Räumen und den Narrativen."[62]

Die vorangegangene Betrachtung hat unter anderem gezeigt, dass die Auseinandersetzung mit der Schoa in den Schriften der postsowjetisch-jüdischen AutorInnen auf sehr unterschiedliche Weise erfolgt. Sowohl die Gründe für die Wiedergabe, als auch die Art und Weise des Sprechens bzw. des Nichtsprechens über den Holocaust sind vielfältig. So geht beispielsweise Kaminer, wie bereits dargestellt, so gut wie gar nicht auf die Holocaust-Thematik ein und nähert sich ihr nur an wenigen Stellen mit dem für seinen Schreibstil typischen Sprachwitz und der Umkehrung ins Groteske. Man könnte kritisch hinterfragen, ob das Grauen des Holocaust dadurch sogar ein Stück weit nivelliert wird. Auch Gorelik arbeitet viel mit Ironie und Sarkasmus, allerdings handelt es sich bei ihr eher um eine ironische Brechung bei der Behandlung von ernsthaften Inhalten, wie zum Beispiel der Erinnerung an den Holocaust. Anders als Kaminer setzt sie sich in ihrem Werk explizit mit der Bedeutung des Holocaust für das gegenwärtige jüdische Leben in Deutschland auseinander. Allerdings fällt die Beschäftigung mit dem Gegenstand im Vergleich zu anderen Inhalten, die in ihrem Werk literarisch verarbeitet werden, eher marginal aus.

Wie bereits im Vorangegangenen beleuchtet, bildet bei Vertlib die eigene Erfahrung der Immigration die Basis für sein literarisches Schaffen. Die Auseinandersetzung mit dem Holocaust ist dabei nicht von zentraler Bedeutung. Wenn er sich dieser Thematik jedoch nähert, wie beispielsweise im Roman *Das besondere Gedächtnis der Rosa Masur*, so geschieht dies mit dem sein Gesamtwerk auszeichnenden Ernst und Nachdruck. Für Petrowskaja hingegen ist die Beschäftigung mit dem Holocaust und der Erinnerung an die Schoa ein besonderes Anliegen und der Ausgangspunkt des literarischen Schreibens. Ihre persönliche, im Roman *Vielleicht Esther* literarisch festgehaltene Spurensuche führt in die Tiefe der menschlichen Psyche. Sie hinterfragt die festgefahrenen Erinnerungsnarrative und sucht nach neuen Wegen des Erinnerns und nach neuen Formen der Erinnerungskultur, die der Gegenwart einerseits und dem gewaltigen Gewicht der Thematik andererseits gerecht werden können.

Obwohl nur eine kleine Stichprobe von AutorInnen betrachtet wurde und die besprochenen VerfasserInnen ihren jeweils durchaus eigenen Zugang zu der Thematik entwickeln, ihre eigene Themenwahl treffen und von unterschiedlichem Publikum rezipiert werden, soll abschließend dennoch gewagt werden, einige allgemeine Tendenzen festzuhalten: Die Auseinandersetzung mit der Schoa und den Holocausterinnerungen findet sich vergleichsweise selten in der Gegenwartsliteratur der aus den GUS-Staaten eingewanderten jüdischen AutorInnen wieder. Sieht man von einzelnen Gegennarrativen ab, könnte man eine gewisse Tendenz zum Ausblenden des Holocaust konstatieren. Zwei Faktoren spielen dabei eine entscheidende Rolle: zum einen die Tatsache, dass postsowjetisch-jüdische ImmigrantInnen ein durch die Geschichte und Politik der Sowjetunion stark geprägtes und von dem in Westeuropa tradierten abweichendes Erinnerungsnarrativ mitbringen. Somit haben die russischsprachigen AutorInnen größtenteils einen anderen Zugang zur Erinnerung an den Holocaust als ihre deutschsprachigen KollegInnen. Zum anderen könnte die marginale Beschäftigung mit der Schoa in der Literatur der hier untersuchten Gruppe ein Indiz dafür sein, dass die Auseinandersetzung mit dem Thema allgemein rückläufig ist. Dieser Umstand würde darauf hinweisen, dass die neue Generation von Jüdinnen und Juden im deutschsprachigen Raum mit zunehmendem zeitlichen Abstand zu den historischen Geschehnissen eine Form der „Normalität" bezüglich des Lebens in Deutschland entwickelt, die weniger von der Erinnerung an den Holocaust geprägt ist. Die an dieser Stelle berechtigte Frage, ob eine solche Normalität erstrebenswert ist, muss gesondert diskutiert werden. Es bleibt jedoch festzuhalten, dass diese Entwicklung mit allen Risiken, aber auch mit allen Chancen, die sie birgt, zukunftsweisend für das jüdische Leben in Deutschland und in Europa sein wird.

Trotz des scheinbar geringfügigen Interesses der russischsprachigen jüdischen AutorInnen an der Auseinandersetzung mit der Schoa und der Erinnerungskultur in Deutschland zeichnet sich deutlich ab, dass ihr Beitrag zur Debatte um das Holocaust-Gedenken eine gesellschaftliche Relevanz besitzt. Nicht zuletzt dadurch partizipieren sie am deutsch-jüdischen Geistesleben. So stellen sie das bis dahin tradierte Erinnerungsnarrativ zum Teil in Frage und verhandeln es öffentlich neu. Es wird damit ein Weg zu einer alternativen, transnationalen, transkulturellen, hybriden Erinnerungskultur geebnet, die unterschiedliche Narrative in sich vereint. Wie sich diese hybride Erinnerungskultur zukünftig entfalten wird, bleibt abzuwarten. Es ist jedoch unverkennbar, dass dabei sowohl dem osteuropäischen als auch den anderen gegenwärtig kursierenden Erinnerungsnarrativen, beispielsweise dem israelischen Narrativ mit dem symbolischen Gedenktag Jom haShoah[63], eine entscheidende Rolle zukommen wird.

Anmerkungen

1 Petrowskaja, Katja: Vielleicht Esther, Berlin 2014, 262.
2 Ebd., 80f.
3 Ebd., 262.
4 Belkin, Dmitrij: Germanija. Wie ich in Deutschland jüdisch und erwachsen wurde, Berlin 2016, 191.
5 Vgl. ebd., 191f.
6 Vgl. ebd., 193.
7 Bei der „Kristallnacht“ oder „Reichspogromnacht“ handelt es sich um eine Reihe vom nationalsozialistischen Regime organisierter und gelenkter Gewaltmaßnahmen gegen Juden im gesamten Deutschen Reich. Dabei wurden vom 7. bis 13. November 1938 etwa 400 Menschen ermordet. Über 1.400 Synagogen sowie tausende Geschäfte, Wohnungen und jüdische Friedhöfe wurden zerstört. Ab dem 10. November wurden ungefähr 30.000 Juden in Konzentrationslagern inhaftiert, von denen Hunderte ermordet wurden. Die Pogrome markieren den Übergang von der Diskriminierung der deutschen Juden seit 1933 zur systematischen Verfolgung, die knapp drei Jahre später in den Holocaust mündete.
8 Der „Tag des Sieges“ ist ein gesetzlicher Feiertag in den Folgestaaten der Sowjetunion. 1965 wurde dieser Feiertag in der Sowjetunion eingeführt, um an den Sieg über das Deutsche Reich im Zweiten Weltkrieg und damit das Ende des „Großen Vaterländischen Krieges“ zu erinnern.
9 Es handelt sich um das Datum der Befreiung von Ausschwitz 1945. Der Tag ist seit 1996 bundesweiter Gedenktag für die Opfer des Nationalsozialismus.
10 Belkin: Germanija [FN 4], 196.
11 Ebd., 194.
12 Belkin, Dmitrij: „Mögliche Heimat: Deutsches Judentum zwei“, in: Ders.; Gross, Raphael (Hg.): Ausgerechnet Deutschland! Jüdisch-russische Einwanderung in die Bundesrepublik. Begleitpublikation zur Ausstellung im Jüdischen Museum Frankfurt, Berlin 2010, 25–29, hier 26.
13 Vgl. Belkin: Germanija [FN 4], 194.
14 Petrowskaja: Vielleicht Esther [FN 1], 40.
15 Ebd., 187. Hervorhebung im Original.
16 Gorelik, Lena: „Die Reise ins und das Leben im Barbie-Land“, in: Fleckenstein, Jutta; Kleiner, Piritta (Hg.): Juden 45/90. Von ganz weit weg – Einwanderer aus der ehemaligen Sowjetunion. Ausstellungskatalog, Jüdisches Museum München, Berlin 2012, 28–35, hier 28f.
17 Gorelik, Lena: „Ein Zwiegespräch mit mir selbst, oder: Eine Wiederholung“, in: Roth, Harald (Hg.): Was hat der Holocaust mit mir zu tun?: 37 Antworten, München 2014, 266–272.
18 Ebd., 268.
19 Belkin: Germanija [FN 4], 195.
20 Ebd.
21 Petrowskaja: Vielleicht Esther [FN 1], 190.
22 Ebd., 128.
23 Heimann, Holger im Gespräch mit Katja Petrowskaja: „Deutsch war für

Bachmann-Preisträgerin Petrowskaja Befreiung", in: *Berliner Morgenpost*, 7. Juli 2013.

24 Petrowskaja: Vielleicht Esther [FN 1], 25.

25 Ebd., 101.

26 Ebd., 17.

27 Heimann, Holger im Gespräch mit Katja Petrowskaja: „Deutsch war für Bachmann-Preisträgerin Petrowskaja Befreiung" [FN 23].

28 Ebd.

29 Petrowskaja: Vielleicht Esther [FN 1], 185.

30 „In both a historical and symbolical sense, Babyn Yar is crucial to any account of the Holocaust. It was one of the first and largest massacres of the Jews in the Nazi campaign of mass killing. Already in mid-August 1941, the Germans had begun to murder indiscriminately men, women, and children. When they seized Kyiv on September 19, 1941, their intention was to eliminate the city's entire remaining Jewish population, which in and of itself constituted a significant escalation in their conception of eliminating the Jews from the European continent. There had been other massacres – the killing of 23,600 Jews in Kamianets-Podilskyi the most notable – but nothing with the genocidal fury of Babyn Yar." Hrynevych, Vladyslav; Magocsi, Paul Robert (Hg.): Babyn Yar. History and Memory, Kiev 2016, 7f.

31 Petrowskaja: Vielleicht Esther [FN 1], 189.

32 Ebd., 184.

33 Ebd., 183.

34 Ebd., 186.

35 Ebd., 197.

36 Ebd., 191.

37 Böttiger, Helmut: „Katja Petrowskaja: ‚Wir sind die letzten Europäer!'", in: *Die Zeit*, Nr. 12, 2014.

38 Petrowskaja: Vielleicht Esther [FN 1], 184.

39 Bhabha, Homi K.: The Location of Culture, London 1994 (deutsch: Die Verortung der Kultur, Tübingen 2000).

40 Gorelik, Lena: Lieber Mischa: … der Du fast Schlomo Adolf Grinblum geheißen hättest, es tut mir so leid, dass ich Dir das nicht ersparen konnte: Du bist ein Jude, München 2011, 180.

41 Gitelman, Zvi Y.: „‚Wie konnten sie nur?' Jüdische Immigranten aus der Sowjetunion in Deutschland", in: Belkin; Gross (Hg.): Ausgerechnet Deutschland! [FN 12], 21–24.

42 Ebd., 23.

43 Ebd., 23f.

44 Gorelik: Lieber Mischa [FN 40].

45 Ebd., 177f.

46 Ebd., 177.

47 Ebd., 177f.

48 Ebd., 181.

49 Ebd.

50 Gorelik: „Ein Zwiegespräch mit mir selbst" [FN 17], 267.

51 Terpitz, Olaf: „‚Zwischen den Zeiten‘. Russisch-jüdische Schriftsteller in Deutschland“, in: Schönborn, Susanne (Hg.): Zwischen Erinnerung und Neubeginn. Zur deutsch-jüdischen Geschichte nach 1945, München 2006, 232–249.
52 Ebd.
53 Kaminer, Wladimir: „Neue Heimat“, in: Belkin; Gross (Hg.): Ausgerechnet Deutschland! [FN 12], 142–144, hier 142f.
54 Ebd., 143.
55 Ebd.
56 Fried, Erich: „Vielleicht“, in: Ders.: Gesammelte Werke. Gedichte, Band 3, Berlin 1994, 11.
57 Vertlib, Vladimir: Zwischenstationen, Wien; München 1999.
58 Ders.: „Schattenbild“, in: Hinderer, Walter u.a. (Hg.): Altes Land, neues Land. Verfolgung, Exil, biografisches Schreiben. Texte zum Erich Fried Symposium 1999, Wien 1999, 119–124, hier 119.
59 Ebd., 121.
60 Vertlib, Vladimir: Das besondere Gedächtnis der Rosa Masur, Wien 2001.
61 Ebd., 227.
62 Terpitz: „‚Zwischen den Zeiten‘. Russisch-jüdische Schriftsteller in Deutschland“ [FN 51], 249. Hervorhebung im Original.
63 Jom haShoah oder Jom haZikaron laShoah we laGwura (aus dem Hebräischen: „Tag des Gedenkens an Holocaust und Heldentum“) ist ein israelischer Nationalfeiertag und Gedenktag für die Opfer der Schoa und den jüdischen Widerstand und das Heldentum der jüdischen Untergrundkämpfer.

Max Czollek

#Auschwitz. Gedächtnistheater und neue Juden

> „And the German will be sickened by us, and the German will talk about us, and the German will fear us. And when the German closes their eyes at night and they're tortured by their subconscious for the evil they have done, it will be with thoughts of us they are tortured with." (Lt. Aldo Raine, *Inglourious Basterds*[1])

Der Film *Inglourious Basterds* ist ein – zugegebenermaßen eigentümliches – Beispiel für die vielfältigen Weisen, auf die an die Schoa und den Zweiten Weltkrieg erinnert werden kann. In Anerkennung dieser Pluralität lautet denn auch der Titel des Sonderforschungsbereichs, der zwischen 1997 und 2008 an der *Justus-Liebig-Universität Gießen* eingerichtet war, *Erinnerungskulturen*. Laut Selbstdarstellung unterstreicht der Plural „die Vielfalt eines durch Konkurrenzen geprägten Erinnerungsgeschehens [...] als Resultat der Pluralität von gleichzeitigen Erinnerungsfeldern, die um gesellschaftliche Deutungshoheit konkurrieren"[2]. Allerdings kritisieren die Politikwissenschaftler Claus Leggewie und Erik Meyer den Begriff, da er den *„politischen Entscheidungsprozesse[n]*, die Gedächtnisstrukturen und Erinnerungsleistungen mitbestimmen"[3], nicht genug Beachtung schenke. Statt Erinnerungskulturen schlagen sie den Begriff Geschichtspolitik vor, der die Aufmerksamkeit auf administrative Maßnahmen statt auf eine bloße Vielfalt unterschiedlicher Erinnerungskulturen lenke.[4]

Diese Gegenüberstellung von Erinnerungskultur und Erinnerungssteuerung folgt einer Polarisierung des deutschen Erinnerungsdiskurses. So führt Aleida Assmann aus, dass der Begriff Erinnerungskultur für gewöhnlich einen positiven, identitätsstiftenden *bottom up*, die Geschichtspolitik einen zumeist negativ konnotierten *top down* Prozess politischer Instrumentalisierung von Erinnerung beschreibe.[5] Eine solcherart zugespitzte Gegenüberstellung von Graswurzelgemeinschaft (Kultur) und politischen Entscheidungseliten (Politik) scheint nun ausgerechnet im Falle der bundesdeutschen Erinnerungsformation nicht gerade erkenntnissteigernd. Denn es ist eben die *deutsche* Erinnerungsformation, die von offizieller Gedenkpolitik und individuellen sowie familiären Erinnerungskulturen gemeinsam erzeugt worden ist und welche die Entwicklung einer deutschen (und jüdischen) Identität nach 1945 maßgeblich beeinflusst hat.

Ich fahre nach Auschwitz

Anlässlich des Auschwitz-Gedenktages 2015 meldete sich die ARD-Redakteurin und Kommentatorin Anja Reschke am 28. Januar zu Wort.[6] Der knapp zweiminütige Kommentar endete mit folgender Passage:

> „Ich bin dritte Generation. Ich war nicht dabei. Und trotzdem habe ich mich geschämt, als ich wieder diese Bilder [von der Befreiung der Konzentrationslager] gesehen habe. Weil es zu meiner Identität als Deutscher [sic] gehört, ob ich will oder nicht. Nach diesem Film konnte ich nicht schlafen, also habe ich umgeschaltet. Und was sehe ich? Pegida-Demonstranten in Dresden, die sich aufregen über die vielen Ausländer in Deutschland. Ganz ehrlich: da ist mir dann wirklich schlecht geworden."[7]

Am darauffolgenden Tag wurde der in der Mediathek der ARD zur Verfügung gestellte Videokommentar zum Gegenstand hitziger Debatten in den Kommentarspalten sozialer Medien. Einer enthusiastischen Unterstützer*innenschaft von Reschkes Position stand dabei eine Reihe ablehnender Reaktionen gegenüber, die sich schlechterdings wie eine Modellstudie zum Thema Schuldabwehr lesen: Was haben wir damit zu tun? Warum soll ich mich für meine Vergangenheit schämen? Israel macht doch jetzt das Gleiche in Gaza! Mit dieser Argumentation sollen doch nur die Deutschen unterdrückt werden![8]

Die argumentativen Frontverläufe scheinen klar und vertraut: auf der einen Seite Anja Reschke, Mitarbeiterin der öffentlich-rechtlichen Medien und Sprachrohr eines gesellschaftlichen Konsenses, der sich in den folgenden Monaten unter dem Schlagwort „Willkommenskultur" als Reaktion auf die zunehmende Anzahl geflüchteter Menschen in Deutschland artikulieren würde. Auf der anderen Seite diejenigen, die die Zentralität der Holocausterinnerung[9] in der deutschen Gegenwart ablehnen und sich derzeit vor allem in der AfD zusammenfinden. Zwei entgegengesetzte Positionen prallen also aufeinander: (1) Die Kritik einer „Zivilreligion des Holocaust"[10], der von neuen rechten Denkern und Autor*innen wie Martin Walser formuliert wird sowie (2) eine erinnerungspositive Haltung, die sich dem gegenüber als eine Art „Helldeutschland"[11] konstruiert.

Die mediale Inszenierung dieser Gegenüberstellung kann mit dem

Soziologen Y. Michal Bodemann als eine aktuelle Form des *Gedächtnistheaters*[12] bezeichnet werden. So bewarb die ARD ihr Abendprogramm zum oben erwähnten Gedenktag mit folgender Anzeige in der digitalen und/oder gedruckten Ausgabe der *Frankfurter Allgemeinen Zeitung*, *Zeit* und des *Spiegel*:

Screenshot der ARD-Werbung, FAZ-App, 2015

Augenfällig ist hier zunächst der in Majuskel gesetzte Titel „#AUSCHWITZ" [lies: „Hashtag Auschwitz"] sowie der Bildhintergrund mit den Schornsteinen der Krematorien. Der Titel wird in der folgenden Zeile fortgesetzt mit den Worten „IST FÜR MICH: ____", wobei die Raute/Hashtag eine Aufforderung beinhaltet, die entsprechenden Antworten auf dem Kurznachrichtendienst Twitter zu tweeten. Schließlich nennt die Anzeige im unteren Viertel zwei Programmpunkte anlässlich des 70. Jahrestages der Auschwitz-Befreiung: „Ich fahre nach Auschwitz – Heute um 22:45 Uhr" und „Night Will Fall – Heute um 23:30 Uhr".

Wer soll hier angesprochen, was ausgedrückt werden? Sicher ist zunächst, dass die Werbung eine jüngere bis mittelalte Leser*innenschaft adressiert, da diese den größten Anteil der Nutzer*innen neuer Medien wie *Twitter* ausmacht. Über die Leerzeile wie auch den Titel „Ich fahre nach Auschwitz" wird zu einer persönlichen Identifikation mit dem Thema eingeladen, auf die dann mit „Night Will Fall" ein Filmdokument zur historischen Judenvernichtung und damit ein Verweis auf das „reale Geschehen" folgt. Der Spendenaufruf unter der Titelzeile verweist schließlich auf die fortgesetzte Notwendigkeit eines auch finanziellen Engagements für das Thema.

Entfernt man sich ein wenig vom „schweren Zeichen"[13] Holocaust und die es begleitende gesicherte Interpretation, dann wirkt die Werbung in ihrem Arrangement zugleich merkwürdig. Das beginnt schon beim Twitter-Titel der Werbung, „#Auschwitz", der für sich genommen bereits parodistisch anmutet: Sieht ein Lagerzaun nicht auch ein wenig aus wie ein Hashtag? Gab es im Konzentrationslager Steckdosen? Oder WLAN? Was hätten Insassen wohl getwittert? „Yolocaust"[14]? In Verbindung mit dem Programmpunkt „Ich fahre nach Auschwitz" wird der Eventcharakter der Erinnerungsarbeit unterstrichen, denn der/die Zuschauer*in begibt sich mit der ARD auf die identifikatorische Reise nach Auschwitz. Als Rezipient finde ich mich bei der Interpretation der Anzeige an einem Punkt wieder, an dem ich mir nicht mehr sicher bin, ob das eigentlich ernst gemeint ist:[15] Wer soll denn hier nach Auschwitz fahren? Als Jude/Jüdin, als Deutsche*r, als Tourist*in oder Häftling?

Ich denke, dass die völlige Abwesenheit eines Bewusstseins für eine komische Lesart bei dieser Kampagne für die Erinnerung der Schoa hier nicht zufällig, sondern konstitutiv ist für das, was ich im Folgenden als eine deutsche Perspektive auf Auschwitz bezeichnen möchte.[16] Dabei scheint mir der folgende Witz auch in seiner Genese passend. Ich habe ihn in einer anderen Version das erste Mal in Israel gehört, bei meinen Recherchen für dieses Essay fand ich ihn bemerkenswerterweise dann auf einer deutschen Website in der Kategorie „Judenwitze" wieder:

> „Zwei Männer sitzen in einer Bar. Da sagt der eine zum Anderen: ‚Soll ich einen Judenwitz erzählen?' Darauf erwidert der Andere: ‚Nein, bitte nicht. Mein Großvater ist in einem Konzentrationslager gestorben.' ‚Oh, das tut mir schrecklich Leid! Wurde er vergast?' ‚Nein, er ist betrunken vom Wachturm gefallen!'"[17]

Die in der ARD-Anzeige insinuierte Verbindung von Rezipient*in und ermordeten Jüdinnen und Juden („Ich fahre nach Auschwitz – Heute um 22:45 Uhr") erscheint als Bestätigung einer Tendenz zur Opferidentifikation, die von der Historikerin Ulrike Jureit und dem Soziologen und Psychoanalytiker Christian Schneider untersucht worden ist. In der gemeinsamen Publikation *Gefühlte Opfer* kommen sie zu dem Schluss, dass das deutsche Erinnerungsdispositiv aktuell zu einer

Identifikation mit den (jüdischen) Opfern tendiert. Als Beispiel führen sie das Holocaustmahnmal in Berlin an: „Die zweite Generation wählt als symbolischen Ausdruck die architektonische Simulation des Todes in Auschwitz und offenbart damit das gesamte Verharmlosungs- und Verleugnungspotential ihres opferidentifizierten Erinnerungskonzeptes."[18]

Die Einsicht von Jureit und Schneider stimmt weitgehend mit den Befunden des Buches *Opa war kein Nazi* der Soziolog*innen Harald Welzer, Sabine Moller und Karoline Tschuggnall überein, welche die Entwicklung des Erinnerungsdispositivs in deutschen Familien über drei Generationen untersucht haben.[19] War das Schweigen der ersten gefolgt von der Abgrenzung der zweiten von ihren faschistischen Eltern, so scheint die dritte Generation eine gemeinsame Opfererinnerung zu konstruieren. Die zunehmende Relevanz von Opferdiskursen gibt dabei nicht nur Auskunft über ein aktualisiertes Selbstverständnis einer deutschen Position, sie dient auch dazu, den seit 1968 zunehmend brüchig gewordenen Generationenvertrag zu stabilisieren.[20]

Gegen diese Konsolidierung einer Formation nationaler Identität und Erinnerung sollte eingewandt werden: Auschwitz bedeutet für unterschiedliche Menschen Unterschiedliches. Die einen waren dort als Insassen, die anderen als Aufseher, dritte haben nichts davon wissen wollen, für einige ist Auschwitz ein Ort, dem sie entkommen konnten, aber die Mehrheit derjenigen, die als Häftlinge an diesem Ort ankamen, verließen ihn nicht mehr. Es stimmt also, dass wir alle gemeinsam nach Auschwitz gefahren sind. Allerdings in unterschiedlichen Waggons. Und spätestens am Tor trennten sich die Wege. Damit tritt auch das wir, bevor es sich konstituieren kann, wieder auseinander in zwei Teile: Juden und Deutsche.[21] Denn was ist der Bezug deutscher Zuschauer*innen zu Auschwitz? Wer steigt mit der ARD in den Waggon? *Unsere Mütter, unsere Väter*[22]?

Die ARD-Kommentatorin Anja Reschke unterstreicht deutlich, inwiefern sie aus der Perspektive einer dritten Generation Deutscher spricht („Ich bin dritte Generation. Ich war nicht dabei."). Diese Identifikation ist hier essentiell, denn Reschkes Übelkeit und Scham geben Auskunft über eine Problematik, die sich aus ebendieser, ihrer eigenen Positionierung als Deutsche ergibt. Zugleich – und das ist zentral – verbindet diese Problematik Reschke mit ihren Kontrahent*innen. Denn beide sind im Kern mit derselben Frage befasst: Wie eine deutsche Identität nach 1945 aussehen sollte. In einem gewissen Sinne markieren sich Reschke und ihre Kritiker*innen also gerade in dieser Debatte als Deutsche, für die die Frage der Erinnerung an den Nationalsozialismus ein Problem darstellt, welches sich aus dem eigenen unsicheren Verhältnis dazu ergibt. Das „Gedächtnistheater", ließe sich in einer Zuspitzung des Ansatzes Bodemanns sagen, läuft auf folgendes hinaus: Entweder das ist *unsere* Erinnerung, oder *wir* wollen sie nicht.

Die meisten Deutschen haben zu Auschwitz denselben Bezug, den sie auch zu Juden haben. Juden, sind das nicht die, die wir in Auschwitz umgebracht haben? Zugleich – und das ist eine Besonderheit einer deutschen Erinnerungsformation, auf die Bodemann ebenfalls hingewiesen hat – weist diese Debatte zwischen Schlussstrich-Attitude und Wiedergutwerdung der Deutschen[23] den „Juden" eine zentrale Rolle in der Inszenierung des deutschen „Gedächtnistheaters" zu. Denn als „Juden für Deutsche" leisten sie einen wichtigen Beitrag dazu, das post-nationalsozialistische, deutsche Selbstverständnis zu stabilisieren. Regelmäßig geführte Erinnerungsdebatten dienen dabei der fortlaufenden neu-Verhandlung deutscher Identität. Am Auschwitz-Gedenktag 2015 wird die Definitionsmacht dieser deutschen Perspektive exemplarisch deutlich. Die Leitfrage ergibt sich aus der Nachkommenschaft zur Täter*innenseite: Wie können wir wieder gute Deutsche sein?

Juden für Deutsche – Deutsche Juden

Anlässlich des 40. Jahrestages des Kriegsendes in Europa hielt der Bundespräsident Richard Weizsäcker am 8. Mai 1985 im deutschen Bundestag eine Rede. Folgend ein Auszug:

> „Das jüdische Volk erinnert sich und wird sich immer erinnern. Wir suchen als Menschen Versöhnung. Gerade deshalb müssen wir verstehen, daß es Versöhnung ohne Erinnerung gar nicht geben kann. Die Erfahrung millionenfachen Todes ist ein Teil des Innern jedes Juden in der Welt, nicht nur deshalb, weil Menschen ein solches Grauen nicht vergessen können. Sondern die Erinnerung gehört zum jüdischen Glauben. ‚Das Vergessenwollen verlängert das Exil, und das Geheimnis der Erlösung heißt Erinnerung.'"[24]

Die jüdische Religion weist der Erinnerung eine bestimmte Bedeutung zu, sagt Weizsäcker, und diese Bedeutung ist die Beschleunigung des Prozesses zur Erlösung der Welt. Darum, so Weizsäcker weiter, sollten auch die Deutschen erinnern. Der Rückgriff auf eine jüdische Tradition der Erinnerung scheint an dieser Stelle geradezu grotesk, weil es ja die Verbindung von Deutschen zum Judentum (und den Juden) ist, die vor dem Hintergrund der Schoa in Frage steht. „Jüdisches Erinnern" wird hier urbar gemacht für einen deutschen Erinnerungsdiskurs, ohne den real existierenden Juden irgendeine Geltung zukommen zu lassen.[25] Diese Aneignung der „Juden" ist eine Position, die schon seit 1945 in gesellschaftlichen Teilbereichen wie der Kirche in Ansätzen vorhanden war, sich seit den 1980er Jahren aber auch in der staatlichen Erinnerungspolitik durchgesetzt hat.[26] Jureit und Schneider merken an:

> „Das staatspolitisch bekräftigte Erlösungsversprechen bestärkte eine erinnerungspolitische Selbstermächtigung, die seither für die deutsche Erinnerungskultur, wie sie sich seit den 1960er Jahren entwickelt hat, und für das öffentliche Gedenken an Holocaust, Zweiten Weltkrieg und Nationalsozialismus prägend wurde."[27]

Selbst wenn „Juden" im Erinnerungsdiskurs also eine wichtige Rolle zuzukommen *scheint*, bleiben sie im Rahmen einer „erinnerungspolitische[n] Selbstermächtigung" letztlich Statist*innen des Gedächtnistheaters.[28] In der deutschen Öffentlichkeit bewegen sie sich in einem Koordinatenfeld, welches vom Begehren einer deutschen Position nach Abgrenzung von der Normalität des Nationalsozialismus bestimmt wird. Dieser historischen Fluchtlinie folgend beschränkt sich die Repräsentation von „Juden" vor allem auf ihren Bezug zur Schoa, deren Darstellung zwischen langbärtigen Schtetl-Bewohnern, Haskala-Mendelsöhnen und Tel Aviver Muskeljuden schwankt. Um heute ein Jude für Deutsche zu sein, genügt es, über Antisemitismus, die Schoageschichte der eigenen Familie und die Politik Israels zu sprechen. Ein bisschen Religion und ein bisschen (erfolgreiche) Migrationsgeschichte schaden im Zweifelsfall nicht.

Der Deal ist denkbar einfach, denn für die Interaktion erhalten öffentliche Jüdinnen und Juden jene materielle und soziale Anerkennung, von der sie in Deutschland vielleicht schon immer geträumt hatten. Will man eine Kritik an dieser Interaktion formulieren, so müsste sie in beide Richtungen zielen: Auf das deutsche Begehren und die Kompliz*innenschaft vonseiten vieler Jüdinnen und Juden. Positionen, die nicht in das Gedächtnistheater passen, bleiben aus dem Erinnerungsdiskurs ausgeschlossen. Das gilt für alle mizrachischen Juden „of Color" aus dem Iran, Irak, Jemen oder Marokko. Das gilt auch für ein sowjetisch-jüdisches Narrativ des Sieges über den Faschismus. Denn viele sowjetische Jüdinnen und Juden wurden nicht aus Auschwitz befreit, *sie haben Auschwitz befreit*.

Dabei ist es durchaus möglich, vielleicht sogar unumgänglich, als Jude kritisch zu sein und dennoch, in Maxim Billers Worten, „gebraucht" zu werden.[29] Um diese fortwährende Einbindung noch der eigenen Kritik nachzuvollziehen, braucht es neue Konzepte, die dazu angetan sind, die Erinnerungs- und Zuschreibungsdynamiken zu reflektieren, sie zu unterbrechen und ihnen alternative Narrative, Denkräume und Gemeinschaften entgegenzustellen. Ein Beispiel ist der eingangs zitierte Film *Inglourious Basterds* des Regisseurs Quentin Tarantino und seine Umwälzung des Täter-Opfer-Verhältnisses im Auschwitz-Narrativ. Denn über Auschwitz lässt sich auch lachen.[30]

Gemeinsam mit anderen Autor*innen und Theatermacher*innen habe ich seit 2015 das Konzept der „Desintegration" entwickelt.[31] Ein Beispiel für seine Umsetzung ist die Veranstaltung *Desintegration. Ein Kongress zeitgenössischer jüdischer Positionen*, die von der Autorin Sasha Marianna Salzmann und mir kuratiert wurde und vom 6. bis 8. Mai 2016 im *Maxim Gorki Theater* stattfand. Mit einer dreitägigen Social Performance beabsichtigten wir, jene Rolle zu reflektieren, die wir als Jüd*innen und Künstler*innen im heutigen Deutschland zugewiesen bekommen und die wir viel zu oft bereitwillig spielen. Es ging uns um Kritik an bestehenden Strukturen und um Selbstkritik. Und es ging uns um eine Überschreitung der gewohnten Dynamik durch eine künstlerische Praxis, die Erzeugung eines Raums, der ein anderes Nachdenken über jüdische Identität(en) ermöglichen würde.

Da wir vom Konzept des Gedächtnistheaters ausgingen, schien für eine solche Arbeit kein Ort besser geeignet als das Theater – und kein Theater besser als das *Maxim Gorki Theater* mit seiner ästhetisch-gesellschaftlichen Positionierung. Desintegration zielt auf die Rückgewinnung eines Raums subjektiver Autonomie, in der die Suche nach einer *jüdischen* Position – und im Kontext des vorliegenden Sammelbandes auch: Erinnerung – möglich würde, die nicht mehr nur von einem deutschen Begehren her strukturiert ist. Der Kongress kreiste um eine Reihe von Fragen, welche hier überhaupt erst gestellt werden konnten: Gibt es diese neuen Juden schon, oder müssen wir sie erst erschaffen? Wie müsste ein Judentum aussehen, zu dem wir dazugehören wollten und könnten? Wie könnte schließlich ein jüdisches Erinnern aussehen, wenn es uns und unserem Judentum entspräche und nicht einem deutschen Gedächtnistheater?

In Vorbereitung auf den Kongress starteten wir eine Postkartenaktion, auf der folgende Slogans im Stile eines Erpresserbriefes gedruckt waren: „Spielt euer Theater doch alleine", „Wir haben den Krieg gewonnen", „Keine Juden mehr für Deutsche" und „Jud

Sauer". In diesen Slogans ist vieles von dem enthalten, worauf wir uns beim Kongress bezogen. Zum einen der Verweis auf eine bestehende, post-migrantische Vielfalt innerhalb der jüdischen Gemeinschaft („Wir haben den Krieg gewonnen" ist das Narrativ sowjetischer Jüd*innen, die sich als Sieger*innen über den Faschismus verstehen), zum anderen eine Aneignung und Umdeutung nazistischer Propaganda („Jud Sauer" als Referenz auf den Propagandafilm „Jud Süß"). „Keine Juden mehr für Deutsche" und „Spielt euer Theater doch alleine" sind die Parolen einer Haltung der Rache und Wut, die den Kongress von der Inszenierung jüdischer „Opfer" und der Normalisierung des deutsch-jüdischen Verhältnisses abgrenzt.

Das deutsche Selbstbild nach 1945 basiert auf der Legende vom Ende des Antisemitismus. In ihrer Alltäglichkeit äußert sich diese Legende in der Rede von der Normalität, in der Variation von „Ich kann es nicht mehr hören", „Haben wir nicht langsam genug getan?" und „Für mich gibt es keine Juden oder Deutsche, nur Menschen". Wer hier spricht, ist die seit 1989 wieder positiv gewendete Gemeinschaft der Deutschen: Wir sind ein Volk. Mit der Fußball-Weltmeisterschaft 2006 hat diese Gemeinschaft sich einen über die politischen Lager hinweg geteilten Wunsch nach einem symbolischen Ausdruck dieser neuen positiven nationalen Identität erfüllt. Ich habe weiter oben argumentiert, dass gerade dieses Insistieren auf Normalität die Deutschen als Nachkommen einer „Täter*innengemeinschaft" markiert, die eine gewisse Bedürfniskonstellation verbindet.

Diese Beobachtung ist nicht neu, sie fand schon in Maxim Billers Artikel *Heiliger Holocaust* am 8. November 1996 in der *Zeit* ihren Ausdruck. Biller schrieb:

> „Das Holocaust-Trauma als Mutter eines endlich gefundenen deutschen Nationalbewußtseins? Was sonst! Was sonst als diese unglaubliche, unerhörte Tat – sowie ein noch nie dagewesener Weltkrieg – schenkte diesem seit Jahrhunderten geographisch, geistig und mental uneinigen, unfertigen Volk von einem Tag auf den andern den großen nationalen Topos, den Schlüsselbegriff, der alle, egal ob Linke oder Rechte, Bayern oder Friesen, Aufklärer oder Romantiker, mit einer solchen Wucht und Gewalt zusammenband wie kein Goethestück, kein Hambacher Fest, keine Bismarckverordnung vorher. Und darum also lieben die Deutschen den Holocaust so – vor allem die, die immer wieder sagen, daß sie von ihm nichts mehr hören wollen."[32]

Immer wieder fragen mich Leute, was denn eigentlich mein Problem ist: Warum redet ihr immer noch über diese Dinge? Sind wir nicht gut zu den Juden? Ich glaube, was diese Leute eigentlich sagen wollen, ist, dass wir endlich mitspielen soll bei diesem Spiel, welches da heißt: Alles ist wieder normal! Die Frage nach der Normalität ist seit meiner Kindheit auf der *Jüdischen Oberschule Berlin* (heute *Jüdisches Gymnasium Moses Mendelssohn*) fortwährend an mich herangetragen worden. Sie steht hinter den Interviews, in denen man uns damals fragte, ob wir uns wohl fühlten in diesem Land.

Soweit ich mich erinnern kann, haben wir unsere Rolle als Juden und Jüdinnen im Gedächtnistheater bisweilen zögerlich, zumeist jedoch widerspruchlos gespielt.[33] Die Anforderungen einer deutschen Position sind, so scheint es mir, in vielerlei Hinsicht in unser jüdisches Selbstbild integriert worden: Reden wir über Antisemitismus, Brüder und Schwestern, lasst uns Juden sein! In diesem Sinne attestierte Michael Daxner den deutschen Jüdinnen und Juden bereits 1994 eine Tendenz, wonach sich „mehr und mehr Juden mit der statistischen Unwahrscheinlichkeit [identifizierten], daß ihre Eltern und Großeltern den Holocaust überlebt haben“[34].

Diese Tendenz der Übernahme einer deutschen Perspektive zeigt sich auch an anderer Stelle. So gab die *Jüdische Allgemeine Zeitung* ihrer Ausgabe vom 30. Juli 2015 anlässlich der Makkabiade, die in diesem Jahr in Berlin stattfand, den Titel *Unser Sommermärchen*. Über einem Artikel von Ayala Goldmann auf Seite 3 wurde unter dem Titel „Was für ein Symbol!“ folgende Aufnahme abgedruckt:

»Was für ein Symbol!«

AUFTAKT *In der Berliner Waldbühne wurden die 14. European Maccabi Games eröffnet*

Davidstern und Schwarz-Rot-Gold bei der EMG-Eröffnungsfeier

VON AYALA GOLDMANN

Fulminanter Startschuss: Die 14. European Maccabi Games sind am Dienstagabend in der Berliner Waldbühne offiziell eröffnet worden. Viele jüdische Sportler waren von der Teilnahme ausgeschlossen worden. Am Dienstagabend demonstrierten die deutschen Makkabi-Sportler ihren Stolz auf ein Deutschland, das sich längst gewandelt hat: Sie warfen schwarze, rote und gelbe T-

Hoffnung verbundener Kreis«. Während sich deutsch-jüdische Sportler bei der ersten Teilnahme Deutschlands an den Makkabi-Spielen 1969 in Israel geschämt hätten, die deutsche Fahne zu tragen, werde es heute als »die größte Ehre überhaupt« empfun-

Zentralratspräsident Josef Schuster sagte: »Heute wird ein Traum wahr! 70 Jahre nach der Schoa und fast 80 Jahre nach den Olympischen Spielen, als Hitler genau hier mit einer perfekten Propaganda-Show die Welt blendete, als nur 40 Kilometer von

Jüdische Allgemeine Zeitung Nr. 31/15, 30. Juli 2015

Die Reminiszenz an den „positiven Nationalismus" der Weltmeisterschaft von 2006 zeigt, dass das Gedächtnistheater gelegentlich das Adjektiv „deutsch-jüdisch" verdient. Die sich darin ausdrückende Übereinstimmung von deutschem Begehren und jüdischem Anerkennungsbedürfnis ist Ausdruck einer befriedeten Position, deren Interesse letztlich in der Aufrechterhaltung der Interaktion im deutsch-jüdischen Gedächtnistheater liegt. Vor diesem Hintergrund ist es kein Zufall, dass sich jüdische Institutionen wie der *Zentralrat der Juden in Deutschland* schwer damit tun, Menschen zu integrieren, die alternative Familiengeschichten haben, die nicht im Rahmen des Gedächtnistheaters repräsentiert werden können.

Aber es gibt Hoffnung! Denn mit dem Zuzug der Juden aus der Sowjetunion nach dem Mauerfall wie auch aus Israel seit den 2000er Jahren kündigt sich die Möglichkeit einer Diversifizierung des etablierten (westdeutschen) Judentums personell bereits an (wenn dies auch strukturell noch nicht zu grundlegenden Verschiebungen geführt hat). Diese Entwicklung lässt sich auch in der Gründung von Institutionen wie der *Jüdischen Oberschule Berlin*, der liberalen Rabbinerkonferenz oder dem *Ernst Ludwig Ehrlich Studienwerk* ablesen. Sie birgt das Potential für einen alternativen Selbstbezug, dessen Realisierung die Aufgabe der kommenden Jahre und Jahrzehnte sein wird.

Die Juden, die heute in Deutschland leben, sind nicht nur die Nachfahren derer, die die Deutschen umgebracht oder vertrieben haben. Diese alt-neue jüdische Vielfalt lässt sich nicht ohne weiteres in das deutsch-jüdische Gedächtnistheater integrieren. Zugleich ist diese Vielfalt noch immer nicht ausreichend in der Arbeit des *Zentralrats der Juden in Deutschland* und seiner Identitätspolitik repräsentiert – immerhin eine Institution, die den Anspruch erhebt, alle Juden in Deutschland zu vertreten, die in jüdischen Gemeinden organisiert sind.

Desintegration kann die Suche nach einer anderen Haltung unterstützen, denn sie bedeutet das Aufnehmen alternativer Narrative. Wir wurden nicht alle, auch nicht im familiären Sinne, aus Auschwitz befreit. Wir stammen auch nicht alle aus den Schtetln Osteuropas, sondern aus Israel, dem Jemen, Äthiopien, dem Irak, Frankreich oder Spanien. Der bärtige, blasse und magere Jude mit Schläfenlocken ist für sich genommen schon ein Stereotyp, das mit einer deutschen Imagination verbunden ist.

Dabei kann ich mir das neue Judentum, von dem der vorliegende Sammelband in seinem Titel spricht, nur als das Ergebnis einer aktiven Zusammenarbeit post-migrantischer, politisch aktiver und kreativer Juden vorstellen. In ihm werden eine Vielzahl von Geschichten und möglichen Entwürfen hörbar, für die uns noch gar keine Ohren gewachsen sind. Ein möglicher Anfang ist, dass wir uns der Rolle bewusst werden, die wir als „Juden“ in der deutschen Öffentlichkeit gespielt haben und immer noch spielen. Und dass wir Strategien entwickeln, diese Rolle zugleich auszufüllen und zu transformieren, die Hüte auf dem Kopf zu behalten und die Bühne dennoch vorzeitig zu verlassen.

Anmerkungen

1 http://www.imdb.com/title/tt0361748/quotes (letzter Zugriff 10. Januar 2017).

2 http://www.uni-giessen.de/erinnerungskulturen/home/sfb-konzept.html (letzter Zugriff 6. Januar 2017).

3 Leggewie, Claus; Meyer, Erik: Ein Ort, an den man gerne geht. Das Holocaust-Mahnmal und die deutsche Geschichtspolitik nach 1989, München 2005, 12. Hervorhebung im Original.

4 Vgl. ebd.

5 Vgl. Assmann, Aleida: Der lange Schatten der Vergangenheit. Erinnerungskultur und Geschichtspolitik, Bonn 2007, 273–275.

6 Vgl. Reschke, Anja: „Kommentar zum Gedenken an Auschwitz", auf: http://www.ardmediathek.de/tv/Tagesthemen/Kommentar-zum-Gedenken-an-Auschwitz/Das-Erste/Video?documentId=26131620&bcastId=3914 (letzter Zugriff 5. Januar 2017).

7 Ebd., Zitat ab min. 1:27.

8 Für eine Zusammenfassung vgl. http://www.vice.com/de/read/wir-haben-die-reaktionen-auf-den-holocaust-kommentar-der-ard-nach-dummheit-sortiert-271 (letzter Zugriff 5. Januar 2017).

9 Der Begriff „Holocaust" bezeichnet ein „Brandopfer". Die deutsche Verwendung des Begriffs reicht bis zu einem Text von Albrecht Goes aus dem Jahr 1954 zurück (vgl. Goes, Albrecht: Novellen, Berlin 1977, wobei die Novelle „das Brandopfer" eigentlich die Bereitschaft einer deutschen Figur beschreibt, sich aus Reue für die Taten der Deutschen zu opfern). Der Begriff „Schoa" (Hebräisch für Katastrophe) hingegen ist durch den gleichnamigen Film von Claude Lanzmann von 1985 als jüdische Bezeichnung für die Vernichtung der Juden durch die Nationalsozialist*innen und ihre Helfer*innen gebräuchlich geworden. Im Text werden je nach Kontext beide Begriffe verwandt.

10 So konstatiert Marc Jongen, einer der intellektuellen Impulsgeber der AfD: „Ich möchte weiterhin die heuchlerischen politischen Instrumentalisierungen des Holocaust kritisieren können, ich möchte nicht schweigen müssen, wenn unsere Bundeskanzlerin die Torheit begeht, die Verteidigung des Staates Israel zur Staatsräson Deutschlands zu erklären." (Zit. nach Müller, Lothar: „Nun sag, AfD, wie hast du's mit dem Judentum?", in: *Süddeutsche Zeitung*, 7. Juli 2016, online auf: http://www.sueddeutsche.de/kultur/politische-kultur-nun-sag-afd-wie-hast-dus-mit-dem-judentum-1.3065657 (letzter Zugriff 17. Januar 2017)). In Teilen der AfD findet derzeit eine Radikalisierung dieser Kritik am Holocaustgedenken statt, vgl. Meisner, Matthias; Hofmann, Laura: „Der totale Höcke", in: *Der Tagesspiegel*, 18. Januar 2017, online auf: http://www.tagesspiegel.de/politik/brandrede-in-dresden-der-totale-hoecke/19267154.html (letzter Zugriff 18. Januar 2017).

11 Mein Begriff für eine Selbstbeschreibung, die im Gegensatz zu „Dunkeldeutschland" steht. „Dunkeldeutschland" wurde 2015 von Bundespräsident Joachim Gauck bei dem Besuch einer Berliner Flüchtlingsunterkunft prominent in die Debatte eingebracht, um vor denjenigen zu warnen, die gegen Geflüchtete verbal oder physisch Gewalt anwenden. In einem Artikel vom 26. August 2015

wies Lukas Ondreka in der *Süddeutschen Zeitung* auf die historische Rolle des Begriffs bei der Abwertung der Neuen Bundesländer nach der Wiedervereinigung hin: Ondreka, Lukas: „Joachim Gauck, die Ossis und Dunkeldeutschland", in: *Süddeutsche Zeitung*, 26. August 2015, online auf: http://www.sueddeutsche.de/politik/bundespraesident-joachim-gauck-die-ossis-und-dunkeldeutschland-1.2622780 (letzter Zugriff 29. April 2016).

12 Bodemann, Y. Michal: Gedächtnistheater. Die jüdische Gemeinschaft und ihre deutsche Erfindung. Mit einem Beitrag von Jael Geis, Hamburg 1996.

13 Diederichsen, Diedrich: „Die Auflösung der Welt. Vom Ende und Anfang", in: Ders. u.a. (Hg.): Schocker. Stile und Moden der Subkultur, Reinbek 1983, 165–188, hier 166.

14 Vgl. Brehl, Hektor: „Hashtags, die du für dein Holocaust-Gedenkstätten-Selfie nicht verwenden solltest", auf: https://www.vice.com/de/article/25-hashtags-die-du-an-holocaust-gedenksttten-nicht-verwenden-solltest (letzter Zugriff 18. Januar 2017). – Vgl. ferner das gleichnamige Internetprojekt von Shahak Shapira, http://yolocaust.de/ (letzter Zugriff 19. Januar 2017).

15 Kritik an der Twitter-Aktion der ARD wurde auf dem Twitter-Account der SZ am 28. Januar 2015 getweetet.

16 Die Bezeichnung einer „deutschen" Perspektive folgt in Grundzügen der Konzeption einer „weißen" Perspektive in der Kritischen Weißseinsforschung (vgl. Eggers, Maureen Maishe u.a. (Hg.): Mythen, Masken und Subjekte. Kritische Weißseinsforschung in Deutschland, Münster 2005). Im Editorial zur – lesenswerten – Sonderbeilage *Critical Whiteness* der *Analyse und Kritik* unterstreichen die Herausgeber die unsichtbare Normativität einer weißen Perspektive: „Wenn in Deutschland über Übernahmeperspektiven für Auszubildende, die Überwachung von Fußballfans oder das Warten junger Familien auf einen Kita-Platz berichtet wird, dann sind die Personen, die man sich zu den Geschichten vorstellt, ganz selbstverständlich und ohne, dass es extra gesagt werden müsste: weiß. Anderenfalls wäre von Auszubildenden ‚mit Migrationshintergrund', ‚schwarzen Fußballfans' oder ‚türkischstämmigen Familien' die Rede" (Arps, Jan Ole u.a.: „Editorial", in: *Analyse und Kritik, Sonderbeilage Critical Whiteness*. Debatte um antirassistische Politik und nicht diskriminierende Sprache, Herbst 2013, 3f., hier 3). Critical Whiteness oder Kritische Weißseinsforschung drehe „den Spieß um und rücke […] das Weißsein in den Mittelpunkt der Betrachtung" (ebd.). Indem Wissenschaftler*innen nunmehr (auch) über die weißen Profiteure und Akteure sprechen, „problematisieren sie die weiße Norm und markieren das Unmarkierte" (ebd.). Analog soll mit dem Adjektiv „deutsch" im Kontext dieses Essays jene unmarkierte Norm im Gedächtnistheater sichtbar gemacht werden. Damit soll auch auf die historische Einbettung und das identitäre Begehren einer „deutschen" Perspektive verwiesen werden, die dem Gedächtnistheater seine Form gibt (natürlich ist „Weißsein" und „deutsch" nicht dasselbe; zu Wechselwirkungen vgl. Walgenbach, Katharina: „‚Weißsein' und ‚Deutschsein' – historische Interdependenzen", in: Eggers u.a. (Hg.): Mythen, Masken und Subjekte [FN 16], 377–393).

17 http://witze.net/juden.html, (letzter Zugriff 5. Januar 2017).

18 Jureit, Ulrike; Schneider, Christian (Hg.): Gefühlte Opfer. Illusionen der Vergangenheitsbewältigung, Bonn 2010, 29.

19 Vgl. Welzer, Harald; Moller, Sabine; Tschuggnall, Karoline (Hg.): Opa war kein Nazi. Nationalsozialismus und Holocaust im Familiengedächtnis, Frankfurt a.M. 2002.

20 Für eine Übersicht über die Unterschiede zwischen ost- und westdeutschen Narrativen und Erinnerungskulturen vgl. Lepsius, Rainer: „Das Erbe des Nationalsozialismus und die politische Kultur der Nachfolgestaaten des ‚Großdeutschen Reiches'", in: Ders. (Hg.): Demokratie in Deutschland. Soziologisch-historische Konstellationsanalysen. Ausgewählte Aufsätze, Göttingen 1993, 229–245.

21 Sollten wir nicht langsam über die Unterscheidung von Deutschen und Juden hinaus sein? Diese Fragen begegnen mir immer wieder, sobald ich von Juden und Deutschen spreche. Hier bietet sich ein Blick auf die Debatte über Rassismus in der deutschen Gesellschaft an. So weist Fatima El-Tayeb auf die Strategie der „Farbenblindheit" hin, die sie mit folgender Aussage charakterisiert: „Ich sehe keine Unterschiede, für mich sind alle Menschen gleich" (El-Tayeb, Fatima: „Vorwort", in: Eggers u.a. (Hg.): Mythen, Masken und Subjekte [FN 16], 7–10, hier 7). El-Tayeb kommentiert: „Es ist eben dieser liberale Diskurs, der es verbietet, die Position der dominanten Mehrheit zu relativieren, indem die Parameter ihrer Dominanz benannt werden [...]. Wenn eine Auseinandersetzung Weißer mit ihrem Weißsein stattfindet, wird sich meist von einem Rassismus distanziert, der entweder in der Vergangenheit oder bei anderen, weniger gebildeten/progressiven/weitgereisten Weißen verortet wird, aber sicher nicht innerhalb eines linken Diskurses oder der eigenen Identitätskonstruktion" (ebd.).

22 So der Titel eines dreiteiligen deutschen Fernsehfilms, der am 17., 18. und 20. März 2013 im ZDF und ORF ausgestrahlt wurde (Regie Philipp Kadelbach). Das *Unser* entfaltet hier auch eine einheitsstiftende Wirkung, unter deren Voraussetzung die Geschichte der Täter und Opfer harmonisiert und so für eine gemeinsame national-historische Narration gebraucht werden kann.

23 Geisel, Eike: Die Wiedergutwerdung der Deutschen. Essays & Polemiken, Berlin 2015.

24 Von Weizsäcker, Richard: Rede bei der Gedenkveranstaltung im Plenarsaal des Deutschen Bundestages zum 40. Jahrestag des Endes des Zweiten Weltkrieges in Europa am 8. Mai 1985 in Bonn, online auf: http://www.bundespraesident.de/SharedDocs/Reden/DE/Richard-von-Weizsaecker/Reden/1985/05/19850508_Rede.html;jsessionid=50109846CBE5CB5881D335449A7899F0.2_cid388 (letzter Zugriff 6. Januar 2017).

25 Vgl. z.B. Bodemann: Gedächtnistheater [FN 12], 13f.

26 Vgl. Arendt, Hannah: Besuch in Deutschland, Berlin 1993. – Bodemann, Y. Michal: „The State in the Construction of Ethnicity and Ideological Labor: The case of German Jewry", in: *Critical Sociology*, Vol. 17, Issue 3, 1990, 35–46, hier 42–46. – Ders: Gedächtnistheater [FN 12], 134.

27 Jureit; Schneider (Hg.): Gefühlte Opfer [FN 18], 10.

28 Die Erlösung findet nun freilich nicht mehr trotz der „Juden" („Jesusmörder"), sondern durch „die Juden" statt. In diesen quasi religiös-christlichen Passionsspielen des deutschen Gedächtnistheaters (vgl. Diner, Dan: „Negative

Symbiose – Deutsche und Juden nach Auschwitz", in: Brumlik, Micha u.a. (Hg.): Jüdisches Leben in Deutschland seit 1945, Frankfurt a.M. 1988, 243–257, hier 250f.) geht es nicht um die real existierende jüdische Minderheit in Deutschland, dennoch „werden jüdische Dramen und jüdische Schauspieler benötigt – keine Hauptdarsteller freilich, sondern eher Statisten" (Bodemann: Gedächtnistheater [FN 12], 99; vgl. auch ebd., 118). Die von Aleida Assmann konstatierte „Sehnsucht nach dem Anderen, Fremden, Ausgegrenzten, Vergessenen im Bedürfnishaushalt westlicher [nicht-jüdischer] Intellektueller" (Assmann, Aleida: „Tradition, Evolution, Erinnerung. Überlegungen zum Strukturwandel kultureller Überlieferung", in: Goodman-Thau, Eveline; Schmied-Kowarzik, Wolfdietrich (Hg.): Messianismus zwischen Mythos und Macht. Jüdisches Denken in der europäischen Geistesgeschichte, Berlin 1994, 89–99, hier 89) sollte nicht ohne das schlechte Gewissen und das damit korrespondierende Begehren nach Entlastung betrachtet werden. Denn es ist zwar richtig, aber tautologisch argumentiert, dass es ohne Nationalsozialismus dieses Begehren nach den Juden nicht geben würde – ohne die Schoa wären die Deutschen in ihrer überwiegenden Mehrheit wohl Antisemit*innen geblieben, nun benötigen Sie eben ein positives Bild der „Juden" für die Selbstkonstruktion.

29 Vgl. Biller, Maxim: Der gebrauchte Jude, Köln 2009. Auch das Sprechen von der jüdisch-christlichen Tradition gehört sicherlich in die Geschichte dieser Domestizierung jüdischer Differenz, die sich als Trauer, Wut und Des-Identifikation mit der deutschen Tätergemeinschaft äußert. Auf die Geschichte einer solchen Aneignung der Werke jüdischer Künstler*innen wie Paul Celan, Nelly Sachs oder Esther Dischereits kann hier nur hingewiesen werden.

30 „Darf man über Auschwitz lachen?" war eine der Fragen, auf die eine Ausstellung mit dem Titel *Die ganze Wahrheit ... was Sie schon immer über Juden wissen wollten* Antworten suchte, die vom 22. März bis 1. September 2013 im *Jüdischen Museum Berlin* stattfand. Als Antwort waren auf einem Bildschirm eine Reihe von Ausschnitten zu sehen, in denen sich US-amerikanische Serien ironisch mit der Schoa auseinandersetzen: Sarah Silverman, Larry David und *Family Guy*. Silverman und David sind Repräsentant*innen einer jüdischen Popkultur, die sich in den 1970er Jahren zunehmend in Israel und den USA etabliert hat und mittlerweile auch im deutschsprachigen Raum zum Gegenstand wissenschaftlicher Aufmerksamkeit geworden ist (vgl. Battegay, Caspar: Judentum und Popkultur. Ein Essay, Bielefeld 2012). Der Wowschwitz-Sketch der US-amerikanischen Komikerin Sarah Silverman, der Wettbewerb zwischen einem Holocaust Survivor und einem Gewinner der gleichnamigen Fernsehserie in *Curb your Enthusiasm* oder die Achterbahn „Holocauster" bei *Family Guy* (nicht jüdisch) können als eine Subversion jener Sakralität verstanden werden, die das Thema für gewöhnlich begleitet. In diesen Beispielen findet eine Umdeutung dessen statt, was Diedrich Diederichsen in einem Aufsatz über den Punk als „Nummer eins in den Charts der schweren Zeichen" (Diederichsen: „Die Auflösung der Welt" [FN 13], 166) beschreibt, des Holocaust. Der Holocaust-Humor destabilisiert eine Bindung von Zeichen und Bezeichnetem, Holocaust und Betroffenheit, Juden und Deutschen. Die dadurch ausgelöste Verwirrung impliziert dabei auch eine Kritik jener öffentlichen Interaktion, mittels derer diese Bindung in

Deutschland organisiert und stabilisiert wird (Gedächtnistheater) (vgl. außerdem ebd., 186).

31 Es gibt viele andere Strategien. So attestiert Peter Waldmann beispielsweise der New Yorker Punk-Bewegung einen ähnlichen performativ-ästhetisch-semantischen „Widerstand gegenüber der dominanten Kultur" (Waldmann, Peter: „Arbeit macht niemals frei! Die Notwendigkeit zur Judaisierung des Punk", in: Engelmann, Jonas u.a. (Hg.): We are ugly but we have the music. Eine ungewöhnliche Spurensuche in Sachen jüdischer Erfahrung und Subkultur, Mainz 2012, 19–30, hier 29).

32 Biller, Maxim: „Heiliger Holocaust", in: *Die Zeit*, 8. November 1996, online auf: http://www.zeit.de/1996/46/bill46.19961108.xml/komplettansicht (letzter Zugriff 7. Januar 2017).

33 Vgl. Bodemann, Y. Michal: „Staat und Ethnizität: Der Aufbau der Jüdischen Gemeinden im Kalten Krieg", in: Brumlik u.a. (Hg.): Jüdisches Leben in Deutschland seit 1945 [FN 28], 49–69. – Bodemann: „The State in the Construction of Ethnicity an Ideological Labour" [FN 26].

34 Daxner, Michael: „Juden an der Universität", in: Goodman-Thau; Schmied-Kowarzik (Hg.): Messianismus zwischen Mythos und Macht [FN 28], 19–27, hier 27. – Vgl. ferner Finkielkraut, Alain: Der eingebildete Jude. Aus dem Französischen von Hainer Kober, Frankfurt a.M. 1984.

Oleg Pronitschew

Der Preis der Sichtbarkeit. Mythen, Normen und Geschichten vom Jüdischen in der medialen Darstellung von Konflikten

Einleitung

Bis heute nehmen Jüdinnen und Juden eine zentrale Rolle in der nationalen Historiografie der Bundesrepublik ein, zumeist als tradierte Schicksals- oder Opfergemeinschaft. Diese Wahrnehmung ist das Resultat der spezifischen Entwicklung deutscher Gedenkpolitik. Gedachten der Schoa in den 1950er Jahren noch primär jüdische Menschen selbst, so etablierten sich in den 1960er Jahren zunehmend öffentliche Gedenkveranstaltungen, an denen kirchliche Vertreter und staatliche Repräsentanten beteiligt waren. In den 1980er Jahren intensivierte sich diese Entwicklung; so wurde z.B. der 9. November ein offizieller Gedenktag an die Reichskristallnacht.[1] Das Resultat resümiert Y. Michal Bodemann mit den Worten: „Die jüdische Katastrophe ist zu einem Grundpfeiler der nationalen deutschen Erinnerung, zu einem Teil der deutschen ‚Staatsräson' (Angela Merkel) geworden, und in ihrer Ideologiearbeit nehmen Juden deshalb eine nicht wegzudenkende symbolische Stellung in Deutschland ein."[2] Aus dieser Dialektik zwischen jüdischen Repräsentanten und öffentlichen Institutionen ist eine entsprechende Symbolpolitik hervorgegangen, die auf einer zumeist westdeutschen Erinnerungskultur basiert. Laut Anthony Kauders bildete dieses System einen Gabentausch, von dem beide Seiten profitierten.[3] Jüdische Repräsentanten schufen sich in den 1950er bis 1970er Jahren eine eigene Rolle in der bundesrepublikanischen Öffentlichkeit, in der sie sich persönlich als Akteure gegen Xenophobie und damit als Verfechter von Demokratie auswiesen.[4] So bildeten jüdische Gemeinschaften in Deutschland eine „moralische Instanz und [das] Gewissen des Landes"[5]. Lange gab es die „zentrale Rolle des deutschen Nachkriegsjudentums, die [sic] als Erinnerungswächter und Legitimierung beider deutscher Staaten – Schuldfrage hier, Antifaschismus dort – ideologische Arbeit als Unterstützung hegemonialer, staatlicher Ideologie in der jeweiligen Gesellschaft leisteten"[6]. Nun aber behaupten jüdische Stimmen wie der Publizist Sergey Lagodinsky, dass sich dieses Verhältnis durch die deutsche Wiedervereinigung in den 1990er Jahren und einem damit gestärkten Nationalbewusstsein grundlegend verändert hat. Durch die nationale Integration habe die Bundesrepublik ihre ganzheitliche nationale

Souveränität wiedererlangt und durch die Revitalisierung jüdischen Lebens mittels der Migration russischsprachiger Jüdinnen und Juden ihre aus der Zeit des Nationalsozialismus vererbte historische Schuld an der Schoa kompensiert.[7] Wie Bodemann in seiner Publikation *Gedächtnistheater* (1996) beschreibt, büßten jüdische Funktionäre ihre öffentliche Rolle als Erbverwalter des deutschen Judentums und Mittler zum Staat Israel in den 1960er bis 1980er Jahren ein.[8]

Dieser Beitrag stellt einen Versuch dar, die Transformation der symbolischen Ordnung zu untersuchen, in die jüdisches Leben in Deutschland eingebunden ist. Das Erkenntnisinteresse besteht darin, tentativ die gesellschaftliche Wahrnehmung des Jüdischen in „Zeiten des Umbruchs" zu erfassen. In einem ersten Schritt werden zentrale Momente herausgearbeitet, die das Verhältnis zwischen jüdischer Minderheit und nicht-jüdischer Mehrheit in der Nachkriegszeit prägten. Anschließend erfolgt eine theoretische Reflexion der öffentlichen Zuschreibung im Kontext einer kulturellen Zeichenproduktion, die das Bild von jüdischer Kultur formt. Im dritten Abschnitt werden diese Überlegungen an Fallbeispielen aus dem medialen Bereich der Print-Presse verdeutlicht. Als Schwerpunkt dient die Berichterstattung über Kontroversen, mit denen die jüdischen Gemeinden von Schleswig-Holstein und Hamburg seit ihrer erhöhten öffentlichen Wahrnehmung in den 1990er Jahren in den Medien Beachtung fanden. So zeigt sich, wie Formen des jüdischen Lebens, die als Teil einer „jüdischen Peripherie" ansonsten wenig mediale Aufmerksamkeit erhalten, in der Öffentlichkeit sichtbar werden und wie sich in dieser Sichtbarkeit der Blick auf das „Jüdische" gestaltet.

Semantische Spaltung

Nach dem Zweiten Weltkrieg bestand die jüdische Gemeinschaft in Deutschland aus einer kleinen, ethnisch sehr diversen Gruppe KZ-Überlebender und Exil-Rückkehrer, die in deutschen wie jüdischen Kontexten einen Paria-Status innehatten. Jüdinnen und Juden sowie mit ihnen assoziierte Themen wie die Schoa wurden im kollektiven westdeutschen Diskurs gemieden.[9] In der internationalen jüdischen Gemeinschaft galt Deutschland aufgrund der Schoa als gebanntes Land, in dem es kein jüdisches Leben geben durfte.[10] Selbst die jüdische Gemeinschaft in der Bundesrepublik empfand Deutschland zumal als „unheimliche Heimat", in der sie „auf gepackten Koffern" säße.[11] Diesem Selbstverständnis versuchten jüdische Repräsentanten wie der frühere Herausgeber der *Allgemeinen Wochenzeitung der*

Juden in Deutschland, Karl Marx, oder der Generalsekretär des *Zentralrats der Juden*, Hendrik van Dam, mit einer diskursiven Identitätsarbeit entgegenzuwirken, indem sie sich eine gesellschaftliche Rolle als Mahner der Vergangenheit und Wahrer der demokratischen Zukunft zuwiesen.[12] Zwar wuchs mit der Tendenz, die deutsche Geschichte aufzuarbeiten, auch das öffentliche Interesse an jüdischer Kultur, gleichwohl ging dies nicht mit einer Annäherung zwischen jüdischer Minderheit und der deutschen Mehrheitsgesellschaft einher. Die einsetzende Gedenkpolitik markierte laut Bodemann eine noch größere Verdrängung von real existentem jüdischen Leben in Deutschland, indem sich der Präsentationsfokus hin zu einem „Gedenkstätten-Judentum" verschob.[13] Mit diesem kontemplativen jüdischen Surrogat breitete sich ein „virtuelles Judentum" aus, das das Bild des Jüdischen in der Öffentlichkeit, in Form von historischen Vorstellungen und Stereotypen, gestaltete. Es formierte sich durch Gedenkorte, Klezmer-Revivals sowie filmische und literarische Darstellungen.[14] So war die Position von real existenten Jüdinnen und Juden, verkörpert durch ihre Repräsentanten, auf den Bereich der Demokratiesicherung und Vergangenheitskonstitution beschränkt, während folkloristische und erinnerungspolitische Imaginationen in der öffentlichen Sicht vorherrschten.[15] Umso abrupter gelangte die jüdische Gemeinschaft mit der Vervielfachung der jüdischen Population in Deutschland, durch den Zuzug von Jüdinnen und Juden aus dem ehemaligen Sowjetgebiet, in die öffentliche Wahrnehmung. Nicht nur die quantitativ große Gruppe an Einwanderern rückte in den Vordergrund der öffentlichen Aufmerksamkeit, sondern auch vermehrt die Jüdischen Gemeinden, die als Ziele der Einwanderung galten und auch administrativ in den Migrationsprozess involviert waren. Gleichzeitig tauchten neue jüdische Akteure auf, die in der deutschen Öffentlichkeit Beachtung fanden. Neben ethnischen Bezügen, in Form der Figur des jüdischen Kontingentflüchtlings, mussten auch religiöse Strömungen, von der liberalen bis zur ultraorthodoxen Denomination, im aktualisierten öffentlichen Bild von Jüdinnen und Juden Platz finden. Simultan wirkte ihre allgemeine Fremdwahrnehmung auf die Entwicklung der Jüdischen Gemeinden zurück. So zeigten beispielsweise Karen Körber und Franziska Becker, wie sich diskursiv das öffentliche Bild von jüdischen Kontingentflüchtlingen wandelte, von dem orthodoxer Intellektueller aus urbanen Gebieten zu einem Bild russischer Wirtschaftsflüchtlinge.[16] Neben dem Dargestellten lohnt es sich entsprechend, das Darstellende zu besehen.

Das Jüdische als Mythos

In verschiedenen gesellschaftlichen Debatten, die einen jüdischen Bezug aufweisen, gibt es eine kritische Reflexion der Rolle der Medien, wie beispielsweise bei der Reproduktion antisemitischer Muster.[17] So spielt die Inszenierung eine zentrale Rolle für die Rezeption von Ereignissen. Die Rolle der Medienakteure bei Geschehnissen rund um die Entwicklung von jüdischen Institutionen fand in der Forschung zu zeitgemäßem jüdischen Leben bisher nur marginal Beachtung; dies trotz ihrer enormen Bedeutung als Deutungs- und Vermittlungsinstanz. Die informierenden Massenmedien wirkten als ein „judaisierendes Milieu" im Sinne von Y. Michal Bodemann.[18] So schreibt Bodemann über medial beachtete jüdische Vertreter: „Es ist eine Illusion, anzunehmen, die Juden leben in einem medial abgeschirmten Ghetto und würden von deutschen politischen und kulturellen Strömungen nicht mitgeformt."[19] Ähnliche Beispiele lassen sich in zahlloser Form finden: Die administrative Regelung der jüdischen Zugehörigkeit im Falle der Kontingentflüchtlinge, die bürokratische Verteilung der Zugewanderten über einen Verteilungsschlüssel, die polizeiliche Bewachung von jüdischen Einrichtungen etc. All diese Maßnahmen gestalten die öffentliche Präsenz des Jüdisch-Wahrnehmbaren mit. Auch die enorme Infrastruktur an Forschungseinrichtungen, Museen, Initiativen und Veranstaltungsorganisationen zur jüdischen Kultur hat einen massiven Stellenwert als Mittler für das Wissen über Jüdinnen und Juden und somit eine hohe Gestaltungskraft auf den Diskurs um das, was als „jüdisch" gilt.[20] Sie stellen Legitimationsinstanzen für einen Wissenskanon dar, der alle als „jüdisch" bestimmten Themen umfasst. Massenmedien weisen in ihrer „judaisierenden" Funktion Besonderheiten auf. Nach Knut Hickethier bilden Medien nicht eine vorhandene intersubjektive Realität ab, sondern „erzeugen eine eigene Medienwirklichkeit, sie produzieren Medientexte über die Welt, die nach den Bedingungen der Medien organisiert sind. Diese korrespondieren wiederum mit den Vorstellungen und Weltsichten der Medienbenutzer und zielen auf eine möglichst weitgehende Homogenisierung dieser Realitätsvorstellungen."[21] Den dargestellten Beobachtungen entsprechend muss das öffentliche Bild von Jüdinnen und Juden als gesellschaftliche Produktion wahrgenommen werden. Es ist das Resultat eines Zusammenspiels von unterschiedlichen Akteuren, die es durch ihre Bezugnahmen gestalten.

Das „Jüdische", als Fixpunkt aller Aussagen, die sich einem Diskurs um jüdische Kultur zuordnen lassen, ist somit im Sinne von Roland Barthes ein „Mythos". In seinem 1957 erschienen Werk *Mythologies* beschreibt Barthes den Mythos als „sekundäres semiologisches System“[22], das sich insbesondere durch Reduktion auszeichnet. Ausgehend vom linguistischen Zeichensystem Ferdinand de Saussures entwickelte Barthes ein System mythischer Rede. Auf einer primären Ebene entstehen demnach Zeichen, die auf einer sekundären in ihrem Informationsgehalt beschränkt und zur Produktion neuer Bedeutungen genutzt werden. Auf umfangreiche Zusammenhänge erfolgt nur ein Verweis, ohne ihre komplexe Gesamtheit zu umfassen. „Der Mythos ist ein reines ideographisches System, in dem noch die Formen durch den Begriff motiviert sind, den sie repräsentieren, ohne jedoch auch nur annähernd die Totalität der möglichen Repräsentationen abzudecken.“[23] Auf diese Weise ist ein mythischer Gegenstand interkontextuell anschlussfähig. Die Besonderheit der „mythischen Rede“ liegt darin, ihre Bedeutung von ihrer historischen Entwicklung zu trennen und als Faktenwissen zu präsentieren.[24] So beinhaltet der Diskurs um das Jüdische ein semiologisches System, das Begriffe wie „Revitalisierung“, „unheimliche Heimat“ oder den „Wirtschaftsflüchtling“ umspannt. Sie stellen unterschiedliche Bedeutungen dar, die Konventionen und Normen umfassen. Die mythische Reduktion begünstigt in dieser Form normalisierte und normalisierende Muster. Sie erschafft eine Normalität, die in einem konstruktivistischen Sinne Normen befördert, die als „historisch emergentes kulturelles Netz“[25] wirken. Vorstellungen davon, was als normal gilt, sind entsprechend das Resultat eines eigenen Diskurses und wirken stabilisierend auf Diskursverläufe zurück. Die Ausbreitung und Etablierung von Normen für gesellschaftliche Bereiche, die von der Politik bis zur Biologie reichen, steht in Bezug zu einem stärker werdenden Normalismus-Dispositiv[26]. In diesem Text wird die These vertreten, dass ein entsprechender Normalismus auch maßgeblich gesellschaftliche Debatten über das Jüdische bestimmt. Das Jüdische verzweigt sich in unterschiedliche Dispositive, die Praktiken, Wissen und Diskurse aneinanderkoppeln – beispielsweise das Sicherheits-Dispositiv in jüdischen Einrichtungen, das aus gesellschaftlichen Debatten hervorgegangen ist und sich in personellen, architektonischen und organisatorischen Schutzmaßnahmen niederschlägt. In dieser Gestalt entfalten Mythen eigene Machteffekte. Die Entwicklungen seit der „Revitalisierung“ jüdischen Lebens ab den 2000er Jahren sind aufschlussreich bezüglich der Vorstellungen, die über das Jüdische seither entstanden, da zu dieser Zeit eine Rekonfiguration des jüdischen Mythos erfolgte. In diesem Diskursabschnitt trafen ethnische Habitus aufeinander wie auch damit verbundene religiöse, säkulare Lebensentwürfe bzw.

unterschiedliche Denominationen sowie entsprechende historische Rückverweise. Nachfolgend werden einige dieser Normverhandlungen betrachtet.

Schlaglichter auf die mediale Geschichte des Jüdischen in Schleswig-Holstein und Hamburg

Wie weiter oben erwähnt, avancierte in den letzten Jahren die öffentliche Sichtbarkeit zu einem Hauptkriterium des jüdischen Lebens, insbesondere befördert durch die multimediale Berichterstattung über Entwicklungen innerhalb der jüdischen Gemeinschaft. Der öffentliche Fokus verblieb primär auf den urbanen Zentren Deutschlands, in denen der Großteil der hiesigen jüdischen Bevölkerung lebt.[27] Nachfolgend fällt der Blick auf jüdische Institutionen, die unterschiedliche Grade an Visibilität haben, aber in ihrer Entwicklung miteinander verbunden sind: die jüdischen Gemeinden von Schleswig-Holstein und Hamburg. Die Auswirkungen der unterschiedlichen Sichtbarkeitsstufen machen sich an Ereignissen bemerkbar, die medial als Konflikte hervortraten und somit themenspezifische Auseinandersetzungen zwischen verschiedenen Parteien bezeichneten. Die Berichterstattung über solche „Probleme" bildet eine Zäsur in der medialen Darstellung. Zwar gab es selbst im quantitativ geringen Nachkriegsjudentum Auseinandersetzungen, diese haben aber nur selten den Weg in die Öffentlichkeit gefunden.[28] Ab den 1990er Jahren änderte sich dieser Umstand: Insbesondere das Auftauchen der *Union for Progressive Judaism* als neuer Dachorganisation für jüdische Gemeinden stellte die traditionelle Infrastruktur, bestehend aus Gemeinden, Landesverbänden und dem Zentralrat, in Frage. Auch Konflikte zwischen „Alteingesessenen" und russischsprachigen „Zugezogenen" gelangten vermehrt an die Öffentlichkeit.[29] Das Ringen um die Vertretungsansprüche fing an, das öffentliche Bild der Jüdinnen und Juden zunehmend mitzuprägen. Konflikttermini wie „Streit", „Kontroverse" oder „Spaltung" wurden im Verlauf dieser Entwicklung immer gebräuchlicher. Derweil berichteten nicht nur die informierenden Medienformate ausgiebiger über inner-jüdische Konflikte, sondern auch jüdische Akteure nutzten öfter öffentliche Kanäle, um sich zu präsentieren und ihre Positionen zu legitimieren. Als diskursive Ereignisse machen derartige Konflikte deutlich, wie Gemeinden medial inszeniert werden und wie ihr vorhandenes Image auf sie zurückwirkt. Da in solchen Debatten immer eine Vielzahl von Themen aufeinandertrifft, fokussiert sich die folgende Betrachtung auf den Umgang mit Versionen jüdischer Geschichte, also unterschiedlichen Erinnerungskontexten.[30]

Die nachfolgend dargestellten Beispiele stammen aus der Zeitspanne zwischen den Jahren 2000 und 2010 und konzentrieren sich auf die Bundesländer Hamburg und Schleswig-Holstein. Während dieser Zeit kam es zu einer starken Umwandlung der bestehenden Infrastruktur der jüdischen Gemeinden und Landesverbände durch Neugründungen sowie -zuordnungen. Für ein Verständnis der damaligen Situation jüdischen Gemeindelebens ist eine Erläuterung der Ausgangssituation notwendig. Die jüdischen Gemeinden von Schleswig-Holstein verfügten seit 1968 über keinen eigenen Landesverband, weshalb die Hamburger Gemeinde sie seitdem mitverwaltete. Viele Gemeinden hatten sich aus Mangel an Mitgliedern aufgelöst, und so bestanden beispielsweise in Kiel 1990 keine organisierten Gemeindestrukturen mehr. Dieser Umstand änderte sich schlagartig in den 1990er Jahren. Der Zuzug von russischsprachigen Jüdinnen und Juden aus dem Bereich der ehemaligen Sowjetunion hob die Mitgliederzahlen der alten Gemeinden an und führte zu Neugründungen. Die neuen Gemeindestrukturen waren sehr stark von den Bedürfnissen der Neuankömmlinge geprägt. Neben der religiösen Betreuung spielte die Sozialarbeit eine hohe Rolle für die Mitglieder, die mit Sprachbarrieren und Hürden des Arbeitsmarktes umzugehen lernen mussten.[31] Die mediale Historiografie der jüdischen Gemeinden von Schleswig-Holstein ist in diesem Zeitraum mit der von Hamburg verflochten. In der Phase zwischen 1990 und 2000 berichteten regionale und überregionale Medien primär über den Zuzug von jüdischen Kontingentflüchtlingen in die bestehenden Gemeindestrukturen. In den frühen Jahren des neuen Millenniums erhöhte sich der Fokus der informierenden Medien auf interne Konflikte. Nachfolgend steht die Berichterstattung in den Printmedien im Vordergrund.

Skandalöse Neugründungen: Erinnerung als symbolische Ressource

Seit dem Jahrtausendwechsel häuften sich in jüdischen und nicht-jüdischen Printmedien die Berichte um Konflikte zwischen den Gemeinden in Hamburg und Schleswig-Holstein. Als Grund hierfür galt die institutionelle Anbindung beider Gemeinden; ein gemeinsamer Staatsvertrag regelte die finanzielle Förderung durch die Bundesländer.[32] Im Jahr 2002 gründeten Vertreter der jüdischen Gemeinden in Schleswig-Holstein einen eigenen Landesverband und begannen, den Verwaltungsanspruch für ihre Gemeinden gegenüber Hamburg durchzusetzen. In öffentlichen Stellungnahmen und Presseauftritten betonten die neugegründeten Gemeinden ihren Anschluss an die abgebrochene jüdische Geschichte in Schleswig-Holstein. So erklärte der Landesverband zur Gründung der Jüdischen Gemeinden in Elmshorn und Ahrensburg, diese seien „wiedergegründet" worden und sollten damit einem „oft erwähnten Wunsch nach ‚Normalität'"[33] entsprechen. Der Landesverband positionierte sich „in direkter Nachfolge zu seinen Vorläufern, dem ‚Verband Jüdischer Gemeinden von Schleswig-Holstein', ab 1929 ‚Verband der Jüdischen Gemeinden Schleswig-Holstein und den Hansestädten' und letztlich der ‚Jüdischen Gemeinschaft von Schleswig-Holstein', der 1968 mangels Mitglieder aufgelöst wurde"[34]. Die Berichterstattung spielte bei der Konsolidation der neugegründeten jüdischen Gemeinden eine hohe Rolle. So schreibt Wolfgang Seibert, Vorsitzender der Jüdischen Gemeinde von Bad Segeberg, in einer rückblickenden Darstellung in der Zeitung *Jüdische Rundschau*: „Der Zulauf zu der Gemeinde in Bad Segeberg, vor allem von russischsprechenden Juden, war sehr groß. Durch die Berichterstattung in der Presse kam auch in anderen Städten Schleswig-Holsteins die Idee auf, neue Jüdische Gemeinden zu gründen."[35] In einem Brief vom 19. April 2004 an den damaligen Staatssekretär des Landes Schleswig-Holstein, Dr. Helmut Körner, prangerten Vertreter des *Landesverbandes der Jüdischen Gemeinden Schleswig-Holstein* an, dass in Hamburg „keine Bereitschaft zur Förderung [dieser] Gemeinden vorhanden"[36] sei. Durch den Verweis, dass „die liberalen und konservativen Gemeinden der Union Progressiver Juden trotz klarer Regelungen und Zusicherungen Paul Spiegels von der Teilhabe [an der Förderung] ausgeschlossen bleiben"[37], wurde der Konflikt bereits in diesem Dokument auf der Ebene von Denominationen positioniert. In demselben Dokument wurde eine Anerkennung des Landesverbandes als Körperschaft des öffentlichen Rechts erbeten, wofür mehrere Argumente angeführt wurden: So stehe ein jüdischer Landesverband für die „Kontinuität" jüdischen Lebens, da er zum „Wiederaufbau der zerstörten Jüdischen Gemeinden" beitrage und diese auch garantiere. Dagegen beschrieben die Verfasser die Hamburger Gemeinde als durch eine „Austrittswelle und Zersplitterung"[38] gekennzeichnet, was keine positive Zukunftsprognose abgebe. Durch die Beschlagnahmung der finanziellen Förderung und Unterbindung von Gemeindegründungen sei diese hinderlich für den Gesamtkontext der Revitalisierung. Die Gemeinden von Schleswig-Holstein könnten sich wiederum durch die Betonung symbolischer Akte erfolgreich im Revitalisierungsdiskurs positionieren, wie beispielswese durch den Bau der „erste[n] neue[n]

Synagoge in Schleswig-Holstein seit Gründung der Bundesrepublik"[39] am Sitz des Landesverbandes, in Bad Segeberg.

In der Berichterstattung repräsentierten die damaligen Vorsitzenden der Landesverbände, Andreas C. Wankum (Hamburg) und Walter Blender (Schleswig-Holstein), die konträren Positionen. In unterschiedlichen Zeitungsartikeln traten sie mit wörtlichen Zitaten als Kontrahenten hervor. Die Vorsitzenden stellten dabei virtuelle Abbildungen ihrer real gegebenen Vorlagen dar. Ihre Rolle bestimmt sich aus dem Rahmen der Artikel heraus, die ein intertextuelles Netz aus Referenzen ergeben. Auf diese Weise wurden die Vorsitzenden als Repräsentationsinstanzen mit Werten und Positionen versehen. In der Wirklichkeit der Texte erhielten sie eine Semantik, die sie zu Referenzinstanzen opponierender Positionen machte, wie des liberalen oder orthodoxen Judentums. In den Diskursdokumenten standen diese Positionen für verschiedene Entwicklungsstadien der Jüdischen Gemeinschaft in Deutschland. So sei es laut Andreas C. Wankum „eine Errungenschaft gerade auch der Juden in Deutschland, dass wir unsere Interessen gemeinsam vertreten"[40], heißt es im Wortlaut in der Tageszeitung *Hamburger Abendblatt*. Der Vorsitzende der Gemeinde von Bad Segeberg, Walter Blender, betonte hingegen die Offenheit der jüdischen Ausrichtung seiner Gemeinde: „Das moderne Judentum einer demokratischen Gesellschaft solle offen und herzlich auf die nichtjüdischen Mitbürger zugehen, statt von ihnen immer Schlimmes zu erwarten."[41] Die religiösen Strömungen nahmen im Diskurs die Rollen von historisierten Topoi ein. Während die Orthodoxie für die zurückgezogene und in sich gekehrte Gemeinschaft der Nachkriegszeit stand, verwies das Reformjudentum auf eine dialogbereite Zukunft. „‚Wir sind die Zukunft, die Hamburger stehen für die Vergangenheit', heißt es aus Segeberg."[42] Die Argumentationen weisen in unterschiedliche Richtungen: Nach „innen" wird die holistische Intaktheit der Einheitsgemeinde beschworen, die von einer Spaltung bedroht sei, während das „Außen" der liberalen Position auf die Beständigkeit der jüdischen Präsenz mit Dialogbereitschaft zielt. Die historischen Rückverweise dienen zum Anschluss an unterschiedliche Historiografien und nehmen auf diese Art eigene Normen für sich ein.

Besieht man die Resultate der Auseinandersetzung, so setzte sich jedoch keine der vertretenen Positionen ausschließlich durch. Im Jahr 2004 erreichte der Konflikt mit der Hamburger Gemeinde einen Höhepunkt und resultierte in einer neuen Entwicklung. Die primär orthodox orientierten Gemeinden in Kiel, Lübeck und Flensburg gründeten einen eigenen Landesverband namens *Jüdische Gemeinschaft Schleswig-Holstein*. Die Namensgebung verwies dabei auf den zuletzt in Schleswig-Holstein existierenden Landesverband im 20. Jahrhundert, der sich aufgrund von Mitgliedermangel 1968 auflösen musste. Beiden Verbänden verlieh das Ministerium für Bildung, Wissenschaft, Forschung und Kultur am 11. März 2005 die Körperschaftsrechte.[43] Bei den diskursiven Verhandlungen über die neue gültige Norm des jüdischen Lebens in Schleswig-Holstein setzte sich entsprechend nicht eine, sondern multiple Varianten durch, die bis in die Gegenwart als Neben- und Miteinander jüdischer Identitätsentwürfe bestehen.

Spaltende Repräsentation: Das Ende der Konstanten

Neben der Spaltung der Landesverbände erschütterte ein weiterer Fall in den 2000er Jahren die Symbolpolitik in Schleswig-Holstein. Zur Zeit des Libanonkrieges im Jahr 2006 äußerte der Lübecker Professor für Psychologie, Rolf Verleger, eine vehemente Kritik an der israelischen Politik. Der Fall sorgte medial für Furore, da der Kritiker zum damaligen Zeitpunkt Direktoriumsmitglied beim *Zentralrat der Juden in Deutschland* war und als Vertreter für den Landesverband *Jüdische Gemeinschaft Schleswig-Holstein* fungierte. In verschiedenen Artikeln, Kommentaren und Interviews verurteilte er die israelische Politik im Kampf mit der libanesischen Hisbollah, die seiner Ansicht nach Libanesen unter der Prämisse einer Kollektivschuld bestrafte.[44] In jüdischen Medien wie der *Jüdischen Allgemeinen* und den öffentlichen Aussagen anderer jüdischer Repräsentanten wurden das Vorgehen und die Meinung von Verleger kritisiert, da sie nicht die Einstellung der Mehrheit jüdischer Menschen wiederspiegele, die in Deutschland leben.[45] Dies hängt mit der starken strukturellen und personellen Verbindung jüdischer Repräsentationsinstanzen in Deutschland mit Israel zusammen, die sich nach einer Frühphase der einseitigen Negation zu einem kooperativen Verhältnis gewandelt hat, das sich heute in einer institutionellen Verflechtung niederschlägt.[46] Als ein Novum im Diskurs erschien der Umstand, dass mit Rolf Verleger ein offizieller jüdischer Repräsentant aus Deutschland eine vehemente Kritik an der israelischen Politik formulierte. Seine institutionelle Position und jüdische Identität betonten Rolf Verleger und andere Akteure in der darauffolgenden Berichterstattung ausgiebig. Abermals spielte sich der Konflikt in regionalen und überregionalen Medienformaten ab, gleichwohl sich wesentliche Entscheidungsprozesse und Debatten innerhalb des Zentralrats der Juden unter Ausschluss der Öffentlichkeit vollzogen.[47] Die virtuelle Abbildung Verlegers fand ebenso in die bis dahin erfolgten Entwicklungen der Jüdischen Gemeinden in Schleswig-Holstein Eingang, wodurch gleichzeitig dessen bislang medial wenig beachteter Landesverband *Jüdische Gemeinschaft Schleswig-Holstein* in die öffentliche Wahrnehmung rückte.[48] Seine Stellung als Direktoriumsmitglied des Zentralrats erhielt dabei eine konstante Erwähnung und wurde als Besonderheit hervorgehoben: „Bisher kamen vom Zentralrat der Juden nur Solidaritätsbekundungen mit Israel. Doch nun missbilligt mit Rolf Verleger erstmals ein Mitglied des Direktoriums die Militäraktionen. Auch für die Haltung der Zentralratschefs hat Verleger keinerlei Verständnis."[49] Verleger positionierte sich zusätzlich auch performativ als ethisch-moralischer Nachfolger des Vorkriegsjudentums und attestierte der aktuellen jüdischen Gemeinschaft eine eher nationale Ausrichtung. „Der Tatbestand der Auslöschung ist alles, was einige ‚neue Leute' heute vom Judentum sehen: Juden sind die ewigen Opfer. Und wer sich auf die Seite des jüdischen Staates stellt, steht auf der Seite von Opfern, die per definitionem niemals Unrecht tun können. Judentum heißt plötzlich: Immer Recht haben – egal was man macht. Das ist das Gegenteil der jüdischen Tradition, wie ich sie kenne."[50] Diesen Aspekt führte Verleger in seinem Buch *Israels Irrweg* (2008) weiter aus und betonte seine religiös motivierte Kritik am Staat Israel, mit der er sich in einer jüdisch-humanistischen Linie verortete.[51] So ist es ihm zufolge eine jüdische Pflicht und zum Wohle Israels, an diesem Kritik zu üben.[52] Auf diese Weise konnte Verleger sein symbolisches Kapital des Wissens, der Biografie und der Tradierung von jüdischer Religion dafür nutzen, eine Authentizität herzustellen, indem er dem nationalen Topos des Staates Israel einen religiösen entgegenstellte. Die mythische Reduktion gestaltete im Diskurs um Verleger Historiografien radikal um. Das Vorkriegsjudentum erhielt hier eine ethische Form und die Verbindung zur Gegenwart ließ sich politisch nutzbar machen, um eine alternative „jüdische Perspektive" herzustellen, die einer gängigen israelnahen Politik jüdischer Institutionen in Deutschland entgegengesetzt wurde.[53] Auch wenn seine eigentliche Amtsperiode als Direktoriumsmitglied nach seinen Äußerungen schnell endete, konnte Verleger die ihm durch seine institutionelle Stellung verliehene Sichtbarkeit für seine Belange nutzbar machen. Im August 2006 berief der Gemeinderat der Jüdischen Gemeinde Lübeck Verleger als Delegierten für den Landesverband *Jüdische Gemeinschaft Schleswig-Holstein* ab, womit er nicht mehr deren Vorsitz einnehmen konnte.[54] Im Jahr 2009 folgte seine Abberufung aus dem Zentralrat.[55] In den Medien blieb Rolf Verleger dennoch präsent.[56] Bis heute meldet er sich als jüdischer „Israelkritiker" in unterschiedlichen Beiträgen zu Krisensituationen im Nahost-Konflikt zu Wort.[57]

Jüdische Jugendliche: Zukunft der Vergangenheit?

Ein Konfliktfall, der verschiedene der genannten Aspekte im Umgang mit jüdischen Historiografien im öffentlichen Diskurs zusammenführt, ereignete sich bei Auseinandersetzungen in der Jüdischen Gemeinde Hamburg. Am 22. August 2007 wählte diese einen neuen Vorstand, der sich in der Folgezeit mit Mitgliedern des früheren Vorstandes in einem Zustand des Dauerstreites befand.[58] Die Konflikte in der Gemeinde gelangten häufig in regionale und überregionale Zeitungen, Zeitschriften und Magazine. Insbesondere dem Ausschluss von zentralen Personen aus der Hamburger Gemeinde kam eine hohe mediale Aufmerksamkeit zu. So schloss die Gemeindeverwaltung beispielsweise den bereits erwähnten Gemeindevorsitzenden Andreas C. Wankum aus und warf ihm eine Manipulation der Papiere vor, die er zum Eintritt in die Gemeinde vorgelegt hatte.[59] Ein ähnlicher Fall betraf den früheren Landesrabbiner von Hamburg, Dov Levi Barsilay. Aufgrund erhobener Zweifel an der Gültigkeit seines Rabbinatszertifikats und dessen anschließender Aberkennung wurde seine Beschäftigung für die Gemeinde aufgekündigt.[60] Nach einem Vorbild aus der Berliner Gemeinde gründete sich im September 2009 eine Initiative namens *Atid* (Hebräisch für „Zukunft"), die sich als Opposition zum Gemeindevorstand verstand und in öffentlichen Schreiben und ihrem Internetauftritt kritisch zu den Entwicklungen in der Gemeinde Stellung bezog.[61] Sie beförderte mitunter einen Fall, in dem der Erinnerungskontext eine besondere Rolle spielte. David Tichbi und Daniel Zylberberg, zwei Mitglieder des damals amtierenden Vorstandes der jüdischen Gemeinde Hamburg, äußerten sich, zusammen mit zwei anderen Interviewten, in einem Zeitungsartikel im *Hamburger Abendblatt* über die Gegenwart von jungen Jüdinnen und Juden in Deutschland.[62] Die Kommentare des Autors fassten ihre Aussagen zusammen: „Den Holocaust kennen sie nur aus Erzählungen. Ihre Familien leben seit Jahrzehnten in Deutschland. Sie haben einen deutschen Pass, sind religiös erzogen worden. Und doch wollen sie jetzt mit der Rolle ihrer Großeltern- und Elterngeneration brechen und das Judentum in Deutschland neu erfinden."[63] So würden die Vertreter frühere Zentralratspräsidenten für „das Miesepeter-Image der Juden in Deutschland" verantwortlich machen. „Jude zu sein, das bedeutet für sie nicht, religiös zu sein. Es ist Teil ihrer Identität. In ihrer Wahrnehmung rückt der Holocaust in den Hintergrund, auch der Israel-Bezug. Sie wollen

Teil der Gesellschaft sein, ihre Gemeinden öffnen und sich den Herausforderungen der Zukunft stellen."[64]

Im Kontext der angespannten innenpolitischen Situation in der Gemeinde sorgten die im Artikel dargestellten Positionen für einen Eklat. Die *Atid*-Initiative veröffentlichte mehrere Schreiben, in denen sie den Vorstandsmitgliedern Brüche mit zwei Merkmalen jüdischer Identität vorwarf, nämlich der Erinnerung an die Schoa und der historisch begründeten Solidarität mit dem Staat Israel.[65] So zeichne die Einhaltung beider Standpunkte die Befähigung zur Repräsentation einer Jüdischen Gemeinde aus: „Herr Tichbi, Herr Zylberberg, sind Sie sich mit Ihrem Verständnis jüdischen Lebens und Ihrer problematischen jüdischen Identifikation wirklich sicher, ein Amt wie Ihres in der Gemeindeleitung einer jüdischen Gemeinde tragen zu können?"[66] Die besagten Vorstandsmitglieder distanzierten sich in einer Stellungnahme und einem Interview in der Zeitung *Jüdische Allgemeine* vom Inhalt des Artikels im *Abendblatt* und betonten, dass der Autor ihre Aussagen aus dem Kontext gerissen und fahrlässig zusammengeführt habe.[67] Bezeichnend ist bei diesem Vorfall die direkte Verbindung zwischen der medialen Darstellung und der Rückkopplung an das politische Geschehen innerhalb der Hamburger Gemeinde. Die Berichterstattung wirkte verstärkend auf die Konfliktsituation und gab dieser eine zusätzliche Dynamik. Gerade die öffentliche Sichtbarkeit trug zum Normbruch bei, wonach die angegriffenen Prinzipien als jüdisch galten und ihre öffentliche scheinbare Relativierung nicht hinnehmbar war. Man kann diese Entwicklung als Identitätskonflikt ansehen, da historische Referenzen auf den Staat Israel, den Holocaust und eine Distanz zur deutschen Mehrheitsgesellschaft zentrale Elemente der kollektiven Selbstbeschreibung der jüdischen Gemeinschaft darstellen. So kritisierten auch die Interviewten, dass man versucht habe, ihre Aussagen für eine „Schlussstrich-Debatte" zu instrumentalisieren.[68] Durch die Darstellung von Tichbi und Zylberberg als künftigen Meinungsträgern der Hamburger Jüdinnen und Juden wurde in dem Artikel eine „Normalisierung" der Verhältnisse zwischen jüdischen Menschen und ihrer nicht-jüdischen Umwelt in Aussicht gestellt. Im August 2011 wählte die Hamburger Gemeinde einen neuen Vorstand, dem keine ehemaligen Vorstandsmitglieder angehörten. Der neugewählte Vorstand grenzte sich demonstrativ gegenüber der jüngeren Gemeindegeschichte ab: „Wir sind mit dem Motto angetreten: Nach vorne schauen!"[69]

Neue und alte Normen

Wie es sich in der diachronen Betrachtung der diskursiven Ereignisse in Schleswig-Holstein und Hamburg zeigte, ist ein mannigfaltiger Umgang mit Historiografien und historischen Narrativen möglich. Die komparative Betrachtung der Ereignisse führt zu mehreren Schlüssen:

1. Durch den Übergang der jüdischen Gemeinden in die Phase der „Revitalisierung" lässt sich alles vor dieser Epoche jüdischen Lebens in Deutschland Liegende für historische Rückbezüge nutzen und für eine Repräsentation instrumentalisieren. Mit dem Verweis auf eine „religiös-humanistische" Linie im Falle von Verleger oder dem Anschluss an die Tradition des liberalen Judentums erfolgte keine Wiederaufnahme einer historischen Entwicklung, sondern der performative Anschluss an ein historisches Konstrukt. Frühere Geschehnisse werden je nach Situation neu gedeutet und Handlungen sowie Positionen an diesen ausgerichtet. Dieses Verhältnis dürfte mit der fortlaufenden demografischen, ethnischen und religiösen Transformation der jüdischen Gemeinschaft an Dynamik gewinnen.

2. Eine „Virtualität" jüdischer Kultur machen sich auch jüdische Akteure zunutze, um sich in diese einzupassen. In allen drei Beispielen stellten Normen wie eine traditionelle Israel-Solidarität, eine religiöse Definition jüdischer Identität oder das Gedenken an die Schoa Referenzpunkte dar. Die jeweiligen Akteure und Diskursproduzenten konnten und mussten sich zu diesen verhalten – etwa sich von ihnen abgrenzen oder an sie anknüpfen. Zumeist geschah dies unter einem Narrativ der „Öffnung" gegenüber Positionen, die zwischen Jüdinnen und Juden in Deutschland nicht gängig sind, aber in der Mehrheitsgesellschaft durchaus bestehen, wie beispielsweise einer „Schlussstrichdebatte", des kritischen Umgangs mit dem Staat Israel und einer säkularen Selbst-Definition. In Zukunft gilt es zu eruieren, wie die Integration von virtuellen Aspekten in die Vorstellung von jüdischer Kultur auch das real existente jüdische Leben gestaltet.

3. Die öffentliche Sichtbarkeit wirkt als Verstärker und Katalysator für Entwicklungen innerhalb der jüdischen Gemeinschaft. Wie deutlich geworden ist, erhielten diese in den Gemeinden eine neue Dynamik durch die Außendarstellung in der medialen Berichterstattung. Im Rahmen dieses Beitrags ist es nicht möglich gewesen, die in den Artikeln dargestellten Informationen mit ihrer reellen Basis zu vergleichen. Es lässt sich aber die Vermutung aufstellen, dass sich nicht wenige Konflikte aufgrund einer Komplexitätsreduktion ergaben, die in der externen Schilderung stattfand. So folgten die meisten Beiträge

einer Lesart, die einen Konflikt auf eine bestimmte Anzahl an Relationen einschränkte. Nur wenige Berichte verwiesen auf die Umbruchsituation der jüdischen Gemeinschaft, in der sich überhaupt solche Konfliktsituationen ergeben konnten.[70]

Man muss betonen, dass sich die dargestellten Beobachtungen auf eine besondere Hochphase der öffentlichen Aufmerksamkeit für jüdisches Leben beziehen. Sie geben aber Aufschluss darüber, dass der eingangs beschriebene Gabentausch nicht obsolet geworden ist, sondern man eher von einer „Gleichzeitigkeit des Ungleichzeitigen" ausgehen kann, um eine Formulierung des Philosophen Ernst Bloch zu bemühen.[71] Man kann sagen, dass sich das Tauschverhältnis historisch und politisch erweitert hat. In dieser Konstellation müssen sich jüdische Institutionen auch vermehrt über ihre eigene Standortbestimmung Gedanken machen. Ein Defizit stellt dahingehend ein intrajüdischer Dialog dar, dessen Ziel nicht sein sollte, eine einheitliche Meinung zu generieren, sondern die Vielfalt an Positionen miteinander abzuwägen, um im Zweifelsfall zumindest kein destruktives Nebeneinander oder Gegeneinander entstehen zu lassen. Jüdinnen und Juden sollten mehr an der Bildung ihres eigenen Mythos mitwirken.

Anmerkungen

1 Vgl. Bodemann, Y. Michal: Gedächtnistheater. Die jüdische Gemeinschaft und ihre deutsche Erfindung, Hamburg 1996, 93–99.

2 Bodemann, Y. Michal: „Muslime, russische Juden, Israel und Deutschland. Jüdische Diaspora neu begreifen", in: Ders.; Brumlik, Micha (Hg.): Juden in Deutschland – Deutschland in den Juden. Neue Perspektiven, Göttingen 2010, 74–80, hier 79.

3 Vgl. Mauss, Marcel: Die Gabe. Form und Funktion des Austauschs in archaischen Gesellschaften, Frankfurt a.M. 1968.

4 Vgl. Kauders, Anthony D.: „Juden als Gabe, oder: Eine andere Geschichte der westdeutschen Demokratie", in: Fulda, Daniel u.a. (Hg.): Demokratie im Schatten der Gewalt. Geschichten des Privaten im deutschen Nachkrieg, Göttingen 2010, 152–173.

5 Drobinski, Matthias: „Minderheit auf schwankendem Boden", in: Bodemann; Brumlik (Hg.): Juden in Deutschland – Deutschland in den Juden [FN 2], 92–97, hier 95.

6 Bodemann: „Muslime, russische Juden, Israel und Deutschland" [FN 2], 78.

7 Vgl. Lagodinsky, Sergey: „Der Morgen und danach ... Die Suche nach einem neuen politischen Selbstverständnis für die jüdische Gemeinschaft", in: Belkin, Dmitrij; Gross, Raphael (Hg.): Ausgerechnet Deutschland! Jüdisch-russische Einwanderung in die Bundesrepublik, Berlin; Frankfurt a.M. 2010, 168–170, hier 168.

8 Vgl. Bodemann: Gedächtnistheater [FN 1], 40f.

9 Genaueres hierzu findet sich in bereits vorhandenen Medienanalysen. Vgl. Halbinger, Monika: Das Jüdische in den Wochenzeitungen ZEIT, SPIEGEL und STERN (1946–1989). Berichterstattung zwischen Popularisierungsbemühung, Vereinnahmung und Abwehr, München 2010.

10 Vgl. Goschler, Constantin; Kauders, Anthony: „Positionierungen", in: Brenner, Michael (Hg.): Geschichte der Juden in Deutschland von 1945 bis zur Gegenwart. Politik, Kultur und Gesellschaft, München 2012, 295–378, hier 375f.

11 Dieses Verhältnis umschrieb Dan Diner mit dem Terminus der „Negativen Symbiose". Vgl. Diner, Dan: „Negative Symbiose. Deutsche und Juden nach Auschwitz", in: *Babylon*, 1. Heft, 1986, 9–20.

12 Vgl. Kauders: „Juden als Gabe, oder: Eine andere Geschichte der westdeutschen Demokratie" [FN 4].

13 Bodemann: Gedächtnistheater [FN 1], 41.

14 Vgl. Gruber, Ruth Ellen: Virtually Jewish. Reinventing Jewish Culture in Europe, Berkeley; Los Angeles 2002.

15 Vgl. Bodemann: Gedächtnistheater [FN 1], 55.

16 Vgl. Körber, Karen; Becker, Franziska: „‚Juden, Russen, Flüchtlinge': Die jüdisch-russische Einwanderung nach Deutschland und ihre Repräsentation in den Medien", in: Raphaël, Freddy (Hg.): „... das Flüstern eines leisen Wehens ...". Beiträge zu Kultur und Lebenswelt europäischer Juden. Festschrift für Utz Jeggle, Konstanz 2001, 425–450.

17 Für einen historischen Kontext siehe Halbinger: Das Jüdische in den Wochenzeitungen ZEIT, SPIEGEL und STERN [FN 9].

18 Zum judaisierenden Milieu vgl. Bodemann: Gedächtnistheater [FN 1], 51.

19 Ebd., 54.

20 Zum Diskurs-Begriff vgl. Foucault, Michel: Archäologie des Wissens, Frankfurt a.M. 1981, 48.

21 Hickethier, Knut: Einführung in die Medienwissenschaft, Stuttgart 2010, 34.

22 Barthes, Roland: Mythen des Alltags. Berlin 2015, 258.

23 Ebd., 275.

24 Vgl. ebd., 278.

25 Link, Jürgen: Versuch über den Normalismus. Wie Normalität produziert wird, Bonn 2006, 22.

26 Zum Dispositiv-Begriff vgl. Foucault, Michel: Dispositive der Macht. Über Sexualität, Wissen und Wahrheit, Berlin 1978, 119f. – Eine Übersicht zur Verwendung in der Medienwissenschaft gibt Hickethier: Einführung in die Medienwissenschaft [FN 21], 186.

27 Vgl. ZWST Mitgliedsstatistik 2015 der jüdischen Gemeinden und Landesverbände, online abrufbar unter: http://zwst.org/de/service/mitgliederstatistik/ (letzter Zugriff 1. Mai 2016).

28 Vgl. bzgl. etwaiger Konfliktlinien, die vor den 1990er Jahren bestanden Broder, Henryk M. u.a. (Hg.): Fremd im eigenen Land. Juden in der Bundesrepublik, Frankfurt a.M. 1980.

29 Vgl. Körber; Becker: „Juden, Russen, Flüchtlinge" [FN 16].

30 Zu der Verknüpfung von Diskurssträngen vgl. Jäger, Siegfried: Kritische Diskursanalyse. Eine Einführung, Münster 2009 (Edition DISS 3), 132f.

31 Vgl. Kornblum, Chaim „Entwicklung in Schleswig-Holstein seit 1994", in: Harck, Ole (Hg.): Jüdische Vergangenheit – Jüdische Zukunft, Kiel 1998 (Gegenwartsfragen 80), 101–103, hier 101.

32 Vgl. Fenyes, Gabriela: „Jüdische Gemeinde nach 1989", in: Institut für die Geschichte der deutschen Juden (Hg.): Das Jüdische Hamburg, Göttingen 2006, 141–143.

33 „Die Jüdischen Gemeinden Schleswig-Holsteins", in: *Flensburg Online*, November 2003, auf: http://www.flensburg-online.de/shwww/juedische-gemeinden-schleswig-holstein.html (letzter Zugriff 1. Mai 2016).

34 Ebd.

35 Seibert, Wolfgang: „Landesverband der Jüdischen Gemeinden von Schleswig-Holstein", in: *Jüdische Rundschau*, Nr. 4, November 2014, 12.

36 „Brief an den Landtagspräsidenten vom Landesverband", in: *Internetpräsenz des Landtages von Schleswig-Holstein*, 17. April 2004, online einsehbar unter: http://www.landtag.ltsh.de/infothek/wahl15/umdrucke/4400/umdruck-15-4447.pdf (letzter Zugriff 1. Mai 2016).

37 Ebd., 3.

38 Ebd., 3f.

39 Mikuteit, Hann-Lotte: „Krach in der jüdischen Gemeinde", in: *Hamburger Abendblatt*, 19. April 2004.

40 Ebd.

41 Herzinger, Richard: „Wer sagt, dass wir keine Juden sind?", in: *Die Zeit*, 25. März 2004.

42 Ahrens, Peter: „Gemeinden im Schlamassel“, in: *taz*, 23. April 2004.

43 Vgl. Ministerium für Bildung, Wissenschaft, Forschung und Kultur: „Vertrag zwischen dem Landesverband der Jüdischen Gemeinden von Schleswig-Holstein e.V., der Jüdischen Gemeinschaft Schleswig-Holstein (nachfolgend – bei Nennung beider – ‚die Verbände‘) und dem Land Schleswig-Holstein über die Förderung jüdischen Lebens in Schleswig-Holstein“, in: *Internetpräsenz des Bundesministeriums des Innern*, 1. Februar 2005, 2, online einsehbar unter: http://www.bmi.bund.de/SharedDocs/Downloads/DE/Themen/Gesellschaft-Verfassung/KircheReligion/schleswig_holstein.pdf?__blob=publicationFile (letzter Zugriff 1. Mai 2016).

44 Vgl. Stolzenberg, Christopher: „Zehn Libanesen für einen toten Israeli“, in: *Süddeutsche Zeitung*, 8. August 2006.

45 Vgl. Gessler, Philipp: „Der Provokateur“, in: *taz*, 14. August 2006.

46 Vgl. Tauchert, Stephanie: Jüdische Identitäten in Deutschland. Das Selbstverständnis von Juden in der Bundesrepublik und der DDR 1950 bis 2000, Berlin 2007, 126.

47 Vgl. Gessler, Philipp: „Vertreter des Zentralrats kritisiert Israel“, in: *taz*, 8. August 2006.

48 Vgl. Gessler: „Der Provokateur“ [FN 45].

49 Gessler: „Vertreter des Zentralrates kritisiert Israel“ [FN 47].

50 Witt-Stahl, Susann: „Judentum heißt plötzlich: Immer Recht haben“. Interview mit Rolf Verleger, in: *neues deutschland*, 23. Juni 2009.

51 Vgl. Verleger, Rolf: Israels Irrweg. Eine jüdische Sicht, Köln 2008.

52 Vgl. Gessler: „Der Provokateur“ [FN 45].

53 Vgl. Kauders: „Juden als Gabe, oder: Eine andere Geschichte der westdeutschen Demokratie“ [FN 4]. – Tauchert: Jüdische Identitäten in Deutschland [FN 46], 126; 297.

54 Vgl. „Israel-Kritik: Jüdische Gemeinde Lübeck entmachtet Vorsitzenden des Landesverbandes“, in: *Lübecker Nachrichten*, 24. August 2006.

55 Vgl. „Israel-Kritiker Rolf Verleger abberufen“, in: *Junge Welt*, 19. Juni 2009.

56 Vgl. Verleger, Rolf: „Gaza: Der böse, böse Nachbar“, in: *Hintergrund*, 5. Januar 2009, online auf: https://www.hintergrund.de/globales/kriege/gaza-der-boese-boese-nachbar/ (letzter Zugriff 2. März 2017).

57 Vgl. Bodemann, Michal Y.: „Widerspruch!“, in: Ders.; Brumlik (Hg.): Juden in Deutschland – Deutschland in den Juden [FN 2], 189–191.

58 Vgl. Linde-Lembke, Heike: „Alles auf Anfang“, in: *Jüdische Allgemeine*, 30. August 2007.

59 Vgl. Eusterhus, Eva: „Jüdische Gemeinde Hamburg schließt Ex-Chef aus“, in: *Die Welt*, 5. April 2009.

60 Vgl. Gräf, Friederike: „Rabbiner entlassen“, in: *taz*, 8. September 2010.

61 Vgl. Internetpräsenz von *Atid*: http://www.atid-hamburg.de/uns.html (letzter Zugriff 4. Mai 2016).

62 Vgl. ter Haseborg, Volker: „Junge Juden in Deutschland – die nächste Generation“, in: *Hamburger Abendblatt*, 2. März 2010.

63 Ebd.

64 Ebd.

65 Vgl. Offener Brief von *Atid* an den Gemeindevorstand vom 1. Mai 2010. Veröffentlicht auf der Atid-Homepage, online einsehbar unter: http://www.atid-hamburg.de/aktuelles/offener_brief_010510.pdf (letzter Zugriff 1. Mai 2016).

66 Ebd.

67 Vgl. Tichbi, David; Zylberberg, Daniel: „Stellungnahme vom 9. März 2010 zum Hamburger Abendblattartikel ‚Junge Juden in Deutschland – die nächste Generation' vom 2. März 2010", in: *Jüdische Gemeinde in Hamburg*, Gemeinderundschreiben, 3. Ausgabe Mai/Juni 2010, online auf: https://issuu.com/juedische_gemeinde_in_hamburg/docs/rundschreiben-d-2010-mai-juni-beilage (letzter Zugriff 2. März 2017). – Hirschfeld, Yohana: „Als würden wir den Holocaust verharmlosen!", in: *Jüdische Allgemeine*, 17. Juni 2010.

68 Vgl. Hirschfeld: „Als würden wir den Holocaust verharmlosen!" [FN 67].

69 Piehler, Moritz: „Wir-Gefühl an der Alster", in: *Jüdische Allgemeine*, 15. September 2011.

70 Vgl. Herzinger: „Wer sagt, dass wir keine Juden sind?" [FN 41].

71 Bloch, Ernst: Erbschaft dieser Zeit, Frankfurt a.M. 1981, 104.

David Kowalski

Nationale Selbstverständnisse und ihre Gedächtnisse. Der Holocaust in der polnischen Erinnerungskultur

In Polen kommt die Vergangenheit nicht zur Ruhe. Seit der polnisch-amerikanische Historiker Jan Tomasz Gross im Jahr 2000 mit seinem Buch *Nachbarn. Der Mord an den Juden von Jedwabne* herausgearbeitet hat,[1] dass, anders als zuvor behauptet, nicht die deutschen Besatzer, sondern die lokale Bevölkerung das Pogrom an den Jüdinnen und Juden von Jedwabne im Juli 1941 zu verantworten hatte, entwickelte sich ein bis heute andauernder Konflikt um die polnische Geschichte. Im Zentrum der Auseinandersetzung steht die Frage nach dem polnisch-jüdischen Verhältnis in Zeiten der nationalsozialistischen Judenvernichtung und den unmittelbaren Nachkriegsjahren.[2] In letzteren kam es zu einer Reihe gegen Jüdinnen und Juden gerichteter Pogrome und gewalttätiger Übergriffe. Einen traurigen Höhepunkt bildeten die Ereignisse von Kielce im Juli 1946. Nachdem ein katholischer Junge zwei Tage lang als vermisst gemeldet war, verbreitete sich das Gerücht, Jüdinnen und Juden hätten ihn entführt und zu Matzen verarbeitet – die klassische Ritualmordlegende.[3] Ein aufgebrachter Mob zog daraufhin los und ermordete über vierzig jüdische Männer, Frauen und Kinder. Viele weitere wurden verletzt. Dieses Pogrom war der Ausgangspunkt von Gross' 2006 erschienenen *Fear. Anti-Semitism in Poland After Auschwitz*, das den polnischen Antisemitismus jener Zeit analysiert und die unrühmliche Rolle der katholischen Kirche herausarbeitet.

Die Publikationen von Gross lösten einen Sturm der Entrüstung aus. Teile der polnischen Historiker_innenzunft sprachen ihm die wissenschaftliche Seriosität ab und bezweifelten die von ihm präsentierten Fakten und Zahlen. Die Empörung reichte so weit, dass einzelne Wissenschaftler_innen sich jeder weiteren Zusammenarbeit mit dem Verlag von Gross verweigerten – wohlgemerkt handelt es sich mit *Znak* um eines der renommiertesten polnischen Verlagshäuser.[4] Doch auch jenseits des wissenschaftlichen Diskurses erregten die Äußerungen zum polnischen Antisemitismus großen Unmut. Die Reaktionen in der Presse kamen einem gesellschaftlichen Erdbeben gleich: Es war mitunter davon zu lesen, dass die „modernen Juden" – gemeint war Jan T. Gross, dessen Vater jüdischer Herkunft war – den Christen die eigene „Pseudoreligion aufzwingen und sie auf die Knie vor der Gottheit des ‚Holocaust'"[5] werfen würden. Eine andere Autorin verwies darauf, dass „Juden" die „Mission" erfüllt hätten, in Polen den Kommunismus einzuführen und bemängelte eine fehlende Entschuldigung seitens der Jüdinnen und Juden für die Verbrechen, die sie in Form des Sozialismus an der polnischen Nation begangen hätten.[6] Es gab jedoch auch jene Stimmen, die die Aufdeckung polnischer Verbrechen gegen Jüdinnen und Juden als wichtigen Schritt für eine notwendige „Aufarbeitung" des polnisch-jüdischen Verhältnisses verstanden und einforderten, dass diese unrühmlichen Aspekte polnischer Geschichte zum nationalen Erbe gehören sollten und sich die gegenwärtige polnische Gesellschaft daher der daraus folgenden Verantwortung stellen müsse.[7]

Die Debatte offenbarte nicht nur einen manifesten Antisemitismus, sondern darüber hinaus auch eine tiefgehende Spaltung der polnischen Gesellschaft. Dabei stehen sich zwei unterschiedliche polnische Selbstverständnisse mit je eigenen historischen Narrationen gegenüber. Bereits zu Zeiten der Volksrepublik (1944–1989) wurde dies sichtbar und manifestierte sich immer wieder an der unterschiedlichen Bewertung der polnischen Geschichte im Zweiten Weltkrieg.

Das Gedenken an den polnischen Widerstand zu Zeiten der Volksrepublik

Mit dem deutschen Angriff vom 1. September 1939 wurde Polen zum ersten Opfer des nationalsozialistischen Vernichtungskriegs. In den anschließenden militärischen Auseinandersetzungen fielen bis zu 100.000 polnische Soldaten, 133.000 wurden verletzt und insgesamt etwa 400.000 gerieten in deutsche Kriegsgefangenschaft.[8] Mit dem Einmarsch der Roten Armee in Ostpolen am 17. September und dem deutsch-sowjetischen „Friedens- und Freundschaftsvertrag" vom 28. September schien das polnische Schicksal besiegelt. Nach 1772, 1793 und 1795 wurde Polen ein viertes Mal zwischen seinen Nachbarstaaten aufgeteilt. Doch trotz der militärischen Niederlage und den großen Verlusten entstand schon bald eine umfassende, unter Kontrolle der Londoner Exilregierung stehende, polnische Untergrundstruktur, aus der heraus gegen die deutschen Besatzer Widerstand organisiert, staatliche Strukturen aufrechterhalten und Hilfsorganisationen initiiert wurden.[9] So gelang es etwa der Untergrundorganisation *Żegota*, tausende polnische Jüdinnen und Juden zu verstecken und vor der drohenden Vernichtung zu retten.[10]

Den militärischen Arm der Londoner Exilregierung stellte die

Armia Krajowa (Heimatarmee, AK). Sie umfasste während des Zweiten Weltkriegs bis zu 400.000 Angehörige und war dadurch mit Abstand die stärkste Widerstandsorganisation im besetzten Polen. Ihre größte militärische Erhebung war der Warschauer Aufstand im Spätsommer 1944, bei dem bis zu 36.000 ihrer Mitglieder gegen die deutsche Besatzung kämpften. Dieser Aufstand richtete sich allerdings nicht nur gegen die Herrschaft der Nationalsozialisten, er war zugleich als ein Signal an die bis an die Weichsel vorgerückte Rote Armee gedacht. Warschau sollte unter die Kontrolle der polnischen Exilregierung gebracht werden, bevor die sowjetischen Truppen die Stadt einzunehmen vermochten.[11] Die Erhebung war also ein Versuch, die polnische Unabhängigkeit – vom Deutschen Reich und von der Sowjetunion – wiederherzustellen und wird darum häufig in die Tradition der großen polnischen Aufstände von 1794, 1830 und 1863 gerückt.[12]

Wie die drei historischen Nationalerhebungen zuvor fand auch der Warschauer Aufstand ein tragisches Ende. Die Heimatarmee wurde durch das deutsche Militär vollständig zerschlagen und musste am 2. Oktober 1944 kapitulieren.[13] Innerhalb der polnischen Bevölkerung nahm sie anschließend jedoch die Rolle einer Heldin ein – der Aufstand verlieh ihr einen „mythischen Nimbus“ und umgab die Kämpfer mit einer „märchenhaften Gloriole“[14]. Eine solche erhabene Bedeutung des Aufstandes erklärt sich erst aus dem spezifisch polnischen Nationalbewusstsein, das im 19. Jahrhundert entstand und die polnische Aufopferung ins Zentrum der nationalen Narration stellte. Stark vom Romantizismus beeinflusst, wurde der eigene nationale Leidensweg, also die Teilungen Polens und die Niederschlagung der Aufstände, als Spiegel der Leiden Christi begriffen und die polnische „Auferstehung“ zur messianischen Hoffnung stilisiert. Zur Wiedergutmachung der Sünden aller Völker habe Polen das Schicksal des Opfertums auferlegt bekommen. Die Wiedergeburt der polnischen Nation komme damit der Auferstehung Christi, sprich der Erfüllung der Zeit gleich. Der Kampf gegen die Teilungsmächte wurde somit als Kampf für höhere Ziele, für Freiheit und Gerechtigkeit auf Erden verstanden,[15] und die Heimatarmee entwickelte sich durch ihren aufopferungsvollen Einsatz zur Ikone der Unabhängigkeit und zum „Sinnbild der polnischen Nationalgeschichte“[16]. Der politischen Führung der Volksrepublik war diese Aufladung sowie der antisowjetische Impetus des Warschauer Aufstandes durchaus bewusst und so versuchte sie, dem frühen und unmittelbaren Heldenstatus der Heimatarmee entgegenzuwirken. Die staatliche Propaganda stellte die AK als Verbündete der Gestapo dar und bezichtigte sie der Illoyalität gegenüber

Polen.[17] Zahlreche Befehlshaber wurden zu Haftstrafen verurteilt, hingerichtet oder in sowjetische Arbeitslager deportiert. Es entbrannte ein „Kampf um die Erinnerung"[18], denn zusätzlich zu den Repressionen versuchte die sozialistische Führung, dem Bild der Heimatarmee durch ein verweigertes Gedenken entgegenzutreten. Den ersten Jahrestag des Warschauer Aufstandes beging die Führung noch feierlich, anschließend ging sie jedoch dazu über, das Ereignis vollständig aus dem offiziellen Gedenken zu verdrängen. Ab 1946 wurden dem Aufstand weder Denkmäler gewidmet noch fand er in Schulbüchern oder anderen Publikationen Erwähnung. Einzelne Gedenktafeln, die für die von den Nationalsozialisten hingerichteten Aufständischen aufgestellt wurden, nannten weder das Ereignis der Erhebung noch die Heimatarmee, sondern sprachen lediglich allgemein vom „Märtyrerblut" und dem Kampf gegen die „Hitlerfaschisten".[19]

Erst durch die Entstalinisierung und Liberalisierung von 1956 änderte sich die offizielle Politik gegenüber der ehemaligen Heimatarmee. Das politische „Tauwetter" führte zu einer öffentlichen Diskussion über ihre historische Rolle und ihre Bedeutung für Polen. Es gab erste Bemühungen, ein Denkmal zu Ehren der in Warschau gefallenen Soldaten zu errichten, und bei den Feierlichkeiten zum zwölften Jahrestag des Aufstandsbeginns am 1. August 1956 nahmen erstmals seit 1945 wieder Vertreter von Partei und Staat offiziell teil.[20] Bereits im April 1956 wurde eine allgemeine Amnestie für politische Gefangene verabschiedet, die auch für ehemalige Soldaten der AK galt. Es wäre sicherlich überhöht, von einer allgemeinen Rehabilitierung der Heimatarmee zu sprechen. Ihre politische Ausrichtung wurde weiterhin von der Partei öffentlich kritisiert und ihre ehemaligen Angehörigen vom Sicherheitsapparat überwacht.[21] Auch dauerte es noch bis 1964, bis das bereits 1956 angedachte Denkmal letztlich errichtet wurde; und anders als von den Veteranen angestrebt, war dieses nicht dem Warschauer Aufstand oder der Heimatarmee gewidmet, sondern den „Helden von Warschau 1939–1945" im Allgemeinen.[22] Dennoch fanden wertschätzende Stimmen zur AK in der polnischen Öffentlichkeit zunehmend Gehör.

Die veränderte Wahrnehmung der Heimatarmee in der öffentlichen Auseinandersetzung lässt sich in verschiedenen Gesellschaftsfeldern feststellen. So änderte beispielsweise der Kombattantenverband *Związek Bojowników o Wolność i Demokrację* (Verband der Kämpfer für Freiheit und Demokratie, ZBoWiD) seine Politik gegenüber Veteranen der ehemaligen Widerstandsarmee und warb in der Folge explizit um deren Gunst. Bis dahin hatte der Verband lediglich das Gedenken an die *Volksarmee* gepflegt, jene kommunistische Untergrundarmee, die aufgrund politischer Differenzen mit der Heimatarmee verfeindet und zum Ende des Krieges sogar mit ihr in Kampfhandlungen verwickelt war. Der Heimatarmee wurde hingegen vornehmlich in antikommunistischen Bevölkerungsteilen gedacht.[23] Doch nun würdigte der Vorsitzende des ZBoWiD, Mieczysław Moczar, den Einsatz und die Leiden der Heimatarmee-Mitglieder und widersprach damit dem staatlichen Geschichtsbild, das die Kämpfer der AK als „kriminelle Verräter" charakterisierte. Die politischen Auseinandersetzungen und die historischen Konflikte zwischen den Kampfformationen der Heimat- und der Volksarmee vermochte er durch eine nationalistische Geschichtsklitterung zu überdecken. Er konstatierte, dass es für den „Krach und Zank von damals" heute keinen Platz mehr gebe und betonte, dass die Opferbereitschaft für das Vaterland das entscheidende Kriterium zu sein habe.[24] Das für Polen vergossene Blut und nicht die politische Gesinnung war für Moczar maßgeblich, und so hatte er 1957 sogar einen Versuch unternommen, die Soldaten der *Nationalen Streitkräfte* (NSZ), eine ultranationalistische und antikommunistische Untergrundorganisation des besetzten Polens, zu rehabilitieren.[25]

Die Einebnung politischer Differenzen zugunsten eines nationalen Schulterschlusses hatte eine Abkehr von der sozialistischen Semantik zur Voraussetzung. Nicht mehr der Kampf gegen die „Hitler-Faschisten", wie im sozialistischen Geschichtsnarrativ, sondern die Opferbereitschaft gegenüber dem polnischen Vaterland war jetzt das identitätsstiftende Moment des nationalistischen Selbstverständnisses. Moczar bediente sich damit der polnisch-romantischen Tradition, in der Polen die Rolle des „Christus unter den Völkern" einnahm und dem Leiden des Einzelnen für das Vaterland eine gleichsam sakral-nationale Bedeutung zukam.[26] Die Durchsetzung eines solchen Geschichtsnarrativs ging allerdings mit dem Versuch einher, eine andere Gruppe, die bis dahin in der Erinnerung an das „antifaschistische Martyrium" eine zentrale Rolle einnahm, aus dem offiziellen Gedenken zu verdrängen – die jüdischen Opfer.

Das Gedenken an das jüdische Leid

Bereits 1945 gab es die erste Gedenkveranstaltung zu Ehren der Kämpfer des Warschauer Ghettoaufstandes im Frühjahr 1943. An den Häuserwänden Warschaus waren neben Plakaten, die sich gegen die antikommunistischen Widerstandskämpfer richteten, auch solche zu finden, die die Ehre der Ghettokämpfer beschworen.[27] Das offizielle

Gedenken an die ermordeten polnischen Jüdinnen und Juden war von Beginn an von einem Geschichtsnarrativ bestimmt, das nicht die in den Vernichtungslagern industriell Ermordeten, sondern vor allem die „heldenhaft" im „Kampf für Freiheit" gefallenen Jüdinnen und Juden in den Vordergrund rückte. Zu ihren Ehren wurde 1948 zur fünften Jährung des Warschauer Ghettoaufstands ein von Nathan Rapoport entworfenes und monumental anmutendes Denkmal offiziell eingeweiht. Zu jener Zeit war es, neben einem Gedenkort für die gefallenen sowjetischen Soldaten, das einzige Warschauer Denkmal, das an die Opfer der Nationalsozialisten erinnerte.[28] Im Stil des sozialistischen Realismus gestaltet, steht es dabei emblematisch für das offizielle Gedenken der Volksrepublik an die ermordeten Jüdinnen und Juden. Lediglich auf der Rückseite verleiht ein Flachrelief dem jüdischen Leidensweg Ausdruck. Auf der Vorderseite des Denkmals wiederum befindet sich das über majestätisch anmutende Treppen zu erreichende und wesentlich exponiertere Relief der Ghettokämpfer. Unter den Skulpturen ist in Jiddisch, Hebräisch und Polnisch zu lesen: „Dem jüdischen Volk – seinen Kämpfern und Märtyrern".[29] Die Symbolik des Denkmals fügt sich in das damals vorherrschende Geschichtsnarrativ ein, in dem kaum Platz für die vermeintlich wehrlos ermordeten Opfer des Holocaust blieb. Die Vernichtung der Jüdinnen und Juden findet zwar einen symbolischen Ausdruck, dieser befindet sich aber nicht im Mittelpunkt des Gedenkens. Die industriell vernichteten Jüdinnen und Juden mussten einer antifaschistischen Heldenerzählung weichen, in der die ermordeten jüdischen Ghettokämpfer zu Streitern proletarischer und antifaschistischer Ziele stilisiert wurden und ihr Tod einen die Volksrepublik legitimierenden Charakter einzunehmen vermochte.[30]

Eine solche Erinnerungskultur ließ sich in ähnlicher Form auch in der Gedenkstätte Auschwitz beobachten. Hier wurde zwar bereits 1947 ein staatliches Museum eröffnet, jedoch galt die Aufmerksamkeit weniger den ermordeten Jüdinnen und Juden, Sinti und Roma, sondern zunächst dem polnischen und bald dem sozialistischen „Martyrium".[31] Auschwitz wurde zu einem Ort stilisiert, an dem „Polen und Bürger anderer Nationalitäten kämpften und einen Märtyrertod erlitten"[32]. Juden, auf Polnisch „Żydzi", nahmen in der alphabetisch sortierten Opferauflistung den letzten Platz ein. Offizielle Gedenkveranstaltungen in Auschwitz wurden regelmäßig dazu genutzt, vor dem westdeutschen „Revanchismus" und den „faschistischen" und „imperialistischen" Bestrebungen der Vereinigten Staaten und ihrer

Verbündeten zu warnen. Der Ort verkam zu einem Propagandainstrument der neuen politischen Führung.[33]

Doch so sehr das staatliche Gedenken an die ermordeten Jüdinnen und Juden auch der sozialistischen Instrumentalisierung unterlag, sie fanden darin immerhin einen, wenn auch fragwürdigen, Platz in der offiziellen Erinnerungspolitik. Sie wurden als vermeintliche Helden und Märtyrer für den Sozialismus gefeiert, während der Heimatarmee diese Ehre nicht zuteilwurde.

Verdrängte Erinnerung an den Holocaust in den 1960er Jahren

Mit den Veränderungen von 1956 und der Nationalisierung der Parteipolitik änderte sich jedoch dieses Verhältnis. Die verstärkte Betonung des polnischen Leidens und die erinnerungspolitische Aufwertung der Heimatarmee traten in Konkurrenz zum vorherrschenden Narrativ und verdrängten zunehmend das Gedenken an die jüdischen Opfer.

Die Jahrestage des Warschauer Ghettoaufstands wurden zwar fortwährend feierlich begangen, jedoch spielte die Tatsache, dass es sich um ein *jüdisches* Ghetto handelte, in den 1960er Jahren eine immer geringere Rolle. Bereits zum 20. Jahrestag des Aufstandes 1963 wurde meist nur noch von „Bewohnern des Ghettos" und „Söhnen und Töchtern des polnischen Volkes"[34] gesprochen. Wenn von Juden die Rede war, so wurden immer auch die polnischen Hilfeleistungen hervorgehoben. Der Aufstand im Warschauer Ghetto erfuhr damit – auf Kosten der jüdischen Komponente – eine retrospektive Polonisierung.[35] Bei den Feierlichkeiten im April 1968 nahmen die jüdischen Delegierten erstmalig in der Reihenfolge der Kranzniederlegungen den letzten Platz ein, selbst noch hinter den Vertretern der Warschauer Großkombinate – eine vielsagende Symbolik.[36]

Auch das Gedenken an die Opfer von Auschwitz wurde zunehmend polonisiert. Der jüdischen Opfer wurde zwar auch in den 1940er und 1950er Jahren nicht gesondert gedacht, doch in den 1960er Jahren verstärkte sich die Tendenz zur Marginalisierung ihrer spezifischen Erfahrung noch. Bis dahin war das Stammlager Auschwitz I Ort des Gedenkens und Sitz des Museums gewesen. Zwischen 1940 und 1945 hatte dieses vor allem als Lager für polnische Gefangene gedient, viele von ihnen waren aufgrund ihrer politischen Überzeugung interniert worden. Von den 150.000 inhaftierten Polinnen und Polen überlebte nur etwa die Hälfte.[37] Auschwitz I war die größte Todesstätte der polnischen Intelligenzija und des polnischen Widerstandes gewesen und deshalb ein zentraler Erinnerungsort für die polnischen Opfer des Nationalsozialismus. Allein durch die 1947 erfolgte Institutionalisierung des Museums im ehemaligen Stammlager war also bereits der Schwerpunkt des offiziellen Gedenkens festgelegt worden.

Auschwitz II-Birkenau – als zentraler Ort der industriellen Vernichtung der Jüdinnen und Juden – fand hingegen wenig Beachtung. Das Gelände stand zwar zur Besichtigung offen, jedoch gab es keinerlei Ausstellungen oder Denkmäler, und so wurde es von den zahlreichen Besucher_innen des Museums im Stammlager kaum wahrgenommen.[38] Dies änderte sich in den 1960er Jahren auch nur langsam mit dem Bau und der Einweihung des großen „Denkmals für die Opfer des Faschismus". Das Mahnmal, seit 1957 vom *Internationalen Auschwitz Komitee* (IAK) geplant, wurde 1967 schließlich zum 22. Jahrestag der Befreiung von Auschwitz eingeweiht. Doch anders als es die Bedeutung des Ortes vermuten ließe, bezog sich das Denkmal kaum auf die in Birkenau ermordeten Jüdinnen und Juden. Auf den Gedenktafeln hieß es lediglich: „Vier Millionen Menschen litten und starben hier durch die Hände der Nazi-Mörder zwischen den Jahren 1940 und 1945".[39] Auf einer erhöhten, zentral liegenden und aufgrund ihrer Größe bereits herausstechenden Tafel war auf Polnisch zu lesen, dass den „Helden von Auschwitz, die im Kampf gegen die Nazimorde für Freiheit und Menschlichkeit" starben, der Orden des Grunwald-Kreuzes Erster Klasse verliehen werde.[40] Hiermit waren wohl kaum die in den Gaskammern Ermordeten gemeint. Vielsagend ist auch eine Detailänderung am Denkmal, die unmittelbar vor der Eröffnung im April 1967 vorgenommen wurde: Anstelle von drei abstrakten Figuren, die eine Familie und damit jüdische Opfer hätten symbolisieren können – lediglich von Jüdinnen und Juden, Sinti und Roma wurden ganze Familien nach Auschwitz deportiert und ermordet –, stand bei der Eröffnung des Denkmals eine große Granitplatte auf dem etwa zwei Meter hohen Sockel. In die Granitplatte war ein Winkel eingelassen; er war zwar farblos, müsse aber, so Detlev Hoffmann, „rot gedacht" werden und erinnerte somit an die politischen Gefangenen aus Auschwitz I.[41] Das eingelassene P machte zudem die polnische Nationalität deutlich.

Im November desselben Jahres entzündete sich um das Lemma „Konzentrationslager" der *Wielka Encyklopedia Powszechna* (Große Allgemeine Enzyklopädie) eine öffentliche Debatte, die zeigt, wie eine solche Polonisierung des jüdischen Leids zur Relativierung des Holocaust beitrug: Der knappe Text beschrieb die nationalsozialistischen

Konzentrationslager, präsentierte die neuesten Forschungsergebnisse und unterschied zwischen Konzentrations- und Vernichtungslagern. In letzteren, so heißt es im Lemma, seien 99 Prozent der Opfer Jüdinnen und Juden gewesen.[42] Diese Differenzierung bezüglich der Opfergruppen sowie unterschiedlichen Lagertypen sorgte in Teilen der polnischen Öffentlichkeit für einen Sturm der Entrüstung. Für Kazimierz Rusinek beispielsweise, den Vizeminister für Kultur und Kunst und gleichzeitig Generalsekretär des Kombattantenverbandes, waren diese Angaben inakzeptabel. In einem Zeitungsartikel in der *Polityka* erklärte er, es habe keinen Unterschied zwischen einem Vernichtungs- und einem Konzentrationslager gegeben – bei beiden sei der einzige Zweck die Tötung der Insassen gewesen, gleich welcher Nationalität oder Herkunft.[43] Mehr noch, die Jüdinnen und Juden hätten nur 30 Prozent aller Opfer der Nationalsozialisten ausgemacht und die „Endlösung" habe keine Sonderstellung im nationalsozialistischen Plan, auch andere Nationen in ihrer Gesamtheit vernichten zu wollen, eingenommen. Und so schrieb Rusinek, der selbst Gefangener in Mauthausen gewesen war, „[d]ie ganze polnische Nation sollte vernichtet werden. Und die Vernichtung unserer Nation war nicht limitiert auf isolierte Lager; das ganze Land war ein Kampfgebiet mit Millionen von Opfern"[44].

Die Kommentare von Rusinek und anderen führten schließlich dazu, dass das Lemma in der Großen Enzyklopädie umgeschrieben wurde und man auf eine Differenzierung bezüglich der Lagertypen verzichtete. 34 Mitarbeiter des herausgebenden Verlages und zwei Parteifunktionäre, die für die Zensur des Lemmas zuständig gewesen waren, wurden entlassen und aus der Partei ausgeschlossen.[45]

Kazimierz Rusinek und Mieczysław Moczar gehörten zu einer Fraktion innerhalb der polnischen Arbeiterpartei, die in den 1960er Jahren zunehmend an Einfluss gewann und durch einen exkludierenden polnischen Nationalismus hervorstach. Dieser war durch eine ethnische Bestimmung der polnischen Nation als einer organischen Entität gekennzeichnet. Die Abstammung und der katholische Glaube bildeten darin die primären Merkmale polnischer Zugehörigkeit. In dieser Vorstellung hatten Juden keinen Platz und konstituierten das „Andere", das der polnischen Reinheit im Wege stehe.[46] 1967 drängte die parteiinterne Fraktion um Moczar an die Macht. Sie nutzte die im Ostblock einsetzende antizionistische Stimmung nach dem Sechs-Tage-Krieg, um ihre antisemitisch grundierte Definition des Polnischen als allgemeine Parteilinie durchzusetzen. Ihren traurigen Höhepunkt erreichte diese Politik 1968 mit einer staatlich initiierten

Hetzkampagne gegen die Jüdinnen und Juden in Polen oder, genauer gesagt, gegen jene, die von Moczar und Rusinek als Jüdinnen und Juden identifiziert wurden. Diese verloren in der Folge ihre Parteifunktionen sowie ihre beruflichen Positionen und damit jede Perspektive für ein weiteres Leben in Polen. Etwa 15.000 Polinnen und Polen jüdischer Herkunft verließen daraufhin ihr Herkunftsland.[47]

Kontinuitäten und Brüche in der Gegenwart

In Moczars und Rusineks Vorstellung hatten Jüdinnen und Juden jedoch nicht nur im zukünftigen Polen keinen Platz mehr, ihr exkludierendes Verständnis polnischer Zugehörigkeit wirkte sich, wie am Beispiel der Großen Enzyklopädie gezeigt, auch auf die Vergangenheit aus. Die Erwähnung des jüdischen Leids verstanden sie als eine Degradierung des polnischen Martyriums und der polnischen Heldensaga, in der dem polnischen Leid eine gleichsam messianische Bedeutung zukam. Die ablehnenden Reaktionen auf die Publikationen von Jan T. Gross knüpften an dieses exkludierende Geschichtsnarrativ an. Die vehemente Abwehrreaktion, die der Verweis auf den polnischen Antisemitismus hervorrief, erklärt sich nicht zuletzt aus diesem spezifischen Nationalstolz. Der Vorwurf, Pol_innen hätten sich an Gräueltaten gegen Jüdinnen und Juden beteiligt, rüttelte am nationalen Narrativ, das Pol_innen nur als Opfer und Retter kennt, und erschütterte somit das Fundament eines national-sakralen Selbstverständnisses. Der wiederholte Verweis seitens der Kritiker_innen von Gross auf das polnische Leiden im Sozialismus, als dessen Verantwortliche in verschwörungstheoretischer Manier „die Juden" gesehen werden, stellt sich demnach nicht nur als eine Täter-Opfer-Umkehr dar, sondern darüber hinaus auch als ein Versuch, das Selbstbild als „Christus unter den Völkern" wiederherzustellen.

In der Debatte um Gross' historische Arbeiten zeigte sich jedoch auch ein anderes polnisches Selbstverständnis: Eines, das sich nicht über die Ethnizität und auch nicht vorrangig über die Religion, sondern stattdessen über eine geteilte Kultur, eine gemeinsame Sprache und die Identifikation mit dem polnischen Staat definiert. Eine solche Vorstellung von Polen wirkt inkludierend und bezieht Jüdinnen und Juden explizit als gleichberechtigte polnische Bürger mit ein. Sie zeichnet sich nicht durch Homogenität, sondern durch Pluralismus aus. Die industrielle Vernichtung der polnischen Jüdinnen und Juden durch die Nationalsozialisten und das historisch präzedenzlose Leid werden dabei nicht als Konkurrenz zum national-polnischen

Opferkult verstanden, sondern in ihrer Besonderheit anerkannt und dennoch als Teil der polnischen Geschichte gesehen. Ein solches Verständnis geht damit einher, sich der historischen Verantwortung zu stellen, die aus den von Pol_innen an Jüdinnen und Juden begangenen Verbrechen resultiert. „Ein verantwortungsvoller Mensch", so formulierte es etwa Hanna Świda-Ziemba in der *Gazeta Wyborcza* am 12. April 2001, „ist [...] verpflichtet, die gesellschaftlichen Mechanismen und die Welt, in der er seine Entscheidung trifft, zu kennen und zu verstehen. Er kann eine für ihn unbequeme Wahrheit weder leugnen noch sich von ihr abwenden."[48] Und sie fügt hinzu: „Der Schock, den die Information über Jedwabne hervorgerufen hat, sollte ein neues Kapitel unseres Selbstverständnisses eröffnen."[49] Dazu zählt auch, sich kritisch mit der polnischen Rolle im Holocaust auseinanderzusetzen.

Bereits 1943 hat sich der polnische Literaturnobelpreisträger Czesław Miłosz mit ebenjener polnischen Verantwortung befasst. In seinem berühmten Gedicht *Campo di Fiori* verweist Miłosz auf die moralische Schuld der Tatenlosigkeit im Angesicht der Judenvernichtung – also im Angesicht der Ermordung der eigenen Nachbarn. Das Gedicht handelt von einem Karussell, das neben dem Warschauer Ghetto aufgebaut worden war und sich auch während des jüdischen Aufstandes großer Beliebtheit erfreute:

> „Der Wind trieb zuweilen schwarze / Drachen von brennenden Häusern, / Die Schaukelnden fingen die Flocken / Im Fluge aus ihren Gondeln / Der Wind von den brennenden Häusern / Blies in die Kleider der Mädchen, / Die fröhliche Menge lachte / An diesem schönen Warschauer Sonntag."[50]

1987 nahm der polnische Literaturwissenschaftler und Essayist Jan Błoński dieses Gedicht auf, um unter dem Titel *Die armen Polen schauen aufs Getto* erneut die polnische Öffentlichkeit auf die eigene historisch-moralische Schuld hinzuweisen.[51] Błońskis Intervention resultiert aus einer Zeit, in der sich vermehrt Intellektuelle für eine stärkere Auseinandersetzung mit dem Holocaust engagierten und damit bei der politischen Führung auf Widerstand stießen.[52] „Wir sollten aufhören, uns zu verteidigen, zu rechtfertigen, zu feilschen, hervorzuheben, was wir nicht tun konnten", so Błoński in seinem Essay, „[w]ir sollten aufhören, die Schuld auf politische, gesellschaftliche, ökonomische Bedingungen abzuwälzen. *Zuerst* sollten wir sagen: ja, wir sind schuldig."[53] Es war dieses Schuldeingeständnis, das eine breite Kontroverse auslöste und von Teilen der Gesellschaft als Provokation empfunden wurde. Dabei ging es Błoński explizit nicht darum, die deutsche Täterschaft infrage zu stellen, vielmehr betonte er, dass er sich lediglich auf die moralische Frage der fehlenden Intervention und passiven Zeugenschaft beziehe: „Kein vernünftiger Mensch kann behaupten, daß die Polen als Volk am Massenmord beteiligt waren. Aber Mit-Teilhabe und Mit-Schuld sind nicht dasselbe. Man kann mitschuldig sein an einem Verbrechen, ohne daran teilgehabt zu haben – und sei es durch Unterlassung oder ungenügenden Gegendruck."[54]

2014 veröffentlichte Jan T. Gross mit *Goldene Ernte* ein weiteres Buch zum polnischen Antisemitismus und löste damit erneut eine umfassende gesellschaftliche Kontroverse aus. Die Debatte verlief entlang der bereits zuvor benannten Konfliktlinien und ähnelte in vielen Aspekten den vorherigen Kontroversen um Gross' Bücher. Und dennoch ließ sich eine Veränderung beobachten: Die Empörung war von nur relativ kurzer Dauer.[55] Gross versteht dies als ein Zeichen gesellschaftlichen Wandels: „Die polnische Öffentlichkeit scheint sich an die Vorwürfe, dass sich einige Polinnen und Polen unter der deutschen Besatzung an antijüdischen Pogromen beteiligten und aus dem Holocaust bewusst Profit schlugen, gewöhnt zu haben. Insofern ist ein fundamentaler Wandel zu beobachten."[56] Dieser Wandel hat inzwischen einen manifesten Ausdruck erhalten. Mit *Polin*, dem Museum der Geschichte der polnischen Juden in Warschau, ist eine Institution entstanden, die explizit die 1000-jährige polnisch-jüdische Geschichte als Teil der allgemeinen polnischen Geschichte versteht. In der Ausstellung werden die polnischen Verbrechen an den jüdischen Nachbarn dargestellt, allerdings beschränkt sich das Museum nicht auf diese Episoden, sondern zeigt auch das jahrhundertelange friedliche Zusammenleben von Pol_innen und polnischen Jüdinnen und Juden – ein Blick in die Vergangenheit, der auf die Zukunft gerichtet ist.

Anmerkungen

1 Das Buch erschien zuerst auf Polnisch unter dem Titel *Sąsiedzi. Historia zagłady żydowskiego miasteczka*, 2001 dann in deutscher und englischer Übersetzung. Vgl. Gross, Jan Tomasz: Nachbarn. Der Mord an den Juden von Jedwabne, München 2001.

2 Zur Debatte siehe Polonsky, Antony; Michlic, Joanna B. (Hg.): The Neighbors Respond. The Controversy over the Jedwabne Massacre in Poland, Princeton u.a. 2004. – Engelking, Barbara; Hirsch, Helga (Hg.): Unbequeme Wahrheiten. Polen und sein Verhältnis zu den Juden, Frankfurt a.M. 2008.

3 Vgl. Gross, Jan Tomasz: Fear. Anti-Semitism after Auschwitz, Princeton 2006. – „Verschwörung", in: Diner, Dan (Hg.): Enzyklopädie Jüdischer Geschichte und Kultur (EJGK), Band 6, Stuttgart; Weimar 2016, 272–277.

4 Vgl. Sauerland, Karol: „Goldrausch bei Treblinka", in: *FAZ*, 15. Februar 2011.

5 Priester Jerzy Bajda, in: *Nasz Dziennik*, 14. März 2001, zit. nach Kowitz, Stephanie: Jedwabne. Kollektives Gedächtnis und tabuisierte Vergangenheit, Berlin 2004, 207.

6 Vgl. Grażyna Dziedzińska, in: *Nasz Dziennik*, 7. Mai 2001, zit. nach ebd., 237.

7 Einen guten Überblick über die Jedwabne-Debatte gibt Stephanie Kowitz in ihrer diskurstheoretisch angelegten Studie *Jedwabne. Kollektives Gedächtnis und tabuisierte Vergangenheit* [FN 5].

8 Vgl. Studt, Christoph: Das Dritte Reich in Daten, München 2002, 115. Zum Polenfeldzug allgemein vgl. auch Böhler, Jochen: Auftakt zum Vernichtungskrieg. Die Wehrmacht in Polen 1939, Frankfurt a.M. ^{2}2006.

9 Zum polnischen Untergrundstaat vgl. Kochanski, Halik: The Eagle Unbowed. Poland and the Poles in the Second World War, Cambridge 2012.

10 Zu Żegota vgl. Kosmala, Beate: Ungleiche Opfer in extremer Situation – Die Schwierigkeiten der Solidarität im okkupierten Polen, in: Benz, Wolfgang; Wetzel, Juliane (Hg.): Solidarität und Hilfe für Juden während der NS-Zeit, Band 1: Regionalstudien, Teilband 1: Polen, Rumänien, Griechenland, Luxemburg, Norwegen, Schweiz, Berlin 1996, 19–97.

11 Vgl. Borodziej, Włodzimierz: Der Warschauer Aufstand 1944, Frankfurt a.M. 2001, 110f.

12 Vgl. ebd., 8–10.

13 Vgl. zum Ablauf des Aufstandes: Borodziej, Włodzimierz: „Der Warschauer Aufstand", in: Chiari, Bernhard (Hg.): Die polnische Heimatarmee. Geschichte und Mythos der Armia Krajowa seit dem Zweiten Weltkrieg, München 2003, 217–253.

14 Chiari, Bernhard: „Die Heimatarmee als Spiegelbild polnischer nationaler Identität", in: Ders. (Hg.): Die polnische Heimatarmee [FN 13], 1–26, hier 2.

15 Vgl. Pufelska, Agnieszka: Die „Judäo-Kommune". Ein Feindbild in Polen, Paderborn 2007, 30. – Zum polnischen Messianismus vgl. Haumann, Heiko: „Das Erhabenste der Menschlichkeit", in: Degen, Bernard (Hg.): Fenster zur Geschichte. 20 Quellen – 20 Interpretationen, Basel; Frankfurt a.M. 1992, 247–259.

16 Chiari: „Die Heimatarmee als Spiegelbild polnischer nationaler Identität" [FN 14], 2.

17 Vgl. Żak, Andrzej Czesław: „Militärische Traditionspflege in den polnischen

Streitkräften“, in: Chiari (Hg.): Die polnische Heimatarmee [FN 13], 691–720, hier 694.

18 Markiewicz, Tomasz: „Der Kampf um die Erinnerung. Denkmäler der Heimatarmee in Warschau 1945“, in: Chiari (Hg.): Die polnische Heimatarmee [FN 13], 753–776.

19 Vgl. ebd., 757–759.

20 Vgl. Lesiakowski, Krzysztof: „Die Veteranen der Armia Krajowa und die ‚Partisanen‘ von Mieczysław Moczar in den sechziger Jahren“, in: Chiari (Hg.): Die polnische Heimatarmee [FN 13], 721–738, hier 725.

21 Vgl. ebd., 728f.

22 Vgl. Markiewicz: „Der Kampf um die Erinnerung“ [FN 18], 761–765.

23 Vgl. Golczewski, Frank: „Armia Krajowa“, in: Diner (Hg.): EJGK [FN 3], Band 1, 156–159, hier 159.

24 Zu Moczars Verhältnis zur Heimatarmee vgl. Lesiakowski, „Die Veteranen der Armia Krajowa“ [FN 20], 731–735. Moczar zit. nach ebd., 733.

25 Vgl. ebd., 727.

26 Vgl. dazu Huener, Jonathan: Auschwitz, Poland, and the Politics of Commemoration 1945–1979, Athens 2003, 48f.

27 Vgl. Ruchniewicz, Krzysztof: „Noch ist Polen nicht verloren“. Das historische Denken der Polen, Berlin 2007, 59.

28 Vgl. Steinlauf, Michael C.: Bondage to the Dead. Poland and the Memory of the Holocaust, Syracuse 1997, 49.

29 Eine ausführliche Entstehungsgeschichte und Ausdeutung des Denkmals findet sich bei Young, James: „The Biography of a Memorial Icon: Nathan Rapoport‘s Warsaw Ghetto Monument“, in: Ders.: The texture of memory: Holocaust memorials and meaning, New Haven 1993, 155–184.

30 Vgl. dazu Mecki, Markus: Helden und Märtyrer. Der Warschauer Ghettoaufstand in der Erinnerung, Berlin 2000, 58–62.

31 Vgl. zur politischen Instrumentalisierung des Auschwitzgedenkens Huener: Auschwitz, Poland, and the Politics of Commemoration [FN 26]. Zur unmittelbaren Nachkriegszeit besonders ebd., 59–107.

32 Zit. nach Steinlauf, Bondage to the Death [FN 28], 69 [Übersetzung D.K.].

33 Vgl. Huener: Auschwitz, Poland, and the Politics of Commemoration [FN 26], 80.

34 Zit. nach Stach, Stephan: „Vom ‚proletarischen Internationalismus‘ zum ‚polnischsten aller Aufstände‘. Die Jahrestage des Aufstands im Warschauer Ghetto in der Volksrepublik Polen“, in: *Horch und Guck*, Heft 62, 2008, 6–11, hier 9.

35 Vgl. hierzu auch Leociak, Jacek: „Die Instrumentalisierung des Holocausts während des Märzdiskurses“, in: Wolf-Poęska, Anna; Forecki, Piotr (Hg.): Der Holocaust in der polnischen Erinnerungskultur, Frankfurt a.M. u.a. 2012, 175–192, besonders 181.

36 Vgl. Stach: „Vom ‚proletarischen Internationalismus‘ zum ‚polnischsten aller Aufstände‘ [FN 34], 6.

37 Vgl. Huener: Auschwitz, Poland, and the Politics of Commemoration [FN 26], 19.

38 Vgl. ebd., 137–143.

39 Die erhöhte Opferzahl resultierte aus fehlerhaften Schätzungen in der unmittelbaren Nachkriegszeit. Inzwischen wurde die Zahl auf den Tafeln auf eineinhalb Millionen korrigiert. Vgl. dazu auch Steinbacher, Sybille: Auschwitz. Geschichte und Nachgeschichte, München 2004, 104–106.

40 Für eine detaillierte Beschreibung des Denkmals siehe Hoffmann, Detlef: „Einleitung", in: Ders. (Hg.): Das Gedächtnis der Dinge. KZ-Relikte und KZ-Denkmäler 1945–1995, 6–36, besonders 25–29. Eine kunsthistorische Deutung des Denkmals findet sich bei Pietrasik, Agata: „Abstraction & Figuration in the Auschwitz Memorial. From Consensus to Dissensus", in: Klei, Alexandra; Stoll, Katrin; Wienert, Annika (Hg.): Die Transformation der Lager. Annäherungen an die Orte nationalsozialistischer Verbrechen, Bielefeld 2011, 141–154.

41 Es gibt verschiedene Indizien dafür, dass der Winkel in Rot gedacht werden sollte, nicht zuletzt zeigten Plakate, die für die Eröffnung warben, den Granit samt rotem Winkel. Vgl. Hoffmann: „Einleitung" [FN 40], 28.

42 Zur Kontroverse um das Konzentrationslager Lemma vgl. Plocker, Anat: „Zionist to Dayan". The Anti-Zionist Campaign in Poland, 1967–1968, Stanford 2009, 109–133, hier 110.

43 Vgl. ebd., 125.

44 Zit. nach ebd.

45 Vgl. ebd., 131f.

46 Vgl. dazu Kowalski, David: „Adam Michnik – Eine polnisch-jüdische Nachkriegsbiografie", in: Engelhardt, Arndt u.a. (Hg.): Ein Paradigma der Moderne. Jüdische Geschichte in Schlüsselbegriffen. Festschrift für Dan Diner zum 70. Geburtstag, Göttingen; Bristol 2016, 157–175.

47 Zur antisemitischen Kampagne 1967/68 vgl. Dahlmann, Hans Christian: Antisemitismus in Polen 1968. Interaktion zwischen Partei und Gesellschaft, Osnabrück 2013. – Hammer, Richard: Bürger zweiter Klasse, Antisemitismus in der Volksrepublik Polen und der UdSSR, Hamburg 1974. – Wolak, Arthur J.: Forced Out. The Fate of Polish Jewry in Communist Poland, Tucson 2003; – Plocker: „Zionists to Dayan." [FN 42]. – Głuchowski, Leszek W.; Polonsky, Antony (Hg.): 1968. Forty Years After, Oxford; Portland 2009 (Polin 21).

48 Świda-Ziemba, Hanna: „Die Kurzsichtigkeit der ‚Kultivierten'", in: *Gazeta Wyborcza*, 12. April 2001, zit. nach Kowitz, Jedwabne [FN 5], 221–234, hier 223.

49 Ebd.

50 Miłosz, Czesław: Gedichte 1933–1981. In der Übertragung von Karl Dedecius und Jeannine Luczak-Wild, Frankfurt a.M. 1982, 23f.

51 Der Titel lautet im polnischen *Biedni Polacy patrzą na getto* und erschien am 11. Januar 1987 in der Wochenzeitung *Tygodnik Powszechny*.

52 Vgl. zur Holocausterinnerung in den 1970er und 1980er Jahren Peters, Florian: Revolution der Erinnerung, Berlin 2016, 362–426.

53 Błoński, Jan: Biedni Polacy patrzą na getto, übers. in: *VIA REGIA*, Heft 21/22, Jahrgang 1995, 47–55, hier 53. Hervorhebung im Original.

54 Ebd., 54.

55 Während die Debatten zu *Nachbarn* mehrere Monate anhielten, sorgte die jüngste Veröffentlichung nur noch wenige Wochen für Schlagzeilen. Vgl. dazu

Gross, Jan T.: „Der Holocaust wird mittlerweile in Polen geschrieben", in: *Phase 2*, Nr. 40, Herbst 2011, online auf: http://phase-zwei.org/hefte/artikel/die-geschichte-des-holocaust-wird-mittlerweile-in-polen-geschrieben-113/ (letzter Zugriff 5. Januar 2017).

56 Ebd.

Igor Mitchnik

Im Schatten der anderen: Erinnerung an die Schoa in der europäischen Einwanderungs- und Migrationsgesellschaft

Hin und wieder überrascht mich die eigene Überraschung. Im Herbst 2016 unterhielt ich mich auf einer Konferenz mit einem estnischen Politologen über Politik und Gesellschaft, als er – was mich wiederum selten überrascht – nach meiner Herkunft fragte. Die Familie sei aus der Ukraine und Russland immigriert, erklärte ich, im Rahmen der von Deutschland im Jahre 1991 beschlossenen jüdischen Kontingentregelung.[1]

„Aus Litauen sind vermutlich auch viele immigriert oder?“, fragte er mich aufrichtig interessiert. Etwas verblüfft erwiderte ich: „Ich bin mir nicht sicher, aber ich glaube nicht. Dort waren auch nicht mehr viele Juden übrig.“

– „Warum nicht? Vilnius war doch traditionell immer eine ziemlich jüdische Stadt gewesen“, hakte er nach.

Ich sah ihn verwundert an, probierte, mir mein flaues Gefühl im Magen allerdings nicht weiter anmerken zu lassen und sagte: „Weil etwa 95 Prozent der Juden während des Holocausts dort ermordet wurden.“

Er war sichtlich irritiert. Er gab zu, nichts darüber gewusst zu haben. Wir schwiegen kurz. Stundenlang hatten wir uns zuvor über europäische Politik, über Estland, über Deutschland unterhalten. „Nur“ vom Genozid, keine 500 km von der estnischen Grenze entfernt, hatte er noch nichts gehört. Weil mich dieses Erlebnis nicht losließ, fragte ich einige estnische Kommilitoninnen und Kommilitonen, Menschen zwischen 20 und 25, inwiefern sie in der Schule das Thema Holocaust behandelt hätten. Dass es den Juden nicht gut gegangen sei, werde thematisiert. Bei einigen spielten der Holocaust und jüdische Schicksale eine wichtige Rolle – allerdings waren diese Schicksale in der Regel nicht estnisch.

In diesem Essay möchte ich darüber nachdenken, wie Europäerinnen und Europäern auf individueller und europäischer Ebene gemeinsam eine Annäherung an identitätsstiftende Narrative der unterschiedlichen Länder der Union, in „West-“ sowie „Osteuropa“, gelingen kann – egal ob sie jüdisch oder nicht-jüdisch sind, ob mit oder ohne Migrationserfahrung. Hoffnung setze ich auf die künftige Vermittlung der jüdischen Tragödie im 20. Jahrhundert an Schulen im Kontext anderer historischer Leidensgeschichten. Dieser multi-direktionale Ansatz könnte es ermöglichen, einer Opferkonkurrenz entgegenzuwirken und Einwanderungsgesellschaften – zu einer solchen wandelt sich nun auch Deutschland nach jahrzehntelangem internen Widerstand bewusst – gegen Herausforderungen zu wappnen, die unter anderem die aktuellen Kriege in unmittelbarer Nachbarschaft der Europäischen Union – vor allem in Syrien und der Ukraine – sowie die Flüchtlingskrise mit sich bringen.

Nur wenn in diesem Kontext auch die jüdische Gemeinschaft in Deutschland und in Europa Empathie mit anderen Gruppen teilt und ihr Verständnis für andere Narrative stärkt, können wir unserer Verantwortung für eine gemeinsame europäische Zukunft gerecht werden. Nur in einem pluralistischen Rahmen, der europäische Vergangenheiten und Geschichten miteinander verbindet, lässt sich die langfristige Verankerung unseres Gedenkens in der deutschen wie auch europäischen Gesellschaft gewährleisten.

Geteilte europäische Erinnerung: Holocaust und Gulag

Im estnischen Fall ging das bislang auffällig schief. Der estnische Politologe Heiko Pääbo von der *Universität Tartu* erklärt das dadurch, dass der Holocaust in Estland erst im Zuge der Beitrittsverhandlungen des Landes zur EU und NATO akut thematisiert wurde. Eine Verankerung im sozialen Gedächtnis fand nicht statt, da ein großer Teil der Bevölkerung nun die eigene Opfergeschichte, die Erinnerung an die eigenen stalinistischen Deportationen als übergangen und die Erinnerung an den Holocaust als aufoktroyiert empfand.[2]

Die fehlende Erinnerung an den Holocaust in Estland, das nach Vertreibung und Ermordung der kleinen jüdischen Gemeinde einer der wenigen Orte in Europa war, der bereits auf der Wannseekonferenz 1942 von den Nazis als „judenrein“[3] eingestuft wurde, ist auch der mangelnden Aufarbeitung in der Sowjetunion geschuldet: Nachdem Stalin Estland, Lettland und Litauen der Sowjetunion einverleibt hatte, wurde jede Erinnerung an den Holocaust in diesen Ländern genauso tabuisiert wie im Rest der Union.

Doch trotz dieses nach wie vor eher rudimentären Bewusstseins für den estnischen Holocaust steht die Sozialwissenschaftlerin Maria Mälksoo mit ihrer Forderung nicht allein, dass sich die Europäische Union von der singulären Fixierung auf den Holocaust im europäischen Gedenken lösen solle. Und zwar nicht, weil sie die Grausamkeit der Schoa nicht anerkenne, sondern um die Bedeutung der stalinistischen Gräuel in Osteuropa nicht zu vernachlässigen,[4] die für die Bewohnerinnen und Bewohner vieler osteuropäischer Staaten nicht weniger identitätsstiftend sind als der Holocaust für Jüdinnen und Juden weltweit.

Nun ist man von einer Verherrlichung Stalins in Deutschland zwar weit entfernt, im nationalen Narrativ bleibt er aber dennoch eher eine Randnotiz. Eine persönliche Betroffenheit durch den Stalinismus hat in der deutschen Erinnerung aus guten Gründen keinen Platz und Diskussionen darüber, inwiefern dieses Narrativ die Singularität des Holocaust in Frage stelle, scheinen endlos. Das sieht in den Ländern der ehemaligen „Bloodlands"[5], die abwechselnd unter Hitler und Stalin litten, und die neben Estland und den anderen beiden baltischen Staaten auch die Ukraine, Weißrussland, Polen und Teile Russlands einschließen, wiederum völlig anders aus.

Aleida Assmann spricht deshalb von einer geteilten europäischen Erinnerung durch diese zwei Kernnarrative des 20. Jahrhunderts: den Holocaust und den Gulag.[6] Ihr zufolge hat sich der Holocaust zu einem transgenerationalen und transnationalen Gegenstand der Erinnerung gewandelt. Ein Gegenstand, der zu einem Gründungsmythos der Europäischen Union wurde. Als Kompromisslösung verweist sie auf den Historiker Bernd Faulenbach, der die Formel aufstellte, dass in der Auseinandersetzung mit dem stalinistischen Terror der Holocaust nicht relativiert werden, die Erinnerung an den Holocaust aber auch die Schrecken und die Erinnerung an den Stalinismus nicht trivialisieren dürfe.[7]

Funktioniert das? In Estland, das gerade einmal 1,3 Millionen Einwohner zählt, erfasste der Horror der stalinistischen Deportationen fast jede Familie. Danach folgte eine jahrzehntelange Okkupation durch die Sowjetunion. Kann man sich unter diesen historischen Voraussetzungen gleichermaßen mit der Holocausterinnerung befassen? Ich bin fest davon überzeugt – selbst wenn der Holocaust ausschließlich im Kontext der stalinistischen Verbrechen in dieser Region betrachtet werden kann. Ich finde es unter diesen Umständen auch nachvollziehbar, dass Symbole, die in Deutschland historisch Holocaust-Assoziationen hervorrufen, unter anderem in Estland eher mit den Deportationen der eigenen Bevölkerung in Verbindung gebracht werden als mit Judendeportationen.[8] Dieser Umstand darf aber nicht das Bewusstsein für die Tatsache überlagern, dass der Holocaust auch auf estnischem Territorium und durch Kollaboration von Estinnen und Esten stattfand. Das nicht zu vergessen, ist eine

Frage von Moral, Anteilnahme und – um zurück zu Assmann zu kommen – ein Teil europäischer Identität.

Deutschland als Motor europäischen Gedenkens

Die Etablierung eines gemeinsamen Gedenktags am 23. August, dem Jahrestag des Hitler-Stalin-Pakts, durch das Europäische Parlament im Jahre 2008[9] kann man – Faulenbachs Formel weiterdenkend – als einen bedeutenden Kompromiss sehen. Es war ein erster wichtiger Schritt, damit in Zukunft die Erinnerung an die stalinistischen Grausamkeiten auch bewusst in die nationalen Curricula der Mitglieder der Europäischen Union integriert werden kann – und nach ihr nun auch weitere identitätsstiftende Narrative. Auf diese Wiese kann man die multikulturellen Gesellschaften der Zukunft mit Verständnis für die anderen im Land lebenden Gruppen und ihre Narrative wappnen.

Für die baltischen Staaten Estland, Litauen und Lettland würde das bedeuten, dass niemand ihre Okkupations- oder Deportationserfahrung negiert und, umgekehrt, eine intensivere Auseinandersetzung mit dem Holocaust – und vor allem der eigenen Verantwortung dafür – ins nationale Gedächtnis eingeht. In Litauen hat sich im Jahre 2015 einiges bewegt: Das Buch der litauischen Autorin Rūta Vanagaitė *Die Unsrigen*, das die Verstrickung und Verantwortung der eigenen Bevölkerung in die Judenverfolgung beleuchtet, hat bei Erscheinen für viel Furore gesorgt – und zudem mit Sicherheit einen unumkehrbaren Diskurs in Gang gesetzt, der vielleicht auch Schatten auf die nördlichen Nachbarn wirft.[10]

Dafür kann Deutschland, heute einer der europäischen Kernstaaten, wirtschaftlicher und politischer Motor Europas und Migrationsmagnet[11], mit seinem international singulären Täternarrativ auch prägend sein. Aus Deutschland können aus diesem Grund Initiativen für ein modernes und inklusives europäisches Gedenken kommen – auch wenn die deutsche Auseinandersetzung mit der eigenen Vergangenheit keineswegs reibungslos verlief und nicht darüber hinwegtäuschen darf, dass Antisemitismus immer noch ein Problem in Deutschland ist.[12] Je nach Umfrage gehen Sozialwissenschaftler davon aus, dass bis zu einem Fünftel der Menschen in Deutschland mindestens latent antisemitisch eingestellt sind.[13]

Nun darf das deutsche Narrativ aber nicht getrennt von der Europäischen Union betrachtet werden – und vor allem nicht von den Narrativen seiner einzelnen Mitgliedsstaaten. Die Vereinten Nationen riefen den internationalen Gedenktag zur Befreiung von Auschwitz aus, um die Erinnerung an den Holocaust nicht nur in Deutschland und Europa wach zu halten, sondern um ihr universelle Geltung zu verschaffen: als Teil des Menschheitsgedächtnisses, das – so selbstverständlich es klingt – natürlich auch alle in Deutschland lebenden Gruppen einschließt. So funktioniert soziale Kohäsion.

Multi-direktionale Erinnerung entgegen der Opferkonkurrenz

Wenn wir nun als jüdische Minderheit in diesem Land dauerhaft das Verständnis für unser Gedenken gewährleistet sehen möchten – so sehr wir dieses auch als natürlichen Teil des Menschheitsgedächtnisses wünschen –, reicht es auf lange Sicht nicht aus, uns ausschließlich mit unseren eigenen Traumata zu befassen. Nur die Auseinandersetzung mit unserer Geschichte im Kontext anderer Grausamkeiten und „negativer Gründungsmythen“[14] kann das Verständnis für uns sichern. Eine Integration mehrerer Narrative in unser Bewusstsein als Jüdinnen und Juden in der Bundesrepublik und in der Europäischen Union sollte aus diesem Grund nicht als Angriff auf uns, unsere Identität und unsere Geschichte verstanden werden und daher auch keine Verteidigungsreflexe auslösen.[15]

In der wissenschaftlichen Literatur gab es einige Versuche, konkurrierende Narrative miteinander zu vereinen. Meine theoretischen Annahmen basieren auf dem Versuch Michael Rothbergs – der sogenannten multi-direktionalen Erinnerung. Er geht davon aus, dass sich konkurrierende Narrative zu unterschiedlichen Katastrophen – wenn man sie nebeneinander und nicht gegeneinander stellt – durch Bezüge und Gegenbezüge vereinen lassen. Seine Überlegungen zielen darauf ab, das Gedenken an Kolonialismus, Besatzung, Sklaverei und den Holocaust in gegenwärtigen multikulturellen Gesellschaften zu vereinen und die „Nullsummenlogik“ zu überwinden, nach der unterschiedliche Traumata in der Öffentlichkeit um die größte Anerkennung konkurrieren und sich gegenseitig auszuspielen versuchen.[16]

Es erscheint selbstverständlich, dass ein bestimmtes Ereignis für eine Gruppe identitätsstiftender ist als für die andere. Dennoch bin ich überzeugt, dass gegenseitiges Interesse und Empathie für die Traumata der „anderen“ ein aufrichtiges Verständnis füreinander schaffen kann. Dieses gegenseitige Verständnis erscheint in Zeiten anhaltender Migrationsströme noch relevanter für künftiges Gedenken in der Bundesrepublik. Obwohl Deutschland bereits seit Jahren eines der beliebtesten Einwanderungsziele der Welt ist, hat erst die Flüchtlingskrise seit 2015 – und mit ihr die Migration vieler Menschen muslimischer Religionszugehörigkeit – wieder Diskussionen darüber entfacht, wie sich deutsche Identität bestimmen und verteidigen lässt. Das passiert zumeist in Form der unsäglichen „Leitkultur"-Debatte.[17]

So fragwürdig ich viele Äußerungen führender Politiker zu einer vermeintlichen „Leitkultur" in Deutschland finde, halte ich das Gedenken an die Schoa in dem Rahmen, in dem es sich in diesem Land etabliert hat, für eine notwendige Errungenschaft, die es tatsächlich zu verteidigen gilt – trotz all ihrer innerhalb der jüdischen Community viel (und zurecht) diskutierten Unzulänglichkeiten.[18] Die Vermittlung dieses Narrativs unter den sich ständig wandelnden Umständen fordert wiederum fähige Lehrerinnen und Lehrer. Das ist keineswegs selbstverständlich: Wenn deutsche Lehrende über Generationen unter anderem damit überfordert waren, vielen (wenngleich lange nicht allen!) deutsch-palästinensischen Schülerinnen und Schülern die Wichtigkeit der Schoa zu vermitteln, wird es ihnen nicht weniger schwerfallen, gleiches den neu eingewanderten Jugendlichen aus dem Nahen und Mittleren Osten zu vermitteln, die nun in großer Zahl vor Krieg und Katastrophen nach Deutschland fliehen.

Der Blick fällt damit auf eine große Zahl von Jugendlichen, denen der Holocaust als Massenverbrechen häufig überhaupt nicht vertraut ist, weil er in ihren Herkunftsländern aus politischen Gründen keine Rolle spielt. Syrien ist nur ein Beispiel dafür. In Anbetracht der derzeitigen Ursprünge der Migrationsströme wird in Zukunft auch der syrische Krieg mit seinen Verbrechen, der unzählige Menschen traumatisiert hinterlässt und der bislang etwa eine halbe Million Opfer forderte (Stand 2016),[19] an deutschen Schulen erklärt werden müssen. Damit wird dieser Krieg auch automatisch relevant für die jüdische Gemeinschaft in Deutschland, die dadurch ein intrinsisches Interesse haben sollte, auf Flüchtlinge aktiv zuzugehen.

Denn wenn die Menschen aus Flüchtlingsfamilien nicht mit ihren erlebten Schrecken in die Bildungspläne integriert werden, in Schulbüchern Teil deutscher Geschichte werden – woher soll sich ihr Verständnis für den Holocaust entwickeln? Schulen und Schulbücher bleiben wichtige Mittel, durch die Gesellschaften ihre Identitäten, gemeinsame Vergangenheit und Zukunft definieren. Die in Schulbüchern vermittelten Narrative sind dabei Wandlungen unterworfen, die sich an Gegebenheiten der Zeit anpassen, von denen die Flüchtlingskrise nur ein Ereignis bleiben wird.[20] Verständnis für die menschlichen Tragödien, Geschichten von Migrierenden und die jeweiligen Kulturen im Raum – metaphorisch wie wörtlich gesehen – dient dazu, den „cultural iceberg“[21] in der interkulturellen Kommunikation mit jenen Leuten zu überwinden, die unsere Gesellschaft nachhaltig verändern werden. Ob die Mehrheitsgesellschaft dafür bereit ist, es überhaupt will oder nicht, ist dabei nachrangig. Es liegt allerdings sehr wohl in erster Linie an ihr und nicht an den Neueinwanderern, diese Veränderung zum Besseren zu gestalten.

Neue deutsche Geschichten: Minderheiten, Flüchtlinge und ihre Kinder

Aus diesem Grund liegt es auch im Interesse der jüdischen Gemeinschaft in Deutschland, sich mit der Mehrheitsgesellschaft an der gemeinsamen Entwicklung von historischen Narrativen zu beteiligen. Wir sollten dabei helfen, deutsche Identität als einen Bezugspunkt für die gesamte Einwanderungsgesellschaft zu vermitteln und dabei gleichermaßen zu zeigen: Wir akzeptieren euch und nehmen eure persönlichen Geschichten ernst. Wir thematisieren sie in der Schule – ergänzend, nicht alternativ zum Holocaust. Nur wenn wir uns für die Belange anderer einsetzen, können wir erwarten, dass sie sich für die unseren einsetzen werden. Dass diese Vermittlung von Narrativen in Deutschland bereits möglich war und ist, zeigt das Beispiel der Deutschtürken: Eine Mehrheit von ihnen ist der Meinung, dass die intensive Beschäftigung mit der Judenverfolgung „eine Sache aller in Deutschland lebenden Bürger“[22] sei.

Aber welche Geschichten wählen und integrieren wir? Welche Geschichten sind „relevant“ genug, in das deutsche und europäische Narrativ einzufließen und welche nicht? Der Holocaust sollte Referenzpunkt bleiben, allerdings – wie eingangs beschrieben – eben auch im Kontext der blutigen Auswirkungen, Hungermorde und Deportationen des Stalinismus. Eine Erinnerungspolitik, die auf einem offenen geschichtspolitischen Diskurs beruht, die sowjetischen Verbrechen in Osteuropa thematisiert und zugleich die Rehabilitierung des Stalinismus in Russland kritisch beobachtet,[23] hat nicht nur das Potential, eine transnationale europäische Identität zu stärken, sondern auch, unter anderem, problematischen Partnern wie Russland auf EU-Ebene geschlossen entgegentreten zu können.

Zudem erschließt sich die Relevanz von Geschichten schlicht durch die konkretere Betrachtung von europäischen Immigrationszahlen: Aus welchen Ländern und Regionen zieht es Menschen nach Europa? Was sind ihre Gründe? Wie erwähnt, wird die Geschichte von Kriegsflüchtlingen allein schon durch ihre Flucht zu uns zum integralen

Bestandteil des Landes, in dem sie wohnen. Ein Schweigen in der Schule zu den Verbrechen in Syrien droht jene Weigerungshaltung zu wiederholen, die zu viele deutsche Lehrerinnen und Lehrer während des jugoslawischen Zerfallskrieges an den Tag legten. Dieser Entwicklung kann man auch individuell entgegenwirken: Seit einigen Jahren habe ich den Jahrestag des Genozids im bosnischen Srebrenica als Erinnerungsdatum fest in meinem persönlichen Kalender vermerkt. Der Tag ist mir wichtig, weil er zu den Narrativen und Geschichten meiner Freundinnen und Freunde aus Bosnien gehört.

Prägend war für mich die Erfahrung aus meiner Grundschule: Auf einmal saßen Kinder aus dem Kosovo und aus Bosnien bei uns in der vierten Klasse. Die Lehrerin verlor kein Wort über ihre Herkunft. Niemand von uns wusste, warum sie da waren. Niemand fragte. Auch Monate später hörte ich keine Lehrerin und keinen Lehrer etwas darüber erzählen. Ich verlor diese Menschen aus den Augen, traf andere Bosnierinnen und Bosnier Jahre später. Die Erinnerung an Srebrenica wurde mir wichtig, weil sie meinen Freundinnen und Freunden aus diesem Land wichtig ist. Es ist mir wichtig, weil Deutschland mit anderen westlichen Staaten in den Krieg, in dessen Rahmen dieser genozidale Akt passieren konnte, involviert war – auch wenn es uns damals in der Grundschule niemand erzählte.

Mit ähnlicher Motivation verfolge ich heute die Geschehnisse in Syrien – nicht nur aus politischem Interesse, sondern mit Gedanken an die Familie eines engen Freundes im Hinterkopf. Mir geht es schlecht, wenn es ihm schlecht geht, und ich frage mich immer mehr: Sollten wir aufgrund unseres Alters damals in der Schule vor Informationen zum Krieg geschützt werden? Vielleicht wirkt dieser häufig vorgeschobene Grund („Kann man das Kindern zumuten?") für mich so absurd, weil mir der millionenfache Mord an Jüdinnen und Juden in diesem Alter bereits völlig bewusst gewesen ist. Genauso werden die Flüchtlingskinder aus dem Kosovo und aus Bosnien damals über ihre Fluchtursachen Bescheid gewusst haben – so wie die syrischen Kinder, die heute in deutschen Klassen sitzen.

Es sind Narrative wie diese, die sich auch ohne die offizielle Integration dieses Gedenkens ins deutsche nationale Gedächtnis reproduzieren. Sie werden in Familien weitergegeben werden, weil sie als identitätsstiftend unweigerlich zu ihnen gehören und das Leben von Generationen bestimmt haben und bestimmen werden. Diese Familien sind oder werden Teil der deutschen Gesellschaft wie wir. Nicht über diese Geschichten zu reden, an deutschen Schulen nichts Nennenswertes über sie zu erfahren, macht sie im Bewusstsein vieler

Minderheiten nicht weniger real und gefährdet nichts mehr als den gesellschaftlichen Zusammenhalt.

Wie die Präsenz einer großen Minderheit auf das nationale Gedächtnis eines Landes einwirken kann, zeigt sich beispielhaft am Einfluss der armenischen Diaspora auf das französische Gedächtnis. Frankreich ist mit 350.000 Armeniern die Heimat der größten armenischen Diaspora Europas, die weltweit 1,5 Millionen Mitglieder zählt. Der französische Staat erkennt den Genozid an den Armeniern, dem bis zu 1,5 Millionen Menschen zwischen 1915 und 1917 im osmanischen Reich zum Opfer fielen, an[24] – und so auch das Europäische Parlament seit 1987.[25] So wie die armenische Diaspora in Frankreich sicherlich dazu beigetragen hat, der französischen Erinnerung an diesen Genozid Form zu geben, werden die hier lebenden Gruppen in Deutschland in Zukunft ebenso zu einer Pluralisierung deutschen Gedenkens beitragen. Wie dieser Prozess verlaufen wird und welche Migrationen das Land prägen werden, kann heute niemand voraussagen. Den Syrienkrieg hatte im Jahre 2010 auch niemand erahnt.

Die jüdische Diaspora als eine Säule europäischen Denkens und Handelns

Die jüdischen Gemeinden, Gruppen und Individuen in Deutschland können in diesen Zuwanderungs-Diskurs ihre eigenen Integrationserfahrungen einbringen – und das in mehrfacher Hinsicht. Einerseits musste die eingesessene jüdische Community in Deutschland lernen, wie man Menschen wie meine Familie in ihre Gemeinden „integriert“. Sie standen vor der Herausforderung, Personen mit unterschiedlichen kulturellen Hintergründen und den verschiedensten Biografien zusammen zu bringen. Dazu kamen divergierende Erinnerungsnarrative, die uns bis heute beschäftigen: Während die alteingesessenen jüdischen Gemeinden sich in ihrem Gedenken ausschließlich auf das jüdische Opfernarrativ beziehen, war es für Menschen, die aus den Nachfolgestaaten der Sowjetunion nach Deutschland gekommen sind, völlig natürlich, den „Tag des Sieges“ am 8. oder 9. Mai zu ehren. Einen Tag, den sie häufig nicht nur als Sieg über den Faschismus betrachten, sondern auch als Zeichen jüdischer Selbstermächtigung gegen die Nazimaschinerie. Auch diese Narrative schließen sich für mich nicht aus. Ebenso wenig, wie in diesem Kontext die Okkupation der baltischen Staaten als solche zu benennen und die stalinistischen Massendeportationen zu verdammen.

Menschen wie diejenigen, die diese pluralistische jüdische

Gemeinschaft in Deutschland heute ausmachen, Menschen unterschiedlichster Herkunft, die in unterschiedlichen Ländern und Kulturen gelebt haben und sich mit Deutschland identifizieren, werden notwendig sein, um die globalen Herausforderungen Deutschlands anzupacken. Die jüdische Diaspora erscheint schon aus dem Grund relevant, weil sich unser Leben traditionell an vielen globalen Fixpunkten orientiert. Diese Erfahrung teilen wir mit anderen „neuen Deutschen“[26] unterschiedlichster Herkunft, die ihren Blick traditionell über die nationalen Grenzen hinauswenden. Gemeinsam können wir europäische Normen weiterentwickeln, unterschiedliche Leidensgeschichten reflektieren, lehren, vermitteln und ihrer gedenken – und auch die kritische Auseinandersetzung mit der eigenen Geschichte in allen EU-Mitgliedsstaaten und Anwärterländern unterstützen.[27]

Auf individueller, nationaler und europäischer Ebene sollten wir Europäerinnen und Europäer gemeinsam – egal ob jüdisch, nicht-jüdisch, mit Migrationshintergrund oder ohne, deutsch oder nicht-deutsch – mit unseren geografischen Nachbarn aus dem Schatten der historischen wie politischen Selbstbezogenheit heraustreten und unsere gemeinsame wie auch trennende europäische Geschichte reflektierend vermitteln. Eine transnationale Betrachtung dieser Geschichten könnte das nationale Bewusstsein um vernachlässigte historische Gemeinsamkeiten zwischen den europäischen Mitgliedsländern erweitern, die deutlich über den Zweiten Weltkrieg hinausgehen.

Nachholbedarf gibt es da allemal: Wie viele Deutsche wissen um die Spuren, die die deutsche Geschichte lange vor dem Zweiten Weltkrieg in EU-Staaten wie Bulgarien (durch das Haus Sachsen-Coburg und Gotha) und Estland (durch die Baltendeutschen) hinterlassen hat? Ein stärkeres Bewusstsein für den europäischen Kontext, in dem sich deutsche Geschichte bewegte, hat deutlich mehr Leitkultur-Potential als deutsches Bier, Ballermann und Birkenstocks. Das Wissen um diese Verbindungen könnte helfen, bis heute vorherrschende Vorurteile gegenüber dem „Osten“ Europas zu überwinden und eine zwischenstaatliche Annäherung auf Augenhöhe zu fördern. Denn nur auf Augenhöhe lassen sich auch die negativen Seiten europäischer Geschichte – wie Kollaboration im Holocaust – im nationalen Bewusstsein aller europäischen Mitgliedsstaaten und ihrer Menschen verankern. Ein anderer Weg würde mich überraschen.

Anmerkungen

1 Vgl. Körber, Karen: „Zäsur, Wandel oder Neubeginn? Russischsprachige Juden in Deutschland zwischen Recht, Repräsentation und Realität", in: Dies. (Hg.): Russisch-jüdische Gegenwart in Deutschland: Interdisziplinäre Perspektiven auf eine Diaspora im Wandel, Göttingen 2015, 13–37, hier 18.

2 Pääbo, Heiko: „Holocaust narrative in Estonian history textbooks", European Network Remembrance and Solidarity, 24. Mai 2014 [Video file], auf: https://www.youtube.com/watch?v=OTkP9eU04Wc (letzter Zugriff 13. November 2016). – Fundacja Edukacyjna Jana Karskiego: „The Memories of Totalitarianisms – Asymmetry of Memory, East and West, and the Holocaust", 23. Dezember 2014 [Video file], auf: https://www.youtube.com/watch?v=K-w5FXTJXEYM (letzter Zugriff 13. November 2016).

3 yadvashem.org: „Über den Holocaust – Der Beginn der ‚Endlösung': Die Ermordung der baltischen Juden", auf: http://www.yadvashem.org/yv/de/holocaust/about/04/baltic.asp (letzter Zugriff 20. Oktober 2016).

4 Vgl. Mälksoo, Maria: „‚Memory Must Be Defended': Beyond the Politics of Mnemonical Security", in: *Security Dialogue*, Volume 46, Issue 3, 221–237, hier 221–223.

5 Snyder, Timothy: Bloodlands: Europa zwischen Hitler und Stalin. München 2010.

6 Vgl. Assmann, Aleida: „Transnational Memories", in: *European Review*, Volume 22, Issue 4, 546–556, hier v.a. 552.

7 Vgl. ebd. – Faulenbach, Bernd: „Probleme des Umgangs mit der Vergangenheit im vereinten Deutschland. Zur Gegenwartsbedeutung der jüngsten Geschichte", in: Weidenfeld, Werner (Hg.): Deutschland. Eine Nation – doppelte Geschichte. Materialien zum deutschen Selbstverständnis, Köln 1993, 175–190, hier 190.

8 Vgl. Radonic, Ljiljana: „Europa gedenkt – Auf der Suche nach einer europäischen Erinnerungskultur?", auf: http://lernen-aus-der-geschichte.de/Lernen-und-Lehren/content/9248 (letzter Zugriff 21. Oktober 2016).

9 Reding, Viviane: „Die Erinnerung an den braunen und den roten Terror", auf: http://diepresse.com/home/meinung/gastkommentar/1445854/Die-Erinnerung-an-den-braunen-und-den-roten-Terror (letzter Zugriff 25. Oktober 2016).

10 „Mein Buch heisst ‚Die Unsrigen', weil beides ‚unsere Leute' waren: die, die gemordet haben, und die, die ermordet wurden. Sie alle waren litauische Bürger", zit. nach Leister, Judith: „Ein Holocaust-Buch rüttelt Litauen auf: Was die Unsrigen taten", in: *Neue Zürcher Zeitung*, 21. Mai 2016, online auf: http://www.nzz.ch/feuilleton/schauplatz/ein-holocaust-buch-ruettelt-litauen-auf-was-die-unsrigen-taten-ld.83820 (letzter Zugriff 20. Oktober 2016).

11 Wisdorff, Flora: „Deutschland ist zweitbeliebtestes Einwanderungsland", in: *Die Welt*, 20. Mai 2014, online auf: https://www.welt.de/wirtschaft/article128223358/Deutschland-ist-zweitbeliebtestes-Einwanderungsland.html (letzter Zugriff 24. Oktober 2016).

12 Vgl. Enzenbach, Isabela: „Antisemitismus als soziale Praxis", auf: http://www.bpb.de/apuz/130424/antisemitismus-als-soziale-praxis?p=all (letzter Zugriff 2. November 2016).

13 Vgl. „Alarmierende Studie zu Antisemitismus", in: *Die Welt*, 28. Januar 2015,

online auf: https://www.welt.de/print/welt_kompakt/article136849555/Alarmierende-Studie-zu-Antisemitismus.html (letzter Zugriff: 2. November 2016).

14 Siepmann, Marcel: „Vom Nutzen und Nachteil europäischer Geschichtsbilder", in: *Aus Politik und Zeitgeschichte*, Heft 42–43, 2013, 34–40, hier 35.

15 Vgl. Mälksoo: „Memory Must Be Defended" [FN 4], 225–228.

16 Vgl. Rothberg, Michael: „From Gaza to Warsaw: Mapping Multidirectional Memory", in: *Criticism*, Volume 53, Issue 4.

17 Vgl. „Unionspolitiker fordern neue Leitkultur-Debatte", in: *Zeit Online*, 30. September 2016, online auf: http://www.zeit.de/politik/deutschland/2016-09/cdu-csu-sachsen-leitkultur-patriotismus (letzter Zugriff 25. Oktober 2016).

18 So z.B. die deutsche „Erinnerungspolitik nach Gutsherrenart", zit. nach Balke, Ralf: „Zweierlei Gedächtnis", in: *Jüdische Allgemeine*, 19. November 2015, online auf: http://www.juedische-allgemeine.de/article/view/id/23921 (letzter Zugriff 29. November 2016).

19 Vgl. „Syrien: Doppelt so viele Tote wie bisher angenommen", in: *Zeit Online*, 11. Februar 2016, auf: http://www.zeit.de/gesellschaft/zeitgeschehen/2016-02/syrien-krieg-bilanz-bericht-tote-bevoelkerung-verletzte (letzter Zugriff 24. Oktober 2016).

20 Hein, Laura; Selden, Mark: „The Lessons of War, Global Power and Social Change", in: Dies. (Hg.): Censoring History: Citizenship and Memory in Japan, Germany and the United States, Armonk 1999, 3–52. – Bleiker, Roland; Hundt, David: „Reconciling Colonial Memories in Korea and Japan", in: *ASIAN PERSPECTIVE*, Volume 31, Issue 1, 2007, 61–91.

21 „The Iceberg Model of Culture", 2011, auf: http://interculturalism.blogspot.com.ee/2011/03/iceberg-model-of-culture.html (letzter Zugriff 24. Oktober 2016).

22 Ulrich, Bernd; Topcu, Özlem; Wefing, Heinrich: „Deutschtürken und der Holocaust: Geteilte Erinnerung", in: *Die Zeit*, 20. Januar 2010, online auf: http://www.zeit.de/2010/04/Editorial-Umfrage/komplettansicht (letzter Zugriff 21. Oktober 2016).

23 Vgl. Kaminskij, Konstantin: „Neostalinismus", 2015, auf: http://www.dekoder.org/de/gnose/neostalinismus (letzter Zugriff 23. Oktober 2016). – Assmann: „Transnational Memories" [FN 6], v.a. 553.

24 Vgl. Veiel, Axel: „Den Garten Eden zurückgelassen", in: *Frankfurter Rundschau*, 22. April 2015, online: http://www.fr-online.de/kultur/armenier-in-paris-den-garten-eden-zurueckgelassen,1472786,30500304.html (letzter Zugriff 24. Oktober 2016).

25 Vgl. „Türkei soll Völkermord an Armeniern anerkennen", in: *Deutsche Welle*, 15. April 2015, online auf: http://www.dw.com/de/t%C3%BCrkei-soll-v%C3%B6lkermord-an-armeniern-anerkennen/a-18386362 (letzter Zugriff 24. Oktober 2016).

26 Bota, Alice; Pham, Khuê; Topçu, Özlem: Wir neuen Deutschen: Wer wir sind, was wir wollen. Reinbeck 2012.

27 Vgl. Radonic: „Europa gedenkt – Auf der Suche nach einer europäischen Erinnerungskultur?" [FN 8].

Teil III

Medialitäten

Dmitrij Belkin, Anna Schapiro

Memoryseum und Memorysehum
Zur Medialität des Erinnerns

Das Museum ist ein Museum. Dieses Wort bedarf keiner grundlegenden Erklärung, lediglich einer Präzisierung im jeweiligen konkreten Fall. Das Newseum ist ein politisches und religiöses Kommunikationsinstitut in Washington, welches sich mit diversen öffentlichen Aspekten einer breit verstandenen Nachrichtenwelt befasst.[1]

Dieser Text wagt eine Neukreation und widmet sich dem *Memoryseum*, einem imaginären Raum, in dem das Erinnern – jüdisch wie nichtjüdisch – und dessen Aufbewahren analysiert werden, und zwar aus einer dialogischen Perspektive. Die Medialität und Materialität des Erinnerns und die Formen dessen Präsentierens bilden den Mittelpunkt des Interesses. Eine Verknüpfung von diversen Beispielen und persönliche Erfahrungen der Autor_innen – einer Künstlerin und eines Historikers – bilden den Inhalt des Essays.

Pharmakon

Dmitrij

Peter Eisenman, der Architekt des Holocaust-Mahnmals in Berlin, sprach vor knapp drei Jahren mit der Tageszeitung *Die Zeit*.[2] Es gebe nun erste Risse in den Stelen, eine kaputte Stele fehle gar ganz. Das Material werde müde, was sollen wir tun, fragte der Journalist besorgt: „Und meinen Sie, die Risse könnten als Symbole verstanden werden: als Zeichen eines schwindenden Gedenkens an den Holocaust?"

Darauf antwortete der etwas genervte und deswegen besonders ironische Peter Eisenman: „Wenn ich an meine Zimmerdecke schaue, dann sehe ich eine durchgebrannte Glühbirne. Heißt das, meine Lebenszeit wird sich verkürzen?"[3] Der Architekt fand die Frage offenbar etwas seltsam. Dabei kann man nicht sagen, der Amerikaner Eisenman würde die spezifische deutsche Erinnerungsdebatte nicht kennen. Er kennt diese Debatte sehr wohl und wunderte sich trotzdem.

„Heilt" die akademisch, künstlerisch oder politisch materialisierte und in diversen Formen präsentierte Erinnerung an die Schoa die deutsche Gesellschaft oder macht sie diese zusätzlich „krank", wobei eine gesellschaftliche Gesundheit natürlich eine schwer messbare Entität ist?

Eine in Form von Museen, Monumenten oder Gedenkstätten materialisierte Erinnerung wird selbstverständlich ständig selber sichtbar, aber auch die Arbeit an ihr. Ob die Problematisierung der Risse in den Stelen am Holocaust-Mahnmal in Berlin, oder die Debatten um die Stolpersteine in den deutschen Großstädten[4] – die Absichten der Macher_innen bleiben sowohl dem Betrachter als auch den politischen Entscheidern nicht verborgen. So wird die ursprüngliche Ikonophilie des spätbundesrepublikanischen philosemitischen Erinnerungs-Diskurses der letzten 20 Jahre, die sich um jede Spur des deutsch-jüdischen Lebens vor der Schoa bemüht, durch die Arbeit an Objekten der Erinnerung ungewollt „ikonoklastisch“[5] – die Bilder, Objekte, Fotos zum jüdischen Leben können, wie ebensolche zum nichtjüdischen Leben, zerstört, geschädigt oder umgebaut werden. Das bedeutet aber keinesfalls, dass der Vorgang dabei (wie die Frage des *Zeit*-Journalisten an Peter Eisenman suggeriert) in der Folge zwingend antisemitisch ist oder das Ergebnis – ein Kunstwerk – einfach schlecht wird.

Jede neue Erinnerungsform und ihre Materialisierung funktioniert, wenn es um das Gedenken an die Schoa geht, wie ein *Pharmakon* im Sinne von Jacques Derrida.[6] Sie „heilt“ die Gesellschaft – oder sie erhebt einen politischen, künstlerischen und pädagogischen Anspruch, heilend zu agieren. Doch zusätzlich macht sie die Gesellschaft krank oder birgt die Gefahr einer „Erkrankung“ – die „Erinnerungs-Arbeit“ an der Gesellschaft wird jedes Mal sichtbar, wenn man der Gesellschaft von Neuem eine Krankheit diagnostiziert. Die Diagnosen variieren zwar, doch sie bleiben allesamt im Bereich einer (ob qualitativ oder quantitativ) „nicht ausreichenden“ Erinnerung. Die Hoffnung auf eine „Genesung“ besteht für die post-Holocaustgesellschaft hierzulande kaum, denn das Verbrechen der Deutschen an den europäischen Juden hat kein Maß, um kontextualisiert und verstanden zu werden. In dieses erinnerungspolitische Paradox wird künstlerisch interveniert: Ein durch das Nebeneinanderstellen der Selfie-Fotos ahnungsloser Touristen am Berliner Holocaust-Mahnmal und der Bilder der Leichenberge aus den Nazi-KZs gefüllter virtueller Raum, steht, viele hunderttausend Male im Netz aufgerufen, für eines, nämlich: für nichts. Wobei die Kreierung eines solchen virtuellen a-historischen Leer-Raums als eine Reaktion sowohl auf das Holocaust-Mahnmal selbst als auch auf die permanenten gesellschaftlichen Neurosen um das Thema „Erinnerung“ betrachtet werden kann.[7]

Die neurotische Frage „Was passiert?“ – mit uns, mit der Gesellschaft, wenn ein Medium der Erinnerung an die Opfer des Holocaust plötzlich Risse aufweist oder Stolpersteine von einem Hausbesitzer verlegt werden, steht für den oben skizzierten Zustand, für dieses Dauerkrankbleiben– oder ein nie-wieder-gesund-werden-Können. Eine radikal-nationalistische, dicht an der Grenze zum Nationalsozialismus stehende „Kur", die einem „deutschen Volk", das sich als einziges „ein Denkmal der Schande in das Herz seiner Hauptstadt gepflanzt hat", eine „erinnerungspolitische Wende um 180 Grad"[8] als Arznei verschreibt, ist ein schnell wirkendes Gift und keine Medizin.

Was passiert mit uns, wenn die Erinnerungen einer sich beinahe stündlich fragmentierenden und pluralisierenden heutigen Einwanderungsgesellschaft die Einmaligkeit des Nazi-Verbrechens und der Erinnerung an die Schoa bewusst oder unbewusst in Frage stellen?

Memorysehum und Wind

Anna

Wenn wir davon ausgehen, dass alle Dinge, die uns umgeben, mit einer eigenen Aussage zu uns sprechen, wir nur manches Mal ihre Sprache oder das Hinhören verlernt haben, so spricht auch jede Wand und jeder Riss in ihr zu uns. Die Frage ist bloß, was sagen diese und zu was fordern sie uns auf?

Zwei Fragen will ich voranstellen, bevor ich berichten kann, wie ich mit Rissen in einer Lubliner Hauswand umgegangen bin: Wem gehört die Geschichte, also wer bemächtigt sich ihrer? Und wie wollen wir, in diesem Gespräch Du und ich, mit ihr umgehen?

Wenn wir von Erinnerung sprechen, so darf diese nicht nur von jüdischer Seite ausgehen. Wenn sie nur von jüdischer Seite beschrieben wird, fehlt die Hälfte. Der Genozid an den europäischen Juden ist nicht die Geschichte von Opfern und kann nicht nur aus dieser Perspektive erinnert werden. Dementsprechend würde ich dem *Memoryseum* ein „h" hinzufügen: *Memorysehum*. Dann wären wir bei *Erinnerung sehen*, was für mich bedeuten würde, den Umraum mit zu sehen, in dem Erinnern stattfindet.

Ich kann beschreiben, wie ich selbst mit Rissen in einer Hauswand in der Lubliner Altstadt umgegangen bin. Mein Interesse bestand nicht darin, erinnern zu wollen. Was ich wollte, war, die Materie direkt berühren zu können.

Rühren, vielleicht kann das ein Schlüssel für weitere Überlegungen und Handlungen sein.

Ich habe die Leerstellen der Hauswand mit Papier ausgefüllt. Das Arbeiten im Hof war auch ein Vehikel, den heutigen Anwohnern des Hauses zu begegnen, ein Alkoholiker kam morgens aus dem Keller, während ich meinen Kleister anrührte. Kinder auf dem Hof wollten wissen, ob ich Restauratorin bin oder ob ich „für die Werbung" arbeite. Weder noch.

Anna Schapiro / Mein Haus ist dein Haus, Lublin, 2009, Papier, Kleister

Anna Schapiro / Mein Haus ist dein Haus, Lublin, 2009, Papier, Kleister

Nach einigen Monaten haben Wind und Regen meine Arbeit am Haus weggewaschen. Also habe ich für den Wind gearbeitet, damit er auch diese dünne Papierschicht abtragen kann? Geschichte in materialisierter Form ist für mich nicht ohne die konstantesten Mitwirkenden Wind und Regen denkbar.

Verweisen diese beiden auf die Notwendigkeit einer Denkweise hin zu *Memorysehums/Erinnerung sehen*, also Umräume mitdenken zu müssen?

Auf die Frage, ob die Einmaligkeit des Nazi-Verbrechens und die Erinnerung an die Schoa heute in Frage gestellt werden, würde ich gerne Imre Kertész antworten lassen: „[...] der Rauch des Holocaust warf einen langen, dunklen Schatten auf Europa, während seine Flammen unauslöschliche Zeichen in den Himmel brannten."[9] Wenn Kertész schreibt, dass die Zeichen unauslöschlich sind, so sind sie es auch für mich. Vielleicht haben sich die Zeichen abgesenkt und sind in unsere Lebensweise eingedrungen, so wie sich auch Rauchpartikel absenken?

Wenn sich wer du bist verlagert hat in: was du besitzt, stehen wir vor einem Problem unserer Wertevorstellungen. Wir können unsere heutige Kultur nur verstehen und auch verändern, wenn wir nicht das entstandene Loch in ebendieser, in der humanistische und christliche Werte versagt haben, mit Konsum-Gütern zu stopfen versuchen.

Dieses Loch ist nicht füllbar.

Weitersprechen können und müssen wir jedoch.

So bin ich nicht diejenige, die erinnert in ihren oder durch ihre Arbeiten. Erinnern zu wollen war für mich nie ein Grund für künstlerisches und gesellschaftliches Arbeiten. Vielmehr, so würde ich es beschreiben, ist es meine Existenz in Deutschland, eine Existenz, die daran erinnert, wer nicht existiert. Dies würde ich als eine von außen projizierte Rolle charakterisieren, bei der es erstmal egal ist, ob ich in Moskau geboren wurde oder in Mexico City, ob mein Urgroßvater für die Rote Armee gefallen ist, ob er Budapest und Berlin mit ebendieser befreit hat oder ob er ins Exil fliehen konnte.

Nun würde ich den Begriff des Erinnerns gerne weiter ad absurdum führen, indem ich Erinnerung in Bewegung denke, ihn mitnehme, mittrage. Praktisch dadurch, dass ich mich bewege. So verändern sich auch alle Verhältnisse des Begriffs „Erinnerung“ zu allen anderen Begriffen.

Erinnerung reist mit und verändert sich. Wenn hier (heute Moskau) erinnert wird, dann an etwas völlig anderes als das, worüber Du mich in Berlin fragtest zu schreiben. Der Große Vaterländische Krieg ist ein Narrativ, das in Deutschland unbekannt ist.

Du hast mich gefragt: „Was bedeutet dieses Aushandeln des Begriffs mit sich selbst – in seiner zeitlichen wie räumlichen Dimension?“

Für mich bedeutet es, dass „Erinnerung“ in jeder räumlichen Dimension neu gedacht und gefasst werden muss, zumindest von mir, da ich durch meine eigene Bewegung permanent beobachte, wie der Begriff sich verändert. Dabei kann die Bewegung räumlich auch minimal erscheinen, so beispielsweise: Eine Bewegung vom Wohnzimmer meiner Oma, in einer hessischen Kleinstadt und den dort erzählten Geschichten hin zur Schule, am nächsten Tag. Hier treffen zwei Narrative aufeinander, die sich gegenseitig nicht ertragen. Dementsprechend bedeutete das *Aushandeln des Begriffs* erstmal, Paradoxes auszuhalten, paralleles Denken zu üben und sich jenseits von Kategorien wie Richtig oder Falsch weiter zu bewegen und Fragen zu stellen. Dabei verstehe ich Aushandeln als handeln, tätig sein. Nicht nur mit sich selbst, auch im Außen. Und Handeln geht nur in menschlichen Zusammenhängen, da halte ich mich streng an Hannah Arendts *Vita activa*[10].

Das Irreparable

Dmitrij

Woher nehmen wir die Vorstellung oder die Gewissheit, dass „ein Loch“, „ein Abgrund“, welche die Schoa hinterließ, nicht „füllbar“ seien? Was ist „Füllbarkeit“? Woher kommt die Metapher einer (Un-)Füllbarkeit von etwas? Diese Metapher beinhaltet etwas sehr Kindliches, sehr Naives und zugleich etwas Rührendes und Trauriges.

Ich machte (wie wir alle in jeder Kindheit der Welt) in meiner sowjetischen Kindheit viele Dinge kaputt und verfolgte förmlich die Verwandten mit dem Aufruf: „pochinite“ – „repariert das!“. Doch man kann das einmal kaputt Gemachte meistens nicht mehr reparieren. Nie mehr. Man kann es nicht ersetzen, auch wenn man eine neue Tasse derselben Sorte kauft. Man kann noch viel weniger die Leben der Getöteten wiedergutmachen und den Phantomschmerz der deutschen Gesellschaft nach dem Verlust (Eliminieren) des deutschen Judentums stillen, indem man „die Juden“ aus der ex-UdSSR mit einem verwaltungstechnisch nebulösen Programm und einer hohen symbolischen und erinnerungspolitischen Bedeutung als „Kontingentflüchtlinge“ nach Deutschland importiert.

Es kamen lebendige Menschen, immerhin knapp eine Viertelmillion, mit ihren ganz eigenen und vor allem ihren sehr divergierenden Geschichten und Erinnerungen, die aber hierzulande niemanden interessieren – diese Geschichten der „Neuen“ waren schlicht inkompatibel mit den medialen und erinnerungspolitischen Normen des Landes. Es gab kaum eine öffentliche Bühne dafür – eine nichtöffentliche gab es jedoch auch kaum. Diese Menschen hatten „zu bezeugen“, hatten für das „unwiderruflich Verlorene“ zu stehen, haben bis heute an den symbolträchtigen Tagen mit aufzupassen, dass die „Risse“ in unseren Erinnerungs-Stelen nicht entstehen. Wenn die Risse entstehen, haben sie, allein durch ihre Präsenz, dafür zu sorgen, dass sie sofort und aufwendig repariert werden. Das entspricht auch Deinem Gefühl – nicht „ich“, nicht „mein Opa“ stehen im Mittelpunkt des Interesses.

Merkst Du, wie „Deine“ polnischen Nachbarn und Passanten auf Deine Arbeit mit den „Rissen“ reagierten? Sie fragten nach etwas ganz Alltäglichem – Werbung? Restauration? Museum? Spinnerei?

Das Sakrale ist in solchen osteuropäischen Zusammenhängen meistens gänzlich abwesend, was in Deutschland in den Medien, die sich mit dem Holocaust befassen, und bei den interessierten Öffentlichkeiten prinzipiell anders aussieht.

Vor einigen Jahren nahm ich in einer bedeutenden Euthanasie-

Gedenkstätte an einer Führung teil. Das Museum existiert seit Jahren, doch vor kurzem wurden dort im Keller der ehemaligen Vernichtungs-Anstalt die Ruinen eines kleinen Krematoriums ausgegraben. Alle Besucher der Führung mussten einen großen Kreis um eine bestimmte Stelle machen: Dort seien nämlich die Spuren der Asche der verbrannten Opfer der Nazi-Verbrechen immer noch zu finden. Eine massive Plastik-Platte markierte diesen Ort. Ein ratloses Schweigen der Besucherinnen und Besucher stand für die fehlende Kommunikationssprache über diese Asche der Unbekannten.

Dem gegenüber stehen Eindrücke eines sowjetisch-jüdischen Dichters und Liedermachers, Alexander Gorodnicky, der in den 1960er Jahren das Museum im polnischen Oświęcim besucht hatte, als noch die wenigsten das Wort „Auschwitz“ als Symbol des Holocaust benutzten. Gorodnicky schrieb anschließend (1966) ein Gedicht *Po Osvencimu veter guljaet* („Es geht ein Wind durch das Oświęcim“ – wörtlich „es geht ein Wind spazieren“) über die Trivialisierung einer, wie ihm schien, unmöglichen Musealisierung am Ort des Schreckens: „Sie werden dort die verbrannten Knochen zu sehen bekommen, starren Sie bitte problemlos auf die Asche und besuchen Sie gern immer wieder dieses Museum!“[11]

Mein 17-jähriger Sohn, der 2016 mit seiner Berliner Schulklasse Auschwitz besuchte, sagte nach der Rückkehr: Die Berge von Schuhen der umgebrachten Menschen hinter der Glasvitrine seien ihm unnötig massiv vorgekommen. Mir ging es beim ersten Besuch in Auschwitz, im Jahr 1995, ähnlich.

Deswegen stellt sich für mich – und für unser *Memoryseum* (und *Memorysehum*!) – eine Frage nach Möglichkeiten und Grenzen eines expliziten Sichtbarmachens der Erinnerungsarbeit und auch nach diversen Unsicherheiten, die damit in Deutschland verbunden sind. Ein legitimer und guter Wille zur Sichtbarmachung der Erinnerungsarbeit ist nicht mit dem Willen, die Aneinanderreihung der Schrecken der Nazizeit sichtbar zu machen, identisch.

„Das Sichtbarmachen des Kuratierens“ – schreibt Boris Groys – „bedeutet gleichzeitig die Mobilisierung seines ikonoklastischen Potentials.“[12] Wie ist es um die Darstellbarkeit der Erinnerung an die Schoa bestellt? Stellen wir diese Erinnerung selbst nicht in Frage, indem wir die inzwischen „klassisch“, „alt“ (älter) gewordenen ikonischen europäischen Bilder aus dem Erinnerungs-Kanon hinterfragen? Und wenn ja – ist es historisch und vor allem moralisch legitim? Aus meiner Perspektive ist es primär eine Frage des Narrativs, die Frage einer historischen und „kontextuellen“ Verortung des

(Kunst-)Objekts. Geschichte und ihre Bezugsrahmen helfen, die heute sakral erscheinenden Zusammenhänge zu de-sakralisieren, ohne sie profan und leer erscheinen zu lassen. Wir sollten, so meine These, die Schoa-Kontexte und die (Präsentations-)Medien der Erinnerung an den Holocaust zunehmend in einen nachvollziehbaren und rational (das heißt a-religiös, de-sakral) historischen Zusammenhang stellen – und die Nutzer-, Zuschauer- oder Besucherperspektive dabei berücksichtigen.

Eine solche Perspektive scheint mir zentral zu sein: In der Welt der Social Media, die auch Museen und Erinnerungsarbeit entscheidend prägen, ja zu denen Museen zunehmend werden, werden die Besucherinnen und Besucher (die „Nutzer") zu einer Art blinden Königinnen und Königen erklärt – es dreht sich alles in der Welt der Erinnerung um sie; andererseits wird nach ihren Kenntnissen, ihren ich-bezogenen Eigenschaften, ihrer eigenen Geschichte, gar nicht gefragt. Lediglich ihre schnellen Emotionen und ihre nachvollziehbare Bestätigung, Vervollkommnung, stehen in der heutigen Museumswelt im Fokus. Besonders im Fall eines visuellen Konsums der Erinnerungsgegenstände und anderer Objekte des Gedenkens und Erinnerns gilt: Wir gebrauchen etwas, was wir überhaupt nicht hervorgebracht und nicht vor-formuliert haben.[13] Es heißt vor allem: „Weitergeben von Erinnerung", „Aufbewahren", „Tradieren" – etwas, was zu einer beinahe nationalen pädagogischen und kulturellen Aufgabe erklärt wurde, wird kaum reflektiert, schon gar nicht auf einer visuellen Ebene.

Eine Verantwortung der Besucherinnen und Besucher dabei besteht meines Erachtens darin, eigene Wahrnehmungen, eigene Worte zu entwickeln, um perspektivisch auch die Sprache der Erinnerung zu verändern oder diese zumindest zu hinterfragen und mitzuprägen.

Grenzen eines „Gedenkbereichs"

Anna

Fängt nicht mit dem „Ort für Erinnerung" die Auslagerung der eigenen Geschichte an? Geschichte ist woandershin verschoben worden. In Deinem Beispiel ins Museum.

John Dewy kritisiert das Museum in *Kunst als Erfahrung*. Die dort ausgestellten Arbeiten seien geschaffen worden, um den Alltag zu erheben und nicht um einen sakralen Moment im Museum zu erleben.[14] Das führt vielleicht zu weit, aber es verhält sich meiner Ansicht nach ähnlich mit der Vorstellung, die Schoa in der Gedenkstätte abhandeln zu wollen.

Ein Bespiel aus Sachsen: Betritt man die Gedenkstätte Pirna-Sonnenstein, so steht man mit dem Eintreten in das Gebäude vor einer Brandschutztür mit der Aufschrift: „GEDENKBEREICH“, ohne weitere Erklärung.

Eine mir nahestehende Person, die in Pirna aufgewachsen ist, erzählte mir immer wieder eindringlich, wie sie als Kind den schwarzen Rauch, der über der Stadt lag, beobachtete und wie dieser Rauch stank. Sie hat auf der anderen Seite der Elbe, gegenüber der Tötungsanstalt Pirna-Sonnenstein gewohnt. Deswegen kann nicht nur in diesem Keller, dem Krematorium von Pirna-Sonnenstein, an die dort ermordeten Menschen erinnert werden. Ihre Asche verteilte sich in der Luft und wurde auf dem ganzen Berg verstreut – auf dem heute, so erfährt man, wenn man „Pirna-Sonnenstein“ googelt, neben der Gedenkstätte Wohnungen und ein Biergarten angeboten werden.

Die Brandschutztür kennzeichnet meines Erachtens nicht nur den Gedenkbereich der Gedenkstätte, sondern kann auch als Veräußerung eines mentalen Bereichs gelesen werden. Dieser wird verschlossen gehalten und ist genau markiert; in diesem Fall befindet er sich hinter der Tür, der Brandschutztür.

Alles, was nicht hineinpasst in diesen Gedenkraum, den ich mir auch als einen Denkraum vorstellen könnte, wäre er nicht abgeschlossen, findet darin auch keinen Platz, sonst fällt das Konstrukt in sich zusammen. In dieser Abgeschlossenheit ist kein Platz für weitere Narrative oder auch ganz eigene Bezüge der diesen Raum besuchenden Person. So zum Beispiel sowjetisch-jüdische Narrative: Juden, die für die Rote Armee kämpften, ihr Leben für diese verloren, Berlin befreiten. Heute mitten in Deutschland: Veteranen, die gemeinsam den 9. Mai feiern, unter ihnen viele Juden. Diese Beschreibung steht auch im Verhältnis zu der von dir eingeführten Beschreibung der „Nutzerperspektive“. Dieser „Nutzerperspektive“ würde man dann die Objekte anpassen.

Die Verortung von Objekten in Beziehung zu den Subjekten könnte funktionieren, wenn die Objekte und die Subjekte sich immer identisch zueinander verhalten würden. Das würde implizieren, dass sie beide keine eigene Geschichte haben, die Verschiebungen in das System bringen würde. So wie beim Beispiel des sowjetisch-jüdischen Narrativs oder genauso eines deutsch-türkischen Narrativs.

Hier offenbart sich die Dysfunktion dieses Konstrukts. Wir haben es mit Menschen und Verhältnissen zu tun und nicht mit unverrückbaren Objekten.

Ich schließe mich Dir an, dass a-religiös, de-sakral an die Schoa erinnert werden sollte. Eine Antwort im Sinne von Verantwortung kann meines Erachtens nur erfolgen, wenn es Raum gibt für die Fragen: „Und wer bist Du?“, „Und wer bist Du in all dem?“, „Und wo ist Deine Wunde?“, auf einer menschlichen Ebene, de-sakral.

Ich glaube nicht, dass alles im *Memorysehum* stattfinden kann, so denke ich das *Memorysehum* nicht als einen Ort, eher als ein Bewusstsein, in dem wir mit Geschichte umgehen. Das würde in der Schule anfangen oder früher. Einer Schule, in der genauso gefragt wird: „Wer bist Du?“ und gemeinsam geprobt werden kann, auf gesellschaftliche Herausforderungen Antworten zu formulieren. Ganz im Sinne von Verantwortung.

Wenn dies geübt wird, dann kann es auch klappen an einem *Memorysehums*-Ort.

Ich würde behaupten, die Reaktion der Nachbarn auf meine Arbeit in Lublin, die ich auch als eine Form von Antwort verstehe, war dort möglich, in Majdanek wäre sie es nicht gewesen. Meine Arbeit knüpft in dem ehemaligen jüdischen Viertel an, in einem Hausdurchgang, dort wo gelebt wurde, nicht in Majdanek. In Majdanek finde ich nichts, an das ich anknüpfen könnte. Deswegen ist es interessant, dass Alexander Gorodnickys Gedicht *Po Osvencimu veter guljaet* übersetzt heißt „In Oświęcim geht der Wind spazieren“. Und vielleicht ist das der Grund, warum alle Monumente eines vereint: ihre Monumentalität. Sie sind unumgehbar und suggerieren etwas, auf das wir uns verlassen können, weil es monumental ist. Bloß auf was verlassen wir uns da eigentlich?

Meine Arbeit ist kein Monument, eher das Gegenteil, sie ist von Beginn an vergänglich und zeigt dies.

De-sakral. Gefundener Raum – verlorene Zeit

Dmitrij

Die Besucher- und/oder Nutzerperspektive – Du hast Recht – ist selten etwas, was man direkt vor Ort an einem (gleich wie interaktiv und partizipativ angelegten) (*Memory*)*seum* mit seinen Ausstellungsproduktionen formen, prägen kann. Andererseits: „If we ask people, what they want, will we have to give it to them?“[15] Diese museumstheoretisch gestellte Frage bekommt im Bereich der Präsentation der Erinnerung(en) an die Schoa eine neue Bedeutung. Was, wenn „wir“ fast im Sinne einer neuen Institution für Erinnerungskulturen versuchen würden, die von uns beiden angestrebte „de-sakralisierte“ (auch visuelle) Sprache eines Nachdenkens über die Schoa bereits im schulischen, didaktischen Bereich anzuwenden? Würden sich dann sehr verschiedene „Subjekte“ und doch konstante Objekte bei einer solchen Ausstellung im *Memoryseum* begegnen können? Schafft eine solche Pluralität den Weg in die Ausstellungswelt? Bleibt diese „institutionalisierte“ Pluralität tatsächlich plural?

Und wenn ja – was schön und wünschenswert wäre! – würden wir nicht eventuell wieder bei einer inzwischen 100 Jahre jungen Formel von Duchamp: „alles ist Kunst“ landen, die wir nur „alles ist Erinnerung“ nennen würden? Doch was wäre dieses „alles“ in Relation zu unserem Ausgangspunkt – den Herausforderungen einer heutigen medienzentrierten Reflexion über den Holocaust? Und mit welchen Medien konfrontieren wir dabei die Besucherinnen und Besucher, die hoffentlich mit Vertrauen, Empathie und vor allem mit eigenen Dramen und Geschichten zu „uns“ kommen? Mir scheint, dass hier ein weiteres Feld offenbleibt, für welches wir möglicherweise einen weiteren Essay brauchen würden!

Die Auslagerung der Erinnerung, von der Du sprichst. Die Auswanderung der knapp 250.000 sowjetischen Juden und ihrer Familien nach Deutschland zwischen 1990 und 2005 war eine Art Auslagerungsexperiment. Die (auch jüdischen) Kriegs-Veteranen, die sich im Treptower Park in Berlin treffen, suchen nach einem verlorenen Raum. Auch sie verspüren einen Phantomschmerz, jedoch einen anderen als die deutsche Mehrheitsgesellschaft mit ihren von Dir angesprochenen „Gedenkräumen“. In einem Berliner Park mit einem der weltgrößten Denkmäler der stalinistischen Kunst suchen die alten Damen und Herren die untergegangene Sowjetunion, die 27 Millionen Menschenleben verlor und die im Krieg Gefallenen und von den Nationalsozialisten Umgebrachten nicht in „Juden“ und „Nichtjuden“ aufgeteilt hat – im Sinne des erzwungenen sozialistischen Internationalismus. Eine raumbezogene Erinnerung gibt den in Deutschland entwurzelten Menschen temporäre Freiheiten (einen Hauch von Authentizität), markiert aber höchstens einen illusorischen Anwesenheitseffekt in einer zeitlosen Sowjetunion mitten im besiegten Land – dem heute wiedervereinigten Deutschland.

Die Besucherinnen und Besucher dagegen, die Medien der Erinnerung in einer deutschen Holocaustgedenkstätte oder einem deutschen Jüdischen Museum aufsuchen, halten, wie mir scheint, vielmehr Ausschau nach verlorener Zeit in einem kompakten, durchdachten, speziell dafür vorgesehenen Raum (dem berüchtigten von Dir angesprochenen „Gedenkraum“): Sie suchen nach einer imaginären, „goldenen“ Zeit des deutschen Judentums, der „Weimarer Zeit der deutsch-jüdischen Kultur“ oder einer erträumten „deutsch-jüdischen Symbiose“, die „das alles“, sprich die jüdischen kulturellen Errungenschaften, ermöglicht habe. Sie finden die Artefakte dieser Zeit und sind traurig ob des Verlusts, aber auch „zufrieden“, da sie eine für sie nachvollziehbare „Erinnerungsarbeit“ somit vollbracht haben. Wie man die Medien der Erinnerung, die sich auf eine ganz andere (jüdische) Geschichte und Kultur beziehen und die aktuelle ahistorische Leere des Gedenkens „füllen“ könnten, in Deutschland und Europa zur Entfaltung bringt – das bleibt eine spannende Frage.

Memorysehum als Bewusstsein

Anna

Ich hätte keine Angst, Besucher zu enttäuschen in ihrer Annahme dessen, was sie zu sehen bekommen im Museum. Wie der Umgang mit den ehemaligen Konzentrationslagern ist, ist eine andere Frage – nicht vergleichbar mit einem Museum oder einem Denkmal.

Eine Praxis in der Klasse für Übergreifendes Künstlerisches Arbeiten von Ulrike Grossarth, bei der ich studiert habe und in der wir einen großen Teil der Studienzeit in Polen und der Ukraine verbrachten, war: aufmerksam im Wald zu sitzen, einem der Wälder, von dem Einheimische wissen, dass gerade dort eine Massenerschießung stattgefunden hat. Maximal findet sich eine zugewucherte Betonplatte in diesem Wald, die darauf verweist, was an dem Ort stattgefunden hat. Und jedes Mal, wenn wir zu einem solchen Ort aufgebrochen sind, wurde alles Teil dieser Fahrt: der Taxifahrer, der nicht anders konnte, als neugierig zu sein und uns ausfragte. Wir, die ihn ebenso neugierig ausfragten, ich in der Rolle der Übersetzenden in der Hoffnung, niemanden durch meine russische Sprache zu verletztten, Jüdin, Teil der Klasse, wir alle zusammen in diesem Wald, mit der einzigen Absicht: in vollem Bewusstsein dort zu sein und wahrzunehmen und zwar alles.

So wie Du schreibst: dann wären wir bei „alles ist Kunst“ und was machen wir dann?, denke ich nicht, dass alles Kunst ist oder alles Erinnerung, alles *kann* künstlerisch be- und gegriffen werden und alles *kann* auch im Hinblick auf Erinnerung be- und gegriffen werden. Das wäre dann wieder *Memorysehum* als ein Bewusstsein, in dem wir mit Geschichte umgehen.

Anmerkungen

1 Vgl. http://www.newseum.org/.

2 Vgl. Timm, Tobias, „Alles verwittert", in: *Die Zeit*, Nr. 23, 2014, online auf: http://www.zeit.de/2014/23/holocaust-mahnmal-berlin-interview-architekt-eisenman (letzter Zugriff 3. Januar 2017).

3 Ebd. Knapp drei Jahre später war die Zeitdiagnose von Eisenman im Vorfeld der US-Präsidentschaftswahl 2016 bei Weitem nicht so optimistisch: Er sagte in einem Gespräch mit der *Zeit*, der Bau des Erinnerungs-Stelenfeldes wäre heute, angesichts des steigenden Rassismus und Antisemitismus in Europa und den USA, gar nicht möglich. Vgl. Rauterberg, Hanno: „Ha!". Der Architekt Peter Eisenman und die Publizistin Cynthia Davidson über das kulturelle Klima in den USA, in: *Die Zeit*, Nr. 45, 29. November 2016.

4 Vgl. z.B. zur Debatte um die Verlegung von Stolpersteinen in München: Keller, Claudia: „Stolpersteinverbot spaltet München", in: *Der Tagesspiegel*, 28. Oktober 2014, online auf: http://www.tagesspiegel.de/themen/reportage/gedenken-an-die-shoah-stolperstein-verbot-spaltet-muenchen/10897112.html (letzter Zugriff 3. Januar 2017).

5 Dazu, wie das breit verstandene Kuratieren jede Art von Ikonophilie unterminiert vgl. Groys, Boris: Museum in Medien – Medien im Museum. Materialien zum Vortrag von Boris Groys, Wien 2008, 14.

6 Der Philosoph entwickelte den Terminus als Folge einer Auseinandersetzung mit Platos *Phaedrus* und meinte, dass das Schreiben im Zusammenhang mit Erinnerung ein „Pharmakon" sei bzw. sein könne. Mit einer heilenden und zugleich – wie im Fall eines jeden Medikaments – einer evtl. zusätzlich-kranker-machenden Wirkung. Vgl. Derrida, Jacques: Plato's Pharmacy, veröffentlicht auf: http://www.occt.ox.ac.uk/sites/default/files/derrida_platos_pharmacy.pdf (letzter Zugriff 15. Februar 2017). – Ders.: La dissémination, Paris 1972 (engl.: Dissemination, Chicago 1981).

7 Es geht um die Online-Aktion von Shahak Shapira „Yolocaust", wobei „YOLO" ein bei den Netznutzern beliebter Hashtag für „You Only Live Once" ist: www.yolocaust.de. – Vgl. dazu: „Dann würden die Leute verstehen, dass es einfach bescheuert ist." Bernhard Jarosch im Gespräch mit Shahak Shapira, in: *FAZ.net*, 21. Januar 2017, http://www.faz.net/aktuell/feuilleton/debatten/shahak-shapira-im-interview-ueber-yolocaust-14697574.html (letzter Zugriff 15. Februar 2017). – Mathies, Bernd: „Selfies zwischen Leichen", in: *Der Tagesspiegel*, 22. Januar 2017, online auf: http://www.tagesspiegel.de/berlin/yolocaust-in-berlin-selfies-zwischen-leichen/19278110.html (letzter Zugriff 15. Februar 2017). – Funk, Mirna: „Leichenberge, bäm!", in: *Zeit Online*, 21. Januar 2017, http://www.zeit.de/freitext/2017/01/21/yolocaust-shahak-shapira-erinnerungskultur/. – Belkin, Dmitrij: „Yolocaust: Ahistorische Leere", in: *Jüdische Allgemeine*, Nummer 4/2017, 26. Januar 2017, online auf: http://www.juedische-allgemeine.de/article/view/id/27625 (letzter Zugriff 15. Februar 2017).

8 Höcke, Björn: Dresdner Rede vom 17. Januar 2017, in: „Dresdner Gespräche der Jungen Alternative", https://www.youtube.com/watch?v=sti51c8abaw&feature=youtu.be&t=3417&app=desktop (letzter Zugriff 15. Februar 2017).

9 Kertész, Imre: „Die Unvergänglichkeit der Lager“, in: Ders.: Die exilierte Sprache. Essays und Reden, Frankfurt a.M. 2003, 42–52, hier 51.

10 Arendt, Hannah: Vita activa oder Vom tätigen Leben, München; Zürich 2002.

11 Gorodnicky, Alexander: Stichi i pesni (Gedichte und Lieder), Sankt Petersburg 1999, 49.

12 Groys: Museum in Medien [FN 5], 14.

13 Vgl. Daniel Irrgang u.a. (Hg.): Forum zur Genealogie des MedienDenkens, Berlin 2013, 245.

14 Vgl. Dewey, John: Kunst als Erfahrung, Frankfurt a.M. ^{7}2014, 12f.

15 Schreider, Carol: „The audience-centered Museum“, in: Commandeur, Beatrix; Dennert, Dorothee (Hg.): Event zieht – Inhalt bindet. Besucherorientierung von Museen auf neuen Wegen, Bielefeld 2004, 60–69, hier 63.

Vivian Liska

Verwundete Psalmen. Paul Celan und Robert Schindel

> Sprich auch du,
> sprich als letzter,
> sag deinen Spruch.
>
> Sprich –
> Doch scheide das Nein nicht vom Ja.
> (Paul Celan, *Sprich auch Du*)

Paul Celans „Neigung zum Verstummen"[1], seine Sprache „am Rande des Schweigens"[2] im Gedenken an die Schoa gehören zu den dunkelsten Aspekten der Dichtung in der zweiten Hälfte des 20. Jahrhunderts. Für Dichter in der Nachfolge Celans jedoch drohten diese Begriffe zu Schlagwörtern zu erstarren. Die Schwierigkeit des Sprechens, der dichterischen Rede überhaupt, stellte sich im Gefolge Celans anders dar als für ihn selbst. Galt es im Rahmen seiner Poetik, das „Zuviel" der durch die Geschichte „angereicherten", korrumpierten Sprache abzutragen, so mussten jene, die sich in den Jahren nach Celans Tod dichtend von ihm her schrieben, nicht nur durch die „tausend Finsternisse todbringender Rede"[3] hindurch, sondern auch durch Celans bis zur Selbstauslöschung erschwiegene Worte selbst. Hatte Celan mit Gedichten, die zum Verstummen neigen, eine Sprache für das Gedenken der Opfer des Grauens geschaffen, so ging es nach ihm darum, Worte zu finden, die trotz allem weiter sprechen konnten – ohne das, was für ihn nur in der Nähe des Schweigens sagbar wurde, zu verraten. Das versprachlichte Schweigen Celans erhielt in seiner Nachfolge eine paradoxe Funktion: Es stellte sich als unumgängliches, paralysierendes Hindernis den Späteren in den Weg, eröffnete jedoch gerade als Herausforderung neue Möglichkeiten des dichterischen Sprechens. Die Thematisierung von Celans Schweigen wurde für manche seiner Nachfolger zum Medium der eigenen Sprachfindung.[4]

Eine besondere Form des dichterischen Schweigens beschreibt Celan in seiner Büchnerpreis-Rede *Der Meridian* als ein Aufgreifen überlieferter Tropen und Metaphern, die es nunmehr zu „durchkreuzen" gelte.[5] Dieser Begriff bezeichnet einen dichterischen Akt, bei dem herkömmliche poetische Formen und Motive negiert werden und dennoch sichtbar bleiben. Er ereignet sich exemplarisch in Celans

Gedichten mit biblischen Verweisen wie etwa in dem 1961 entstandenen *Psalm*, einem seiner nach der *Todesfuge* bekanntesten und am häufigsten interpretierten Gedichte. Die literarische, aber auch die literaturwissenschaftliche Rezeption von *Psalm* ist ein paradigmatischer Ort der Auseinandersetzung mit der „Legitimität" von Dichtung nach Auschwitz, mit dem jüdischen Charakter von Celans Werk und mit der Vorstellung einer göttlichen Ordnung nach der Katastrophe.

Psalm

Niemand knetet uns wieder aus Erde und Lehm,
niemand bespricht unsern Staub.
Niemand.
Gelobt seist du, Niemand.
Dir zulieb wollen
wir blühn.
Dir entgegen.

Ein Nichts
waren wir, sind wir, werden
wir bleiben, blühend:
die Nichts-, die
Niemandsrose.

Mit
dem Griffel seelenhell,
dem Staubfaden himmelswüst,
der Krone rot
vom Purpurwort, das wir sangen
über, o über
dem Dorn.[6]

Die Bezugnahme auf die biblischen Psalmen ist in diesem Gedicht unübersehbar, doch die spezifische Beziehung zu ihnen ist äußerst komplex und wurde auf sehr unterschiedliche Weise gedeutet. Ein genauer Blick auf diese Komplexität legt einen möglichen Grund für die Kontroversen über das Gedicht frei. Dabei wird ein zentraler Aspekt von Celans Dichtung erkennbar: der radikal modernistische Sprachgebrauch, mittels dessen er die poetischen Traditionen, aus denen er schöpft, gleichzeitig anruft, negiert und transformiert. Die biblischen Quellen bleiben erkennbar, doch die Theodizee, die den ursprünglichen Psalmen zugrunde liegt, wird von Celan unwiederbringlich verabschiedet.

In einer Sprache, die sich der Aussöhnung und dem Vergessen verweigert, beschwört Celan den Bruch mit den biblischen Psalmen und stellt zugleich ihre Kontinuität in der eigenen Dichtung unter Beweis. Damit geht er über jede dialektische Synthese oder mystische *coincidentia oppositorum* hinaus. Stattdessen bewirkt sein Gebrauch von verwirrenden Sprachfiguren wie Polysemien, Paranomasien und vor allem Kontranymen – auch Antagonyme oder Januswörter genannt, die, wie Kippfiguren, ihr eigenes Gegenteil bedeuten – ein Zusammenfallen der zwei in den biblischen Psalmen vorherrschenden und dort auseinanderstrebenden Ausdrucksformen: Sein Gedicht ist zugleich Klage und Lobpreisung. Die bemerkenswerte Vielfalt der einander zuweilen explizit entgegengesetzten Interpretationen von Celans *Psalm* entspringen einer Verkennung der undurchdringlichen Verschränkung dieser beiden divergenten poetischen Gesten.

Die auffällige Divergenz ist in dem Verhältnis des Gedichts zu den biblischen Psalmen begründet. Dieses Verhältnis zeigt sich hauptsächlich in Celans Gebrauch von Sprachfiguren oder Wortformen und Sätzen, die nicht einfach nur ambivalent oder polyvalent sind, sondern in der Art von Kippfiguren *gleichzeitig* auf zwei entgegengesetzte Bedeutungen verweisen. In Celans *Psalm* evozieren diese gegenteiligen Bedeutungen die Klage und den Lobpreis als die beiden primären Sprachformen der biblischen Psalmen. Diese Struktur ist nicht nur in *Psalm* zu finden, sondern liegt vielen von Celans Gedichten zugrunde. Eine Zeile aus seinem Gedicht *Wenn ich nicht weiß, nicht weiß*[7] von 1966 transkribiert etwa das hebräische Wort „ashrei“ (glücklich) aus Psalm 84: *Ashrei, joshvei beitecha od y'halelucha selah* – „O Glück derer, die in deinem Haus sitzen, noch werden sie dich preisen dürfen“. Wie der Celan-Biograf John Felstiner zurecht festhält, wird „ashrei“, glücklich oder gesegnet, in Celans Gedicht zum jiddischen „a shrei“ (ein Schrei).[8] Dieses paradigmatische Januswort, Ausdruck von Glück und Schmerz in einem, ruft Psalm 84 gleichzeitig auf und widerruft ihn:

> Wie freundlich sind deine Wohnungen, du, Umscharter! Gebangt hat, ja sich verzehrt meine Seele nach SEINEN Höfen, mein Herz und mein Fleisch, sie gellen der lebendigen Gottheit zu. Auch der Vogel findet ein Haus, die Schwalbe ein Nest sich, drein ihre unflüggen Jungen sie legt, so deine Opferstätten, du, Umscharter, mein König und mein Gott! O Glück derer, die in deinem Haus sitzen, noch werden sie dich preisen dürfen! Empor![9]

Der gellende Schrei des „Fleisches" in Psalm 84 ist eindeutig eine Klage darüber, kein Obdach zu haben. Aber sofort, als ob die potentiell naheliegende Blasphemie abgewehrt werden müsste, leitet der Psalm über in eine Segnung und endet schließlich in einem Ausdruck der Preisung des Herrn, der „Sonne und Schild" (84,12) ist, sowie in einem Versprechen von Glück im rechten Glauben: „Du, Umscharter, Glück ist des Menschen, der sich sichert an dir."[10] Diese Struktur der Aufhebung einer der Klage inhärenten impliziten Beschuldigung in eine Affirmation des Göttlichen, und damit in eine Theodizee, liegt zahlreichen biblischen Psalmen zugrunde. Es ist genau diese Struktur, auf die Celan in *Psalm* mittels seiner poetischen Sprache abzielt.

Das Doppelte in „Psalm"

In *Psalm* sind Klage und Lobpreisung durchgehend verschmolzen. Die Identifikation des Schöpfers mit „Niemand" und „Nichts" bezeugt den unfassbaren, unvorstellbaren, unaussprechlichen, anti-metaphorischen Gehalt des Gottesbegriffs Israels, und zugleich dessen blasphemische Negation, ausgesprochen in frevelhafter Empörung über Seinen Rückzug aus der Geschichte und Seine Gleichgültigkeit, Abwesenheit, Stummheit angesichts des Leidens Seines Volkes, das in „Staub und Asche" verwandelt wird. Diese Doppelheit drückt sich in der Bedeutung von „Staub" aus, der einerseits für Tod und Zerstörung steht, aber andererseits die Konnotation von „Blütenstaub" hat, eine neue Blüte ankündigend. Diese Metapher wird im Vers „wir blühn./ Dir entgegen" weitergeführt. Das Wort „entgegen" bezeichnet sowohl „in Richtung auf" als auch „gegen": Das poetische „wir" „blüht" also zugleich in Richtung auf als auch gegen Gott. Die Rede von „gegen Gott" impliziert sowohl, dass wir hier und jetzt blühen trotz der Gleichgültigkeit Gottes, aber auch, dass die einzige Kraft, die „blühen" bewirkt – in der deutschen poetischen Tradition eine Chiffre für das lyrische Wort und damit für poetische Schöpfung überhaupt – in der antagonistischen Beschuldigung Gottes liegt.[11]

Ein anderes Beispiel für das, was geschieht, wenn die mehrfache Bedeutung eines Wortes in entgegengesetzte Richtungen zeigt, findet sich an einer Stelle des Gedichts, die dessen eigene Geste reflektiert: In „Niemand bespricht" lässt das Verb „besprechen" an eine Beschwörung, eine magische, Leben erschaffende Rede denken, in der auch ein Verweis auf die Schöpfungsgeschichte anklingt. Das Wort hat allerdings auch die Bedeutung von „sprechen über", ein Verb, das sich nicht an jemanden richtet, sondern vielmehr Sprechen über

Nicht-Vorhandenes meint. Diese zweite Bedeutung verweist auf die *Abwesenheit* derjenigen, die im Gedicht mit „uns" bezeichnet sind: die Toten. Darüber hinaus zeugt die liturgisch-formelhafte Preisung des Herrn, gefolgt von „Niemand" – „Gelobt seist du, Niemand" – in einem Atemzug von exemplarischer Frömmigkeit und von ironischer, sogar sarkastischer Rebellion. Auf ähnliche Weise bezeichnet das „Purpurwort" gleichzeitig eine königliche Farbe *und* die Farbe des Bluts. In den Schlussversen positioniert ein Kontranym Klang und Bedeutung gegeneinander: Die Vergangenheitsform des letzten Verbs, „sangen", legt nahe, dass heute keine Psalmen mehr gesungen werden können, aber die rhythmische Alliteration ist mit einem klingenden „o" geschmückt, das Gesang anzeigt. Schließlich überblenden die letzten Zeilen jüdische und christliche Referenzen in einer Form, die auf beide Traditionen zugleich verweist. Das „Purpurwort", das über der Dornenkrone schwebt, deutet sowohl auf das Wort von Jesus als dem König der Juden und seiner Dornenkrone als auch auf die mögliche Verantwortung derselben Dornenkrone für das an den Juden verübte Blutvergießen.

Ähnlich dem, was in *Wenn ich nicht weiß, nicht weiß* im Wort „ashrei" geschieht, fällt in Celans *Psalm* die Doppelheit von Klage und Lobpreisung zusammen. Das Gedicht inszeniert weder die reine Blasphemie eines Anti-Psalms, wie seine Interpreten George Steiner[12] und John Felstiner[13] wollen, noch eine pure Affirmation einer Befreiung von Gott, wie der deutsche Literaturwissenschaftler Jochen Hörisch meint,[14] noch eine absolute Negativität, wie der israelische Kabbalah-Forscher Moshe Idel behauptet,[15] sondern vielmehr eine ins Absurde führende Radikalisierung der Doppelheit, die in den biblischen Psalmen getrennt und alternierend vorkommt. Jenseits der Konstituierung einer polysemischen Textur, die für unendliche Interpretationen offenbleibt, zielt Celans Verschmelzung zweier gegenteiliger Bedeutungen im selben Signifikanten auf die theologische Struktur der biblischen Psalmen selbst ab. In dieser Struktur wechseln sich Klage und Lobpreis ab – entweder zwischen den verschiedenen Psalmen oder im selben Text –, als gelte es die möglich frevlerische Klage zu lindern oder zu unterbrechen, womit die Struktur eine Harmonisierung erzeugt, wie sie für viele kanonische Texte der Bibel charakteristisch ist. Wie das tröstende Ende des Buches Hiob, laufen die hymnischen Momente der Psalmen oft auf eine ängstliche Wiederherstellung der göttlichen Ordnung hinaus, die von der Klage bedroht war. In Celans Gedicht sind Klage und Lobpreis nicht länger eindeutig unterscheidbar, und die Lobpreisung erlaubt es nicht, einen Schlussstrich unter den Ausdruck des Leids in der Klage zu ziehen. In dem Gewirr dieser Stimmen unterläuft die Sprache des Gedichts den Effekt einer gegenseitigen Neutralisierung. Celans *Psalm* fordert die implizite Theodizee der ursprünglichen Psalmen heraus, auch dort, wo es ihre doppelte Natur anerkennt. Der Vers aus Psalm 62 – „Eines hat Gott geredet, zwei sinds, die ich habe gehört" – und Felstiners Behauptung, dass Celan sowohl auf die Kluft zwischen Negation und Affirmation als auch auf die Widerlegung von Gottes einem Wort durch die Geschichte verweist, kann demnach in ihr Gegenteil verkehrt werden: Zwei Worte hat der Psalm geredet, eines ist es, das ich gehört. Es ist eine Stimme, doch ist sie unversöhnt gegen sich selbst gerichtet.

Robert Schindels Psalmen nach *Psalm*

Das Werk des jüdisch-österreichischen Dichters Robert Schindel ist von Anspielungen auf Celan durchzogen[16] und schreibt sich wiederholt explizit von ihm her.[17] Schindel nennt den Band, der seine Gedichte von 1999 bis 2003 enthält, *Nervös der Meridian*[18]. Nervös, dieses ganz und gar un-Celansche Wort, ruft einen Zustand auf, der sich zweifellos auch auf den Umgang Schindels mit Celans Dichtung bezieht, auf den Meridian als unsichtbare, utopische Verbindungslinie, „wie das Gedicht zur Begegnung Führende" – hier der Begegnung Schindels mit Celan selbst. Celan sucht den Meridian, wie es in seiner Büchnerpreis-Rede heißt, „mit unruhigem Finger auf der Landkarte"[19]. So weit entfernt davon scheint Schindels Stimmung also nicht zu sein, und dennoch liegt eine Welt zwischen Celans vornehmer Unruhe und Schindels umgangssprachlicher Nervosität. Einer der stärksten Sätze in Schindels Roman *Gebürtig* macht diese entmystifizierende Geste deutlich: In einer Entstellung des bedeutungsschweren Oxymorons „zwei Mundvoll Schweigen" aus Celans Gedicht *Sprachgitter*[20] lässt Schindel seinen Protagonisten Danny Demant sagen: „Ich hätte noch gern ein Maul voll Schweigen, aber der Vorrat ist aufgebraucht."[21] Schindels Dichtung versprachlicht ebenso das Bedürfnis nach einem Celanschen Schweigen wie die Notwendigkeit, darüber hinaus zu gelangen.

In seiner von Celan-Gedichten begleiteten autobiografischen Skizze mit dem Titel *Die zwei Leben des Paul Celan* beschreibt Schindel die Bedeutung des Vorgängers für seine eigene Transformation vom Agitprop-Dichter, dessen Vorbilder Brecht und „die Realisten" waren, zu seiner späteren „dunkelnden" Dichtung: „Paul Celan", heißt es dort lapidar, „lehrte mich die Kunst des Indirekten."[22] Die Direktheit dieser

Aussage kontrastiert mit seinen Gedichten, die sich zumeist nur auf Umwegen und verschlüsselt auf Celan beziehen. Davon zeugen zwei auf Celan anspielende Gedichte mit dem Titel *Schweigepsalm*. Der *2. Schweigepsalm* beginnt mit einer kritischen Stellungnahme zur „ars poetica“ seiner Zeit:

> *2. Schweigepsalm*
>
> Nun hat sich eingebürgert ein aktuelles Tragen von Ohren,
> welche
> Unempfindlich gegen die eigene Trompete vom Kopf wegstehn
> Im Winkel der Zeit. Einsam ist jedes der beiden aber veredelt
> Und eingestimmt auf freizeitlichen Sound und Pflichtgeflüster.
> Häufig werden nun semipermeable Wortsperren eingebaut, die
> zugleich
> Den Ohren jene Erhabenheit verleihen, welche man benötigt
> In den sakralen Zeitaltern.[23]

Der Hölderlinsche Rhythmus dieser Verse kontrastiert mit fremd- und alltagssprachlichen Einsprengseln und verleiht dem Gedicht einen dissonanten Ton. Dissonant ist auch das in den ersten Versen suggerierte Verhältnis von Hören und Sprechen. Die Ohren, das Organ eines erhabenen Hörens, und die „Trompete“, das Instrument der lauten Töne, sind nicht aufeinander abgestimmt. Während das Sprechen undifferenziert und dröhnend einher„trompetet“, erwartet das Gehör „im Winkel der Zeit“ des hier Sprechenden – im „Neigungswinkel“ der Nachfolge von Celans „Dasein“ – eine Schweigesprache. Diese Erwartungshaltung einer schweigenden Dichtersprache ruft bei seinen Epigonen „Pflichtgeflüster“ hervor, das mit artifiziellen „Wortsperren“ gleichzeitig Unterhaltungswert und eine anachronistische, sakrale Erhabenheit verleiht. Ganz ähnlich bezeichnet Schindel im *1. Schweigepsalm* die Sprachlosigkeit als „geschwätzig“ und die „Schweiger“ als Epigonen, denen unvermeidlich „der Beifall folgen“ wird.

> Die Gesetze der Rattennacht sind apostolisch, da bedarf es
> Der exakten Fühlung. Alles andere laufet
> Auf Schienen und Autobahnen wie von selbst.

Das Gedicht endet mit der Hoffnung auf „ein neues Schweigen“:

> Hernach möchte ich mein neues Schweigen mit Pfeifgeräuschen

> mir einverleiben. Solidarisch lächle ich dem Blinden zu, der dort
> über die Schienen
> Geführet wird.[24]

Das „neue Schweigen“ unterscheidet sich vom Gehabe der Mitläufer und Nachfolger, die sich – in unmissverständlichem Anklang an nationalsozialistische Verhältnisse – von einem rattenfangenden Führer leiten und verführen lassen und blind den tagesaktuellen Erwartungen folgen. Das Ich des Gedichts verwirft ein solches Mitläufertum, das blind den „Schienen und Autobahnen“ folgt und beschwört stattdessen eine andere Form der Nachfolge: jene des blinden Sehers, der auf der Suche nach der eigenen „exakten Fühlung“ die Gleise über*quert*. Geführt wird zwar auch er von einem Vorbild, hinter dem – nicht zuletzt in Anbetracht des Titels – Celan zu vermuten ist, doch gelingt der Quergang nicht in der Imitation. Zu erreichen ist dieses andere, „neue Schweigen“, wenn das Ich, wie es in der Mittelstrophe heißt, zu reden beginnt:

> Wenn ich zu reden beginne, fällt mir die Zeit zu den Schuhen.
> Gewöhnliche Wörter, in langen Entscheidungsträumen
> ausgewählt
> Beleuchten meine Nacktheit dann, aber je nachdem in
> Welche Himmelsrichtung der Wind die Angst weht, vermag ich
> Durch ein nachgejagtes Schwatzschweigen die irritierten
> Apostel
> Meiner Zukunftsverwaltung grad noch zu beschwichtigen.[25]

Schindel gibt hier in einer ironischen Wendung das Verhältnis seiner Dichtung zu Celans Schweigepoetik preis: Die „gewöhnlichen“, nicht länger von Schweigeverhüllungen geschützten Wörter exponieren zwar den Sprechenden, doch durch die Elliptik, in die er diese alltagssprachliche Ausdrucksform einbindet, bleiben seine Gedichte „schweigsam“ genug, um die von Celan vorgeprägten Erwartungen seiner apostolischen Kritiker nicht zu enttäuschen. Gelingen kann diese hybride Dichtung jedoch nur im Bewusstsein des „nachgejagten“ epigonalen Charakters des Schweigens und der gleichzeitigen Notwendigkeit, sich mit ihm auseinanderzusetzen. Schindel nennt diese hybride Form ein „Schwatzschweigen“, das im Oxymoron von erhabener Aussparung und geschwätziger Umgangssprache zu einem eigenen dichterischen Sprechen gelangt. Sein „neues Schweigen“ gewinnt Schindel, indem er in idiosynkratisch gewendeten

Alltagsworten das Celansche Schweigen thematisiert und es sich auf diesem Weg mit frechen „Pfeifgeräuschen einverleibt". Hat Celan am Rande eines würdevollen, ja sakralen Schweigens, das im Ernstfall nur „jenseits der Menschen" überwunden werden kann, einen angemessenen Ausdruck für das Eingedenken gefunden, so wehrt sich der Nachgeborene gegen das ihn lähmende Epigonentum und schafft sich in der gleichzeitigen Anrufung und Desavouierung des Schweigens – im Bewusstsein, dass diese Dichtungsform ebenso notwendig wie „aufgebraucht" ist – Raum zum eigenen Atmen.

Auf ähnliche Weise bezieht sich Schindel in zwei weiteren Gedichten mit dem Titel *Psalm*, veröffentlicht 2015 im Band *Scharlachnatter*, auf Celan und macht es doch ganz anders als er.

> *Psalm*
>
> 1
> Aus den Spalten den Seelenfalten geträufelt
> Herausgeatmet nach Apnoe geatmet
> Auf der Lefze der Zornlefze angehäufelt
> Vom Neid verwirbelt das Wortding
>
> Hinein in meine Öden macht diese Öden
> Dehnt sich aus im Gehirn
> Fällt zusamm im Gehirn
> Vom Geiz geschrottet das Wortding
>
> Flieht in die Weiten der Gleichform
> Haftet am Papier schlingert im Space
> Zwitschert ins All zum Gestirn zum Gebläs
> Vom Hass geschirmt das Wortding
>
> 2
> Gib mir die Dinger rüber
> Drück deinen Arsch nach vorn
> Geh mit mir hinüber
> Hungrig und unverloren[26]

Das erste der beiden Gedichte spricht vom „Wortding", das in drei Strophen einmal „vom Neid verwirbelt", dann „vom Geiz geschrottet" und schließlich „vom Hass geschirmt" wird. Das zweite Gedicht bricht den Rhythmus dieser anklagenden Wiederholung auf: „Gib mir die

Dinger rüber“. Es ist hier keine göttliche Präsenz, die rettend eingreift und keine Klage, die in Dankbarkeit verwandelt wird, sondern eine derbe, erotisch gefärbte Aufforderung, die zerstörten „Wortdinger“ in die Hand zu nehmen, sie „rüber“ zu reichen, sich dazu physisch zu strecken und „nach vorn“ zu drücken und schließlich „hinüber“ zu gehen. Im zweiten Buch Schmuel meint „hinüber“ die Überquerung des Jordans in Richtung Jerusalem: „Nun sprach der König zu Barsillaj: Du fahre mit mir hinüber, ich will dich bei mir in Jerusalem versorgen.“[27] Die Versorgung mit Nahrung durch David findet jedoch bei Schindel nicht statt, die letzte Zeile des zweiten Gedichtes lautet „hungrig und unverloren“ und verweist auf Celans Wendung aus der Rede zur Verleihung des Bremer Literaturpreises: „die Sprache blieb unverloren“. Sie musste durch das Grauen hindurch, sie blieb aber unverloren. Schindel stellt ihr den leeren Magen, den Hunger nach Neuem, an die Seite und wendet sich damit kritisch gegen Celan, während er dessen Strategie der Verweigerung eines auflösenden Schlussakkords, einer Rückkehr zum tröstenden Grundton, beibehält. Aus Schindels Psalmen ist der abwesende Gott verschwunden, aber nicht die Erfahrung, die ihn zum Verschwinden gebracht hat – diese ist mit Verweis auf Celan gegenwärtig.

Celans Sprache der Ununterscheidbarkeit des „Ja“ vom „Nein“, seine poetische Strategie, mittels Kontranymen entgegengesetzte Bedeutungen unentschieden und unabgeschlossen in der Schwebe zu halten, hat – wie auf viele andere Dichter – auch auf Robert Schindel einen nachhaltigen Einfluss ausgeübt. „Als Celan im Mai neunzehnsiebzig, aller möglichen Sprache bar, in der Seine verschwand, ahnte ich bereits: Leben ohne ihn heißt mit ihm leben“[28], schrieb der 1941 geborene Schindel über sein Vorbild, mit dem und gegen das er seine eigene Stimme setzt. Celans Nachfolger finden in seinen Worten, die sie Schweigen nennen, die Quelle ihrer Worte, mit denen sie nicht nur ihren eigenen Wortmangel, sondern auch dieses Schweigen überwinden, indem sie es eingedenkend widerrufen. Aus diesem Widerruf entsteht ein lebendiges Denkmal für Celans Schweigen und eine erinnernde Dichtung für unsere Zeit.

Anmerkungen

1 Celan, Paul: „Der Meridian", in: Ders.: Gesammelte Werke III, Frankfurt a.M. 1983, 187–202, hier 197.

2 Vgl. Schäfer, Hans Dieter: „Mystische Rede am Rande des Schweigens; letzte Gedichte von Paul Celan", in: *Die Welt*, 6. August 1970. – Frankfurter, Johannes: „Dichter der Balance am Rande des Schweigens", in: *Neue Zeit* (Graz) 7. Mai 1970, 4.

3 Celan, Paul: „Ansprache anlässlich der Entgegennahme des Literaturpreises der freien Hansestadt Bremen", in: Ders.: Gesammelte Werke III [FN 1], 185–186.

4 Vgl. dazu Liska, Vivian: „Brücken. Robert Schindel gedenkt Paul Celan", in: *Germanistische Mitteilungen. Zeitschrift für deutsche Sprache, Literatur und Kultur*, Heft 67, 2008, 213–220. – Dies.: „Nach dem Schweigen. Memoria in der österreichisch-jüdischen Gegenwartsliteratur", in: Gilleir, Anke; de Winde, Arne (Hg.): Literatur im Krebsgang. Totenbeschwörung und memoria in der deutschsprachigen Literatur nach 1989, Amsterdam; New York 2008 (Amsterdamer Beiträge zur Neueren Germanistik 64), 215–227.

5 Celan, Paul: „Der Meridian" [FN 1], 202.

6 Celan, Paul: „Psalm", in: Ders.: Die Gedichte, hg. von Barbara Wiedemann, Frankfurt a.M. 2003, 132f.

7 Celan, Paul: „Wenn ich nicht weiß, nicht weiß", in: ebd., 237f.

8 Felstiner, John: „‚Two Things Have I Heard': Psalms in the Voice of Paul Celan", in: *Tikkun*, vol. 10, no. 3, 1995, 65–72.

9 Psalm 84,2–5; Übersetzung Buber-Rosenzweig.

10 Ebd., 84,13.

11 Vgl. den berühmten Vers von Friedrich Hölderlin, der in seiner Elegie *Brod und Wein* Poesie als „Worte wie Blumen" bezeichnete.

12 Vgl. Steiner, George: „Das lange Leben der Metaphorik. Ein Versuch über die Shoa", in: *Akzente. Zeitschrift für Literatur*, Juni 1987, 194–212.

13 Vgl. Felstiner, John: Paul Celan. Eine Biographie, München 1997.

14 Vgl. Hörisch, Jochen: „Niemandes Geschenk an uns. Paul Celans ‚Psalm' und die Poetik des Lobpreisens", in: *Frankfurter Allgemeine Zeitung*, 27. Dezember 1997, 0B4.

15 Vgl. Idel, Moshe: „Paul Celan's ‚Psalm'. A Revelation Toward Naught", in: Ders.: Old World, New Mirrors: On Jewish Mysticism and Twentieth-Century Thought, Philadelphia 2010, 193–204.

16 Vgl. Lamping, Dieter: „Deine Texte werden immer jüdischer. Robert Schindels Gedicht Nachthalme (pour Paul Celan)", in: Gilman, Sander L.; Steinecke, Hartmut (Hg.): Deutsch-jüdische Literatur der neunziger Jahre. Die Generation nach der Shoah, Berlin 2002 (Beiheft zur Zeitschrift für deutsche Philologie 11), 29–42. – Hainz, Martin A.: „‚Todesfuge' – ‚Todesorgel'. Zu Paul Celan und Robert Schindel", in: *Zeitschrift für Philologie*, Heft 2, 124. Jahr, 2005, 227–242. – Lezzi, Eva: „Auf der Suche nach dem verlorenen Gott. Religiöse Fragen in der deutsch-jüdischen Lyrik des 20. Jahrhunderts", in: Faber, Richard; Renger, Almut-Barbara (Hg.): Religion und Literatur: Konvergenzen und Divergenzen, Würzburg 2017 (im Erscheinen).

17 Vgl. Schindel, Robert: „Die zwei Leben des Paul Celan“, in: Ders.: Mein liebster Feind. Essays, Reden, Miniaturen, Frankfurt a.M. 2004, 118–136.
18 Schindel, Robert: Nervös der Meridian, Frankfurt a.M. 2003.
19 Celan: „Der Meridian“ [FN 1], 202.
20 Celan, Paul: „Sprachgitter“, in: Ders.: Gesammelte Werke I, Frankfurt a.M. 1983, 167.
21 Schindel, Robert: Gebürtig, Frankfurt a.M. 1992, 183.
22 Schindel: „Die zwei Leben des Paul Celan“ [FN 17], 125.
23 Schindel, Robert: „2. Schweigepsalm“, in: Ders.: Fremd bei mir selbst. Die Gedichte, Frankfurt a.M. 2004, 193.
24 Schindel, Robert: „1. Schweigepsalm“, in: ebd., 191.
25 Ebd.
26 Schindel, Robert: „Psalm“, in: Ders.: Scharlachnatter, Berlin 2015, 59.
27 Schmuel II 19,34.
28 Schindel, Robert: „Die zwei Leben des Paul Celan“ [FN 17], 135.

Layla Zami Zuckerman

Tanzkunst als lebendige Erinnerung: Oxana Chis performative Erinnerung an Tatjana Barbakoff

> „Es stehen hinter Tatjana Barbakoff, immer weiter bis ins heutige Zeitalter und darüber hinaus bis in die Zukunft, andere Künstlerinnen und Künstler, die unsere Geschichte entschieden mitgeprägt haben, die sogar unsere Geschichte erschaffen haben, die aber nicht genannt werden." (Oxana Chi[1])

Tanzkunst bewegt Erinnerung. Tanzkunst belebt Erinnerung. Oxana Chis Tanzkunst hält das Licht der Erinnerung an die chinesisch-jüdisch-lettische Tatjana Barbakoff wach. Wie die sieben Kerzen der historischen Menora, die im Judentum Erleuchtung und Erkenntnis symbolisiert, ist dieser Beitrag in sieben Teile gegliedert. Sieben ist eine wichtige, fundamentale Zahl in unzähligen Kulturkreisen, sei sie magisch in der kabbalistischen Mystik, heilend im Islam, oder grundlegend: im ayurvedischen Chakra-Wissen, im Physik-Wissen des Regenbogens, in der Siebentägigkeit der Woche und des Mondzyklus. Ich möchte hier sieben Aspekte von Erinnerung jeweils beleuchten, die sowohl einzeln, nacheinander, als auch nebeneinander betrachtet werden können.

Dieses Essay soll auch dazu beitragen, der historischen Trennung von Wissenschaft und Kunst im Westen entgegenzuwirken. Mit Doris Ingrisch lehne ich einen konservativen „wissenschaftlichen Schreibstil ab, der die Ich-Form ausklammert/e" und somit „nicht mehr und nicht weniger fordert, als sich als Mensch bzw. Persönlichkeit aufzugeben". Stattdessen sehne ich mich nach einer „sinnlichen Wissenschaft"[2].

Persönliche Erinnerung: *Durch Gärten* als biografische Darstellung Tatjana Barbakoffs

7. Oktober 2009.

Ich sitze in der ersten Reihe des Theaterraums in der *Werkstatt der Kulturen* in Berlin. Die Person neben mir steht unerwartet auf, steigt auf die Bühne und wird vorgestellt: die Historikerin Susanne Jahn-Manske. Sie interviewt Oxana Chi, um die bevorstehende Aufführung deren Stückes *Durch Gärten* zu kontextualisieren. Die

Choreografin-Tänzerin schildert ihr Interesse für die Biografie Tatjana Barbakoffs (1899, Liepaja–1944, Auschwitz). Sie erzählt von ihrer künstlerischen Forschung, von den Kontinuitäten zwischen Gegenwart und Vergangenheit, von Ausgrenzung und Widerstand.

Lichter aus. Herzklopfen.

In einen scharlachroten Stoff gewickelt, kommt ein Wesen auf der Bühne langsam in Bewegung, musikalisch begleitet von dem live erzeugten, schneller werdender Sound eines Herzklopfens.

Oxana Chi beginnt, *Durch Gärten* zu tanzen: Leben und Werk Tatjana Barbakoffs entfalten sich vor den Zuschauer_innen. Sie tanzt die Geburt, die Reise, das chinesische Kleid und farbenfrohe Erfolge. Die zeitgenössische Künstlerin bringt uns diese historische Figur atemnah. Oxana Chi schreibt Geschichte neu, eine Geschichte, die emotional erlebbar und individuell wahrnehmbar wird. Mit Geist und Seele spüre ich die Zeitspuren, die sie Schritt für Schritt auf dem Tanzboden hinterlässt.

Mit Tatjana Barbakoffs Geschichte kam Oxana Chi 2007 zum ersten Mal in Berührung, als sie ein Katalog des *August-Macke-Hauses*[3] in einer Bibliothek fand. Es gibt viele Blickwinkel auf ihre Biografie, je nachdem, wer sie erforscht und erzählt – darauf komme ich später unter dem Titel „feministische Erinnerung" zurück. Tatsächlich ist Tatjana Barbakoffs Biografie in die bildende Kunstgeschichte eingegangen, da sie die Muse namhafter Künstler_innen war: in der Malerei HéDé, Max Pollak, Hélène Dahm, Otto Dix, Christian Rohlfs, Kasia von Szadurska, Gregor Rabinowitch, Emil Stump; im Bildhauen Benno Elkan, Otto Pankok und Arnold Hensler. Die Fotograf_innen Nini und Carry Hess, Willy Maywald, Alice Thalheimer, Helene Rohlfs, YVA, Stephanie Brandl und Sasha Stone haben sie oft abgebildet. Besonders romantische Aufnahmen von Tatjana Barbakoff entwarf die Fotografin Minya Diez-Dührkoop. Als „entartete Kunst" wurden viele dieser Bilder vernichtet, doch bleiben einige bis heute archiviert und dank dem Historiker Günter Goebbels ausgestellt.

Tatjana Barbakoff wurde vermutlich am 15. August 1899 in Libau (Liepaja/Lettland) unter dem Namen Tsipora Edelberg geboren. Ihre Mutter kam aus China ins Baltikum, wo sie den jüdischen russischsprachigen Vater kennenlernte. Barbakoff emigrierte 1918 nach Deutschland und wurde bereits 1921 von der Direktorin und Gründerin des Düsseldorfer Schauspielhauses Louise Dumont eingeladen, in ihrem Theater ihre Aschermittwochsversion in 7 Verwandlungen zu tanzen. Barbakoff hat mindestens 60 Tanzsoli kreiert, die sie oft in Begleitung von Live-Musik aufführte, darunter eines namens *Durch*

Gärten. Ihre anmutigen Choreografien und ausdrucksvollen Mimiken machten sie beim Publikum beliebt, wie unzählige lobende Presseberichte bezeugen. In den 1920er Jahren tourte Tatjana mit eigenem Programm sowohl in Cabarets als auch in den größten Theatern und Opernhäusern in Frankfurt, Köln, Basel, Zürich, Hamburg, Hagen, Wien und Berlin.[4] Viele der späteren Auftritte organisierte die jüdische Konzertagentur Wolff und Sachs, geleitet von Louise Wolff und ihre Tochter Edith.

Eine puppenähnliche Figur tritt im Zickzack auf der Bühne hervor. Wahre und geträumte Inspirationsschöpfung in diversen asiatischen Künsten und Kulturen. Anlehnung an ein Foto, auf dem Tatjana Barbakoff ein Wayang-kulit in der Hand hält. Andächtige Klänge aus dem Hang-Instrument reichen in die Herzen des Publikums. Dann die lebhafte E-Gitarre, im Kreis tanzend stellt Oxana Chi mit kraftvollen Pirouetten und graziösen Sprüngen die ersten Erfolge Barbakoffs dar.

Wegen ihrer gesellschaftskritischen Stücke wurde Barbakoff 1924 ermahnt: Nachdem sie in der Königsberger Stadthalle aufgetreten war, suchte sie ein Polizist im *Cabaret Miramar* auf. Die außergewöhnliche Künstlerin hatte in den 1930er Jahren noch viele Auftritte in Hannover, Dortmund, im Opernhaus Köln, in Budapest und in der Schweiz, wo sie mit Else Lasker-Schüler einen Urlaub verbrachte. Mindestens 14 Berliner Zeitungen berichteten von ihrem Tanzabend im einstigen Bachsaal. Sie freute sich besonders, auf Einladung der Tänzerin Charlotte Bara in Ascona zu wohnen und im *Teatro San Materno* zu tanzen.

Steine reiben aneinander. Das Klavier wird geöffnet und im Inneren beklopft. Ich höre Geschicht_sch_erben. Eine beklemmende Leere füllt den Raum.

Die deutsche Tänzerin mit ostnigerianischen und osteuropäischen Wurzeln kehrt auf die Bühne zurück, umhüllt von einer blauen Tunika nach südchinesischer Tradition. Bedrohliche Klänge umschwingen sie, während sie sich einen atemberaubenden Widerstandskampf gegen unsichtbare und doch so präsente Feinde liefert. Irgendwann hört die Musik auf, sie glaubt, endlich entkommen zu sein. Plötzlich rückt sie immer weiter nach hinten, mit angsterfülltem Blick, die Hände zum Kopf erhoben, ein stimmloser Schrei in die ohrenbetäubende Stille.

1933 gelang Barbakoff die Flucht aus Deutschland. Dank einem Einladungsbillet von Mary Bran konnte sie mit all ihren Kostümen nach Paris ausreisen. Die Impresaria organisierte unter anderem Barbakoffs Inszenierung von *Durch Gärten* in der berühmten *Salle Pleyel*. Trotz mangelnder Arbeitserlaubnis – eine Herausforderung, die bis in die Gegenwart hineinschallt – trat sie in der *Salle Adyar*, im

Théâtre Denfert-Rochereau, Vieux Colombier, an der *Académie Duncan*, den *Archives internationales de la Danse* auf. Barbakoff wurde im Zuge der „Rafle du Vel' d'Hiv" verhaftet und im Lager Gurs interniert. Wieder auf freiem Fuß, flüchtete sie sich nach Nay und versteckte sich bei einer Bäuerin. Anschließend floh sie weiter nach Clelles, und dann wieder südlich nach Nizza, wo sie ein letztes Mal den Fotografen Willy Maywald traf. Ein Bild entstand. Unter einer Palme, mit geschlossenen Augen, schien Barbakoff dem lebensbedrohenden Alltag für einen Augenblick zu entkommen, ihren Kopf zum Himmel gereckt.

Oxana Chi und Tatjana Barbakoff auf den Vorder- und Rückseiten des Ausstellungskatalogs Tanzende Erinnerungen, Galerie Gondwana, Berlin, 2011. Layout: Verena Postweiler. Foto von Oxana Chi, 2010 © Layla Zami. Foto von Tatjana Barbakoff, 1944 © Association Willy Maywald.

Tatjana Barbakoff entwarf farbenfrohe Kostüme mit edlen Seidenstoffen aus China und wurde bis zu ihrem Tod von ihrer Kostümbildnerin Gertrude Jungmann und deren Schwester Emma begleitet, wie die im Pariser *Musée de la Shoah* archivierten Transportlisten bezeugen. Sie wurden am 23. Januar 1944 zusammen in Nizza verhaftet und in Drancy eingesperrt. Tatjana hatte 800 Francs bei sich. Am 3. Februar wurden die drei Frauen nach Auschwitz deportiert und nach der dreitägigen Zugfahrt mit dem Convoi Nr. 67 sofort nach ihrer Ankunft in der Gaskammer ermordet.

Das Stück Durch Gärten *scheint beendet, die Biografie erzählt, die Geschichte getanzt, die Tänzerin liegt am Boden. Gerade jetzt beginnt die letzte Szene, der „Neumond“, die verkörperte Hoffnung. Der Rhythmus dieser Szene ist langsam, angedeutet, wie in einem Traum, eine Tänzerin, die in einer impressionistisch verschwommenen Landschaft durch Gärten der Erinnerung tanzt.*

Performative Erinnerung: das Tanzrepertoire der Geschichte

Anstelle einer Einleitung habe ich einen persönlichen Einstieg in den Text gewählt, verwoben mit einer Erzählung von Tatjana Barbakoffs Biografie und Impressionen aus dem biografischen Stück *Durch Gärten*. Die zeitgenössische Künstlerin Oxana Chi identifiziert sich mit Tatjana Barbakoff aufgrund einiger biografischer Parallelen: die Lebensstationen Düsseldorf, Berlin, Paris; die multikulturelle Herkunft; die Arbeit als Ausdruckstänzerin, die eigene Stücke choreografiert und als Solo tanzt; die Zusammenarbeit mit mehreren Kunstsparten; die Schöpfung von Inspiration in asiatischen Künsten und Kulturen; das Ziel, gesellschaftskritische Themen poetisch, dramatisch und beweglich darzustellen.

Mit der Motivation, das Leben der vergessenen Tänzerin wieder auf die Bühne zu bringen, choreografierte Oxana Chi 2007 das Stück, welches nach einem gleichnamigen Titel Tatjana Barbakoffs benannt ist. Während die akademische Produktion zur medialen Darstellung des Holocausts in Film, Theater und visueller Kunst stetig wächst, sind wissenschaftliche Analysen von Tanz als Geschichtsschreibung noch selten. Wenn Geschichte und Tanz in Berührung kommen, dann meistens in der Form von sogenannten Reenactements und Rekonstruktionen, die immer beliebter werden. In *Durch Gärten* zeigt Oxana Chi keine Rekonstruktion von Tatjana Barbakoffs Stücken, sondern eine biografische Darbietung, inspiriert von ihrem Leben und Werk. Das zeitgenössische *Durch Gärten* ist dramaturgisch wie ein Theaterstück inszeniert und durch vier Hauptszenen strukturiert: Die Geburt, das Fest (die Erfolge), der Kampf (der Widerstand) und der Neumond (die Hoffnung). Chi greift Elemente aus dem klassischen europäischen Ballett und dem klassischen javanesischen Tanz, Kungfu, westafrikanischen Bewegungen und Modern Dance auf, die sie alle in einen neuen, persönlichen Tanzstil münden lässt, den sie „Fusion“ nennt.

Ihr Tanz ist eine künstlerische Collage, die viele Sinnesebenen anspricht, um hegemoniale Geschichtsschreibung zu dekonstruieren und dem Publikum die Möglichkeit zu bieten, neue Geschichten zu rekonstruieren, in denen Tatjana und viele andere Menschen sichtbar gemacht und gehalten werden. Oxana Chi geht aber noch einen Schritt weiter, indem sie uns dazu einlädt, Kunst und Wissenschaft nicht mehr getrennt voneinander zu denken. In *Durch Gärten* wird sichtbar, dass Tanzkunst auch Ge_schichte[5] schreiben und Wissen schaffen kann. So reflektiert Oxana Chi auch selber ihre Rolle in der Produktion von historischen Narrativen:

> „Es war mir wichtig, immer weiter zu forschen und zu sehen: Wie funktioniert Geschichte in Deutschland? Wer erzählt Geschichte? Wie, wann und wo wird Geschichte erzählt? Was mir aufgefallen ist, und mir aber auch schon früher aufgefallen ist, dass auch in der Tanzgeschichte es immer nur bestimmte Personen gibt, Menschen, mit denen ich mich aber nicht identifizieren kann. Mit dieser Arbeit zu *Durch Gärten* konnte ich mich zum ersten Mal mit einer Figur identifizieren, nämlich mit Tatjana Barbakoff. […] Und dann wurde mir klar, dass es ganz wichtig ist, für zeitgenössische Künstlerinnen wie mich, Geschichte selbst zu schreiben."[6]

Dieses Zitat verdeutlicht, dass die Fragen, die manchmal retrospektiv in der Wissenschaft über die Tanzkunst gestellt werden, bereits *flussaufwärts* von Künstler_innen theoretisiert werden. Im Kontext afroamerikanischen Bühnentanzes beschreibt Cooper Albright die Bedingungen und Ausdrucksformen einer verkörperten Geschichte, die sich gerade durch die Erzählung und Erzählweise von der hegemonischen Geschichtsschreibung distanziert und unterscheidet. Ausgerechnet das In-Bewegung-Setzen einer vielschichtigen Geschichte durch und in dem tanzenden „Ich" befreit die Erzählung von dem starren In-Worten-Festlegen. Albright wiederum reflektiert ihre Rolle als Autorin, die über Tanz schreibt und somit die Bewegung erneut mit Worten besetzt. *Durch Gärten* bietet eine Antwort auf eine grundlegende Frage von Albright: „What would it mean to reinscribe history through one's body? What would it mean to recreate the story of a life and the history of a people? How does one rewrite […] the history of a past, in order to project the story of our future?"[7]

Die subtile Mehrschichtigkeit von *Durch Gärten* zeichnet sich dadurch aus, dass die avantgardistische und konkrete Inszenierung uns im Publikum sitzenden Menschen die Freiheit verleiht, das Stück anhand unserer persönlichen Biografien, gesellschaftlichen Positionierungen und unseres Alltags zu interpretieren. Somit kann das Stück ebenso als Geschichtsschreibung des 20. Jahrhunderts wie auch als zeitgenössische Gesellschaftskritik gelesen werden. Wichtig ist zu betonen, dass Stücke wie *Durch Gärten* nicht nur Geschichten erzählen, sondern selbst als Geschichtsschreibung fungieren und dementsprechend als wesentliche Wissensquellen ernst genommen werden sollten. Performative Erinnerung wird „mündlich" weitergegeben, in der Anwesenheit einer Gruppe, und stellt zeitgleich ein gesellschaftliches Erinnerungsritual dar, das eigentlich so alt ist wie die Menschheit. Deshalb ist die von Aleida und Jan Assmann vorgenommene Trennung zwischen kulturellem und kommunikativem Gedächtnis für performative Erinnerung kaum relevant. Vielmehr birgt performative Erinnerung die Kraft, beide Formen von „kollektivem Gedächtnis"[8] zu vereinen. Auf dem amerikanischen Kontinent wird performative Erinnerung von Diana Taylor in *The Archive and the Repertoire* vielschichtig theoretisiert. Von besonderer Relevanz ist die Dekonstruktion der im Westen vorgenommenen Dichotomie zwischen schriftlicher und oraler sowie beständiger und ephemerer Wissenstradierung und Archivbildung. Die Autorin zeigt, dass Erinnerung nicht nur archiviert, sondern auch durch das Repertoire tradiert wird – die verkörperte Erinnerung, auf die ich später zurückkomme.[9] Das Repertoirestück von Oxana Chi gehört eindeutig auch zum Erinnerungs-Repertoire im Sinne von Diana Taylor. Anwesenheit ist das Merkmal von Performance-Kunst.[10] Die Bühnenpräsenz ermöglicht auch im übertragenen Sinne die Anwesenheit von Menschen, Geschichten, Bewegungen, die in hegemonialen Repräsentationen fehlen. Performative Erinnerung kann bestärken und empowern, indem sie die Vergangenheit transformiert und Geschichte emotional wiedergibt. *Durch Gärten* deutet eine erfolgreiche und gewaltvolle Geschichte in einer Narration, an die wir uns emotional anbinden und mit der wir uns intellektuell verknüpfen können. Marianne Hirsch und Nancy K. Miller beschreiben diesen Prozess wie folgt: „When suffering is translated into fictional narrative and art, it becomes a way to counter the history of violence through an aesthetics of reattachment."[11]

Die Performance *Durch Gärten* füllt nicht nur eine Lücke in der dominanten Geschichtsschreibung, sie kann auch verbreitete Bilder der Erinnerung mit anderen, neuen Repräsentationen ersetzen. Unser visueller Zugang zur Erinnerung an den Holocaust ist geprägt von dem Blick der Täter_innen. In ihrer vielbeachteten Studie *The Generation of Postmemory* macht Marianne Hirsch auf den Einfluss eines „genocidal gaze" aufmerksam und argumentiert dafür, mehr Wert auf die Frage zu legen, in welchem Kontext Erinnerung produziert wird. Im Hinblick auf die Fotografie weist Hirsch darauf hin, dass die meisten historischen Bilder, die die Schoa visuell darstellen, von den

Täter_innen aufgenommen wurden. Sie re_produzieren somit den mörderischen Nazi-Blick und lassen keinen Raum für ein „Davor und Danach“. Hier sehe ich einen wichtigen Beitrag der Tanzkunst im Allgemeinen, und von *Durch Gärten* im Besonderen, da dort viel Raum für eine alternative Darstellung von Tatjanas Tod gelassen wird – da es nach dem Tod noch eine Szene gibt. Eine Vielfalt von Interpretationen bleibt möglich und offen.

Als ich *Durch Gärten* erstmals im Oktober 2009 in der *Werkstatt der Kulturen* in Berlin erlebte, berührte mich besonders die atemberaubende Kampfszene. Die bedrohliche Musik empfand ich als beklemmend und somit als adäquat für eine Darstellung des Genozids, und ich wurde in eine Atmosphäre der steten Drohung der Deportation versetzt. Stummer Schrei. Der Tanz, gezeichnet von dynamischen Sprungtechniken und Bewegungen, die von chinesischen Kampfkünsten inspiriert sind, drückte für mich ganz klar aus, dass Menschen sich gewehrt haben, dass sie sich trotz des mächtigen ideologischen und physischen Ermordungssystems immer wieder Überlebens_wege suchten. Nachdem ich in meiner Schulzeit in Frankreich und Deutschland die immer wiederkehrende Darstellung von jüdischen Menschen und anderen Zielgruppen des NS-Wahnsinns als anonyme regungslose Opferberge nicht mehr hatte ertragen können, sah ich auf einmal auf der Bühne die erleichternde Perspektive einer zeitgenössischen Tänzerin, die Widerstand verkörperte.

Verkörperte Erinnerung: *Durch Gärten* als Post-Erinnerung?

Der Körper bildet das Herz performativer Erinnerung. Er kann eine wichtige Erinnerungsquelle sein, um Zeitzeugen-Fakten durch eine „intime Legende“ zu ersetzen, wie Child Survivor Aharon Appelfeld in dem Buch *Histoire d'une vie* schreibt: „[...] denn die Handflächen, der Rücken und die Knie erinnern mehr als das Gedächtnis. Wenn ich wüsste, wie ich daraus schöpfen kann, wäre ich mit Visionen überflutet.“[12]

Hier geht es um verkörperte Erinnerung, oder „body memory“, die oft mit „Trauma“ assoziiert wird. Oxana Chi gehört nicht zu der Generation der Holocaust-Überlebenden. Trotzdem oder gerade deshalb greift sie auf ihre eigene Autobiografie zurück, um Berührungspunkte mit Tatjana Barbakoffs Biografie zu finden. Als Frau of Color, die in Deutschland aufgewachsen ist, zu einer Zeit, in der Rassismus, in Kontinuität mit der kolonialen und NS-Zeit, weiterhin alltäglich ist, kann Oxana Chi auch Erfahrungen von Ausgrenzung und Widerstand tanzend verarbeiten, tradieren und vertanzen. Außerdem geht es in *Durch Gärten* nicht nur um Tatjana Barbakoffs Verfolgungsgeschichte, sondern auch um ihre Erfolge, ihr Werk als Tänzerin und ihren unbenannten Einfluss auf die heutige Tanzszene.

In *Prosthetic Memory* fragt Alison Landsberg, ob der Holocaust eine im Körper gespeicherte Erinnerung werden kann für Menschen, die ihn nicht erlebt haben.[13] Obwohl ich ihre provokante Frage und ihre Ansätze zum Teil problematisch finde – wir hatten einen lebhaften Austausch dazu im Rahmen des ELES-Erinnerungskollegs – arbeitet Landsberg mit spannenden Ansätzen. Dazu gehören etwa die Definition von Kultur als eines „transferential space", in dem Erinnerung produziert und tradiert wird („meaning making") und die transferanalytische Methodik: ihr Buch beschäftigt sich sowohl mit der Erinnerung an den europäischen Holocaust als auch mit der transatlantischen Sklaverei. Landsberg betont die Bedeutung einer Tradierung durch Erfahrung und Interpretation an Stelle von Informationskonsum sowie das politische und ethische Potenzial von Kultur für das Ermöglichen einer alternativen Geschichtsschreibung.

Die Antwort auf Landsbergs Frage hängt davon ab, wie „body memory" definiert wird. Marianne Hirsch würde wahrscheinlich „ja, unter Umständen" antworten. Hirsch hat mit ihrem Konzept von „Postmemory" („Post-Erinnerung") einen wichtigen Beitrag zur theoretischen Auseinandersetzung mit Erinnerungskulturen geleistet. Der Begriff steht für den Einfluss von individuellen und kollektiven Traumata auf die nachfolgenden Generationen. Hirsch analysiert, wie Erinnerungen über Generationen (innerhalb und außerhalb der Familie) hinweg weitergegeben werden und möglicherweise gegenwärtig Individuen und Gesellschaft belasten. Marianne Hirsch, die dem Thema eine gesamte Webseite gewidmet hat, hat das Konzept zuletzt in einer deutschsprachigen Veröffentlichung zusammengefasst: „Post-Erinnerung stellt eine Verbindung in die Vergangenheit nicht durch das tatsächliche Erinnern her, sondern im Wesentlichen durch Vorstellung, Projektion und Konstruktion."[14]

Im Körper gespeicherte Erinnerung kann aber auch bestärken. Vorstellung, Projektion und Konstruktion sind drei Prozedere, die auch für Performativität von bedeutender Rolle sind. Im Falle von *Durch Gärten* wird zwischen Tatjana Barbakoff und dem Publikum tatsächlich eine Verbindung hergestellt, die sich über Oxana Chis choreografische Vorstellung, Projektion und Konstruktion entfaltet. Wiederum erlaubt die Tanzkunst, dass das anwesende Publikum das Bühnenstück als Fläche für eigene Vorstellungen und Imaginationen interpretiert. Dies erklärt, warum die Zuschauer_innen sich nach dem Stück stets sehr berührt und intellektuell gefordert zeigten, in so unterschiedlichen Kontexten wie dem intimen *Dansoir Karine Saporta* in Paris, auf dem gigantischen Open-Air *SIPA Festival* in Surakarta, Indonesien, bei der *Jüdischen Musik- und Theaterwoche* im eleganten *Societätstheater* in Dresden.

Auf das Konzept von Postmemory beziehen sich viele akademische Werke, unter anderem Chael Bernard-Donals *Forgetful memory*, in dem der Autor vorschlägt, dass wir die Idee von Erinnerung als Zwischenorten von Gedächtnis und Vergessen aufgeben sollten. Vergessliche oder vergessensvolle Erinnerung ist in seinen Augen eine Präsenz, die einen starken Bezug zum Körper hat.[15] Präsenz ist bei *Durch Gärten* zentral, sowohl die Bühnenpräsenz der Hauptdarstellerin Chi als auch die verkörperte erinnerte Präsenz der Protagonistin Barbakoff. Die magische Anziehung eines grünen Kleides – im hinteren Bereich der Bühne malerisch beleuchtet – lässt die Zuschauer_innen an dem intimen Universum einer Künstlerin teilnehmen, die, durstig nach Inspiration, ihrem kulturellen Erbe nachspürt – so wie Chi das Kleid an sich schmiegt, anzieht und tanzt.

Oxana Chi in der Szene „Das Fest" in Durch Gärten, Jüdische Musik- und Theaterwoche, Societätstheater, Dresden, 2014 © Sebastian Löder

Die Tänzerin nähert sich vorsichtig dem Kleid, schlüpft hinein und beginnt, neue Bewegungen zu tanzen. Während Oxana das Kleid mit ihrem Körper füllt, füllt Tatjana das Kleid mit Erinnerungen an ihre chinesische Mutter und deren Stoffe, die sie zum Tanzen inspirierten. Das Publikum wiederum fühlt eine Verbindung zwischen der Performance und der Narration, der performativen, verkörperten Erinnerung und der unmittelbaren Präsenz.

Feministische Erinnerung: die Lücken der Ge_schichte füllen

Wie kann eine zeitgenössische Künstlerin eine Biografie feministisch tänzerisch darstellen?[16]

Chis Werk fußt auf Methoden und Praxen, die der feministischen Intervention zugeordnet werden können, wie die Hinterfragung von oft androzentristischen Objektivitätspostulaten.[17]

Tanz als Ausdrucksform zu wählen und dabei historische Narrative auf der Bühne zu repräsentieren, schafft eine künstlerische Alternative zu solchen Geschichtsdarstellungen, die eine angeblich objektive Beleuchtung der Vergangenheit für sich beanspruchen. Oxana Chi bietet neue Formen von Erinnerung, indem sie geschichtliche Themen und Biografien auf der Bühne inszeniert, um „die fehlenden Kapitel der Geschichtsbücher zu ergänzen“[18]. Dies geschieht sowohl durch Chis Tanzstück *Durch Gärten*, in dem sie, fern von Gender-Stereotypen, Barbakoff auf der Bühne verkörpert, als auch durch den Kontext, in den Chi ihre Performances einbettet und beispielsweise die androzentristische Benennung „Hommage“ durch das Wort „Femmage“ ersetzt.

Während Oxana Tatjana verkörpert und den Widerstandskampf gegen die sich nähernde Bedrohung performt, kämpft sie zeitgleich auch gegen „die fortdauernde angestrengte Entinnerung und Unsichtbarmachung“[19] von Frauen, Künstlerinnen, jüdischen Menschen und Menschen of Color, sowie weißdeutschen Menschen, die Widerstand geleistet haben. Das Konzept von Ent_innerung verwendet auch Kien Nghi Ha, um den Zusammenhang zwischen der mangelhaften Aufarbeitung der NS-Vergangenheit und der gegenwärtigen rassistischen Verfolgung der vietnamesischen Diaspora zu benennen. In dem Kontext nahm Ha das Stück *Durch Gärten* in das Veranstaltungsprogramm im Rahmen seiner Buchveröffentlichung von *Asiatische Deutsche* 2012 auf. *Durch Gärten* schafft nämlich – performativ – genau die politische Artikulation zwischen Vergangenheit und Gegenwart, die

Ha und andere im Mainstream medialer Repräsentationen von Erinnerungen vermissen.

Das Stück *Durch Gärten* wird von einem persönlichen Standpunkt aus getanzt, in dem Oxana Chi nicht die Rekonstruktion fremder Bewegungen sucht, sondern die Geschichte Barbakoffs mit ihrem eigenem „Ich“ erforscht, erzählt und performt. Inspiriert von den Berührungspunkten zwischen ihrem eigenen Interesse und den bisherigen Darstellungen von Barbakoff kreiert Chi einen eigenen Tanzstil, in dem Pirouetten und Sprünge aus dem europäischen Ballett auf chinesische Kampfkunstbewegungen treffen. Die Türen der Erinnerung, die bis jetzt geöffnet wurden – persönlich, performativ und verkörpert – gehören auch zu feministischen Diskursen und Praxen. Sowohl die aus den USA stammende *Black Feminism* Methodik[20] als auch Werke im europäischen Kontext wie *Wissenschaft, Kunst und Gender. Denkräume in Bewegung* oder *feministische w_orte* definieren als Hauptziel feministischer Forschung die Offenbarung eigener Positionierungen und die Überwindung von Hierarchien.[21] Überhaupt soll die Polarisierung von Wissen zwischen objektiv und subjektiv, rational und emotional, dauerhaft und ephemer durchbrochen werden. In dem Sinne lassen sich persönliche Erinnerung, performative Erinnerung, verkörperte Erinnerung und feministische Erinnerung wie die Glieder eines beweglichen Konstrukts wahrnehmen.

Indem Oxana Chi sich einer Frauenbiografie widmet, und sowohl im Archiv als auch auf der Bühne historische Abwesenheit mit gegenwärtiger, tänzerischer Anwesenheit ersetzt, leistet sie einen wichtigen Beitrag zu einer feministischen Erkundung und lückenfüllenden Aufarbeitung der Vergangenheit. So wie in Katja Petrowskajas *Vielleicht Esther*[22] die Prozesshaftigkeit von Erinnerung literarisch dargestellt wird, zeugt das Stück *Durch Gärten* von der stetigen Suche nach der Vergangenheit, die wortwörtlich gegenwärtige Positionierungen bewegt.

Zeitliche Erinnerung: zeitlose Bewegungen und zeitnahe Themen

> „Emotions tell us a lot about time; emotions are the very ‚flesh‘ of time. They show us the time it takes to move, or to move on, is a time that exceeds the time of an individual life. Through emotions, the past persists on the surface of bodies.“[23]

Sara Ahmeds Zitat beschreibt Emotionen als ein Medium, das Bewusstsein für Zeitlichkeit weckt. Zeit und Zeitlichkeit tragen Erinnerung. Emotionen als Berührungsfläche der sich erinnernden Körper spielen im Ausdruckstanz eine große Rolle. *Durch Gärten* performt eine Vielzahl von Emotionen, die auf das Publikum übertragen werden: Euphorie, Furcht, Wut, Verzweiflung, Mut, Entspannung werden von der Tänzerin wie eine Maske aufgetragen und in den Raum ausgestrahlt.

Die Medialität der Performance ist nahezu direkt, weder Buch noch Bildschirm noch Leinwand stehen zwischen dem Publikum und der Performerin. Ein_e Zuschauer_in erlebt die Aufführung in der jetzigen Zeit-Raum-Ebene, welche aber im Fall von *Durch Gärten* zeitgleich mehrere vergangene zeitliche und räumliche Narrative darstellt. Somit wird die für die westliche Wissenschaft klassische Linearität des zeitgeschichtlichen Geschehens gesprengt und je nach Zuschauer_in mit unterschiedlichen Auffassungen interpretiert. Dass der Tanz jedes Mal neu berührt, zeigt sich unter anderem darin, dass manche Zuschauer_innen über die Jahre sieben Mal die Aufführungen besuchten (ja, wir sind wieder bei der magischen Zahl). Gerade im Hinblick auf Tradierung von Wissen erscheint es somit als notwendig, Tanzkunst in Theorie und Praxis miteinzubeziehen und ihr Potenzial für eine alternative gegenwartsrelevante Geschichtsschreibung zu berücksichtigen.

Tanz als bewegtes Repertoire der Geschichte ist paradoxerweise ein so neues Feld für die Cultural Memory Studies, wie es ein uraltes Kapitel der Menschheit ist. *Durch Gärten* verbildlicht das Vergegenwärtigen von Geschichte. Oxana Chi tanzt durch Gärten der Erinnerung, „Zeitschaften" im Sinne von Ruth Klüger,[24] die Vorstellungen von Zeit und Raum umstellen und Grenzen ver_rücken. Als ich im Rahmen meiner Dissertationsforschung Oxana Chi interviewte, erklärte sie, wie eng Vergangenheit und Gegenwart ihrer Ansicht nach zueinander im Verhältnis stehen:

> „Vieles aus der Vergangenheit fließt in unsere heutige Gegenwart. Ich sehe nicht eine große Kluft zwischen Vergangenheit und Gegenwart."[25]

Diese Konzeption scheint mir ein Merkmal künstlerischer Auseinandersetzungen zu sein, die die Vergangenheit aus dem „Jetzt" heraus betrachten und re-präsentieren. Aharon Appelfeld präzisiert in *Histoire d'une vie*, er sehe seine literarischen Darstellungen des 20. Jahrhunderts nicht als eine Beschreibung der Vergangenheit, sondern einer „akuten Gegenwart". Seine „Sehnsucht nach Transzendenz, über die

Zeit hinaus in eine ewige Präsenz zu gelangen"[26] würden Literaturbesinnte bestimmt in performativer Erinnerung wiederfinden, wie in der letzten Szene von *Durch Gärten*. Der vierte Akt, der Neumond, löst die chronologische Erzählung auf (Geburt, Erfolge, Flucht und Deportation) und bringt eine zyklische Dimension ein, die lineare Zeit sprengt. Zyklische Dramaturgien und Bewegungen finden sich sowohl in den Grundlagen indischer und afrikanischer darstellender Künste, als auch in europäischen Bewegungstraditionen. Der Kreis liegt dem Wort „Choreografie" als Wurzel zu Grunde. Sogar in der westlichen Quantenphysik wird mittlerweile lineare zeitliche Kausalität in Frage gestellt, und die Perspektive des Augenblickes als „epiphenomenale Zeit" definiert.[27] Gerade im Neumond, wo Oxana erneut Teile aus dem gesamten Tanzstück tanzt, wird das Publikum gefordert, Zeit anders wahrzunehmen: Tatjana ist auf der Bühne gestorben, aber nun lebt sie doch weiter, bis in die Gegenwart hinein in Oxanas Körper. Die Anwesenheit der Tänzerin im Hier und Jetzt definiert ihre Identität und die Vorstellung_Darstellung von Tatjana Barbakoff. Hier gilt es zu betonen, dass Oxana Chi die Szenen fragmentiert, Brüche zeigt, wie in einer Traumsequenz, und den Rhythmus im letzten Teil ändert, was eine wesentliche Auswirkung hat: Bewegungen werden verlangsamt wiederholt, als ob sich damit die Erzählung noch stärker in uns einprägen sollte. Oder, auf einer anderen Ebene, als ob wir die körperliche Spurensuche von Oxana, wie sie wohl im Entstehungsprozess aussah, beobachten dürfen. Es verdeutlicht auch, dass dieselben Narrative unterschiedlich erzählt werden können: durch Tanz, durch Schreiben etc., und dass eine scheinbar minimale Veränderung, wie die des Tempos, die gesamte Handlung und Verhandlung der Geschichte verändern kann.

Multidimensionale Erinnerung: mehrere Dimensionen, ein Kunstwerk

Seit 2007 beschäftigt sich Chi quellenkritisch, transdisziplinär und praxisorientiert mit der Biografie von Tatjana Barbakoff. Sie nimmt eine Perspektiven-Verschiebung in der Darstellung von Barbakoffs Leben und Werk vor. Oxana Chi zeigt, wie Tanz Wissen schafft: eine andere Art von Wissenschaft in der Form eines multidimensionalen langjährigen Werks zur Erinnerung an Tatjana Barbakoff. Dies beinhaltet:[28]

– die Produktion des abendfüllenden Tanzsolos *Durch Gärten*, welches das Leben Barbakoffs auf der Bühne nachzeichnet, und dessen Aufführung Chi oft mit einem Vortrag vorab kontextualisiert,

- die Produktion des Solos „Tanz auf der Stelle", Impressionen aus *Durch Gärten*, inspiriert von kurzen Stücken Tatjana Barbakoffs,
- der von Chi kuratierte *Salon Qi*, eine Veranstaltungsreihe mit einem transdisziplinären Programm (Performance, Film, Ausstellung, Referate, Lesung), die in Berlin (2009, 2010, 2011, 2014) und in Paris (2011) stattfand,
- die szenische Lesung zur Erinnerung an Tatjana Barbakoff,
- Publikationen, in denen Chi ihre Spurensuche beschreibt, zum Beispiel der Ausstellungskatalog *Tanzende Erinnerungen*, der u.a. im *Deutschen Tanzarchiv Köln* und im feministischen Künstlerinnenarchiv *bildwechsel* archiviert ist,
- der Film *Durch Gärten Tanzen*, den Oxana Chi konzipierte und mit meiner Unterstützung realisierte. Dieser Film befindet sich mittlerweile in Form einer DVD selbst in den Archiven von Museen, die ein Gemälde von Tatjana Barbakoff besitzen: im *Israel Museum Jerusalem, Helen-Dahm-Museum* und *Musée des Beaux-Arts Lausanne* in der Schweiz, sowie im *Theatermuseum Wien*.[29]

Die Multidimensionalität existiert auf mehreren Ebenen: performative Erinnerung auf der Bühne ist multidimensional, Geschichte in Bewegung, zum Berühren nah, und reeller als eine virtuelle 3- oder 4D-Darstellung, die nur durch eine Sonderbrille sichtbar ist. Emotion ist auch eine Dimension, die performative Erinnerung bereichert. Literarische und malerische Erinnerungen erwecken natürlich auch Emotionen. Die Tanzkunst verkörpert Emotionen im kondensierten und umso intensiveren Zeitraum der Aufführung, wo das Publikum und die Performer_innen sich in ihrer gegenseitigen Anwesenheit Geschichte annähern, indem sie die Gegenwart spüren.

Zum Thema Erinnerung, Tanz und Forschung möchte ich einen Ausschnitt meines Forschungstagebuches teilen:

> *„stickig und unsinnlich fühlen sich die räumlichkeiten des ‚grimmzentrums' an, das hauptzentrum der hu bibliothek. keine fenster können geöffnet werden, es ist düster und unpersönlich. bevor ich die vermeintlichen treppen des wissens hochsteigen darf, muss ich erst wie alle anderen anwesenden untergehen, um in einem nummerierten fach alle meine belange einzuschließen. in diesem hektischen gewirbel wird eine schnell verwirrt und die sonst freudige buchratte möchte am liebsten gleich rausrennen.*
>
> *im 2. og. suche ich wieder mal nach der versteckten tanzabteilung, besser geschrieben: nach den wenigen verstaubten büchern,*

die irgendwie einen bezug zu tanz haben. es scheint, als müsste ich bereits tänzerische beweglichkeit ausdrücken, um die regale hinter der wand zu finden.
daraufhin gehe ich die langen, aussichtlosen flure entlang, auf der suche nach den büchern, deren titel & nummern ich aus dem online katalog abgeschrieben habe. ich schlängel mich an nachschlagewerken entlang. à propos ‚schlag': im computer erscheint unter den schlagworten ‚tanz' und ‚geschichtsschreibung' in dieser kombination: nichts.
auch die kombination ‚holocaust' ‚memory' und ‚decolonization' bringt mich auf ein einziges werk: Michael Rothberg's multidirectional memory
ein buch welches ich bereits 2013 in New York gefunden habe."

„Multidirectional Memory" benennt Michael Rothberg die Idee, Erinnerung nicht als Feld des Wettbewerbs zu konzipieren, sondern als bewegliche Perspektiven, die in Beziehung miteinander gesetzt werden können und sollen. Er argumentiert für ein „Dekolonisieren von Holocaust Erinnerung", nach dem Erinnerung an den Holocaust, Erinnerung an andere europäische Genozide und kapitalistische Ausbeutung im Verhältnis zueinander stehen. In dem sehr gut recherchierten Werk macht Rothberg Verbindungen zwischen jüdischen und afroamerikanischen Communities im Erinnerungsfeld sichtbar, wie die literarische Zusammenarbeit der schwarzen, karibischen Schriftstellerin Simone Schwarz-Bart mit ihrem jüdisch-europäischen Mann André. Rothberg präsentiert zudem einen wenig bekannten Aspekt von W.E.B. Du Bois Werk: Der afroamerikanische Autor und Aktivist besuchte nämlich 1949 das Warschauer Ghetto und veröffentlichte daraufhin einen Bericht, nach dem dieser Besuch eindeutig seine Auseinandersetzung mit und sein Engagement gegen rassistische Strukturen in den USA prägte. Für Rothberg müssen die Quellen der Erinnerung, das Archiv, umgedacht werden: „[...] the archive of multidirectional memory is irreducibly transversal; it cuts across genres, national contexts, periods, and cultural traditions"[30]. Das Wort „multidirectional" kennzeichnet eine Erinnerung, die sich in verschiedene Richtungen ausbreitet, sich an unterschiedlichen Geschichten und Zukünften orientiert. Für die Produktion und Übersetzung solcher Erinnerung(en) muss die Künstlerin oder Wissenschaftlerin de facto aus heterogenen Wissensquellen schöpfen, die die Grenzen von Genres, Nation, Zeitraum und Kulturen überspringen. Welche Kunst eignet sich besser als Tanz, um das Bewegen in diverse Richtungen, das Springen zwischen den Perspektiven, das Herumdrehen der Quellen und weitere bewegte Erinnerungen darzustellen? Performative Erinnerung in *Durch Gärten*, wie in diesem Essay beschrieben, ermöglicht sowohl im übertragenen als auch im physischen Sinne eine dynamische, verkörperte Aneignung von individueller und kollektiver Geschichte.

Oxana Chi tanzt zwischen den Zeilen und zwischen den Zeiten. *Durch Gärten* schöpft wie oben erläutert aus diversen Tanzstilen, Narrativen und kulturellen Formen. Im Film *Durch Gärten Tanzen* wird auch sichtbar, wie stark Oxanas Aufarbeitung von und Interesse für Vergangenes im „Heute" verankert ist. Die Darstellung von Tatjana Barbakoffs Biografie ist manchmal abstrakt genug, um Raum für Projektionen anderer Lebenswege zu erlauben. Der Klang von Flucht, Vertreibung, Unterdrückung, Widerstand, Mut, Kreativität hallt in unsere Gegenwart hinein.

Plakat der 18. Jüdischen Musik- und Theaterwoche, Dresden, 2014 © Layla Zami

Jüdische Erinnerung: Wahrhaftigkeit und Wahrheit

Das Stück *Durch Gärten* vom Inneren zu erleben hatte ich die Chance, als ich im November 2014 gemeinsam mit einem Cellisten und einem E-Gitarristen die Tänzerin Oxana Chi begleitete. Auf Einladung von Valentina Marcenaro, Kuratorin der *18. Jüdischen Musik- und Theaterwoche Dresden* wurde *Durch Gärten* im *Societätstheater* aufgeführt. Anschließend organisierten wir zwei Auftritte im *Hoftheater* Berlin.

Mein Beitrag am Saxophon und am Chalumeau war bescheiden, emotional und intensiv. Als Angehörige der Post-Erinnerung-Generation spürte ich all die verkörperten Erinnerungen, die durch Imagination und Rekonstruktion in mir leben, und mit meinem Atem aus den Instrumenten herausflossen.

Das vielfältige Publikum zeigte sich sehr aufmerksam, beeindruckt und berührt, unabhängig von den unterschiedlichen sozialen Positionierungen und geografischen Herkünften: im *Hoftheater* saßen neben- und hintereinander eine chinesische Ärztin, ein türkischer Bioladenbesitzer, eine jüdisch-israelische Tänzerin, eine iranisch-deutsche Studentin, ein deutsch-deutscher Kunstgaleriebesitzer, ein Mitglied der Gemeinde *Ohel Hachidusch*, eine afrodeutsche Filmemacherin, eine deutsch-deutsche Kulturagenturleiterin, Ikone der Berliner Freien Szene und eine russische Designerin. Ihre Eindrücke teilten sie in mehreren Sprachen im Gästebuch mit. Während Michael Rothberg – der nicht im Publikum saß – bemängelt, dass jüdische und schwarze Perspektiven in der Forschung voneinander getrennt sind, werden in *Durch Gärten* neue Wege betreten.

> „Shared histories of racism, spatial segregation, genocide, diasporic displacement, cultural destruction, and – perhaps most important – savvy and creative resistance to hegemonic demands provide the grounds for new forms of collectivity that would not ignore equally powerful histories of division and difference."[31]

Die Dekolonisierung des Feldes der Holocaust Memory Studies, die Rothberg hervorrufen möchte, ist bereits in künstlerischen Erinnerungsprozessen in Bewegung. Oxana Chi als afrodeutsche Künstlerin osteuropäischer und afrikanischer Herkunft eignet sich die Biografie Barbakoffs anders an, und bietet einen neuen Zugang zu Geschichte. Tanz ist hier ein bestärkendes Mittel, welches unterschiedliche Geschichten choreographisch verwebt, ohne ihre Texturen zu glätten oder zu ebnen zu versuchen. Als kulturelle Produktion ist *Durch Gärten* vor allem ein Beweis dafür, dass Kreativität jegliche Zerstörungen überlebt, und hegemonialen Verhältnissen dramaturgisch wie auch körperlich auf der Bühne widersteht. Die afroamerikanische Akademikerin Brenda Dixon-Gottschild, die mit ihrem jüdischen Mann choreographisch zusammenarbeitet, betont die notwendige Solidarität zwischen den Communities, die bereits Wesentliches teilen, und zwar eine schmerzhafte Geschichte, die erinnert werden kann, um nicht darin zu verhaften: „For African-Americans and Jewish peoples these facts of history are our facts of life. […] Attempts to eradicate memory act as a roadblock to empowerment, perpetuate a language of silence, enforce a politic of denial, and reinforce past suffering into the present."[32]

Als Künstlerin und Akademikerin, die jüdische und schwarze Geschichte als reiches Erbe in sich trägt, bin ich hierfür besonders aufmerksam. Dieser Band, die gesamte ELES-Kolleg-Reihe und ihre Abschlussveranstaltung versuchen, jüdisches Erinnern zu definieren. Hier gelangen wir in den Grenzbereich von Wahrheit, Wahrhaftigkeit und Authentizität. Von Audre Lordes *Biomythografie* bis zu Aharon Appelfelds *Histoire d'une vie* lassen zahlreiche Autor_innen die Grenzen zwischen dem Erlebten und dem Erzählten verschwinden.[33] *Durch Gärten* kann auch als Stück gelesen werden, dass an Sinti/Roma, Afrodeutsche, Homosexuelle, oder überhaupt „alle Menschen, die gegen das Regime kämpften"[34], erinnert.

Die Tanzkunst Tatjana Barbakoffs wurde bereits zu ihren Lebzeiten als Ausdruck von historisch-zeitgenössischem Wissen, das emotional vermittelt wird, interpretiert. Lou Straus-Ernst, die erste Frau von Max Ernst, besuchte und interviewte Tatjana 1933 in Paris:

> „Weil es eben bei Ihrer Kunst nicht so sehr auf das Wissen als auf das Fühlen ankommt. Ähnlich wie bei den Kostümen, die Sie sich ausdenken. Sie sind nicht immer ‚echt' im historischen Sinne, aber trotzdem echt in einem tieferen Zusammenhang. [...] [D]ann geben Sie wirklich den tänzerischen Ausdruck für eine innere Wahrheit, die auf keine andere Weise gesagt werden könnte."[35]

Tatjana und Oxana teilen über die Jahrhunderte hinweg die Fähigkeit, ihre innere Wahrheit tänzerisch auszudrücken, und sie teilen das Interesse für Kostüme. Als ich in dem Stück *Durch Gärten* mitwirkte, habe ich gerade bei der Szene des chinesischen Kleids von Klezmer inspirierte Melodien am Saxophon gespielt, verkörperte Erinnerungen an meine jüdischen Vorfahren, die in der Luft hingen. Als ich 2009 das Stück *Durch Gärten* im Publikum erlebte, ahnte ich noch nicht, dass dieses Stück mich einige Jahren später inspirieren würde, performative Erinnerung und alternative Geschichtsschreibung als Doktorandin zu erforschen.

2012 habe ich mich beim *Ernst Ludwig Ehrlich Studienwerk* um ein Stipendium für meine Promotion an der Humboldt-Universität beworben. Beim Bewerbungsgespräch zeigte Prof. Arnold Dreyblatt, der sich auch intensiv mit Erinnerung beschäftigt, viel Interesse für *Durch Gärten*. Er war – wie viele Menschen – überrascht, etwas über die Biografie Barbakoffs zu erfahren, die im Schatten der Vielen bekannten Valeska

Gert in Vergessenheit geriet. Mein Exposé und meine Forschung überhaupt stießen stets auf ein aufmerksames Zuhören und reges Interesse bei meiner damaligen Referentin Eva Lezzi und dem gesamten ELES-Team. So freute ich mich besonders, als 2014 die ELES-Reihe *Neues Judentum – altes Erinnern* das Tageslicht erblickte, konzipiert von Dr. Lezzi und Dr. Belkin. Auf ihre Einladung hin hielt ich bei dem Kolleg *Alternative Inszenierungen des Erinnerns: Kunst und Literatur* ein Referat zum Thema *Tanzkunst als lebendige Erinnerung*, das zum Teil die Grundlage für diesen Artikel bildet. Neulich wurde das DAGESH-Projekt ins Leben gerufen. Zum Abschluss meiner ELES-Förderzeit konnte ich noch gemeinsam mit Oxana Chi ein wichtiges Zeichen setzen, als wir eingeladen wurden, uns mit einem performativen Beitrag an der feierlichen Eröffnung zu beteiligen. Ich schilderte die Biografie von Claude Cahun, gefolgt von Oxanas Performance *Killjoy*. Heute erinnere ich mich an den Beginn meiner Promotionszeit. Als ich 2013 Oxana Chi für die Doktorarbeit interviewte, teilte sie mir zum Schluss ermutigende Worte mit, die ich hier wiedergeben möchte:

> „Obwohl Tatjana Barbakoff hingerichtet worden ist und obwohl so viel Kunst in Europa zerstört worden ist, glaube ich, dass sie trotzdem hier etwas gelassen hat, was uns, und auch dir, Layla, eine gewisse Kraft gibt und auch ein Nährboden, aus dem wir zehren können […]. Auch wenn sie gestorben ist, ist sie immer noch aktiv und macht immer noch Widerstand.“[36]

Nein, Tatjana, Oxana hat Dich nicht vergessen. Wir haben Dich nicht vergessen.

Ja, sie haben Dich und Deine Tänze vernichtet, doch aus dem „Nichts“ erstehst Du und lebst auf der Bühne und in unseren Herzen weiter.

Wir werden immer widerstehen.

Immer wieder.

Stehen.

Anmerkungen

1 Persönliches Interview der Autorin mit Oxana Chi, aufgenommen im Rahmen meiner Promotionsforschung, Berlin, September 2013.

2 Ingrisch, Doris: Wissenschaft, Kunst und Gender. Denkräume in Bewegung, Bielefeld 2012, 22.

3 Reinhardt, Hildegard: Drenker-Nagels, Klara; Goebbels, Günter (Hg): Tatjana Barbakoff, Tänzerin und Muse, Bonn 2002. – Siehe auch: Goebbels, Günter: Tatjana Barbakoff: eine vergessene Tänzerin in Bildern und Dokumentaten. Düsseldorf 2009. Die hier angegebenen biografischen Informationen zu Tatjana Barbakoff stammen zum größten Teil von Günter Goebbels, der sich seit Jahrzehnten für die historiografische Sichtbarkeit Barbakoffs einsetzt, und im regelmäßigen Austausch mit Oxana Chi steht.

4 Oxana Chi konzipierte einen Stadtplan, an dem viele der ehemaligen Auftrittsorte Barbakoffs aufgezeichnet sind. Vgl. das Faltblatt zur DVD *Durch Gärten* Tanzen. Eine Dokumentation von Oxana Chi & Layla Zami, 2014.

5 Mit dieser Schreibweise möchte ich die Vielschichtigkeit und Lückenhaftigkeit von Geschichte betonen. Zum dynamischen Unterstrich vgl. AK Feministische Praxis (Hg.): Feminismus schreiben lernen, Frankfurt a.M. 2011.

6 Chi: Interview [FN 1].

7 Cooper Albright, Ann: „Embodying History: Epic Narrative and Cultural Identity in African American Dance", in: Dils, Ann; Cooper Albright, Ann (Hg.): Moving History / Dancing Cultures. A Dance History Reader, Durham 2001, 439.

8 Halbwachs, Maurice: Das kollektive Gedächtnis, Frankfurt a.M. 1991.

9 Vgl. Taylor, Diana: The Archive and The Repertoire. Performing Cultural Memory in the Americas, Durham 2003.

10 Vgl. hierzu Fischer-Lichte, Erika: Ästhetik des Performativen, Frankfurt a.M. 2004. – Lepecki, André (Hg.): Of the Presence of the Body, Middletown 2004.

11 Hirsch, Marianne; Miller, Nancy K. (Hg.): Rites of Return – Diaspora Poetics and the Politics of Memory. Gender and Culture Series, New York 2011, 9.

12 Appelfeld, Aharon: Histoire d'une vie, Paris 2004, 9. Übersetzung der Verfasserin.

13 „Is it possible for the Holocaust to become a bodily memory for those who did not live through it?" – Landsberg, Alison: Prosthetic Memory – The Transformation of American Remembrance in the Age of Mass Culture, New York 2004, 113.

14 Hirsch, Marianne: „Der Schmerz meiner Großmutter", in: *Kulturaustausch*, Ausgabe 1, 2016, online auf: http://www.kulturaustausch.de/index.php?id=5&tx_ttnews%5Btt_news%5D=&tx_amkulturaustausch_pi1%5Bview%5D=ARTICLE&tx_amkulturaustausch_pi1%5Bauid%5D=2333&cHash=fb8debda8567a2217790d265b69f5b0f (letzter Zugriff 16. März 2017).

15 Bernard-Donals, Chael: Forgetful Memory – Representation and Remembrance in the Wake of the Holocaust, New York 2009.

16 Vgl. Zami, Layla: „Oxana Chis tänzerische Wissensschaffung: Biographische Erinnerung an Tatjana Barbakoff aus feministischer Perspektive", in: Heidegger,

Maria u.a. (Hg.): Sichtbar Unsichtbar. Geschlechterwissen in (auto-)biographischen Texten, Bielefeld 2015, 259–274.

17 Vgl. Marquié, Hélène: „Le Genre, Un Outil Épistémologique Pour L'historiographie de La Danse", in: Martin, Roxana; Nordera, Martina (Hg.): Actes Du Colloque International, Nice; Sophia Antipolis 2009, 211–222.

18 Chi, Oxana: Vortrag im Theaterforum Kreuzberg, Berlin, 29. Mai 2010, im Rahmen des Salon Qi.

19 Lauré al-Samarai, Nicola: „Inspirited Topography. Über/Lebensräume, Heim-Suchungen und die Verortung der Erfahrung in Schwarzen deutschen Kultur- und Wissenstraditionen", in: Eggers, Maureen Maischa u.a. (Hg.): Mythen, Masken und Subjekte. Kritische Weißseinsforschung in Deutschland, Münster 2009, 118–134, hier 118.

20 Vgl. Hill Collins, Patricia: Black feminist thought: knowledge, consciousness, and the politics of empowerment, New York 2000.

21 Vgl. Ingrisch, Doris: Wissenschaft, Kunst und Gender. Denkräume in Bewegung, Bielefeld 2012. – Hornscheidt, Lann: Feministische W_orte. Ein Lern-, Denk- und Handlungsbuch zu Sprache und Diskriminierung, Gender Studies und feministischer Linguistik, Frankfurt a.M. 2012.

22 Petrowskaja, Katja: Vielleicht Esther, Berlin 2014.

23 Ahmed, Sara: The Cultural Politics of Emotion, New York 2004, 202.

24 Klüger, Ruth: weiter leben. Eine Jugend, Göttingen 1994.

25 Chi: Interview [FN 1].

26 Appelfeld: Histoire d'une vie [FN 12], 136.

27 Vgl. Wright, Michelle: Physics of Blackness, Minneapolis 2015.

28 Für weitere Informationen siehe: http://oxanachi.de (letzter Zugriff 1. Mai 2017).

29 Für weitere Informationen zum Film siehe http://www.fembooks.de/Oxana-Chi-Layla-Zami-Durch-Gaerten-Tanzen (letzter Zugriff 16. März 2017).

30 Rothberg, Michael: Multidirectional Memory: Remembering the Holocaust in the Age of Globalization. Cultural Memory in the Present, Stanford 2009, 18.

31 Ebd., 23.

32 Dixon-Gottschild, Brenda: Digging the Africanist Presence in American Performance: Dance and Other Contexts, Westport 1996, 6.

33 Vgl. Lorde, Audre: ZAMI. A New Spelling of my Name. A Biomythography, Trumansburg 1983. – Appelfeld: Histoire d'une vie [FN 12].

34 Chi: Interview [FN 1].

35 Straus-Ernst, Lou: „Bei Tatjana Barbakoff", in: *Die Weltwoche*, 25. Mai 1934. Nachgedruckt in Chi, Oxana: Tanzende Erinnerung – Ausstellungskatalog, Berlin 2011, 17.

36 Chi: Interview [FN 1].

Stefanie Höpfner

Dani Karavan – Kunst im Dialog zwischen Erinnerung und Gegenwart*

> „Meiner Meinung nach kann man Kunst nicht von Erinnerung trennen."[1]

Der Gegenwartskünstler Micha Ullman schlägt in seinem Zitat eine klare Brücke zwischen Kunst und dem Vorgang des Erinnerns. Eine Auseinandersetzung um die Frage, ob und in welcher Form Vergangenheit gegenwärtig und mit welchen Stilmitteln Erinnerung in die Gegenwart transportiert werden kann oder gar darf, ist mannigfaltig. National wie international existieren sogenannte Denkmale, Mahnmale – Erinnerungsorte, die in verschiedenster Form unterschiedliche historische Kontexte erinnern. Im öffentlichen Raum sind sie Teil des Erinnerns einer Gesellschaft und nehmen Einfluss auf deren Konstitution: „Das Erinnern prägt als lebenswichtiger menschlicher Akt unsere Verbindungen zur Vergangenheit, und die Art und Weise, wie wir erinnern, bestimmt uns in der Gegenwart. Als Individuum und als Kollektiv brauchen wir die Vergangenheit zur Konstruktion und Verankerung unserer Identität und zur Ausbildung einer Vorstellung von der Zukunft."[2]

Erinnerungskunst im öffentlichen Raum fungiert als Äußerungsinstanz von ausgewählten Narrativen, die auf den jeweiligen Auftraggeber, den Künstler und ihren thematischen Entstehungskontext zurückgehen. Ein Großteil der Erinnerungskunst ist in sich und ihrer Bildhaftigkeit abgeschlossen und statisch und bildet somit ein Narrativ von Erinnerung unter vielen ab. Damit entsteht ein deutliches Spannungsfeld zwischen der Heterogenität der Rezipienten einer öffentlich gemachten Kunst, die an deren Bedeutungsgehalt mitpartizipieren, und dem Kunstwerk selbst. Bestenfalls stellt letzteres Aspekte verschiedener Erinnerungsnarrative dar und basiert damit in seiner Entstehung auf Ausschluss und Reduktion. Die Abbildung einer Form von Erinnerung durch öffentliche Kunst suggeriert einheitliches Gedenken der Bevölkerung und dient damit gleichzeitig der Erzeugung eines Gemeinschaftsgefühls auf Basis vermeintlich homogenen Gedenkens. Entsteht das Kunstwerk in Folge eines Auftrags von staatlich-politischer Seite, muss immer auch der Aspekt eines strategisch-instrumentellen Charakters dessen, was und wie erinnert wird, mitgedacht werden.

Bei dem eingangs zitierten Micha Ullman berührt Erinnern und dessen Bildhaft-Machen in Form von Kunst immer auch das Moment einer Leerstelle, einer Art „Echokammer", die Raum bietet, um von dem jeweiligen Betrachter mit Individualität gefüllt zu werden. Die Frage, inwiefern Kunst in der Lage ist, von jedem Menschen individuell erlebte Gefühle und Erinnerungen bildhaft zu machen, löste in der bildenden Kunst des 20. Jahrhunderts eine Auseinandersetzung über die Grenzen bis dahin tradierter Zeichensysteme aus. Potenziert wird diese Infragestellung durch das Erleben beider Weltkriege und der Schoa, der das Moment von Unfass- und -greifbarkeit innewohnt, womit die Frage nach Grenzen der Darstellbarkeit in den Fokus rückt. Es entstanden vor allem in den 1960er Jahren Stilrichtungen wie beispielsweise Minimal Art, Public Art oder Land Art, die eine traditionelle, statische Subjekt-Objekt-Trennung zwischen Betrachter und Kunstwerk aufweichen und gleichzeitig eine dialogische Ebene zwischen beiden Positionen initiieren.

Ein Künstler, dessen Werke diesem Kontext zuzuordnen sind, ist der 1930 in Palästina, dem heutigen Israel geborene jüdisch-israelische Künstler Dani Karavan. Dieser konzipiert und realisiert, neben temporären Ausstellungen, seit den frühen 1960er Jahren weltweit „Environments"[3] in besiedelter Umgebung oder unmittelbarer Nähe dazu. Diese entstehen überwiegend als Auftragsarbeiten. Einen geringen Teil machen Arbeiten aus, die im Kontext von Wettbewerbsausschreibungen konzipiert werden. Ein deutlicher Anteil der Environments findet sich im Zusammenhang verschiedener Erinnerungsdiskurse.

Karavans Environments basieren auf dem Konzept multipler Autorschaft. Neben Bezügen zu dem jeweiligen Auftragsinhalt spiegelt sich unter anderem die unmittelbare Umgebung des Environments in dem Werk in charakteristischen, geometrischen Formen und in der Farbgebung wider. Sämtliche Kunstwerke entstehen ausschließlich ortsspezifisch und integrieren neben bereits bestehender Flora Natureinflüsse wie Licht/Schatten und Wind. Zum anderen impliziert das Konzept der multiplen Autorschaft bei Karavan auch das Bildhaft-Machen der individuellen diskursiven Prägung des Künstlers selbst. Charakteristisch sind hierbei deutliche Bezüge zu jüdisch-israelischer Historie, Kultur und Religion, die den Werken immer wieder eingeschrieben sind, zum Teil auch buchstäblich in Form von Gedichten, traditionellen Liedtexten und Zitaten aus der hebräischen Bibel. Hierbei hat die Religion die Funktion einer kulturhistorischen Folie.

Bedeutungskonstituierend für das Gesamtkunstwerk ist, neben den bereits genannten Faktoren, der jeweilige Betrachter mit seinem individuellen Vorwissen selbst: „Das Kunstwerk verändert sich zudem permanent, da es als Teil eines natürlichen Environments sich Licht und Schatten, Jahreszeiten, Sonne wie Unwetter ebenso aussetzt wie den Stimmungen, den Zufälligkeiten und den momentanen Empfindungsmechanismen der Betrachter, der nutzenden Betrachter, der fühlenden ebenso wie der denkenden.“[4] Mithilfe stilistischer Mittel, einer Form der Instruktion des Betrachters etwa durch Licht/Schatteneinflüsse, plötzliche Enge im Environment oder die Vorgabe, um dieses herumzulaufen, initiiert Karavan Brüche in dessen Empfinden. Damit eröffnet er produktive Zwischenräume, die den Betrachter am Gesamtkonzept des Kunstwerks partizipieren lassen.

Das *Memorial to the Holocaust*, Weizmann-Institute of Science, Rehovot, Israel, 1968–1972

Das Environment geht auf einen Auftrag des *Weizmann-Institute of Science* zurück, auf dessen Campus es sich auch befindet, und wurde als Denkmal für die Opfer der Schoa konzipiert und realisiert. Es wird zu zeigen sein, inwiefern Karavan Erinnerungsnarrative des Judentums und des Staates Israel in seinem Kunstwerk aufgreift, miteinander in Verbindung setzt, damit tradierte Narrative abbildet und künstlerisch umsetzt. Umfasst Karavans Gesamtwerk mittlerweile eine Vielzahl von Environments, die dem Erinnerungskontext zuzuschreiben sind, so ist das *Memorial to the Holocaust* das erste, das den Opfern der Schoa gewidmet ist.[5] Frei von etwaigen Vorgaben durch den Auftraggeber entscheidet sich Karavan bei der Standortwahl für einen freien Platz, der in unmittelbarer Nähe zu dem Grab des ehemaligen Staatspräsidenten Chaim Weizmann liegt. Dieser hatte das spätere Weizmann-Institute 1934 gegründet[6] und bis zu seinem Tod 1952 auf dem heutigen Gelände gelebt.

Das *Memorial to the Holocaust* ist ein zweiteiliges Environment in den Maßen 6x20x50 Meter,[7] dessen Basis ein weißer, vertikal in der Mitte gespaltener Steinkubus bildet. In die Innenseiten des Kubus sind kleine Löcher eingearbeitet, um Wassertropfen aus dem Inneren perlen zu lassen. Die Wasserleitung in der äußeren Form zweier Eisenbahnschienen platziert Karavan für den Betrachter sichtbar an der Stirnseite des Würfels. Dem Kubus eingeschrieben sind Fragmente einer Rede Chaim Weizmanns, die dieser während des 22. Zionistenkongresses am 22. Dezember 1946 in Basel gehalten hat.

Memorial to the Holocaust, Weizmann Institute of Science, Rehovot, Israel, 1968–1972. Foto: Stefanie Höpfner, 2017

Auf der rechten Kante des Steinkubus liegt, in nach links gerichteter Neige, ein bronzefarbenes Element auf, das eine Thorarolle darstellt. Diese ist, ebenso wie der Kubus, in der gesamten Höhe und Tiefe gespalten; in ihre Außenseite sind auf Hebräisch Namen von Städten, der sogenannte Davidstern, Vornamen und Nummern eingeschrieben. Die inneren Ränder der Thorarolle sind grob bearbeitet, wirken ausgefranst und leiten in das ebenfalls raue und unebene Spaltinnere über. Karavan integriert mit der nachempfundenen Thorarolle ein identitätsstiftendes Merkmal des jüdischen Volkes in das Environment. Neben dem Bundesschluss zwischen Gott und Abraham, dem Stammvater des jüdischen Volkes, findet sich im Tanach darüber hinaus die Legitimationsinstanz für den geltend gemachten Anspruch auf das biblische Land.[8]

Seinem Konzept folgend, einen Dialog zwischen Kunstwerk und umgebender Natur zu initiieren und diese bedeutungskonstituierend einzubeziehen, integriert Karavan an dieser Stelle das Zusammenspiel von Licht/Schatten und Material des Kunstwerks. Die glatte Oberfläche der Thorarolle reflektiert das Sonnenlicht und potenziert die bronzene Farbgebung. Der rau wirkende, unebene Spaltinnenraum liegt im Schatten und tritt dadurch in seiner Farbigkeit deutlich hinter der glänzenden Oberfläche zurück. Die Bäume im Hintergrund des

Environments scheinen durch den Spalt in der Thorarolle hindurch und unterstützen in ihrer organischen Dynamik das Moment von Bewegung, das durch die Schräge des Elements auf dem statischen Kubus konstruiert wird.

Der Kubus als Träger der zionistischen Rede Chaim Weizmanns

Wie bereits erwähnt, finden sich auf dem Kubus des *Memorial to the Holocaust* Fragmente einer Rede, die Chaim Weizmann im Kontext des 22. Zionistenkongresses in Basel im Jahr 1946 gehalten hat:

Memorial to the Holocaust, Weizmann Institute of Science, Rehovot, Israel, 1968–1972. Foto: Stefanie Höpfner, 2017

„Erinnere ... Es gibt – wo auch immer Juden leben – fast keinen einzigen, der nicht einen Teil seiner Familie verloren hätte. Tausende Fäden verbinden uns mit den Heiligen und den Reinen, die man brutal ermordet hat. Die Zeit wird kommen, die Geschichte wird geschrieben werden und es wird einen Richter geben, der die Taten der Menschheit beurteilen wird. Wir suchen und dienen Gott auch mit Hammer und Hacke, dabei wissend, dass der Aufbau von Eretz Jisrael die größte Mitzvah ist. Hier wollen wir Trost suchen und ihn möglicherweise im Laufe der Zeit auch finden. Uns ist das Schicksal zugekommen,

> unsere eigene Seele wieder zu vervollständigen sowie alles, was wir verloren haben hinsichtlich Torah/Lehre, Weisheit und Tugendhaftigkeit. Daher ist für uns jeder Jude, der lernt, jeder Cheder und jede Schule ein Schatz, ein nationaler Schatz. Und so werden die großen Verluste kompensiert werden, die wir in den Gemeinden von Warschau, Berdytschiw, Odessa, Chișinău, Vilnius erleiden mussten. Das ist für uns ein Recht und zugleich eine Pflicht. Und obwohl wir um die Schwierigkeiten wissen, sehen wir deutlich unser Ziel und wir werden es erreichen.
> Fürchte dich nicht, mein Knecht Jakob!
> *Chaim Weizmann. Aus der Trauerrede, gehalten auf dem 22. Zionistischen Kongress in Basel am 16. Kislev 5707 (9.XII.1946).*“[9]

Nahezu vollständig auf Jiddisch verfasst, fehlt eine Übersetzung der Textfragmente am Environment. Verwiesen werden muss an dieser Stelle auf die Jiddische Sprache als Sprache der meisten Opfer der Schoa. Mit der Ermordung der Menschen wurde auch sie nahezu ausgelöscht und wird an dieser Stelle im Kunstwerk miterinnert.

Der eingravierte Text beginnt mit dem hebräischen Wort Jizkor (zu Deutsch: Erinnere) und damit mit der Aufforderung an den Betrachter, sich zu erinnern. Diese findet sich bereits äußerst programmatisch im biblischen Kontext, der Thora. Die Aufforderung zum Gedenken richtet sich sowohl an den Leser der tanachischen Erzählungen als auch an Gott selbst und lässt damit durchaus Rückschluss auf den Stellenwert der Erinnerung im Judentum zu, die Gegenwart und Zukunft mitkonstituiert und zugleich identitätsstiftend wirkt.[10]

Weizmann nimmt in seiner Rede zunächst Bezug auf die Geschehnisse der Schoa, die in diesem Zusammenhang erlittenen Verluste des jüdischen Volkes und denkt diese mit religiösem Gehalt zusammen. Er zieht eine Verbindunglinie zwischen den Ermordeten und dem gesamten jüdischen Volk und impliziert damit ein Gemeinschaftsgefühl in Folge eines kollektiv erlittenen Verlustes mit dem Judentum als einendem Faktor. Die Heimkehr in das biblisch versprochene Land Eretz Jisrael verknüpft er deutlich mit dem Moment der Erlösung des verfolgten und exilierten jüdischen Volkes und artikuliert damit eine grundlegende Idee des späteren staatsgründenden Zionismus. Der Aufbau, die Besiedelung und Bearbeitung des Landes stellt ein weiteres klar zionistisches Motiv dar. Auf Grundlage der Autorität der Thora konzipiert Weizmann also eine direkte Verbindungslinie zwischen den Ereignissen der Schoa und einer vervollständigenden Heimkehr nach Eretz Jisrael, das von ihm als nationale Heimstätte des jüdischen Volkes verstanden wird. Im letzten Satz seiner Rede: „Fürchte dich nicht, mein Knecht Jakob!" bezieht sich Weizmann auf die biblische Figur des Jakob in Jeremia 46,27 und unterstreicht damit abschließend den Anspruch auf Rückkehr nach Eretz Jisrael auf der Folie göttlicher Autorität: „Du aber fürchte nicht, mein Knecht Jaakob, und zage nicht, Jisrael; denn siehe: ich löse dich aus der Ferne, und deinen Samen aus dem Lande ihrer Gefangenschaft, und zurückkehren wird Jaakob […]."[11]

Erinnern über das konkrete Benennen der Namen von Opfern der Schoa

In die Oberfläche der Thorarolle hat Karavan neben dem Davidstern[12] und den Namen zerstörter Städte häufige Vornamen von in Auschwitz ermordeten Juden und die ihnen zugeteilten Nummern eingraviert[13] – jene Tätowierungen, die in Auschwitz zur Kennzeichnung von Menschen vorgenommen wurden und die für die Entmenschlichung des Individuums stehen. Indem Karavan diese einerseits mit den Namen der Ermordeten in Verbindung bringt und andererseits in handschriftlichem Gestus in dem Kunstwerk niederschreibt, öffnet er einen Bedeutungsgehalt, der das Einschreiben der Nummern um den Aspekt von Individualität erweitert. Er koppelt Namen und Nummern an eben genau das Moment von Individualität und Identität, das von den Nationalsozialisten negiert wurde. Namen und Nummern – zunächst stehen diese für zwei voneinander getrennte Lebensabschnitte der Opfer der Schoa. Während der Name Attribut für den Lebensabschnitt ist, in dem der Mensch individualisiert ist, steht die Nummer für jenen Abschnitt im Leben dieses Menschen, in dem ihm dieses identitätsstiftende Moment genommen und er bürokratisierter Teil eines entmenschlichten Systems geworden ist. Durch das Zusammenführen beider Lebensabschnitte der Opfer verwebt Karavan Individualität und Entmenschlichung, lässt diese in einer Koexistenz miteinander in Verbindung treten und schreibt einen Aspekt von Reindividualisierung in sein Environment ein.

Erinnern über das konkrete, bewahrende Andenken des Namens wird im Judentum wie auch im heutigen Staat Israel als gängige Form des Gedenkens praktiziert, sowohl im privaten, als auch im öffentlichen Kontext. Prominent findet sich die Verknüpfung von Erinnerung und partieller Individualisierung von Opfern der Schoa über die dezidierte Namensnennung zum Beispiel in der nationalen Gedenkstätte *Yad VaShem* in Israel, die bereits durch ihren programmatischen Namen diese Bezugslinie deutlich macht. Dieser rekurriert auf Jesaia 56,5: „Ich werde ihnen in meinem Hause und in meinen Mauern ein

Denkmal stiften und einen Namen [...]; einen ewigen Namen stifte ich ihnen, der unvertilgbar ist."[14] Durch die Rückbindung der Opfer an Identitätsmarker wie den Namen wird der unfassbaren Zahl Ermordeter Individualität und Einzelschicksal gegenübergestellt. In der „Halle der Namen", die sich im Museum zur Geschichte des Holocaust befindet, werden dem Besucher Namen der Opfer der Schoa und deren persönliche Daten zugänglich gemacht. Es besteht zudem die Möglichkeit, zum einen Namen von Opfern der Schoa im angegliederten Besucherzentrum zu recherchieren und zum anderen Angaben zu noch nicht archivierten Ermordeten zu machen und diese in der *Zentralen Datenbank der Opfer des Holocaust* zu hinterlegen. Die auf der deutschsprachigen, offiziellen Homepage *Yad VaShems* formulierte Aufforderung: „Sind Ihnen Namen von ermordeten Opfern des Holocaust bekannt? [...] Es ist unsere kollektive moralische Pflicht, uns beständig weiter zu bemühen, ihre Namen wieder zu finden und ihre Identität wiederherzustellen"[15] spiegelt deutlich den Stellenwert von individuellem, biografischem Andenken innerhalb des Topos von Erinnerung und Gedenken wider.

Der Topos von Katastrophe und Erlösung als Narrativ jüdischer Tradition im Memorial to the Holocaust

Um die Fragmente der Rede Weizmanns auf dem Kubus in Gänze lesen zu können, ist es nötig, das gesamte Kunstwerk sechsmal zu umrunden. Die Zahl sechs muss im Kontext des *Memorial to the Holocaust* deutlich mit der Zahl von sechs Millionen während der Schoa ermordeten Juden in Verbindung gebracht werden. Das Umrunden des Environments durch den Betrachter verschränkt beide Elemente des Kunstwerks, den Steinkubus als Träger einer zionistischen Rede und die Thorarolle, der die Namen und Nummern Ermordeter sowie das Symbol des Davidsterns eingeschrieben wurden, miteinander. Das direkte Verweben von jüdischer Religion, die durch das Symbol der Thorarolle bildhaft gemacht wird, mit dem Nennen von Namen und eintätowierten Nummern Ermordeter lässt verschiedene Lesarten zu. Im *Memorial to the Holocaust* wird der Opfer der Schoa gedacht, die ermordet wurden, weil sie Juden waren. Das Zusammenbringen von Namen, Nummern und der Thorarolle verweist zunächst auf diesen Umstand nationalsozialistischer Ideologie. Darüber hinaus wird eine gedankliche Verbindungslinie gezogen, zwischen den Getöteten der Schoa und der Thorarolle als Trägerin der biblischen Verheißung auf Nachkommenschaft und die jüdische Heimstätte Eretz Jisrael, die sich außerdem in Worten in der Rede Weizmanns auf dem Kubus findet und von Karavan künstlerisch umgesetzt wurde. Ähnlich der Beziehung, die die Thorarolle als Symbol der jüdischen Religion und die in sie eingeschriebenen Namen und Nummern Ermordeter der Schoa miteinander eingehen, konzeptualisiert Karavan die Elemente des Kubus und der Thorarolle zueinander. Der Kubus fungiert in dem gesamten Environment als Basis. Zugleich ist auf ihm die zionistische Rede Weizmanns eingeschrieben. Die Thorarolle ist so konzipiert, dass sie auf dem statischen Kubus aufliegt. Auf einer allegorischen Bedeutungsebene gehen damit Schoa, Zionismus und die Thora als Trägerin der biblischen Überlieferung eine essenzielle Verbindung ein. Eine Lesart, die sich daraus ergibt, lässt den Zionismus als Basis der biblischen Verheißung erscheinen. Der stilistischen Anordnung beider Elemente folgend wäre, zugespitzt analysiert und formuliert, die bewegte Thorarolle ohne das stabile Fundament des kubischen Zionismus ohne Halt – die Verheißung des biblischen Landes ohne Zionismus instabil und ohne feste Basis. Andererseits erscheint die das Environment nach oben hin abschließende Thorarolle nicht zuletzt aufgrund ihrer Farbigkeit, die durch das reflektierte Sonnenlicht gesteigert wird, in Abgrenzung zu dem matt weißen Kubus singulär und hervorgehoben.

Karavan schreibt seinem Environment *Memorial to the Holocaust* den im Judentum und vor allem in den Anfangsjahren des Staates Israel prominenten Topos von Katastrophe und Erlösung ein. Indem er eine Verbindungslinie zwischen der Schoa und dem Streben nach einer nationalen Heimstätte zieht, rekurriert er auf Vorstellungen des staatsgründenden Zionismus, der die vollkommene Hinwendung zum gegründeten Staat als Moment der Erlösung aus der Diaspora und der stattgefundenen Katastrophe der Schoa proklamiert: „Die kurze Zeitspanne zwischen der Katastrophe der europäischen Judenheit und der Gründung des jüdischen Staates veranlasste den offiziellen Diskurs, das zugleich selbstverständliche und zutiefst in der jüdischen Tradition verwurzelte Grundmuster von ‚Katastrophe und Erlösung' einzusetzen."[16]

Als Beispiel dieses prominenten Topos kann an dieser Stelle die Anordnung der jüdischen bzw. israelischen Feier- und Gedenktage Pessach, des Tags des Gedenkens an die Schoa, des Tags des Gedenkens an gefallene Soldaten israelischer Kriege und des Unabhängigkeitstags dienen. Das jüdische Wallfahrtsfest Pessach selbst trägt den Kausalitätszusammenhang von Katastrophe und Erlösung in sich, indem es an den Auszug der Juden aus Ägypten nach vierhundert Jahren Exil und Sklaverei erinnert. Es wird vom 14.–21. Nisan des jüdischen Kalenders als Fest der Befreiung gefeiert und gehört zu den höchsten jüdischen Feiertagen. Seit 1959 gesetzlich verankert, wird am 27. Nisan vom Sonnenuntergang des Vortages bis zum Abend der Opfer der Schoa gedacht. Wenige Tage später, am 4. Ijar, findet der offizielle Gedenktag Israels an die gefallenen Soldaten und Opfer israelischer Kriege statt, am Folgetag wird der Tag der Unabhängigkeit Israels, die Proklamation des Staates Israel gefeiert. Bewusst wird der Tag des Gedenkens an die Opfer der Schoa einerseits flankiert von dem Fest Pessach, das die Erlösung aus Knechtschaft und Heimkehr in das biblisch versprochene Land markiert und von dem Gedenktag der Opfer israelischer Kriege und der Ausrufung des Staates Israel. Es wird an dieser Stelle eine dezidierte Verknüpfung zwischen der Katastrophe der Schoa, der Ausrufung des Staates Israel und dessen Existenzsicherung gezogen und damit der empfundene Kausalitätszusammenhang zwischen erlittener Katastrophe und durch Gründung der nationalen Heimstätte empfundener Erlösung gespiegelt.[17]

Das *Memorial to the Holocaust* spiegelt als Auftragsarbeit für öffentliches Gedenken in Israel deutlich tradierte Erinnerungsnarrative seiner Entstehungszeit wider. Erinnern an die Schoa lässt sich in Israel in verschiedene Phasen unterteilen. Direkt nach der Staatsgründung 1948 entwickelte sich ein stark binäres Erinnerungsnarrativ, in dem der Großteil der Opfer und Überlebenden der Schoa für diasporische Schwäche und Wehrlosigkeit standen. Dem gegenübergestellt wurde eine starke Akzentuierung von einzelnen Widerstandskämpfern, die dem staatsgründenden Zionismus als Identifikationsfigur des wehrhaften Juden in der neu gegründeten nationalen Heimstätte Israel dienten.[18] Der Prozess gegen Adolf Eichmann, der mit dessen Hinrichtung 1962 seinen Abschluss fand, markiert einen Wandel im bisher statischen Gedenken an die Schoa. Erstmals kamen Überlebende öffentlich zu Wort und hatten die Möglichkeit, im Kontext großer medialer Präsenz ihre Geschichte zu erzählen. Dem Bild des Kollektivs der schwachen Überlebenden standen nun Individualität und Komplexität von Einzelschicksalen gegenüber. Die existentielle Bedrohung des jungen Staates Israel durch dessen angrenzende Nachbarstaaten im Kontext des Sechstagekrieges 1967 rief in der israelischen Bevölkerung eine direkte Gedankenlinie zu dem millionenfachen Mord an Juden während der Schoa hervor, die trotz des umfassenden Sieges im Bewusstsein der Bevölkerung bestehen blieb und das Erinnerungsnarrativ um den Aspekt der politischen Kontextualisierung erweiterte. Die angestrebte Vernichtung des jüdischen Volkes und der Kampf von Widerstandskämpfern während der Schoa wurde in direkten Kausalitätszusammenhang gebracht mit notwendiger Stärke und unbedingter Wehrhaftigkeit israelischer Soldaten gegen Bedrohung von außen.[19]

Das *Memorial to the Holocaust* wurde in einer Zeit des Umbruchs israelischer Erinnerungsnarrative als Auftragsarbeit für den öffentlichen Raum realisiert und spiegelt auch Motive dieses Umbruchs wider. Neben dem Aspekt der Individualisierung der Opfer der Schoa wirft Karavan in seinem Environment eine Assoziationslinie des beschriebenen Topos von Katastrophe und Erlösung auf, indem er den Ereignissen der Schoa die Vision Weizmanns einer nationalen Heimstätte gegenüberstellt. Der statisch tragende Kubus, dem die zionistische Rede Weizmanns eingeschrieben ist, transportiert diesen Aspekt auf einer tieferen Bedeutungsebene.

Mizrach, Neupfarrplatz, Regensburg, Deutschland, 1997–2005

Wie bereits erläutert, realisiert Dani Karavan seine Environments weltweit und immer ortsspezifisch auf der Folie unmittelbarer Umgebung, der Historie des Ortes und, wie am Beispiel des *Memorial to the Holocaust*, unter Einbeziehung tradierter Narrative. Ein skizzenhafter Vergleich mit dem in Regensburg entstandenen Environment *Mizrach* zeigt dies anhand eines Kunstwerkes Karavans in Deutschland.[20]

Mizrach, Regensburg, Deutschland, 1997–2005. Foto: Dani Karavan, 2005. Mit freundlicher Genehmigung Dani Karavans, Studio Dani Karavan Israel/Atelier Dani Karavan Paris

Als Auftragsarbeit für die Jüdische Gemeinde und die Stadt Regensburg auf dem Neupfarrplatz entstanden, geht das Kunstwerk *Mizrach* zurück auf Ausgrabungen direkt unter dem Platz, die 1995/96 Reste des mittelalterlichen sogenannten Judenviertels freilegten. Religiöses Zentrum der größten jüdischen Gemeinde Süddeutschlands im Mittelalter bildete die um 1210 erbaute Synagoge, die zu den ersten im deutschsprachigen Raum gehörte und wenige Tage nach der Vertreibung der Juden 1519 ebenfalls aus dem Stadtbild getilgt wurde.[21] Ortsspezifisch auf einer trapezförmigen Fläche von 1x11x18 Meter[22] konzipiert, rekonstruiert Karavan mit 72 geometrischen Betonfragmenten den Grundriss des zerstörten jüdischen Gotteshauses. Quadratische und rechteckige Elemente markieren dessen ehemalige Außenmauern, runde und halbrunde Steine zeichnen die tragenden Säulen des Synagogenbaus nach. Die Außenelemente des Kunstwerks liegen größtenteils auf dem Boden des Neupfarrplatzes auf, der Innenbereich hingegen wird als Vertiefung realisiert und erscheint somit als Negativform im Stadtbild. Karavan verweist damit einerseits auf die durch die Zerstörung der Synagoge entstandene reale Leerstelle im Stadtbild am historischen Ort, berührt jedoch andererseits zudem die Leerstelle, die durch die Verfolgung und Vertreibung der jüdischen Gemeinde entstanden ist. Das Gedenken an mittelalterliche Judenverfolgungen und die Zerstörung der Synagoge eröffnet gleichzeitig die Erinnerung an Judenverfolgungen während des Zweiten Weltkriegs und lässt auch dieses Kapitel deutsch-jüdischer Geschichte in das Gesamtkunstwerk einfließen. Darüber hinaus rekurriert die Negativform auf die unter ihr befindlichen Überreste des ehemaligen Judenviertels. Deren bruchstückhafter Charakter spiegelt sich in den ebenfalls fragmentarisch gehaltenen Elementen, die in ihrer Gesamtheit das Kunstwerk bilden.

Der hebräische Titel des Kunstwerks *Mizrach* (zu Deutsch: Osten) findet sich in dem Environment an der Stelle, an der sich der Aron HaKodesh, der „Heilige Schrein" befindet. Karavan impliziert dadurch in seinem Kunstwerk einerseits das Moment von Fremdheit in Form einer anderen Sprache, andererseits koppelt er das Environment dezidiert an den synagogalen Kontext, an den es angelehnt ist. Darüber hinaus verweist er mit dem zeichenhaften Begriff Mizrach, Osten, auf die Stadt Jerusalem, deren Gehalt als Heilige Stadt der monotheistischen Weltreligionen Teil eines tradierten kulturell-religiösen Gedächtnisses und somit identitätsstiftend ist.

Karavan konzipiert *Mizrach* als Echokammer der (historischen) Umgebung, in der es situiert ist. Die Inbezugnahme des Rezipienten erfolgt vor allem über die offene und begehbare Fläche des

Innenbereichs und die vorhandenen Bodenelemente, die als Ablage-, Sitz- und Kindern als Klettermöglichkeiten dienen: „Ich wollte kein Denkmal schaffen, sondern einen Ort der Begegnung.“[23] Karavan inszeniert einen Ort des Dialogs und schafft so eine Verbindungslinie zu vor der Vertreibung gelebtem Alltag in und mit der zerstörten mittelalterlichen Synagoge. Der Betrachter füllt die Negativform temporär und partiell – sowohl physisch als auch mit seinem diskursiv geprägten Vorwissen, das ebenfalls bedeutungskonstituierend für das Environment ist. Damit wird ein individuelles, dialogisches Erinnerungsnarrativ konstruiert, das Abgeschlossenheit ausschließt. Aufgrund fehlender Informationen[24] geschieht dies vermeintlich ohne feste Deutungshoheit durch den Künstler und ohne ein konkretes Narrativ, das Erinnerung und deren Inhalt dezidiert vorgibt. Zu bedenken ist an dieser Stelle jedoch, dass das Kunstwerk in seiner Bedeutungskonzeption die Betonung auf Vertreibung, Tilgung und Zerstörung legt, die auch aufgrund der epochenübergreifenden Bezugnahme des Kunstwerks als einseitige Opfer-Stringenz jüdischen Lebens in Deutschland seit dem Mittelalter gelesen werden kann und damit einen tradierten, vorherrschenden Aspekt von Gedenken an jüdische Opfer der Schoa in deutschen Erinnerungsdiskursen spiegelt. Der Schwerpunkt des Environments liegt klar in dessen fragmentarischen Charakter und dem Moment von Zerstörung. Stationen eines jüdischen Lebens neben Verfolgung und Zerstörung klingen nicht an, werden nicht (mit)erinnert: „Die Entscheidung, sich an etwas zu erinnern, impliziert stets die Gegenentscheidung, etwas anderes, potentiell ebenfalls Erinnerbares, zumindest in diesem Moment nicht zu berücksichtigen.“[25]

Mizrach, Regensburg, Deutschland, 1997–2005. Foto: Dani Karavan, 2005. Mit freundlicher Genehmigung Dani Karavans, Studio Dani Karavan Israel/Atelier Dani Karavan Paris

Schlussbetrachtung

Die Frage, wer in Form öffentlicher Kunst an welche historischen Ereignisse erinnert, was dieses Erinnern transportieren, vermitteln soll und in welchem Kontext die Kunst entsteht, ist Ausgangspunkt tiefgreifender Auseinandersetzungen in verschiedenen wissenschaftlichen Fachdisziplinen, deren Untersuchung in diesem begrenzten Rahmen nicht zufriedenstellend möglich sein kann.

Kunst als Äußerungsinstanz des jeweiligen Auftraggebers, des Künstlers und (oftmals) tradierter Narrative, die auf dem Ausschluss anderer Narrative konstruiert werden, kommt ein hoher Stellenwert im öffentlichen Raum zu. Historische, politische und nationale Spezifika bestimmen, was mit und durch das in Auftrag gegebene Kunstwerk transportiert werden soll: „Die normative Interpretation des gewählten Themas und dessen ästhetische Gestaltung in einem Denkmal oder einer Gedenkstätte resultieren nicht aus der intrinsischen Bedeutung der jeweiligen Vergangenheit, sondern aus einer gedächtnispolitischen Absicht jeweiliger Denkmalsetzer in ihrer Gegenwart.“[26]

Der Schwerpunkt des Environments *Mizrach* in Regensburg liegt deutlich auf der Kontextualisierung zu der am historischen Ort erfolgten Vertreibung und Zerstörung jüdischen Lebens und auf dem initiierten Dialog von Rezipienten in der Gegenwart. Im *Memorial to the Holocaust* in Israel werden Erinnerungsnarrative in den Fokus gestellt, die die Politik des Staates Israel zur Entstehungszeit des Kunstwerks abbilden. Diese dienten im neu gegründeten Staat der Erzeugung eines vermeintlich kollektiven Bewusstseins, das unter anderem auf religiöse Inhalte und den Topos von Katastrophe und Erlösung rekurriert und diesen in direkten Bezug zu den Ereignissen der Schoa und der Staatsgründung Israels setzt.

Staatliche Auftragskunst, wie im Fall der beiden vorgestellten Environments, ist angesiedelt in einem Spannungsfeld, das Interessen des Auftraggebers, die Rolle des Künstlers und des Rezipienten betrifft. Das Potenzial von Vereinnahmung, insbesondere öffentlicher Kunst, ist vielfältig. Ein Moment dieser Vereinnahmung des ästhetischen Narrativs Kunst zeigte sich am Beispiel Dani Karavans im Sommer vergangenen Jahres. Karavan kritisierte sowohl national wie international die Politik der gegenwärtigen israelischen Regierung scharf und verband dies mit der Forderung, das von ihm konzipierte Wandrelief im Plenarsaal der Knesset zu verhüllen: „Ich schuf sie [die Wand, in die das Relief ‚Pray for the Peace of Jerusalem‘, Jerusalem, 1965–1966 integriert ist] in einer Zeit, in der unsere Unabhängigkeitserklärung, ein leuchtendes Beispiel für Menschenrechte, von der Regierung, der

Knesset und dem Volk als bindendes Dokument betrachtet wurde. Das ist heute anders. [...] [I]ch will, dass sie [die Wand] verdeckt wird, weil sie meinem Ruf schadet."[27]

Herzlich sei an dieser Stelle Dani Karavan gedankt – für die freundliche Bereitstellung der Abbildungen und jedwede Unterstützung.

Anmerkungen

* Sowohl Beschreibung und Analyse des *Memorial to the Holocaust* als auch das Unterkapitel „Der Topos von Katastrophe und Erlösung als Narrativ jüdischer Tradition im Memorial to the Holocaust" finden sich zu großem Teil bereits in meiner unveröffentlichten Magisterarbeit *ZwischenRäume. Dani Karavans Environments zwischen Erinnerung und Erlebnis, zwischen Geschichte und Gegenwart*, die 2013 am Fachbereich Geschichts- und Kulturwissenschaften der Freien Universität Berlin eingereicht wurde.

1 Ullman, Micha: „Architektur und Erinnerung", in: Schlusche, Günter; Stiftung Denkmal für die ermordeten Juden Europas in Zusammenarbeit mit der Akademie der Künste Berlin (Hg.): Architektur der Erinnerung. NS-Verbrechen in der europäischen Gedenkkultur, Berlin 2006, 82–85, hier 82.

2 Huyssen, Andreas: „Denkmal und Erinnerung im Zeitalter der Postmoderne", in: Young, James E. (Hg.): Mahnmale des Holocaust. Motive, Rituale und Stätten des Gedenkens, München 1994, 9–18, hier 9.

3 Der seit Ende der 1950er Jahre verwendete Begriff des Environments definiert ein Zusammenspiel zwischen Kunstwerk und Betrachter, das sich entwickelt, indem die Künstler „den Rezipienten mit einer Situation konfrontieren, die für ihn begehbar ist und ihn vollständig umgibt. In ihnen [Environments] koinzidieren Kunst- und Realraum." Scheer, Thorsten: Postmoderne als kritisches Konzept. Die Konkurrenz der Paradigmen in der Kunst seit 1960, München 1992, 44f.

4 Ronte, Dieter: „Dani Karavan", in: Kulturamt der Stadt Goslar in Zusammenarbeit mit dem Verein zur Förderung moderner Kunst e.V. (Hg.): Dani Karavan. Zur Verleihung des Goslarer Kaiserrings am 26. Oktober 1996 und zur Ausstellung im Mönchehaus-Museum für moderne Kunst Goslar, Goslar 1996, 5–18, hier 15.

5 Das von 1963–1968 entstandene Negev Monument am Rande der israelischen Stadt Beer Sheva ist den während des israelischen Unabhängigkeitskrieges umgekommenen Soldaten der ehemaligen Palmach-Brigade gewidmet. Neben einem weiteren Environment, das 1963–1967 im Innenhof des Justizpalastes von Tel Aviv, Israel, realisiert wurde, entstanden frühe Arbeiten Karavans als Auftragsarbeiten für Innenräume. Zu nennen ist in diesem Zusammenhang vor allem das Wandrelief *Pray for the Peace of Jerusalem* für den Sitzungssaal der Knesset in Jerusalem, Israel, von 1965–1966.

6 Der Gründungsname des Instituts lautete 1934 *Daniel-Sieff-Forschungsinstitut* und wurde 1949 offiziell nach seinem Gründer in das *Weizmann-Institute of Science* umbenannt. Vgl. http://www.weizmann.ac.il (letzter Zugriff 22. März 2016).

7 Vgl. Jacobi, Fritz: „Dani Karavans Werke im Widerstreit der Kräfte – Zur Dualität von offener und geschlossener Form", in: Ders.; Omer, Mordechai; Reuter, Jule (Hg.): Dani Karavan. Retrospektive. 14. März–1. Juni 2008. Martin-Gropius-Bau Berlin, Berlin 2008, 40–45, hier 42.

8 „An demselben Tage machte der Ewige mit Abram einen Bund, also: Deinem Samen geb' ich dieses Land vom Strome Mizrajims [Ägyptens] bis an den großen Strom, den Strom Frat; den Keni und den Kenisi und den Kadmoni, und den

Chitti und den Perisi und die Refaim, und den Emori und den Kenaani und den Girgaschi und den Jebusi." Die Heilige Schrift. Die vierundzwanzig Bücher der Heiligen Schrift. Nach dem masoretischen Text, übersetzt von Zunz, Leopold, Tel Aviv 1997, Genesis 15,18–21, 28.

9 Aus dem Jiddischen übersetzt von Sophia Charlotte Fock.

10 Vgl. dazu: Lenzen, Verena: „Zachor! Erinnere Dich! Jüdische Gedächtniskultur", in: Gautschi, Peter; Sommer Häller, Barbara (Hg.): Der Beitrag von Schulen und Hochschulen zu Erinnerungskulturen, Schwalbach a.T. 2014, 191–199.

11 Die Heilige Schrift. Die vierundzwanzig Bücher der Heiligen Schrift [FN 8], Jeremia 46,27, 934.
Jakob, nach Abraham und Isaak der dritte der drei Erzväter im Judentum und Vater der zwölf Stämme, besetzt eine exponierte Position im Judentum. Im Kontext der Rede Weizmanns und dessen proklamierten Anspruchs auf Heimkehr in das Land Eretz Jisrael erscheint eine Kontextualisierung zur tanachischen Erzählung in Genesis 32,25–29 sinnvoll: „Als nun Jaakob allein zurückblieb, da rang ein Mann mit ihm, bis zum Aufgang der Morgenröte. Und da er sah, daß er nichts gegen ihn vermochte, da stieß er an seine Hüftpfanne, und es verrenkte sich die Hüftpfanne Jaakobs, indem er mit ihm rang. Und er sprach: Laß mich los, denn die Frühe bricht an; und er sprach: Ich lasse dich nicht los, du habest mich denn gesegnet. Und er sprach zu ihm: Wie ist dein Name? Und er sprach: Jaakob. Und er sprach: Nicht Jaakob heiße fortan dein Name, sondern Jisrael; denn um den Vorrang gekämpft hast du mit göttlichen Wesen und mit Menschen und hast obsiegt." Die Heilige Schrift. Die vierundzwanzig Bücher der Heiligen Schrift [FN 8], Jeremia 46,27–28, 65.

12 Der Davidstern, den Karavan in die Thorarolle eingraviert, spiegelt das Moment des Kollektivs. Als Symbol auf der 1897 im Kontext des ersten Zionistenkongresses in Basel eigens entworfenen Flagge erfuhr er nationale Aufladung. Siehe dazu: Schoeps, Julius H. (Hg.): Neues Lexikon des Judentums, Gütersloh 2000, 538. Durch den Nationalsozialismus für die Stigmatisierung von Juden und jüdischen Lebens benutzt, findet er sich heute als prominentes Zeichen auf der Flagge des Staates Israel und vereint damit die in dem *Memorial to the Holocaust* thematisierten, historischen Ereignisse in einem Symbol.

13 Vgl. Zertal, Idith: „Tikkun Olam – Die Welt heilen. Über Kunst und Politik im Werk Dani Karavans", in: Jacobi; Omer; Reuter (Hg.): Dani Karavan. Retrospektive [FN 7], 356–361, hier 361.

14 Die Heilige Schrift. Die vierundzwanzig Bücher der Heiligen Schrift [FN 8], Jesaia 56,5, 828.

15 Siehe dazu http://yvng.yadvashem.org/index.html?language=de (letzter Zugriff 2. April 2016).

16 Friedländer, Saul: „Das Gedenken an die Shoa in Israel. Symbole, Rituale und ideologische Polarisierung", in: Young (Hg.): Mahnmale des Holocaust [FN 2], 125–136, hier 125.

17 Vgl. dazu ebd., 128f.

18 Als Beleg kann an dieser Stelle die offizielle Bezeichnung des Schoa-Gedenktages als „Tag des Gedenkens an die Schoa und Heldentum" dienen. Dieser wurde

darüber hinaus bewusst in unmittelbare Nähe zum Aufstand im Warschauer Ghetto gelegt, der am Vorabend des Pessachfestes 1943 begann.

19 Eine eingehende Auseinandersetzung der verschiedenen Phasen israelischer Erinnerungsnarrative würde eine gesonderte Betrachtung erfordern, bleibt daher im Kontext dieses Aufsatzes aufgrund des begrenzten Rahmens aus und geht nicht über den zeitlichen Kontext des behandelten Kunstwerks Memorial to the Holocaust hinaus. Weiterführende Literatur zu diesem Thema u.a.: Brecher, Daniel Cil: „Die unverträgliche Erinnerung: Holocaust und kollektive Identitäten in Deutschland und Israel", in: *Psychoanalyse. Texte zur Sozialforschung*, 16. Jahrgang, Heft 1, 2012, 123–136. – Hass, Matthias: Gestaltetes Gedenken. Yad Vashem, das U.S. Holocaust Memorial Museum und die Stiftung Topographie des Terrors, Frankfurt a.M. 2002. – Köhr, Katja: Die vielen Gesichter des Holocaust. Museale Repräsentationen zwischen Individualisierung, Universalisierung und Nationalisierung, Göttingen 2012 (Eckert. Die Schriftenreihe 128). – Segev, Tom: Die siebte Million, Reinbek 1995. – Zertal, Idith: Nation und Tod. Der Holocaust in der israelischen Öffentlichkeit, Göttingen 2003.

20 Es muss an dieser Stelle darauf hingewiesen werden, dass zwischen der Entstehung des *Memorial to the Holocaust* in Israel und *Mizrach* in Deutschland über 30 Jahre liegen. Selbstverständlich ist die Arbeit eines Künstlers stilistischen Veränderungen unterworfen, eine vergleichende Betrachtung erscheint dennoch gerechtfertigt.

21 Vgl. Schoeps (Hg.): Neues Lexikon des Judentums [FN 12], 696.

22 Jacobi; Omer; Reuter (Hg.): Dani Karavan. Retrospektive [FN 7], 384.

23 Dani Karavan über Mizrach, in: Jacobi; Omer; Reuter (Hg.): Dani Karavan. Retrospektive [FN 7], 214.

24 Eine Informationstafel auf Englisch, Deutsch und Hebräisch kontextualisiert das Environment zeitlich und verweist darüber hinaus auf die archäologischen Ausgrabungen unter dem Kunstwerk.

25 Pethes, Nicolas: Kulturwissenschaftliche Gedächtnistheorien zur Einführung. Hamburg 2008, 72.

26 Gudehus, Christian; Eichenberg, Ariane; Welzer, Harald (Hg.): Gedächtnis und Erinnerung. Ein interdisziplinäres Handbuch, Stuttgart 2010, 177.

27 Dani Karavan im Interview mit Yaron, Gil: „Netanjahus Regierung führt uns in den Abgrund", in: *Die Welt*, 24. Juni 2016.

Avi Feldman

Welcome to Inferno: On the Jewish Turn in Yael Bartana's Recent Video Work

> *Welcome to the inauguration of the third Temple. It is São Paulo Brazil 2014, and you are not dreaming. Evergreen forests welcome you into a reality beyond imagination. You are embraced into the wilderness of nature where illusion is truth; where a prophet's vision gulfs reality and dominates it as his very own. The city is revealed to you as a fulfillment of an epiphany. It is dense like the wilderness of the forests dressed in glorious endless concrete.*
> *The view from above is mesmerizing you in its infinite dimensions. Welcome to Inferno.*

The scenery described above is a loose depiction of Yael Bartana's video titled *Inferno*, created in 2014. The video is a tale of fiction with strong roots in reality. When Bartana was invited to visit Brazil for an artistic research program in 2012, she was particularity attracted to the story of Bishop Edir Macedo, the founder of an Evangelical neo-Pentecostal Church called the *Universal Church of the Kingdom of God* (UCKG). Yael Bartana discovered that the UCKG is part of a growing movement of evangelical churches gaining not only believers' recognition but also political influence. According to the curators who invited Bartana, a striking 'hybrid transreligious' phenomenon[1] manifests itself within this movement that can be traced in the use of Jewish liturgy and symbolism by these relatively new churches. One extraordinary example of this became the focus of Bartana's video *Inferno* – the Third Temple of the UCKG, which was inaugurated in São Paulo on July 31, 2014. After four years of constructions costing more than 300 million US Dollars,[2] Bishop Macedo's commitment to bring Jerusalem to his worshipers in Brazil came to life. The extravagant plan of a living person to erect an eleven-story building based on a biblical prophecy captured Bartana's imagination. The trans-location of the Temple to Brazil by an Evangelical Bishop added another layer of fascination as within Jewish tradition, it is believed that the Third Temple will be built in the time of a Jewish Messiah by Divine providence.

Hence, Yael Bartana's *Inferno* has a multifaceted standpoint – it is based on reality while it draws the viewers into a mental and physical futuristic state. This is made possible through a shift from the promising rejuvenated light of the soon to be inaugurated UCKG Temple, to the glowing ember of hell's fire as it is imagined by the artist in her video. The tension between truth and illusion, reality and fiction, is ever more present in *Inferno*. Created with the knowledge that a 'Temple' will soon be built in São Paulo, Bartana's video is to be considered not as reenactment, but rather as pre-enactment. The temple created by Bartana in her video comes to life only months before the opening of the 'real' UCKG Temple. In a sense, she cannot compete with the enormous building, which is a megalomaniac spectacle of power and money, built in oblivion to the poor environment in which it is located. Therefore, Bartana does not attempt to follow reality in this video, unlike in many of her previous works, nor does she try to document it. Instead, she opts for the construction of a fictional reality based on present-day facts all leading to an inevitably destructive future.

Yael Bartana, Inferno, 2013, video still, courtesy of Petzel Gallery, New York; Annet Gelink Gallery, Amsterdam, and Sommer Contemporary Art, Tel Aviv

Inferno embarks with helicopters hovering above the vast city of São Paulo, each helicopter carrying religious ritual artifacts such as the golden Menorah and the Ark of the Covenant. From children to adults, the people of the city are not surprised by these unusual holy objects. Dressed in celebratory white garments, their heads adorned with flower bouquets, they gradually convene from all across the enormous city. Holding in their hands first fruits from the harvest, they are joyful as they wave their hands to the approaching helicopters. Black and white, women and men, young and old, all rejoice as they prepare for what seems like a great celebration. On the backdrop of the city, its skyscrapers, winding highways and smog, we hear the sounds of swiveling helicopters' wings accompanied by the blowing of the Shofar.[3] The mundane and the holy are symbiotically interwoven by Bartana as she leads us rigorously and attentively into the gates of the newly erected Third Temple. As we get a closer look into the preparatory celebrations of people dancing in circles, we begin to hear the Jewish prayer of *Avinu Malkeinu*. The prayer, sang traditionally during the Ten Days of Repentance, is entangled with sounds of happiness and joy. The Hebrew words calling to be heard by God almighty are enmeshed with extraordinary sights of women's heads decorated with baskets of fruits and flowers. Are they mourning over their sins, or has 'Our Father, Our King' heard their prayers and ended all drought, pestilence and war?

The lavish Temple slowly becomes visible to the viewer, rising high above the city's buildings. The sound of prayer lingers on as the camera focuses on the Temple and as we learn that the Menorah and the Ark of the Covenant have found their place safely inside it. The larger than life dimensions of the Temple, described in detail in the book of Ezekiel, are accentuated in relation to the young boy standing before the stage. The two copper pillars, 'Boaz and Jachin', are tall and bright as if taken from the first Temple of Solomon. The expansive wide-open halls of the Temple seem to be awaiting the approach of thousands of believers who will soon enter through its broad gates. A close-up on the face of a black person, his glancing eyes are open wide while his lips are sealed, will signal a shift in pace and the beginning of the ceremony itself. Standing in the middle of the stage with nine more people (Minyan),[4] he will begin a choreographed ritualistic movement followed by sounds of the blowing of the Shofar. The eager crowd is watching the scene in awe and silent excitement as the words 'Yitgaddal veyitqaddash shmeh rabba' are recited by an unnamed source. It is the entire hymn of the Kaddish used in funerals and times of mourning. If we were contemplating whether we are witnessing a festive celebration or an event of doom in the first half of Bartana's video, the melting wings of the Ark of the Covenant reveal the latter. We now know: As soon as the Kaddish has ended, flames will bring devastation to the Temple. A rift in the earth will swallow the crowd into an abyss. Above and on the ground, only few will be able to escape the deadly flames of the inferno.

Yael Bartana, Inferno, 2013, video still, courtesy of Petzel Gallery, New York; Annet Gelink Gallery, Amsterdam, and Sommer Contemporary Art, Tel Aviv

Bartana's video is a complex construction of images and sounds derived from a mixture of Jewish and Christian iconography juxtaposed with art and popular culture artifacts. An extraordinary tapestry constituted in the intertwining of the holy with the secular, the banal with the sublime, spiritual uplifting with grief, is greatly elevated in the scenes of destruction. It reminisces the numerous depictions of the Siege of Jerusalem from the Arch of Titus in Rome, to the painting *Destruction of the Temple of Jerusalem* from 1867 by Francesco Hayez. The action of carrying-out of the Menorah is portrayed as an exceptional act of bravery in the midst of a total catastrophe. The Ark of the Covenant is also removed from the destroyed building, and an image of the priest who conducted the ceremony follows, depicted confidently walking away from the scene as corpses scatter the ruined floor of the Temple. Soon after, the Temple will collapse into a thick cloud of smoke.

The devastating deconstruction and the ultimate fall of the Temple as it is portrayed in Bartana's video brings to mind earlier video works by the artist. In 2007 she created a video titled *Summer Camp* which focused in its entirety on the re-building of a Palestinian family house demolished by Israeli forces. The collaborative hard work of men and women is depicted by Bartana's camera manifesting an entanglement of captivating images of debris and fresh cement. A constant feeling of unease hovers upon the video due to the ambivalence presence of ruins contrasted against images of building blocks, wood and buckets full of sand. Another example is the video *Mur i wieża* (*Wall and Tower*) from 2009, in which Bartana continued her exploration of architectural structures. In this video, a group of enthusiastic young Israelis make their return to Poland. Dressed in cloths resembling early Zionist pioneers, they begin a united effort to build a construction on the same site where the Jewish Ghetto of Warsaw once stood. Based on the same elements of 'Wall and Tower'[5] used in the nineteenth century by Jewish migrants to Palestine, they erect a structure which seems like a hybrid between a Kibbutz and a concentration camp.

In both *Summer Camp* and *Mur i wieża* (*Wall and Tower*), we can witness a communal effort to establish an architectural structure on unstable grounds. Against all odds – whether the watch-patrol of the Israeli Army in *Summer Camp*, or history itself as a wall and tower is built in the middle of a residential area against the wondering eyes of the local Polish residents –, Bartana leads her viewers through an intensified situation in which she remains the narrator of a tale blurring all boundaries between the possible and the impossible, the real and the imagined. Because of her maintaining the position of an outside observer, Bartana has been identified as an amateur anthropologist. 'The formulation, which she has borrowed from the Canadian writer Eva Hoffman, describes the reflective method by which the artist isolates and documents, or, in more recent works, stages stereotyped actions, rituals, or elements of everyday life with the aid of the camera'[6]. Yet, a gradual transformation has occurred in Bartana's work that one can begin to trace in *Mur i wieża (Wall and Tower)*, which is the second video in what became to be known as the *Polish Trilogy* presented at the Polish Pavilion at the 54th Venice Biennale 2011.[7] Briefly summarized, the trilogy begins with a video in which a young Polish activist calls upon 3.3 million Jews to return to Poland, continues in the second video with the arrival of a group of Jewish settlers who built a wall and tower in Warsaw, and it ends with the third video in which we learn the Polish activist has been assassinated, leading consequently to the establishment of the Jewish Renaissance Movement in Poland. These developments reflect a shift in the work of Bartana from the position of an observer to an active engagement in founding a political movement. This element was further confirmed in 2012 with Bartana's organization of a three-day congress celebrating the formation of the movement with delegates and members gathering in Berlin from around the world.

I argue that while *Inferno* holds much in common with Bartana's earlier works, the explicit focus on a Jewish subject matter – the Third

Temple and Messianism – positions her work onto new trajectories. It has been well established through numerous exhibitions, catalogues and other means of research, that the dominant themes in Bartana's work since her early years as an artist have revolved around the nation-state with the State of Israel, its people, myths, and geopolitical issues as its most frequent subject matter.[8] From Bartana's very first video titled *Profile* (2000), in which she portrayed an image of a young Israeli female soldier, to the *Polish Trilogy*, Bartana has been at the forefront of a relentlessly creative observation of Israeli statehood and its rituals. In most of her work, with few exceptions, Bartana's examination of Israel has been through a critical analysis of the nation-state and its power apparatus. It is also the case in the *Polish Trilogy*, which led to the so-called 'Jewish Movement',[9] as the main emphasize remained the Israeli state, and its appropriation and interpretation of Zionism. Therefore, *Inferno*, which is the first major video by Bartana following the *Polish Trilogy* and the Congress of the movement, represents a vital transformation. In this video, unlike most of Bartana's previous work,[10] a Jewish theme takes center stage. The State of Israel, its mechanisms of control over memory and its means of representation are also crucial in *Inferno*. However, this time around, the critical observation of the state is derived from an examination of a religious source and background.

Bartana's turn towards Jewish themes can already be noticed in the videos she created since *Inferno* and onwards. A year after *Inferno*, she made the video *Pardes* (*Orchard*) dealing with a religious quest between Kabbalah and Brazilian Shamanism, followed by an audio-visual installation titled *Simone The Hermetic* (2015) about a male character's encounters with angels and his sudden pregnancy, explained as a 'threat to all monotheistic religions'[11]. In 2017, Bartana will present a new video piece to be titled *Tashlikh*, also suggesting a continuation of her exploration of Jewish themes. The 'Jewish turn' represented by *Inferno* holds an important key to any interpretation of Bartana's work.[12] It is vital to note that by adding the Jewish component to her work, Bartana has not abandonned her previous fields of interest. On the contrary: the utilization and incorporation of Jewish themes has allowed her to manifest a more whole, layered and complex investigation of the State of Israel, while expanding her reach into investigating the role of religion from Brazil, to the US and Europe.

In respect to Israel, Bartana's long avoidance of the Jewish integral element of the Jewish state is in some ways equivalent to the manner in which most secular Israelis tend to deal with the burning question of religion when challenged by statehood. However, particularly in Israel, the twining of 'Jewish' alongside 'democratic state' withholds an unsolved conflict. This issue has been a major source for disagreement since the State of Israel's early inception, and it remains at the core of many of its enduring problems domestically and internationally. Whereas some believe that by not attending to religious tendencies they might disappear or lose power, in 2015 President Reuven Rivlin gave a remarkable speech urging Israelis to acknowledge the changes in Israel's identity due to changing demographics. According to the President, if one observes the division between secular, national-religious, ultra-orthodox and Arabs, then one shall find that 'First-grade classes are composed of about 38% secular Jews'. He went on to picture a state divided into four tribes with no 'clear majority nor clear minority groups'. This also has political consequences – when considering the Arab population alongside the ultra-orthodox, which together compose of about fifty percent of the population, one realizes that almost half of the Israeli population 'don't define themselves as Zionists'[13]. What, then, is the 'new Israeli order' that Rivlin diagnosed? And how much does religion and Messianism play a part in it? In more ways than imagined, *Inferno* and Bartana's newly formed turn towards the Israeli Jewish/democratic issue arrives in timely fashion. As this essay is being written in the last days of the Obama administration, and as we are approaching the ultra-right administration of Trump, US Secretary of State John Kerry delivered his final words on the Israeli-Palestinian conflict. Kerry's speech was given just days after the UN Security Council adopted an anti-settlement resolution in which he stated that 'Israel can either be Jewish or democratic'[14]. The speech, thus, is yet another indication to the change in demographics that were presented a year earlier by President Rivlin.

For Bartana, the most intriguing part in contemporary discussion on the influence of religion can be found in what she perceives to be tendencies of Messianism. This interest began with *Inferno* and has been further developed by the artist as she says in an interview in 2015: 'Now, since I'm into understanding Messianism and Judaism, I read Gershom Scholem. We live in 6000. It's really the Messiah days. I'm trying to understand all the craziness going on around Messianism from the point of view of Evangelists and from the point of view of the Jews.'[15] Messianism might be a new contribution to the work of Bartana; however, it is not in dissonance with her earlier investigation of Zionism, and the State of Israel. As I have mentioned, also her earlier works – especially the *Polish Trilogy* – are situated on the thin line between Jewish identity and belief, and Zionism.[16] Also with Messianism, Bartana touches upon a long debated discussion on the existing or non-existing elements of Messianism in Zionism.[17] However, by focusing on a specific element within Jewish mysticism, she portrays a universal tale on contemporary streams of both Christianity and Judaism. Bartana's exploration is based on her on-going research and reflection on the local story of the State of Israel; yet the 'Jewish turn' opens new paths for her to go beyond this, and explore in a more comprehensive manner the role of religion and its effect on the nation-state in our time.

In Bartana's *Inferno*, 'messianic craziness' is blended into a mixture of religious and secular rituals entangled in a repetitive tale of history. It is a fictional tale which comes close to home as in a recent article Eva Illouz states that current Jewish Messianism is nothing less than an 'earthquake in the Jewish world'.[18] According to Illouz, the support shown towards Donald Trump by religious Israeli politicians, who join forces with a growing number of Israeli and American orthodox Jews, represents a significant crisis in the Jewish world. Illouz tells us in definite form that '[t]he next Generations will remember: the ultra-orthodox and the nationalists have traded their historical memory, and in their commitment to the Jewish people in the open market of Political and territorial interests [...] a large body of Judaism has turned into a non-holy mixture of fundamentalism, politics and money'[19].

At this point, it might be most appropriate to return to the ending of Bartana's *Inferno*. The collapse of the Third Temple in São Paulo into a heavy cloud of smoke might have brought the end of the building, but not of desires and inspirations attached to it. A daunting past may repeat itself, according to Bartana, as in the scene following the devastation we are introduced to the remains of the Temple. Just like in the aftermath of the two Temples of Jerusalem, in Bartana's video, São Paulo is served with its own brand new wailing wall. As a true replica of the wall in Jerusalem, people gather here to pray and place slips of paper into the cracks of the wall. And just as in the case of Jerusalem, the new wall becomes an attraction to believers from across the world, along with tourists who come to take photos at the newly made holy site. Venders sell their merchandise from popcorn to T-shirts, plats and even coconut drinks – all adorned with the emblem of the Third Temple Menorah. Perhaps at this very place, the next candidate for a Messiah already begins to form. Placing a white donkey into the scenery, Bartana brings her video to a conclusion with an open ending, suggesting it is up for her viewers to contemplate on the tragic recurring role of Messianism in our time propelled by Christian and Jewish religious leaders alike.

Yael Bartana, Inferno, 2013, video still, courtesy of Petzel Gallery, New York; Annet Gelink Gallery, Amsterdam, and Sommer Contemporary Art, Tel Aviv

Anmerkungen

1 Seroussi, Benjamin; Danon, Eyal: Inferno – Yael Bartana, New York 2015, 47–49.

2 See Romero, Simon: 'Temple in Brazil Appeals to a Surge in Evangelicals', in: *The New York Times*, 24th of July, 2014, online: https://www.nytimes.com/2014/07/25/world/americas/temple-in-brazil-appeals-to-a-surge-in-evangelicals.html?_r=0 (last viewed 1st of January, 2017).

3 Shofar is a musical instrument made of a sheep horn used in Jewish religious services such as Rosh Hashana and Yom Kippur.

4 A quorum of ten adult men is typically requested in Jewish religious ceremonies.

5 'Wall and Tower' is the name given to over fifty Jewish settlements erected in Mandatory Palestine during the years 1936–39.

6 'Yael Bartana. Amateur Anthropologist', Kunsthalle Fridericianum, 2006, online: http://archiv.fridericianum-kassel.de/ausst/ausst-bartana.html (last viewed 1st of January, 2017).

7 Yael Bartana has been the first non-Polish artist to represent Poland at Venice Biennale. The exhibition included the three parts of the *Polish Trilogy – Mary Koszmary* (2007), *Mur i wieża* (2009) and *Zamach* (*Assassination*) 2011 – under the title: ... *and Europe will be stunned*.

8 See http://yaelbartana.com/texts (last viewed 1st of January, 2017).

9 For further reading on the Congress in relation to its Jewish component, please refer to my essay: Feldman, Avi: 'Performing Justice – From Dada's Trial to Yael Bartana's JRMiP Congress', in: *OnCurating*, Issue 26, 2015, 72–87, online: http://www.on-curating.org/issue-26-reader/the-curator-and-her-double-the-cruelty-of-the-avatar-copy-183.html#.WGWShFw5MRY (last viewed 1st of January, 2017).

10 *Ad de'lo Yoda* and *When Adar Enters* both from 2003 are two videos centered around the celebration of the Purim holiday.

11 Rappaport, Emily: 'Yael Bartana on Israel, the Myths Underlying Nation States, and Being a Political Artist', in: *Artsy*, 9th of September, 2015, online: https://www.artsy.net/article/artsy-editorial-yael-bartana-on-israel-the-myths-underlying-nation-states-and-being-a-political-artist (last viewed 1st of January, 2017).

12 In the scope of this essay I will underscore shortly only 'the Jewish turn', but along this, one can argue as well for a Gender and queer trajectory.

13 Lis, Jonathan: 'Rivlin: Demographic Changes Have Created a "New Israeli Order"', in: *Ha'aretz*, 7th of June, 2015, online: http://www.haaretz.com/news/israel/1.660057 (last viewed 1st of January, 2017).

14 'Full transcript: Kerry Blasts Israeli Government, Presents Six Points of Future Peace Deal', in: *Ha'aretz*, 28th of December, 2016, online: http://www.haaretz.com/israel-news/1.761881 (last viewed 1st of January, 2017).

15 Rappaport: 'Yael Bartana on Israel' [FN 11].

16 In the *Polish Trilogy*, the notion of what is 'Jewish', and who can be a Jew is left open. Titled 'the Jewish Renaissance Movement in Poland' the three videos were developed to become a movement open to all nationalities and religions, just as

to all refugees and to stateless people. This ambivalence, from the one side the movement keeping the 'Jewish' in its title, while from the other side defining and providing a framework open to all, allowed Bartana to work from within the tension between Jewish and non-Jewish; between being inclusive and being exclusive.

17 On Messianism and Zionism in-relation to Gershom Scholem, please see: Idel, Moshe: 'Messianic scholars: On Early Israeli Scholarship, Politics and Messianism', in: *Modern Judaism*, Volume 32, Issue 1, 2012, 22–53.

18 Illouz, Eva: 'Earthquake in the Jewish World', in: *Ha'aretz*, 29th of December, 2016 (in Hebrew), online: http://www.haaretz.co.il/opinions/.premium-1.3185333 (last viewed 1st of January, 2017).

19 Ibid.

Jelena Jeremejewa

Irgendwo dazwischen – aus der Praxis in die Reflexion

Identitätsfragen sind unmittelbar mit meiner Arbeit als Filmemacherin und Doktorandin verknüpft. Es ist dabei bewegend und ernüchternd zugleich, an Orte zurückzukehren, die mich geprägt haben. Ein solcher Ort ist mein ehemaliges Gymnasium, die heutige *UNESCO-Schule Essen*. 2014 drehte ich dort für die Redaktion der WDR-Sendung *Hier und Heute* einen Dokumentarfilm. In diesem Essay möchte ich über den persönlichen und redaktionellen Rahmen reflektieren, in dem diese Arbeit entstand.

> „Meine Geschichte mit Deutschland beginnt vor 20 Jahren hier, an dieser Schule, als meine Mutter und ich aus Kiew nach Essen kommen. Mit 12 Jahren stehe ich plötzlich ohne meine Freunde da. Ich spreche kein Wort Deutsch, bin erschlagen von der neuen Welt, von ihrer Taktung und ihren Regeln. Und so ging es damals den meisten. Die Schüler kamen von überall her. Jeder hatte seine eigene Geschichte zu erzählen. Jeder war auf seine Art alleine und jeder fing von Null an... Wer sitzt heute in meinem Klassenraum? Wo kommen diese Schüler her? Geht es ihnen heute so, wie mir damals?“[1]

Filmstill Irgendwo dazwischen, UNESCO-Schule Essen

Die Erinnerungen an die Schuljahre sind für jeden Menschen etwas Besonderes. Was bleibt, ist fragmentarisch – oft Geschichten der absurdesten oder schmerzvollsten Augenblicke. Die sind es auch, die man seinen eigenen Kindern später erzählt. Bei mir ist die Schulzeit zweigeteilt. Die wohlbehütete Kindheit mit zwei Omas, warmen Mittagessen und dem Abtauchen mit Freunden in die Kiewer Innenhöfe hörte 1994 abrupt mit dem Umzug nach Deutschland auf. Für meine Mutter und mich fing ein völlig neues Kapitel an, fern von allem, was uns vertraut war, ein stetes Hin- und Hergerissensein zwischen Assimilation und Abschottung. Gegen die Sehnsucht halfen mir die mitgebrachten Bücher und Nutella, löffelweise.

Angekommen, kam es darauf an, sich ohne Sprache zu verständigen. Wenn man schon nicht miteinander sprechen kann, dann kann man miteinander lachen, weinen und vor allem frieren. Als Schüler mussten wir bei jedem Wetter in den beiden großen Pausen runter in den Schulhof. Penibel durchkämmten Lehrer das Schulgebäude und jagten alle, die in den warmen Fluren lungerten, nach draußen. Mit Farnaz, einer Perserin und meiner ersten Freundin in Deutschland, wechselte ich genau dazu meine ersten Worte auf Deutsch. „Kalt! – Ja, kalt…“, mehr ging erstmal nicht, doch es war tröstlich, auf dem großen Pausenhof zwar beinahe sprachlos, aber nicht alleine frieren zu müssen. Diese meine Stummheit und mein Alleinsein habe ich nicht vergessen, denn vor 20 Jahren hieß es für mich auch *schnell Deutsch lernen*.

Zehn Jahre später komme ich mit einer Kamera zurück. Heute sitzen auf meinem Schulhof andere Kinder. Arif und Johnson, Ahmed und Ariella, die ich 2014 an der Schule traf und die unser Film *Irgendwo dazwischen* portraitiert, haben *ihre* Geschichten zu erzählen.

Filmstill Irgendwo dazwischen, UNESCO-Schule Essen, Arif und Johnson

Wegen meiner eigenen Erfahrungen war mir eine Abgrenzung von gängigen TV-Formaten, in denen Menschen sich und ihre Storys präsentieren, wichtig. Unsere Absicht war es, erzählerisch Brücken zu bauen, sich stets auf Augenhöhe zu begegnen. Und nicht über, sondern mit den Menschen zu sprechen. Mit Ariella teilte ich eine gemeinsame Muttersprache und den sowjetischen Kulturraum. So fremd der Islam als Religion und Traditionsraum für mich war, so vertraut schien mir Arifs Glaube als universelle menschliche Erfahrung. In ihrer Differenziertheit konnte ich sowohl Johnsons spielerisch-opportunistischen Umgang mit Religion nachvollziehen als auch Ahmeds Fremdsein an einer deutschen Schule. Die Erfahrung der Flucht hingegen blieb für mich nur beschränkt nachfühlbar, so sehr ich in den Erlebnissen unserer Emigration auch zu graben vermochte.

Meine Fragen, Wünsche und Hoffnungen, aber auch meine Ängste schrieb ich auf. Was mich auf der ästhetischen Ebene stark beschäftigte, war, wie dem fremden Leben formal entsprochen werden kann und welche seiner Vektoren der finalen Filmstruktur zu Grunde liegen würden. Drei Aspekte lagen mir besonders am Herzen, die ich anhand der gewählten Protagonisten und mithilfe von Fragmenten meiner Biografie skizzieren möchte.

Ahmed

Die anfängliche *Sprachlosigkeit*, der langsame Spracherwerb, und die damit einhergehende Möglichkeit der Teilnahme am sozialen Leben. Was macht das Durchlaufen des deutschen Lehrplans, der deutschen Prüfungen mit einem? Integriert es? Wohin? Was sind die inneren und äußeren Hürden, die Hürden der *anderen* Herkunft? Und wie verhält es sich mit struktureller Exklusion in der Schule? Nicht umsonst gehört das deutsche Bildungssystem zu denjenigen, die am stärksten segregieren.

Vom ersten Tag an gingen mir die Aufnahmen mit Ahmed sehr nah. Das lag zum einen daran, dass auch ich mit meiner Mutter 1994 in demselben Sekretariat wie Ahmed stand, um mich für die Förderklasse anzumelden. Die Schule erschien mir damals nicht nur kalt und anonym, auch die deutschen Schüler waren mir sehr fremd. Alles war bunter und lauter als zu Hause, wo wir eine Schuluniform hatten und uns erheben und den Kopf verneigen mussten, wenn die Lehrer den Klassenraum betraten. Wie wirkte die deutsche Schule wohl auf Ahmed? Mit was setzte er das Neue in Vergleich? Erinnerungen kamen in mir hoch, als dieser zwölfjährige Junge seine ersten Berührungen mit diesen Räumen und Menschen hatte.

Es entwickelte sich eine tiefe Empathie, die auch darin begründet lag, dass wir uns nicht mit Sprache verständigen konnten und auf das, was wir spürten und sahen, zurückgeworfen waren. Ausgeschlossenheit und zugleich absolute Abhängigkeit von der noch fremden Gesellschaft vermittelten sich ehrlich in den Blicken, in Gestik und Mimik, im zögerlichen Gang und in der Körperhaltung. Neben der Grundvoraussetzung einer gesellschaftlichen Teilhabe, der Möglichkeit, sich *mitzuteilen* (ein wirklich großartiges deutsches Wort!), lag mir eben auch deren Kehrseite am Herzen. Das Schweigen, als eine Form der Antwort, ist nicht wegzudenken aus meinem Beruf, weil es den Kommunikationsfluss ins Stocken bringt und zwischen dem Buchstäblichen und Imaginären vermitteln kann. Edmond Jabès, der stets aus seiner eigenen Brüchigkeit heraus gegen geschlossene Totalitäten anschrieb, formulierte dazu treffend:

> „[...] denn nie bin ich in der Gegenwart. Wir begegnen uns immer in der Abwesenheit. Wenn Sie von sich selbst sprechen, sprechen Sie von einem Abwesenden. Sie werden ihm nie die ganze Wirklichkeit leihen können, die Sie wollen. Und so auch die Wörter: Immer sind sie im Kampf mit der Abwesenheit des Wortes, mit dem, was sie nicht sagen können. Es ist die Abwesenheit, die den Wörtern Hör- und Sichtbarkeit verleiht, die großen weißen Zwischenräume des Schweigens zwischen den Wörtern, ohne welche die Wörter unsichtbar wären.“[2]

Deshalb entschieden wir uns, beim Schneiden das Schweigen und die Gedankenpausen, die in einem 30-minütigen Format viel zu oft der Montage zum Opfer fallen, zu bewahren, um dieses beredte Schweigen sprechen zu lassen, welches oft anderes, aber nicht weniger aussagt als ein jeder gesprochener Satz. Das Filmbild gleicht demnach für mich einer Lupe oder einem Verstärker, wenn es einen schweigenden, nachdenkenden Menschen zeigt.

Und dann doch, das erste „Ich heiße Ahmed und ich komme aus Syrien“, auf Deutsch, vor einer fremden Lehrerin, in einer neuen Klasse. Die Hemmschwelle, die es stets zu überwinden galt, wenn man den Mund aufmachen wollte, ist mir immer noch sehr präsent.

Ausgerechnet das Wort und die Handlung, von der ein Dokumentarfilm lebt, lassen sich aufgrund ihrer Griffigkeit und Präzision leicht zum Politikum machen und instrumentalisieren. Das Gesagte wird oft aus dem menschlich nachvollziehbaren Bedürfnis nach Vereinfachung auf das Für und Wider einer bestimmten Politik reduziert und die Rollen Du – Migrant, sprachlos, Ich – Einheimischer, der Sprache mächtig, schnell verteilt.[3] Wenn man in einer begrenzten Zeit ein Ergebnis produzieren muss und die Formatvorgabe den Rahmen setzt, innerhalb dessen Menschen und ihre Kämpfe abgebildet werden sollen, besteht die Gefahr, in Stereotype abzurutschen. Auch ich war für den TV-Sender vorrangig ein Mensch mit Migrationserfahrung, aus der heraus ich mich exponieren konnte; aus der Perspektive der Jugendlichen aber war ich deutsch, da die deutsche Sprache für sie *das* Identitätsmerkmal ist. Dem von Pragmatismus gekennzeichneten Blick, der viel zu oft den Diskurs in Deutschland prägt, fehlt die existenzielle Erfahrung der Migration, die sich eben nicht einfach in ein Integrationsschema einpassen lässt. Wie kommuniziert mein Gegenüber Erfahrung und was bedeutet es, den Rahmen zu schaffen, in dem mehr als nur ein Austausch von Informationen stattfinden kann?

Filmstill Irgendwo dazwischen, UNESCO-Schule Essen, Ahmed

Ariella

Auf eine persönliche und unverkrampfte Weise tangiert der Film die *Frage der eigenen Identität*, die stets in der Abgrenzung zu und Spiegelung in einem Gegenüber auftaucht. Sie schwingt in all dem Reden, Filmen, Schreiben über Menschen mit, die sich aufgrund struktureller Ursachen nicht selbst Gehör verschaffen können. In dem Film *Irgendwo dazwischen* hat sich meine Perspektive mit der Perspektive der Protagonisten überschnitten, meine Biografie sich in Bezug zu den Biografien der Jugendlichen gesetzt. Dabei ist es unabdingbar, Identität nicht als eine Konstante zu denken, sondern als einen Prozess zu begreifen, der in Wechselwirkung mit seinem Umfeld steht. So stellte sich in meiner sowjetischen Kindheit Ende der 1980er Jahre die Frage nach der nationalen Identität für mich überhaupt nicht, trotz folgender Zeilen in der Geburtsurkunde: Vater: Russe, Mutter: Jüdin. Mit dem Umzug nach Deutschland änderte sich mein Umfeld jedoch radikal und die Frage meiner Zugehörigkeiten beschäftigte mich plötzlich ganz anders: im Hinblick auf die jüdische Gemeinschaft in Deutschland, auf die hiesigen Dominanzkulturen[4], die das Hinterfragen des Eigenen erschweren. Nicht zuletzt im Hinblick auf die deutschen, ukrainischen und sowjetischen Geschichtsnarrative, die ich stets im Plural mitdenke, wenn es um Erinnerungsarbeit geht. Es gibt niemanden in Europa, der nicht in seinem Gedächtnis[5] in irgendeiner Form durch *diesen* Krieg[6] gekennzeichnet ist, so auch ich. Zu meiner Erinnerungskultur gehört sowohl der 9. Mai als auch der 9. November. Die Reihenfolge meiner Identitäten russische Jüdin, aus der Ukraine, die in Deutschland lebt, darf ich alleine bestimmen, entgegen der vielfältigen Vereinnahmungstendenzen. Und ich muss nicht zwingend zu großen historischen Narrativen greifen, um mich zu benennen, um wer zu sein. Was sich nach Eklektizismus anhört und den Anschein erweckt, oberflächlich oder einfach nur bequem zu sein, empfinde ich als einzig ehrlich lebbaren Lebensentwurf. Kein Mensch ist ein abgeschlossenes System; wir alle übernehmen Versatzstücke aus der eigenen Familiengeschichte und lehnen zugleich andere ab. Im Alltag verleben wir sie zu einer neuen Einheit, zu unserem unverwechselbaren und autarken Sein.

Im Gegensatz zu mir gehört für Ariella Judentum zum Alltag, mit Schabbat feiern, Sommercamp und Gefillte Fisch in Omas Küche. Ihre Familie kam in den 1990er Jahren aus Litauen; Ariella ist in Deutschland geboren. Sie besuchte den jüdischen Kindergarten, die jüdische Grundschule – etwas, das während meiner Kindheit in unserer Heimat undenkbar gewesen wäre, denn in der Sowjetunion war kein Raum für eine Identität außerhalb der kollektiven sowjetischen. Bei ungefähren 27 Millionen Opfern,[7] die die Sowjetunion im Krieg zu beklagen hatte, war jeder, der mit dem Leben davonkam, unterschiedslos ein Überlebender. Mein Vater hat seinen Vater nie kennenlernen können, weil er im Krieg verschollen war – ohne Zeugen, ohne Grabmal. Uns geblieben sind alte Fotos und Briefe von der Front, in welchen er die Großmutter um Geduld bat – „bald werde die Rote Armee die Nazis zerschlagen" und er werde nach Hause kommen. Das war 1941, kurz bevor die Deutschen in Kiew einmarschierten. Mit zwei kleinen Kindern hat sie die langen Kriegsjahre hindurch, weit weg von zu Hause, in Hunger und bitterster Not überlebt. Das Erlebte

Filmstill Irgendwo dazwischen, UNESCO-Schule Essen, Ariella

Für meine beiden Großmütter war Angst ein zutiefst verinnerlichtes Gefühl, das bis in die 1980er Jahre, die Jahre meiner sorglosen Kindheit, ausstrahlte. Ich wurde in eine durch und durch sowjetische, nicht in eine jüdische Welt hineingeboren und mir ist weder der Glaube noch die jüdische Tradition auf dem Tablett serviert worden. Was erhalten geblieben ist von der jüdischen Welt, wie ich sie mir denke, sind Werte wie Bildung und Familie, Musik-, Kultur- und Literaturfragmente. Nicht zuletzt das charakteristische Essen. Ich bin dankbar dafür, dass im Kontext der eigenen Zugehörigkeit bis auf den Geburtsort und den ukrainischen Pass kaum etwas selbstverständlich und gegeben, dass vieles hinterfragbar ist. Ebenso bin ich dankbar dafür, nach meinen Wurzeln, nach unseren authentischen Erinnerungen graben zu müssen, sie wie eine Zwiebel von Angst und Stummheit, von dem offiziellem Narrativ zu befreien, um der kleinen privaten, meist traurigen Erzählung lauschen zu können. Denn Erinnerung ist stets ein Konstrukt, ein Geheimnis, letztendlich „eine Unmöglichkeit, die eigene Erfahrung zu konvertieren“[8], um es mit der Schriftstellerin Katja Petrowskaja zu sagen.

In meiner Familie nehme meist ich die Rolle der Fragenden ein, die immer abwägen muss, wo die individuelle Schmerzgrenze liegt. Mit dieser Sensibilität trage ich der versteckten Diktaturerfahrung meiner Eltern und vor allem Großeltern Rechnung. Versteckt, weil immer noch nicht richtig eingestanden. Von einem demonstrativen Schweigen, welches sich wie eine Haube über alles senkte, sobald Kinder die

Küche betraten, schreibt auch Swetlana Alexijewitsch in ihrer dokumentarischen Prosa über das Trauma des SowjetMenschen.[9]

Arif und Johnson

Nicht zuletzt ist mir *die Frage der Erinnerung* wichtig, die eng mit der Frage nach Identität verbunden ist. Das Leben im Heimatland, die Flucht oder, wie im Fall von Ariella, die Frage nach der eigenen Zugehörigkeit – das alles sind Facetten, die Erinnerungen begründen. Für meine Arbeit als Filmemacherin stellt die Erinnerung ein inneres Fundament dar, es ist mein Standpunkt in der Welt, ein Grund, den Bezugsrahmen für das eigene Leben und Arbeiten immer wieder neu zu justieren. Die Wege von Arif und Johnson nach Deutschland waren gefährlich und schwer – nicht zu vergleichen mit unserer 32-stündigen Busfahrt aus Kiew nach Unna-Massen in Nordrhein-Westfalen. 32 Stunden sind eine lange Zeit, die Entfernung schreibt sich förmlich in einen ein – Kilometer für Kilometer, den man überwindet.

Filmstill Irgendwo dazwischen, UNESCO-Schule Essen, Arif und Johnson

Wie muss es sein, wenn man einen Teil der Strecke zu Fuß bewältigen muss? Man selbst ein Kind ist und noch einen jüngeren Bruder an der Backe hat? Arifs Eltern liehen sich das Geld, bezahlten die Schlepper und schickten ihn mit dem jüngeren Bruder von Afghanistan nach Deutschland. Die 9.500 Euro Schulden muss er jetzt selbstständig zurückzahlen. All das neben der Schule, dem Ämterwahnsinn und dem nach Jahren immer noch ungeklärten rechtlichen Status – darf er in Deutschland bleiben?

Arif arbeitet in einer Pizzeria und merkt, wie sehr die Schule darunter leidet. Nicht alle Lehrer haben Verständnis für seine private Situation. Der Glaube gibt Arif Halt und jedes Mal, wenn im Namen seiner Religion Blut fließt, schmerzt es ihn und es bleiben Fragen… Johnson hingegen vertraut alleine seiner Erfahrung. Diese hat ihm gezeigt, wie der Koran missbraucht und die Religion dazu genutzt wurde, Menschen zum Töten anzustiften. Wer ist schuld? Die Menschen? Der Koran? Diese nicht enden wollende Diskussion auf einer Schulbank in Essen. Die kriegerischen Umstände in Liberia führten dazu, dass Johnson schon vier Mal die Religion gewechselt hat. Die Erinnerung an seine noch unbeschwerte Kindheit ist da, kleines Haus voller Kinder, warme Sommerabende auf der Terrasse, gemeinsames Essen und Singen mit den Geschwistern. Alles weg, ausgelöscht mit unvorstellbarer Brutalität, er als einziger lebender Beweis der Existenz seiner Familie. Warum er noch am Leben ist, ist ihm selbst ein Rätsel.

Geschichten wie die von Johnson, die nicht in einer Vergangenheit älterer Generationen passierten, sondern zu meinen Lebzeiten, machen es für mich schwer und einfach zugleich, Bezüge zwischen meinem Gegenüber und mir herzustellen. Es fordert mich, mir vorzustellen, dass *möglicherweise*, während ich im sicheren Deutschland etwas *Schönes* mit Freunden unternahm, Johnson in Liberia mitansehen musste, wie seine Mutter und Geschwister erschlagen wurden. Jetzt sitzen wir uns gegenüber. Die Schwierigkeiten sind persönlicher Natur, ich bin in einer intakten Familie aufgewachsen, unsere Emigration nach Deutschland war politisch und institutionell gewollt, Krieg und Zerstörung erlebte die Generation meiner Großeltern und Eltern und die zahlreichen Stolpersteine in Berlin erinnern mich an etwas, was ich nicht erleben musste. Ähnlich wie sich Johnson das heute fragt, fragte auch Paul Celan, wahrscheinlich sein Leben lang, warum und wozu er als Einzelner aus seiner Familie am Leben blieb.[10] Und die Erfahrung der Schoa, die der Dichter überlebte – diese Tatsache des Überlebens ist es, die den Menschen angesichts seiner eigenen Existenz danach unaufhörlich ein *Warum?* formulieren lässt.

Das Herstellen dieser Bezüge bedeutet für mich Relativität – diese konkreten Berührungspunkte zwischen damals und heute, mir und meinem Gegenüber ins Zentrum zu stellen, unsere fundamentale Gleichheit zu betonen, gegen das Beharren auf der jeweiligen nationalen und kulturellen Einzigartigkeit, deren Konstruktionscharakter augenscheinlich ist. Keine Überlebenden und keine Flüchtlinge sprechen *eine* gemeinsame Sprache, auch wenn sie aufgrund ihrer Erfahrungen als Gruppen zusammengefasst werden. Auch lässt sich

Traumatisches nicht einfach für den Außenstehenden übersetzen, denn erlittene Gewalt, Krieg und Flucht können Menschen von ihren Erfahrungen abschneiden, sie chiffrieren.

Wenn Arif seine Flucht beschreibt, das Boot im Mittelmeer und die hohen Wellen, die Enge des abgeschlossenen Containers auf dem Laster und die Schmerzen in seinen Gelenken nach tagelangem Laufen, dann ist es seine persönliche Geschichte. Es klingt perfide, aber ich meine, sie bereits mehrfach in der Zeitung, im Radio und TV-Sendungen gehört, gelesen oder gar gesehen zu haben. Und in der Tat: Millionen von Menschen mussten Ähnliches durchmachen, um in Europa anzukommen. Weitere Ungezählte sind auf diesem Weg gestorben, es gibt kein Bild, das uns an sie erinnern würde, keine Zeugnisse ihrer Existenz und demzufolge auch kein Erinnern.

Mein persönlicher Assoziationsbogen zu Arifs Flucht reichte von den im vergangenen Sommer in einem LKW erstickten Menschen, den Gaskammern eines Vernichtungslagers, die dafür konstruiert wurden, Menschen besonders effektiv zu ermorden, über eine Bootsfahrt mit einem unerwarteten Sturm und sehr hohem Wellengang, meine Gelenkschmerzen, bis zu einem undenkbaren, aber realen Krieg in meiner Heimat, in dem jeden Tag Menschen sterben und verletzt werden. Alles ganz weit weg von dem, was dieser Mensch mir gerade vor der Kamera erzählt, aber ich bemühe mich aufrichtig, meine Erfahrung dazu in Beziehung zu setzen. Nicht mehr, aber auch nicht weniger – das abstrakte Allgemeine ins Persönliche zu verkehren.

Ein Wagnis

Filmarbeit ist für mich demzufolge die fundamentale Verteidigung des Menschen und der Unersetzlichkeit seiner Erfahrung. Laut Hannah Arendt ist es immer „ein Wagnis", mit den eigenen Gedanken „in den Dunst der Öffentlichkeit"[11] zu treten. Man exponiert sich als Person, gibt Teile seines Lebens preis. Zudem erarbeite ich als Filmemacherin immer eine neue Form und versuche, mir in diesem Nebel der Wirklichkeit jederzeit die Offenheit zu bewahren, Zusammenhänge immer wieder neu zu denken. Doch welche Hoffnungen sind mit dieser Arbeit verbunden? Der Dokumentarfilm hat das Potential, komplexe gesellschaftliche Zusammenhänge für den Einzelnen sichtbar, durchschaubar und auch emotional spürbar zu machen. Er zeigt und interpretiert zugleich. Die „Humanität", so Arendt, wird eben „nicht in der Einsamkeit gewonnen, sondern nur in und durch persönlichen Einsatz in der Welt"[12], wenn man bereit ist, sich angreifbar zu machen.

Eine subjektive, um Wahrhaftigkeit bemühte, echte filmische Auseinandersetzung hat stets ein offenes Ende. Ich wollte es vermeiden, die Jugendlichen als Betroffene darzustellen und auf ihren Migrationshintergrund zu reduzieren. Alleine die Bezeichnung „Mensch mit Migrationshintergrund“[13] offenbart mehr über den Bezeichnenden als den Bezeichneten. Man wünscht sich, dass das entfernte Heimatland zum Hintergrund wird und verleugnet dabei die Realität eines nahezu jeden Migranten, der zwar stets in der Gegenwart, aber in einem inneren Spagat lebt. Die Migrationsgeschichte ist ein Teil des Menschen, nicht sein Stigma. Durch Fragen und Bilderstrecken versucht unser Film, die auf den ersten Blick entfernten Schicksale wie Fäden in ein Netz zu flechten, das Brüche und Verschiedenartigkeit zulässt – eben ungeachtet der Herkunft, der Religion und des rechtlichen Status in Deutschland. Innerhalb der Dualität des Eigenen und des Fremden ist es schwer, Sinn und Identität zu finden. Man kann als Filmemacher oder als Philosoph diese komplexen Begriffe hinterfragen und die Konstruktion verlassen, so Jacques Rancière: „Die Begriffe können den Sinn verändern, die Positionen ausgetauscht werden, das Wesentliche ist, dass die Struktur bestehen bleibt, die zwei Kategorien in einen Gegensatz zueinander setzt: jene, die eine Fähigkeit besitzen, und jene, die sie nicht besitzen.“[14] Diese, die einen deutschen Pass haben und wählen dürfen und jene, die ihn nicht haben. Diese mit Migrationshintergrund und jene mit einem Urdeutschenhintergrund? Und was ist mir am Fremden eigen und was am Eigenen fremd? Diese Mechanismen zu entlarven und zu durchschauen, bedeutet Rezeptionsarbeit. Unwillkürlich konkurrieren in klassischen Dramaturgien die Geschichten, die Menschen, ihre Schicksale miteinander, weil sie in eine vorgegebene Struktur eingebettet werden. Dagegen habe ich versucht, innerhalb der vorgegebenen Formatierung eine Polyphonie zu erzeugen, in der jeder mit seiner Stimme möglichst gleichwertig sprechen darf. Während meine Erzählenergie in der Erinnerung und der Reflexion gründet, schöpfen die Protagonisten Kraft aus ihrem Jetzt, aus den aktuellen Sorgen und Hoffnungen. Gemeinsam ist uns der schulische Kontext, das Aufbaugymnasium, der deutsche Bildungsplan und sogar einige Lehrer. Unserem dramaturgischen Vorgehen lag der Glaube an die fundamentale Gleichheit oder, wie Hannah Arendt es nannte, an das uns allen gemeinsame „nackte Mensch-Sein“[15] zugrunde. Dieses erkennt der Staat Deutschland als solches an, wenn es um die Aufnahme von allen Flüchtlingen geht. Die nationale Identität fällt weg, was zählt, ist die Gefahr, vor der der Mensch flieht. Die Paradoxie meiner Einwanderungsgeschichte besteht darin, dass jenes Identitätsmerkmal, weswegen die Juden ermordet wurden, das Jude-Sein, gerade zur Voraussetzung meiner Aufnahme in Deutschland wurde. Spätestens nach dem, was Hannah Arendt in ihrem viel beachteten Essay *We refugees*[16] geschrieben hat, funktioniert die oben skizzierte Unterteilung nur zum Teil, denn die eingenommene Perspektive kann stets wechseln, so wie unsere Verortung wechseln kann.

> „Wir haben unser Zuhause und dann die Vertrautheit des Alltags verloren. Wir haben unseren Beruf verloren und damit das Vertrauen eingebüßt, in dieser Welt irgendwie von Nutzen zu sein. [...] Wir haben unsere Sprache verloren und mit ihr die Natürlichkeit unserer Reaktionen, die Einfachheit unserer Gebärden und den ungezwungenen Ausdruck unserer Gefühle. Unsere Identität wechselt so häufig, daß keiner herausfinden kann, wer wir eigentlich sind."[17]

In Europa wirft man inzwischen den „Anderen", also den Menschen, die – auch infolge der europäischen und US-amerikanischen Wirtschafts- und Kriegspolitik – ihre Heimat verlassen mussten, ihre Heimatlosigkeit vor. Hannah Arendts *We refugees*, die, die wir als Andere definieren, sind meistens die ersten Opfer. Dabei ist das Flüchtlingsdasein ein nicht nur hypothetisches Dasein für mich. In den mehr als 20 Jahren in Deutschland bin ich hier erwachsen geworden – unschätzbar die deutsche Sprache, die Bildung, die mir der deutsche Staat ermöglicht hat und all die Freiräume, die für die hier Geborenen etwas Selbstverständliches sind. Sie sind es nicht für mich, denn ich lebe in Deutschland immer noch mit einem ukrainischen Pass, ein Aufkleber auf einer seiner Seiten verleiht mir hier gewisse Rechte und sichert meinen Aufenthaltsstatus. Auch deshalb weiß ich ziemlich gut, was Staatsgrenzen und Einreisebestimmungen bedeuten, denn ich stehe immer in diesen langen, unförmigen Schlangen für Nicht-EU-Bürger an Flughäfen. Wie es in deutschen Ausländerämtern ausschaut, weiß ich nicht alleine aus der Zeitung. Das pluralistische Miteinander, das in den Medien dargestellt wird, auf das die Gesellschaft hier so stolz ist, wird in der Realität immer wieder auf die Probe gestellt und hat sich in den Brennpunktvierteln längst in ein Gegeneinander verwandelt. Wenn Johnson ganz direkt und unmittelbar in der Essener Straßenbahn um die Mittagszeit von Nazis bedroht und körperlich angegriffen wird, ist das seine alltägliche Erfahrung und keine intellektuelle Konstruktion, die man drehen und wenden kann. Dieses reale Aufeinandertreffen von Menschen unterschiedlichster religiöser und weltanschaulicher Prägungen trifft jeden einzelnen von uns, reißt damit Spannungsfelder auf und schafft Anlässe für Konflikte, die sich der Kontrolle entziehen und ihrer eigenen Dynamik folgen.

Das ist die Realität, in der ich lebe, in der ich künstlerisch arbeite und die ich, ob ich es will oder nicht, reproduziere. Die Erinnerung ist nur eine Facette von ihr, ihre Weitergabe von den Zeitzeugen an die Nachkommen bedeutet für mich ihre stete Aktualisierung und Verankerung in der Gegenwart mit all ihren Fragen und Widersprüchen. Nur hier besteht für mich ein Handlungsspielraum. Was mein eigenes Tun anbelangt, so weiß ich um die vielen Mythen und Klischees über die Besonderheit der eigenen Rolle in der Gesellschaft, die dem künstlerischen Schaffen anhaften. Bleiben sie unreflektiert, reproduzieren sie in Dauerschleife das Prinzip der Dominanz, gegen das man eigentlich ankämpft. Möglichkeiten der Einflussnahme sehe ich in Form des Sichtbarmachens von etwas, was nicht wahrgenommen worden wäre, was nur kurz unsere Bildschirme und Fernsehmonitore streift, um von der nächsten Tagesaktualität weggespült zu werden. In der steten Reflexion über meine Wurzeln und meine Herkunft, über die entsprechende Prägung und Privilegierung durch Bildung, über die daraus resultierenden Wahrnehmungs- und Handlungsmuster sehe ich für mich eine Hoffnung, der Angst vor der eigenen Bedeutungslosigkeit zu begegnen.

Anmerkungen

1 Zitat aus *Irgendwo dazwischen*, WDR, Redaktion Hier und Heute, 2014. Regie Jelena Jeremejewa, Redakteurin Emanuela Penev.

2 Jabès, Edmond: Die Schrift der Wüste. Gedanken, Gespräche, Gedichte, hg. von Ingold, Felix Philipp, Berlin 1989, 22.

3 Mehr zu der Sprechfähigkeit der Subalternen in: Spivak, Gayatri Chakrvorty: Can the subaltern speak? Postkolonialität und subalterne Artikulation, Wien 2007. Spivak stellt eine Studie vor, die am Beispiel der Witwenverbrennung in Indien die nicht vorhandene Möglichkeit der Selbstbestimmung, aber auch jeglicher Artikulation zwischen zwei misogynen und menschenverachtenden ideologischen Lagern deutlich macht.

4 Ich verwende den Begriff „Dominanzkultur" nach der Definition von Birgit Rommelspacher, vgl. Rommelspacher, Birgit: Dominanzkultur. Texte zur Fremdheit und Macht, Berlin 1998.

5 Erinnerung und Gedächtnis verwende ich keinesfalls synonym, auch das Unbewusste ist in ein Narrativ eingefügt.

6 Ich empfinde sowohl die Bezeichnung „Zweiter Weltkrieg" als auch die sowjetisch glorifizierende Variante „Großer Vaterländischer Krieg" als manipulativ und daher versuche ich, sie zu vermeiden.

7 Zum Zweiten Weltkrieg liegen divergierende Opferzahlen vor, ich beziehe mich auf die Berechnung von Hubert, Michel: Deutschland im Wandel. Geschichte der deutschen Bevölkerung seit 1815, Stuttgart 1998 (Vierteljahrschrift Für Sozial- und Wirtschaftsgeschichte – Beihefte 146). – Darüber hinaus sollte die Anzahl der Opfer der kommunistischen Herrschaft nicht vergessen werden. Europäische Historiker gehen von 65–93 Millionen Toten aus, vgl. Courtois, Stéphane (Hg.): Das Schwarzbuch des Kommunismus. Unterdrückung, Verbrechen und Terror, München 1998.

8 Petrowskaja, Katja im Gespräch mit der Autorin am 17. Juni 2014 in Neversdorf bei dem zweiten Kolleg der ELES-Reihe *„Neues Judentum – altes Erinnern?" Transkulturalität des europäischen Erinnerns*.

9 Vgl. Alexijewitsch, Swetlana: Die letzten Zeugen. Kinder im Zweiten Weltkrieg, Berlin 2014. – Dies.: Secondhand-Zeit. Leben auf den Trümmern des Sozialismus, Berlin 2015.

10 Das eigene Überleben hinterfragt Paul Celan in mannigfaltiger Weise in seiner Dichtung. Unter anderem beziehe ich mich auf sein Gedicht *Winter*, in welchem das lyrische Ich Celans sich an seine im KZ ermordete Mutter wendet, eine Art Rechenschaft über das eigene künstlerische Schaffen vor einer imaginären Instanz ablegt und sich über jede potentielle Entwicklung ein Todesschatten senkt.

11 Hannah Arendt im Gespräch mit Günther Gaus, 28. Oktober 1964, online: https://www.youtube.com/watch?v=J9SyTEUi6Kw (letzter Zugriff 14. April 2016).

12 Ebd.

13 Die politisch korrekte Wortschöpfung sollte das Wort „Ausländer" verdrängen. Es wurde von der Essener Pädagogikprofessorin Ursula Boos-Nünning bereits in den 1990er Jahren geprägt.

14 Rancière, Jacques: Der emanzipierte Zuschauer, Wien 2009, 23.

15 Arendt, Hannah: Wir Flüchtlinge, Stuttgart 2016, 10–25. – Oder ausführlicher bei Agamben, Giorgio: Homo sacer. Die souveräne Macht und das nackte Leben, Frankfurt a.M. 1995.

16 Arendt: Wir Flüchtlinge [FN 15].

17 Ebd.

Yair Haendler

Ein Vergangenheitsgefängnis oder ein Schlüssel zur Zukunft? Rabbinische Einstellungen zur Erinnerung

In diesem Artikel versuche ich, den verschiedenen Ideen und Einstellungen des rabbinischen Judentums zum Konzept der Erinnerung nachzufolgen. Ich frage, ob die Rabbiner die Erinnerung als einen positiven oder negativen Akt betrachten, wodurch selbstverständlich auch das Thema des Verhältnisses zur Vergangenheit berührt wird.

Es gibt dazu nicht eine einzige Antwort. Erinnerung und Beschäftigung mit der Vergangenheit sind im rabbinischen Judentum wichtig und erforderlich, aber unter bestimmten Umständen können sie auch unerwünscht und sogar gefährlich sein. Genau mit dieser Gefährlichkeit beschäftigt sich ganz am Anfang des Talmuds eine kurze und bedeutungsvolle Erzählung:

> „Es wurde in einer *Baraita*[1] gelehrt: Rabbi Jose sagte: Ich war einst auf Reisen. Da trat ich in eine Ruine von den Ruinen Jerusalems ein, um zu beten. Da kam Elijahu, erwartete mich am Eingang, und verweilte da, bis ich mein Gebet beendet habe. Nachdem ich mein Gebet beendet habe, sprach er zu mir: Friede sei mit dir, mein Rabbi! Darauf erwiderte ich ihm: Friede sei mit dir, mein Rabbi und Meister! Er sagte dann zu mir: Mein Sohn, warum bist du in diese Ruine eingetreten? Ich erwiderte ihm: Um zu beten. Er sagte: Du hättest auf der Straße beten sollen. Ich erwiderte ihm: Ich befürchtete, von den Vorübergehenden gestört zu werden. Er aber sagte: Ein kurzes Gebet hättest Du also verrichten sollen. In dieser Stunde lernte ich von ihm drei Dinge: Ich lernte, dass man in eine Ruine nicht eintreten soll; ich lernte, dass man auf der Straße beten darf; und ich lernte, dass derjenige, der auf der Straße betet, das kurze Gebet zu verrichten hat."[2]

In der Regel werden im jüdischen Selbstverständnis Texte, ob biblische oder rabbinische, so wahrgenommen, dass sie nicht nur eine wortwörtliche Bedeutung, sondern mehrere Schichten tieferer, verborgener Interpretationsmöglichkeiten haben. Im Fall der Geschichte von Rabbi Jose soll auf verschiedene Aspekte der Persönlichkeiten und Objekte aufmerksam gemacht werden. Zuerst möchte ich die Objekte betrachten, und zwar das einzige, das in der Geschichte erwähnt wird: Die Ruine. Definitionsgemäß ist eine Ruine ausschließlich Teil der Vergangenheit, nämlich einer zerstörten und verlorenen. Sie stellt einen Rest, oder die Reste, einer Realität dar, die in der Gegenwart nicht mehr existiert.[3] Durch eine Ruine kann man nur eine Idee der alten Zeiten bekommen, aber mit der Gegenwart und der Zukunft hat sie gar keine Verbindung.

Die Ruine von Rabbi Jose ist aber nicht irgendeine, sondern eine der Ruinen der Stadt Jerusalem, die etwa 60 Jahre vor dem erzählten Geschehen durch die Römer zerstört worden war. Der Tempel und die ganze Stadt sowie andere Sitzorte der Juden waren dabei in Trümmer gelegt und Tausende von Menschen getötet oder als verkaufte Sklaven ins Exil vertrieben worden. In den Jahrzehnten nach der Tempelzerstörung mussten die Rabbiner die Verbindung des Volkes Israel mit G-tt umgestalten: Wenn das Judentum früher eine ortsgebundene Praxis war, mit dem Tempel als Zentrum der durch die Priester ausgeübten Rituale, wollten nun die Rabbiner ein System schaffen, in dem die Verbindung mit G-tt überall in der Welt und von jedem Menschen verwirklicht werden konnte. Die Hauptrolle würde von nun an das persönliche, individuelle Gebet spielen, das man nicht nur in der Synagoge mit der Kongregation, sondern auch alleine an irgendeinem Ort sprechen darf. (Das Gebet könnte ebenso als ein abstraktes Objekt in der Baraita gelten: Es ist bedeutsam, dass Rabbi Jose in der Ruine betet, und nicht irgendeine andere Aktivität ausübt.)

Die Ruine von Rabbi Jose ist also ein Ort der Erinnerung, ja ein Denkmal; er befindet sich infolge des Eintretens in der Vergangenheit. Die Zeit von Rabbi Jose in der Ruine ist zwar begrenzt. Aber der Leser kann sich den Kontrast zwischen „draußen" und „drinnen" gut vorstellen: Unmittelbar spürt man die Spannung zwischen dem offenen, beleuchteten und geräuschvollen Weg, auf dem Rabbi Jose nur vor Kurzem gelaufen ist, und dem geschlossenen, beschatteten Raum der Ruine, die dort still und vereinsamt steht. In einer abrupten Trennung vom tagtäglichen Leben der Gegenwart wird Rabbi Jose auf eine Zeitreise zurück in die Vergangenheit geschickt.

Genauso wie die Tatsache, dass die Ruine ein Überrest von Jerusalem ist, ist auch die Erscheinung von Elijahu nicht zufällig. Laut dem zweiten Buch der Könige, Kapitel 2, steigt der Prophet in den Himmel auf in einem feurigen Wagen. Hier bleibt unklar, ob er in diesem Moment stirbt oder nicht. Aus diesem Grund wird er in der jüdischen Tradition oftmals als eine Persönlichkeit betrachtet, die über Zeitgrenzen hinaus auftaucht. Insbesondere stellt Elijahu eine Brücke zwischen der Vergangenheit und der Zukunft,[4] zwischen Himmel und Erde dar. Elijahu repräsentiert also die Beziehung zwischen G-tt und den Menschen, die nach der Tempelzerstörung eine neue Bedeutung bekommen hat.

Wenn man vor dem Hintergrund dieser Überlegungen die Geschichte von Rabbi Jose jenseits ihrer wortwörtlichen Bedeutung berücksichtigt, stellt sich die Frage: Was ist beim Eintreten in die Ruine zum Zwecke des Gebets so negativ? Warum bringt Elijahu dem Rabbi Jose und den Leserinnen und Lesern bei, dass es unerwünscht ist, eine Ruine zu betreten?

Rabbi Jose läuft zunächst auf dem Weg, er lebt nämlich in der Gegenwart der Tempelabwesenheit, und tritt in einen Überrest der Vergangenheit ein, um zu beten. Er lässt sich mit seinen Gedanken in die vergangene Zeit sinken, in der der Tempel noch in jener Stadt stand. Vielleicht wollte er genau jene Zeit beweinen und um sie trauern. In diesem Moment kommt Elijahu, der den Abstand zwischen Vergangenheit und Gegenwart überbrückt und die neue Beziehung zwischen G-tt und Menschen darstellt, und sagt, man solle auf dem Weg und nicht in der Ruine beten. Rabbi Jose lernt also, dass die Vergangenheit hinterlassen werden soll, und dass die gegenwärtige Beziehung mit G-tt, die nach der Tempelzerstörung hauptsächlich durch das Gebet zum Ausdruck kommt, nun viel wichtiger und würdiger ist. Auch wenn eine Störung möglich oder zu befürchten ist, sollte man ein kurzes Gebet verrichten. In jedem Fall sollte man sich auf das Hier und Jetzt, also auf das alltägliche Leben, konzentrieren. Auch in dringenden Fällen bleibt die Ruine keine empfehlenswerte Lösung.

Die Untersagung, sich in die Vergangenheit sinken zu lassen, kann aber nicht als allgemeine Regel angenommen werden. Wie bereits erwähnt, stammt die Ruine nicht zufällig aus dem zerstörten Jerusalem, und es ist ebenso wenig ein Zufall, dass Rabbi Jose in der Ruine beten und nicht essen oder sich erholen wollte.

Eine intensive Beschäftigung mit der Vergangenheit, so scheint aus dieser Geschichte hervorzugehen, kann gefährlich sein, wenn es um eine traumatische Zeit geht. Wenn Rabbi Jose das Hier und Jetzt verlassen möchte, um fortwährend über den Untergang von Jerusalem, die Verfolgung der Juden, ihren Verkauf als Sklaven oder ihre Tötung, die Zerstörung des Tempels und damit den Verlust des damaligen G-ttesdienstes nachzudenken, ist das zwar unerwünscht. Natürlich müssen wir aber des grausamen Schicksals unserer Schwestern und Brüder gedenken: Die Rabbiner haben einen jährlichen Gedenktag eingerichtet, am neunten Tag des Monats Aw, um genau diese Ereignisse ins Gedächtnis zu rufen, damit das Leid jener Zeiten niemals vergessen wird. Aber daneben ist es notwendig, auch an die Gegenwart zu denken und hauptsächlich in ihr leben. G-tt zu dienen ist nunmehr nicht nur im Kontext des Tempels möglich und geht auch in Abwesenheit der priesterlichen Arbeit weiter. Wenn diese Realität nicht ständig vor Augen gehalten wird, kann die Beziehung zwischen G-tt und Menschen beschädigt werden, was möglicherweise dazu führt, dass man den jetzigen, neuen G-ttesdienst nicht richtig leistet.

Nicht nur die Erinnerung an kollektive Traumata, wie in der Geschichte von Rabbi Jose, sondern auch die an persönliche Wunden kann, wenn sie nicht angemessen ist, gefährlich sein. Das Traktat Pesachim behauptet, das Vergessen könne in manchen Fällen wesentlich für das Überleben sein:

> „Die Rabbiner haben in einer *Baraita* gelehrt: Drei Sachen wurden [von G-tt] gedacht, erschaffen zu werden. Und wäre das nicht der Fall gewesen, wäre es nur gerecht gewesen, dass sie dekretiert werden sollen: In Bezug auf eine Leiche, dass sie verwest; in Bezug auf einen toten Menschen, dass er vom Herzen vergessen wird; und in Bezug auf Agrarerzeugnisse, dass sie verrotten.“[5]

Hier wird das Vergessen fast wie ein Geschenk von G-tt betrachtet.[6] Zwar heißt es nicht, dass wir unsere toten Geliebten vergessen sollen, wohl aber, dass eine ständige Trauer, die das Herz niemals verlässt, einem nicht ermöglicht, zu leben. Unter normalen Umständen verringert sich die Intensität der Trauer allmählich, und nur dann kann der Mensch, wenn auch mit großen Schwierigkeiten, weiterleben.

Es muss betont werden, dass der Talmud und die Rabbiner die menschliche Natur überhaupt nicht vereinfachen. Infolge eines kollektiven oder persönlichen Traumas erleben wir in unseren Gefühlen und Gedanken eine starke Spannung zwischen der Trauer um das Geschehen und dem Wunsch, nach vorne zu blicken. Diese Spannung finden wir schon am Anfang von allem. Das Buch Genesis berichtet, wie der Mensch mit einer doppelten Natur erschaffen wurde: „Und G-tt schuf den Menschen zu seinem Bilde, zum Bilde G-ttes schuf er ihn; und schuf sie als *Sachar* [Mann] und *Nekewa* [Frau].“[7]

Die hebräischen Begriffe für „Mann“ und „Frau“ sind in diesem Vers *Sachar* bzw. *Nekewa*. G-tt schafft den Menschen mit der Eigenschaft der Erinnerung (*Sachar*, wie *Sikaron* „Erinnerung“, *Liskor* „sich erinnern“) und der des Vergessens (*Nekewa*, wie *Nekew* „Loch“ oder „Höhle“).[8] Die Koexistenz dieser Eigenschaften in jeder Person, ob Mann oder Frau, ist genau die Ursache der Spannung zwischen den zwei Kräften, die uns während unseres ganzen Lebens abwechselnd rück- und vorwärts ziehen.

In welchen Fällen ist es dennoch wichtig zu gedenken? Das Judentum hat zahlreiche Beispiele dafür. Die wöchentliche Schabbat[9] erinnert uns an den siebten Tag der Erschaffung der Welt, an dem G-tt geruht hat:

> „Gedenke des Schabbat-Tages, dass du ihn heilig hältst. Sechs Tage sollst du arbeiten und alle deine Tätigkeiten verrichten. Aber der siebte Tag ist ein Ruhetag zu Ehren des *Haschem*, deines G-ttes. An diesem Tag darfst du nicht arbeiten [...]. Denn in sechs Tagen hat *Haschem* Himmel, Erde und Meer mit allem, was in ihnen ist, geschaffen. Aber am siebten Tage ruhte Er [...].“[10]

Auch die jüdischen Feiertage dienen als eine rituelle Erinnerung an vergangene Ereignisse, die performativ vergegenwärtigt wird: Pessach an die Befreiung des jüdischen Volkes von der Sklaverei und an den Auszug aus Ägypten;[11] *Schawuot* an die Gabe der Tora am Berg Sinai;[12] *Rosch Haschana* an die Erschaffung der Welt und insbesondere des Menschen;[13] *Sukkot* an die Laubhütten, in denen die jüdischen Vorfahren während ihrer Reise in der Wüste übernachtet haben.[14]

Ebenso beziehen sich viele tagtägliche Gebote auf die Erinnerung. Beispielsweise gibt es ein Gebot, den Auszug aus Ägypten zweimal täglich, abends und morgens, ins Gedächtnis zu rufen.[15] Auf eine ähnliche Weise mahnt uns die Tora, die Gabe der Tora am Berg Sinai niemals zu vergessen:

> „Nur hüte dich und nimm dich wohl in acht, dass du die *Dewarim* [lit. Worte/Ereignisse] nicht vergisst, die du mit eigenen Augen gesehen hast. Lass sie dir dein ganzes Leben lang nicht aus der Erinnerung entschwinden, und tue sie deinen Kindern und Kindeskindern kund.“[16]

Anhand der vielfachen Bedeutung des hebräischen Wortes *Dewarim* (sg. *Dawar*) interpretiert der Talmud den Vers „dass du die *Dewarim* nicht vergisst“ als ein Verbot, bereits erworbene Lehren aus der Tora und der rabbinischen Tradition zu vergessen.[17] Wenn man Tora lernt, ist es also erforderlich, neben dem Erwerb neuer Lehren die alten ständig zu wiederholen. Im Traktat Sanhedrin wird eine schmerzhafte Metapher verwendet, um die Bedeutung des Vergessens von Tora-Lehren zum Ausdruck zu bringen: „Rabbi Jehoschua sagt: Jemand, der die Tora lernt und sie dann vergisst, ist ähnlich wie eine Frau, die [ein Kind] auf die Welt bringt und [es gleich] begräbt.“[18]

Eine andere interessante Verbindung der Geburt mit der Spannung zwischen Er- und Verlernen finden wir auch im Traktat Nidda, wo eine Lehre von Rabbi Schimlai erwähnt wird:

> „Was kann der Neugeborene im Mutterleib verglichen werden?

> […] [E]ine Kerze leuchtet über seinem Kopf, und er beobachtet und sieht von einem Ende der Welt bis zum anderen Ende […] und die ganze Tora wird ihm beigebracht […] und wenn er zur Welt kommt, kommt ein Engel und schlägt seinen Mund. Damit vergisst er die ganze Tora.“[19]

Der Augenblick der Geburt bezeichnet also einen Moment, in dem die Neugeborenen die in der Tora enthaltene Wahrheit, die sie im Mutterleib gelernt hatten, völlig verlernen. Von dem Moment an muss der Mensch im Laufe seines Lebens alles Wissen wiedererwerben und sich an das erinnern, was er vor der Geburt schon einmal wusste. In diesem Sinne ist das Lernen von Tora immer eine Erinnerung statt einer Aneignung neuer, bisher unbekannter Themen.

Hiermit nähern wir uns einer klareren Idee der Umstände, unter denen die Erinnerung wesentlich und das Vergessen dagegen verboten ist. Die Wunder, die G-tt für unsere Vorfahren und uns vollbracht hat; G-ttes Barm- und Gutherzigkeit uns gegenüber; die Tora, die Er uns geschenkt hat; die Ge- und Verbote (*Mitzwot*), die Er uns gegeben hat, damit wir uns Ihm im Alltagsleben ständig nahe fühlen – all das dürfen wir niemals vergessen. Im Gegenteil: Wir müssen uns stets damit beschäftigen und so oft wie möglich daran denken.

Laut dem rabbinischen Judentum sollen wir uns also nicht ganz und gar von der Vergangenheit trennen. Neben der Wichtigkeit, die Vergangenheit ständig vor Augen zu haben, steht aber die Unvermeidlichkeit, und manchmal ja auch Notwendigkeit, zu vergessen. Es ist die von den Rabbinern hervorgebrachte Idee, dass ein Judentum, das nur von einer unangemessenen Beschäftigung mit vergangenen traumatischen Ereignissen zehrt – wie der Tempelzerstörung, der darauffolgenden Unterdrückung, den mittelalterlichen Pogromen und Verfolgungen, und der Schoa –, das Risiko des Untergangs eingeht oder nur mit großen Schwierigkeiten überleben kann. Neben Geschehnissen, an die eine übersteigerte Erinnerung gefährlich ist, gibt es auch andere Dinge, die niemals vergessen werden dürfen. Beide sind innere Facetten der Tora, und haben letztendlich den Zweck, dass G-tt durch die Mitzwot gedient wird. Denn ohne das Vergessen kann man nicht im Hier und Jetzt leben. Und wenn man nicht im Hier und Jetzt lebt, kann man G-tt durch die tagtäglichen Gebote nicht dienen.

Die Folge der Konzentration von Energie und Quellen auf die Gegenwart sollte eine Lebensfreude, eine Freude für das Jetzt sein, sowie die Möglichkeit, die Welt für die Zukunft zu verbessern und unsere Fehler sowie die unserer Vorfahren zu korrigieren. Das jüdische Konzept der Verbesserung des Zustandes der Welt, das *Tikkun* heißt (lit. Festigung/

Reparatur/Nachbesserung), ist zentral und äußerst wichtig in der rabbinischen Denkweise.[20] Durch die Idee des *Tikkun* zeigen die Rabbiner eine Art und Weise auf, unsere innerliche Spannung zwischen Vergangenheit und Zukunft aufzulösen, indem wir aus der Vergangenheit lernen, wie die Welt und Menschheit verbessert werden können. Ein ähnliches Konzept erfahren wir aus der Nobelpreisrede des Schoa-Überlebenden Elie Wiesel, der ein großer Lerner und Kenner des Talmuds war:

> „Ohne Gedächtnis wäre unsere Existenz unfruchtbar und undurchsichtig, wie eine Gefängniszelle, in die kein Lichtstrahl durchbricht […]. Wenn irgend etwas die Menschheit eines Tages retten würde, wäre es nur die Erinnerung […].
>
> Wie der Mensch ohne Träume nicht leben kann, genauso kann er ohne Hoffnung sein Leben nicht weiterführen. Wenn Träume die Vergangenheit widerspiegeln, so ruft die Hoffnung die Zukunft herbei. Bedeutet das, dass der Aufbau unserer Zukunft ausschließlich auf der Ablehnung der Vergangenheit beruhen soll? […] Die beiden sind miteinander nicht unbedingt unvereinbar. Das Gegenteil der Vergangenheit ist nicht die Zukunft, sondern die Abwesenheit einer Zukunft; das Gegenteil der Zukunft ist nicht die Vergangenheit, sondern das Fehlen einer Vergangenheit […].
>
> Weil ich mich erinnere, gebe ich mich der Verzweiflung hin. Aber genau weil ich mich erinnere, habe ich auch die Pflicht, die Verzweiflung abzulehnen.“ [21]

Anmerkungen

1 *Baraita* ist eine Lehre, die aus der Zeit der Tannaim mündlich überliefert, aber nicht in die Mischna eingeschlossen worden ist.
2 Traktat Berachot, Blatt 3a.
3 Vgl. Adler, Rahel: Engendering Judaism: An inclusive theology and ethics, Philadelphia 1998.
4 Vgl. Maleachi 3, 23.
5 Traktat Pesachim, Blatt 54b.
6 Vgl. Wiesel, Elie: Nobel Prize Lecture: Hope, Despair and Memory, 1986, online auf: http://www.nobelprize.org/nobel_prizes/peace/laureates/1986/wiesel-lecture.html (letzter Zugriff 24. März 2017).
7 Genesis 1, 27.
8 Vgl. Pinchasi, Chana: „Dvarim Achadim: Tarbut Jehudit Me'et Le'et", 2010, auf: https://heb.hartman.org.il/Dvarim_Achadim_View.asp?Article_Id=188&Cat_Id=283&Cat_Type (letzter Zugriff 24. März 2017).
9 Für „Schabbat" wird hier, dem Hebräischen folgend, bewusst die weibliche Form benutzt.
10 Exodus 20, 8–11.
11 Vgl. Deuteronomium 16, 1.
12 Vgl. Traktat Schabbat, Blätter 86b–87a.
13 Vgl. den Text des Mussaf-Gebets von Rosch Haschana.
14 Vgl. Leviticus 23, 42–43.
15 Vgl. Mischna Berachot 1, 5.
16 Deuteronomium 4, 9.
17 Vgl. Traktat Menachot, Blatt 99b.
18 Traktat Sanhedrin, Blatt 99a.
19 Traktat Nidda, Blatt 30b.
20 Vgl. Rabbiner Berger, Joel: „Tikkun: Religiöse Begriffe aus der Welt des Judentums", in: *Jüdische Allgemeine*, 24. Mai 2012.
21 Wiesel: Nobel Prize Lecture: Hope, Despair and Memory [FN 6]. Übersetzung des Verfassers.

Kurzbiografien der Autorinnen und Autoren

Dmitrij Belkin, geb. 1971 in der Ukraine, seit Dezember 1993 als „jüdischer Kontingentflüchtling" in Deutschland. Referent für die Promovierendenförderung und Programmkonzeption beim jüdischen Ernst Ludwig Ehrlich Studienwerk in Berlin, promovierter Historiker, Ausstellungsmacher, Publizist. Vorstandsmitglied der AG „Juden und Christen" beim Evangelischen Kirchentag. Buchpublikationen: „Germanija. Wie ich in Deutschland jüdisch und erwachsen wurde" (Campus Verlag, 2016); „Gäste, die bleiben: Vladimir Solov'ev, die Juden und die Deutschen" (Philo & Philo Fine Arts, 2008). Mitherausgeber der Kataloge, zugleich Kurator der Ausstellungen im Jüdischen Museum Frankfurt: „Bild dir dein Volk! Axel Springer und die Juden" (Wallstein Verlag, 2012); „Ausgerechnet Deutschland! Jüdisch-russische Einwanderung in die Bundesrepublik" (Nicolai Verlag, 2010); Akademische Artikel sowie zahlreiche Veröffentlichungen in der gesamtdeutschen Presse.

Ljudmila Belkin, Historikerin. Arbeitsschwerpunkte: Diversität, relationale Differenzen, Migration. 2015 bis 2016 wissenschaftliche Koordination des Essay-Wettbewerbs „Die andere Herkunft" für jüdische Migranten aus der ehemaligen Sowjetunion im Auftrag der Columbia University New York. Publikationen u.a. „Verantwortung. Netzwerke. Schicksal: ‚Jüdische Kontingentflüchtlinge' in Deutschland", in: *Colloquium Opole 2016* (ersch. im Sommer 2017); „Es tut weh, zu sehen, wie ignorant das eingewanderte Wissen behandelt wird" (Interview), in: *Heimatkunde. Kulturpolitisches Portal der Heinrich Böll Stiftung* (2017); „Donbass. Zur Vielheit in der Ukraine", in: *Merkur* (2015); „Asymmetrie des Verstehens. Postsowjetische Kunstmigration und eine deutsche Stadt", in: Gruber, Malte-Christian; Häußler, Stefan (Hg.): Normen der Empathie (2012).

Hartmut Bomhoff, M.A., geb. 1965, hat in Göttingen und Berlin Neuere Geschichte, Kunst- und Literaturwissenschaft sowie Holocaust Communications studiert. Er verantwortet seit 1999 die Öffentlichkeitsarbeit des Abraham Geiger Kollegs an der Universität Potsdam und ist Wissenschaftlicher Mitarbeiter der dortigen School of Jewish Theology sowie Chefredakteur der *Jewish Voice from Germany*. Zahlreiche Veröffentlichungen, zuletzt zusammen mit Andreas Nachama und Walter Homolka „Basiswissen Judentum" (Freiburg i.Br. 2016).

Micha Brumlik, emeritierter Professor am Institut für Allgemeine Erziehungswissenschaft der Johann Wolfgang Goethe-Universität Frankfurt a.M.; von 2000 bis 2005 Leiter des Fritz-Bauer-Instituts Frankfurt a.M.; Studien- und Dokumentationszentrum zur Geschichte des Holocaust und seiner Wirkung; Stadtverordneter der GRÜNEN in Frankfurt a.M. von 1989 bis 2001; seit 2013 Senior Professor am Zentrum Jüdische Studien Berlin/Brandenburg; Mitherausgeber der *Blätter für deutsche und internationale Politik*; Autor und regelmäßiger Kolumnist der *taz*: „Gott und die Welt". Letzte Buchpublikationen: „Innerlich beschnittene Juden" (Konkret Literatur Verlag, 2012); „Messianisches Licht und menschliche Würde. Politische Theorie aus den Quellen des Judentums" (Baden-Baden 2013). „Wann wenn nicht jetzt? Versuch über die Gegenwart des Judentums" (Neofelis, Berlin 2016) sowie als Herausgeber: „Luther, Rosenzweig und die Schrift. Ein deutsch-jüdischer Dialog" (Europäische Verlagsanstalt, Hamburg 2017).

Max Czollek, geb. 1987, lebt in Berlin. Bis 2012 studierte er Politikwissenschaften an der Freien Universität Berlin und schloss 2016 seine Promotion am Zentrum für Antisemitismusforschung an der Technischen Universität Berlin ab. Gründungsmitglied und Mitherausgeber des Magazins *Jalta – Positionen zur jüdischen Gegenwart*. Seit 2013 deutscher Kurator des internationalen Lyrikprojekts „Babelsprech" und Mitherausgeber der Anthologie „Lyrik von Jetzt 3. Babelsprech" (Wallstein Verlag, 2015). Initiator und Kurator von „Desintegration. Ein Kongress zeitgenössischer jüdischer Positionen" im Mai 2016 und der „Radikalen jüdischen Kulturtage" 2017, beides Maxim Gorki Theater. Im Verlagshaus Berlin sind bisher die Lyrik-Monografien „Druckkammern" (2012) und „Jubeljahre" (2015) sowie das E-Book „A.H.A.S.V.E.R" erschienen.

Rachel de Boor, geb. 1987 in Halle, Saale, studierte Jüdische Studien und Religionswissenschaft in Potsdam, Jerusalem und New York. Bei Projekten wie den Dialogperspektiven, Limmud Germany, MAROM Berlin und dem Aufbau von Hillel Deutschland konnte sie eigene wissenschaftliche und persönliche Perspektiven in einen größeren Kontext einbringen und weiterentwickeln. Gegenwärtig ist sie beteiligt am Aufbau einer Rainbow-Hawura in Berlin und konzentriert sich auf den Studienabschluss.

Avi Feldman, born in Montréal, Canada. Avi Feldman is based in Tel Aviv, Berlin, and Dresden, where he works as a curator and writer. Since 2013, Feldman has been a PhD candidate at The Research Platform for Curatorial and Cross-disciplinary Cultural Studies, Practice-Based Doctoral Programme – a collaboration between the University of Reading (UK) and the Postgraduate Programme in Curating, Zurich University for the Arts (CH). As part of this programme, his thesis focuses on examining contemporary reciprocal relations between the fields of art and law. His next curated project on the subject of his research will open in March 2017 at tranzit Bratislava, and in May 2017 at Art-Port Tel-Aviv. Along this, Feldman recently co-edited a book on the subject of Museum, Dance and Public Space to be published in January 2017. The publication follows the exhibition 'Set in Motion' co-curated by Feldman in 2014 for the The Petach Tikva Museum, Israel.

Evgenia Gostrer, wurde 1981 in Woronesch, im Südwesten Russlands, geboren. Im Alter von 15 Jahren immigrierte sie mit ihrer Familie als „Kontingentflüchtling" nach Deutschland. Sie studierte Kommunikationsdesign in München und Trickfilmregie in Kassel. Ihre Animationsfilme laufen erfolgreich auf nationalen und internationalen Filmfestivals. Sie ist Meisterschülerin an der Filmuniversität Konrad Wolf in Potsdam und Stipendiatin des Ernst Ludwig Ehrlich Studienwerks. Aktuell arbeitet sie an dem dokumentarischen Trickfilm „Kirschknochen".

Yair Haendler, geb. 1982 in Israel, hat in Florenz und Rom Neuphilologie studiert, und später an der Universität Potsdam im Bereich der kognitiven Wissenschaft promoviert, wobei er die Sprachentwicklung bei Kindern erforscht hat. In Berlin war er 2013–2016 Stipendiat des Ernst Ludwig Ehrlich Studienwerkes, und zusammen mit seiner Frau Cecilia Initiator eines Tora-Lesekreises und des Hillel-Deutschland-Projektes *Tora on Tour*. Seit 2017 lebt er in Paris und arbeitet an der Université Diderot als experimenteller Sprachwissenschaftler.

Lara Hensch, hat in Berlin und Amsterdam Politikwissenschaften und Holocaust Communications studiert, mit einem Forschungsaufenthalt in den Hoover Institution Archives der Stanford University. Sie verfasst ihre Dissertation zum Thema „‚Politische Soldaten' – Analyse soldatischer Männlichkeit am Beispiel der SA" an der Freien Universität Berlin. Seit 2015 ist sie Referentin in der Studierendenförderung des Ernst Ludwig Ehrlich Studienwerks. Ihre Forschungsschwerpunkte sind Geschichte, Politik und Erinnerungskultur des deutschen Kaiserreichs, der Weimarer Republik, des Nationalsozialismus und der Schoa mit einem besonderen Fokus auf Geschlechter- bzw. Männlichkeitsbildern. Letzte Publikation: „‚So verlief meine Jugend und so wird sie mir ewig im Gedächtnis bleiben – hart und ohne Freude'. Kriegsprägungen und der Weg in die SA", in: Denzler, Alexander; Grüner, Stefan; Raasch, Markus (Hg.): Kinder und Krieg. Von der Antike bis in die Gegenwart (Berlin 2016).

Stefanie Höpfner, geb. 1983 in Berlin, Magisterstudium der Kunstgeschichte und der Judaistik bis 2013 an der Freien Universität Berlin und mit diversen Aufenthalten in Israel. Gegenwärtig seit November 2014 Promotionsstipendiatin des Ernst Ludwig Ehrlich Studienwerks. Titel der Dissertation, die an der Freien Universität Berlin erfolgt: „Jüdisches Denken und jüdische Traditionen in den Environments von Dani Karavan". Seit Mai 2016 Projektkoordinatorin bei DAGESH. KunstLAB ELES. Forschungsschwerpunkte u.a.: Moderne Kunst, Erinnerungsdiskurse in Israel und Deutschland.

Uffa Jensen, Dr. phil. habil., ist Wissenschaftlicher Mitarbeiter am Forschungsschwerpunkt „Geschichte der Gefühle" am Max-Planck-Institut für Bildungsforschung in Berlin. Er lehrt und forscht u.a. zur deutsch-jüdischen Geschichte, zur Geschichte des modernen Antisemitismus und zur Geschichte der Psychoanalyse. Zu seinen Publikationen gehören u.a. „Gebildete Doppelgänger. Bürgerliche Juden und Protestanten im 19. Jahrhundert" (Göttingen 2005); „Recht und Politik", Perspektiven deutsch-jüdischer Geschichte (Paderborn 2014).

Jelena Jeremejewa ist in Kiew geboren und lebt seit 1994 mit einem Teil ihrer Familie in Deutschland. Nach einer journalistischen Ausbildung an der Donau-Universität Krems in Österreich absolvierte sie ein Studium an der Filmakademie Baden-Württemberg im Fachbereich Dokumentarische Regie und war in dieser Zeit Stipendiatin der Friedrich-Ebert-Stiftung. Nach ihrem Diplom arbeitete Sie als Autorin und Regisseurin für Dokumentarfilme des öffentlich-rechtlichen Fernsehen mit Interessenschwerpunkten auf Migration und Bildungspolitik. 2015/16 war sie Referentin am Bildungsforum Ruhr zu Fragen der Integration und sprachlichen Förderung in der Schule. Ihre aktuelle Promotion an der Bauhaus-Universität Weimar widmet sich den Menschenbildern im zeitgenössischen russischen Dokumentarfilm und wird vom Ernst Ludwig Ehrlich Studienwerk gefördert. Weitere Arbeits- und Forschungsschwerpunkte sind sichtbares und unsichtbares Trauma und seine Abbildbarkeit, narrative Identitäten in einer Diktatur und Erinnerungskulturen im postsowjetischen Raum, aber auch in Deutschland.

Karen Körber, promovierte Soziologin, ist Wissenschaftliche Mitarbeiterin an der Akademie der Weltreligionen der Universität Hamburg. 2012–2014 war sie die erste Fellow am Jüdischen Museum Berlin, anschließend hatte sie eine Vertretungsprofessur am Institut für Europäische Ethnologie/Kulturwissenschaft an der Philipps-Universität Marburg inne. Forschung und Publikationen zu jüdischer Diaspora, Migration und Transnationalisierung sowie Zugehörigkeitskonstruktionen in der Einwanderungsgesellschaft. Jüngste Publikationen: „Contested Diaspora. The changing Image of the Jewish Community in Germany“, in: Carment, David; Sadjed, Ariane (Eds.): Diasporas as Cultures of Global Cooperation. Global and Local Perspectives (London: Palgrave Macmillan 2017); als Herausgeberin: „Russisch-Jüdische Gegenwart in Deutschland. Interdisziplinäre Perspektiven auf eine Diaspora im Wandel“ (Göttingen 2015).

David Kowalski, geb. 1984 in Hamburg, hat Soziologie und Volkswirtschaftslehre an der Universität Marburg und der Józef-Tischner-Europahochschule in Krakau studiert und 2010 abgeschlossen. Anschließend hat er am Simon-Dubnow-Institut für jüdische Geschichte und Kultur an der Universität Leipzig unter der Betreuung von Prof. Dr. Dan Diner sein Promotionsprojekt zu jüdischen Oppositionellen in Polen 1968 begonnen. Die Promotion wurde vom Ernst Ludwig Ehrlich Studienwerk gefördert und im Frühjahr 2016 erfolgreich abgeschlossen. Seit Oktober 2016 ist David Kowalski Referent in der Studierendenförderung beim ELES.

Yana Lemberska, geb. 1982 in Tchimkent, lebt seit 1999 in Deutschland. Magisterstudium der europäischen Kunstgeschichte an der Ruprecht-Karls-Universität Heidelberg und der Judaistik an der Hochschule für Jüdische Studien Heidelberg (2013). Gegenwärtig Dissertation an der Hochschule für Jüdische Studien zum Thema: „Hybride Identitäten im literarischen Werk postsowjetisch-jüdischer Autor_innen in Deutschland“. Einjähriger Forschungsaufenthalt an der Tel Aviv University mit einem Stipendium des israelischen Außenministeriums (2014). Seit 2015 Referentin der Studierendenförderung beim Ernst Ludwig Ehrlich Studienwerk. Seit 2016 Mitarbeit im social media team beim House of One. Publikationen: „Ruth Almogs *Ein Engel aus Papier* (1933) – eine Geschichte von ‚Anderen' aus der Sicht einer Sabrit", in: *Trumah*, Band 21: Über Berlin nach Jerusalem: Deutschland und die hebräische Literatur/Germany and Hebrew Literature (2013), 95–101.

Eva Lezzi, an der Freien Universität Berlin promovierte und an der Universität Potsdam habilitierte Literatur- und Kulturwissenschaftlerin mit einem Forschungsschwerpunkt zur deutsch-jüdischen Literatur; Autorin von Kinder- und Jugendbüchern. Seit 2013 Referentin am Ernst Ludwig Ehrlich Studienwerk, hier seit 2016 Leiterin des Kunstprogramms DAGESH. KunstLAB ELES. Jüngste wissenschaftliche Monographie: „‚Liebe ist meine Religion!' Eros und Ehe zwischen Juden und Christen in der Literatur des 19. Jahrhunderts" (Göttingen 2013); jüngster Jugendroman: „Die Jagd nach dem Kidduschbecher" (Berlin 2016).

Vivian Liska, Professorin für deutsche Literatur und Direktorin des Instituts für jüdische Studien an der Universität Antwerpen, Belgien. Distinguished Visiting Professor an der Hebrew University, Jerusalem. Neuere Bücher: „Giorgio Agambens leerer Messianismus" (2008); „When Kafka says We. Uncommon Communities in German-Jewish Literature" (2009); „Fremde Gemeinschaft. Deutsch-jüdische Literatur der Moderne" (2011); „German-Jewish Thought and its Afterlife: A Tenuous Legacy" (2017).

Alissa Maxman, geboren und aufgewachsen in Moskau, kam im Alter von 17 Jahren zusammen mit ihren Eltern nach Deutschland. Sie hat in Bonn, Berlin und London Englische Philologie und Kulturwissenschaften und im Master Osteuropastudien studiert. Seit 2012 ist sie Stipendiatin des Ernst Ludwig Ehrlich Studienwerks und promoviert an der Universität Hildesheim. Einer der Interessen- und auch Forschungsschwerpunkte liegt in der Rolle und Bedeutung der Familie im Kontext der Migration. In ihrer Arbeit untersucht sie die Besonderheit der frühen Kindheit in den Familien mit Migrationsgeschichte.

Igor Mitchnik geb. 1991 in (Noch-)Leningrad. Im gleichen Jahr wanderten seine Eltern mit ihm nach Berlin aus. B.A. Abschluss in Sozialwissenschaften in Düsseldorf, dann Doppel-Masterstudium in Politics and Security in London (UCL) und Tartu, Estland. Fokus auf – zahlreiche akademische und professionelle Aufenthalte in – Ost- und Mitteleuropa. Von 2012 bis 2016 war er Stipendiat des Ernst Ludwig Ehrlich Studienwerks (ELES), ab 2016 Stipendiat des Sonderprogramms der Studienstiftung des deutschen Volkes „Metropolen in Osteuropa". Seit 2011 publiziert er als freier Autor.

Hannah Peaceman, geb. 1991, studierte Philosophie, Politikwissenschaften und Gender Studies in Marburg, London, Frankfurt und Jena. Sie promoviert am Max-Weber-Kolleg in Erfurt zu dem Thema „Jüdische politische Philosophie in der deutschsprachigen Diaspora vom 19. Jahrhundert und bis zur Shoah". Von 2010 bis 2016 war sie Stipendiatin des Ernst Ludwig Ehrlich Studienwerks (ELES). Sie ist Mitbegründerin und Mitherausgeberin der Zeitschrift *Jalta – Positionen zur jüdischen Gegenwart*.

Oleg Pronitschew, geb. 1984 in Kiew, studierte von 2005 bis 2011 Europäische Ethnologie in Kiel. Von 2011 bis 2013 war er als Lehrkraft am Seminar für Europäische Ethnologie in Kiel tätig. Er erhielt von 2014 bis 2017 ein Promotionsstipendium des Ernst Ludwig Ehrlich Studienwerks. Aktuell schließt er seine Dissertation über die mediale Inszenierung und lebensweltliche Praxis von Jazz-/Popularmusikern ab. Er ist Alumni des Nevatim-Kolleg-Lehrgangs „Medienkompetenz und Leadership" und engagiert sich beim Vermittlungsprojekt „Rent a Jew".

Anna Schapiro, geb. 1988 in Moskau, immigrierte 1992 mit ihrer Familie im Rahmen des Kontingentflüchtlingsabkommens nach Deutschland. Sie studierte Bildende Kunst an der Hochschule für Bildende Künste Dresden und der Universidade do Porto, Portugal. Derzeit ist sie Meisterschülerin bei Prof. Ulrike Grossarth, HfBK Dresden. Mitarbeit am Hamburger Bahnhof – Museum für Gegenwart, Berlin, im Rahmen der Ausstellung „Black Mountain: Ein interdisziplinäres Experiment 1933–1957", Gründungsmitglied und Mitherausgeberin der Zeitschrift *Jalta – Positionen zur jüdischen Gegenwart*. Lehrbeauftragte an der Mutesiushochschule Kiel (2016/17). Ausstellungen u. a. im Kunsthaus Dresden, dem Museum für zeitgenössische Kunst Wroclaw, Museum da Vilha Vela, Villa Real. Stipendiatin des Landes Sachsen-Anhalt am Kunstverein Röderhof (2015), dem Neuberg College – Verein für Übersetzung der Gesellschaft (2016) und dem Ernst Ludwig Ehrlich Studienwerk (2014–2017).

Layla Zami Zuckerman, geb. 1985 in Paris, Akademikerin und Künstlerin (Musik, Wort, Schauspiel, Foto, Video). Z. Zt. Doktorandin und Dozentin an der HU Berlin. Visiting Research Scholar an der Columbia University (2015–2016). ELES Alumna (2013–2016). Dipl.-Politologin (Sciences Po Paris 2006). Stipendien und Preise u.a. von der Stiftung Zurückgeben, Prix Envie d'Agir, MLA Graduate Award, Fondation pour la Mémoire de la Shoah (Paris). Veröffentlichungen u.a. bei transcript, Orlanda Frauenverlag, w_orten&meer, UNESCO. Referate und Performances mit Oxana Chi u.a. bei Goldsmith University London, City University of New York, Universität Bielefeld, HU Berlin, SIPA Surakarta, Maison-Heinrich-Heine Paris, Taipei Fringe Festival, Rutgers University Philadelphia, Yeditepe University Istanbul, NCUI New Delhi. Co-Regisseurin, mit Oxana Chi, des Dokumentarfilmes „Durch Gärten Tanzen“ zur Erinnerung an Tatjana Barbakoff.

Mit Unterstützung von
Bundesministerium für Bildung und Forschung (BMBF) | Bundesministerium für Familie, Senioren, Frauen und Jugend (BMFSFJ) | Leo Baeck Foundation | Stiftung Irène Bollag-Herzheimer | Amadeu Antonio Stiftung

Bundesministerium
für Bildung
und Forschung

LEO BAECK
FOUNDATION

im Rahmen des Bundesprogramms

Bundesministerium
für Familie, Senioren, Frauen
und Jugend

Demokratie leben!

AKTIONSWOCHEN
2016
GEGEN
ANTISEMITISMUS